WISSENSCHAFTLICHE BEITRÄGE
AUS DEM TECTUM VERLAG

Reihe Rechtswissenschaften

WISSENSCHAFTLICHE BEITRÄGE
AUS DEM TECTUM VERLAG

Reihe Rechtswissenschaften

Band 54

Stefanie Edlbauer

Das selbständige Beweisverfahren in Arzthaftungssachen

Unter Vergleich der Verschuldenshaftung nach deutschem Recht mit dem kollektiven Schadensausgleich im neuseeländischen *accident compensation scheme*

Tectum Verlag

Stefanie Edlbauer

Das selbständige Beweisverfahren in Arzthaftungssachen.
Unter Vergleich der Verschuldenshaftung nach deutschem Recht
mit dem kollektiven Schadensausgleich im neuseeländischen
accident compensation scheme
Wissenschaftliche Beiträge aus dem Tectum Verlag:
Reihe: Rechtswissenschaften; Bd. 54

Zugl. Univ.Diss., Universität Passau, Juristische Fakultät 2011
ISBN: 978-3-8288-2916-9
ISSN: 1861-7875
Umschlagabbildung: *Hippokrates*, J. G de Lint (1867–1936)

Druck und Bindung: CPI buchbücher.de, Birkach
Printed in Germany

Bibliografische Informationen der Deutschen Nationalbibliothek
Die Deutsche Nationalbibliothek verzeichnet diese Publikation in der Deutschen Nationalbibliografie; detaillierte bibliografische Angaben sind im Internet über http://dnb.ddb.de abrufbar.

Für Rosa Bergbauer

Vorwort

Die vorliegende Arbeit wurde im Sommersemester 2011 von der Juristischen Fakultät der Universität Passau als Dissertation angenommen. Rechtsprechung und Literatur konnten noch bis Juni 2011 berücksichtigt werden.

Besonderer Dank gilt zunächst meinem Doktorvater *Prof. Dr. Wolfgang Hau*, der sich stets Zeit für meine Anliegen nahm und mich in jedem Stadium meines Promotionsvorhabens hervorragend unterstützt hat. Für die zügige Erstellung des Zweitgutachtens danke ich *Prof. Dr. Klaus Reischl*. Auch dem Vorsitzenden meiner mündlichen Prüfung, *Prof. Dr. Hans-Georg Dederer*, sei an dieser Stelle herzlich gedankt. In den Jahren meiner Beschäftigung an seinem Lehrstuhl durfte ich wertvolle Erfahrungen sammeln, die unverzichtbar für meinen Werdegang waren und sind. Überhaupt möchte ich dem gesamten Team des Lehrstuhls für Staats- und Verwaltungsrecht, Völkerrecht, Europäisches und Internationales Wirtschaftsrecht für die sehr gute Zusammenarbeit und die angenehme Arbeitsatmosphäre danken.

Dass ich mich im Rahmen meiner Dissertation vertieft mit dem Arzthaftungsrecht auseinandergesetzt habe, verdanke ich zu großen Teilen Rechtsanwalt *Dr. Marcel Vachek*. Durch die Tätigkeit in seiner Kanzlei konnte ich bei der Bearbeitung medizinrechtlicher Fälle und in der Diskussion mit ihm zahlreiche Anregungen für meine Arbeit gewinnen.

Unentbehrliche Unterstützung erfahren habe ich zudem von Seiten der *Hanns-Seidel-Stiftung*, die mich nicht nur finanziell, sondern auch ideell gefördert hat. So wurde mir im Rahmen des Promotionsstipendiums ein dreimonatiger Forschungsaufenthalt in Auckland, Neuseeland ermöglicht, der ganz wesentlich zu dem Gelingen meines Promotionsvorhabens beigetragen hat.

Entscheidenden Anteil am erfolgreichen Abschluss dieser Arbeit hatte mein Mann *Dr. Benedikt Edlbauer*. Für seine konstruktive Kritik, das unermüdliche Korrekturlesen des Manuskripts, vor allem aber für sein Verständnis und seinen Rückhalt danke ich ihm von ganzem Herzen. Zu danken habe ich auch meiner Schwester *Veronika Irrgang* und meinem Bruder *Florian Irrgang* sowie meiner ehemaligen Lehrstuhlkollegin *Dr. Jana Kieselstein* für die gewissenhafte Durchsicht des Erstentwurfs der Arbeit.

Nicht unerwähnt bleiben dürfen ferner *Maria Frohnhöfer*, *Maria Scherr*, *Hannah Stoffer* und *Dr. Tobias Witzigmann*. Sie alle haben mir während der Dauer der Promotion in unzähligen Gesprächen neuen Elan geschenkt.

Meine Eltern *Margit* und *Josef Irrgang*, meine Großmutter *Maria Irrgang*, mein Großvater *Xaver Bergbauer* und die ganze *Familie Edlbauer* sowie *Else Rauschmayr* und *Maria Metzner* haben mich stets in meinem Promotionsvorhaben bestärkt. Auch ihnen möchte ich aufrichtig und herzlich danken. Ich widme diese Arbeit meiner Großmutter *Rosa Bergbauer*, die immer an mich geglaubt hat und den Abschluss dieser Arbeit leider nicht mehr erleben durfte.

Gröbenzell im Oktober 2011 Stefanie Edlbauer

Inhaltsverzeichnis

Abkürzungsverzeichnis

a. A.	anderer Ansicht
Abs.	Absatz
AC	Appeal Cases
ACA 1972	Accident Compensation Act 1972 No. 43
ACA 1982	Accident Compensation Act 1982 No. 181
ACA 2001	Accident Compensation Act 2001 No. 45
ACAA	Accident Compensation Appeal Authority
ACAA 2010	Accident Compensation Amendment Act 2010 No. 1
AcP	Archiv für die civilistische Praxis
a. F.	alte Fassung
AIA 1998	Accident Insurance Act 1998 No. 114
AKB	Allgemeine Bedingungen für die Kfz-Versicherung
All ER	The All England Law Reports
Alt.	Alternative
Anh.	Anhang
Anm.	Anmerkung
AnwBl	Anwaltsblatt
ArbGG	Arbeitsgerichtsgesetz
ARCIA 1992	Accident Rehabilitation and Compensation Insurance Act 1992 No. 13
ARGE	Arbeitsgemeinschaft
Art.	Artikel
ArztR	ArztRecht
Aufl.	Auflage
Az.	Aktenzeichen
BB	Betriebs-Berater
Bd.	Band
BGB	Bürgerliches Gesetzbuch
BGBl.	Bundesgesetzblatt
BGH	Bundesgerichtshof
BGHZ	Entscheidungssammlung des Bundesgerichtshofs in Zivilsachen
BT-Drs.	Bundestags-Drucksache
BT-Prot.	Bundestags-Protokoll
BVerfG	Bundesverfassungsgericht
BVerfGE	Entscheidungssammlung des Bundesverfassungsgerichts
bzw.	beziehungsweise
CA	Court of Appeal

cap.	caput
Co	Company
CPO	Civilprozeßordnung
D.	Digesten
DAV	Deutscher Anwaltverein
DÄBl	Deutsches Ärzteblatt
ders.	derselbe
dies.	dieselbe(n)
DGMR	Deutsche Gesellschaft für Medizinrecht
d. h.	das heißt
DS	Der Sachverständige
Ed.	Edition
EGMR	Europäischer Gerichtshof für Menschenrechte
EMRK	Europäische Menschenrechtskonvention
EGZPO	Gesetz betreffend die Einführung der Zivilprozeßordnung
Eng	England
EuGRZ	Europäische Grundrechte Zeitschrift
EuZW	Europäische Zeitschrift für Wirtschaftsrecht
e. V.	eingetragener Verein
f. / ff.	folgende
FamFG	Gesetz über das Verfahren in Familiensachen und in den Angelegenheiten der freiwilligen Gerichtsbarkeit
FamRZ	Zeitschrift für das gesamte Familienrecht
FGG	Gesetz über die Angelegenheiten der freiwilligen Gerichtsbarkeit
FGO	Finanzgerichtsordnung
Fn.	Fußnote(n)
GesR	GesundheitsRecht
GG	Grundgesetz
HC	High Court
Hg.	Herausgeber
HL	House of Lords
HWS	Halswirbelsäule
IPRax	Praxis des Internationalen Privat- und Verfahrensrechts
IPRCA 2001	Injury Prevention, Rehabilitation, and Compensation Act 2001 No. 49
IPRCAA (No. 2) 2005	Injury Prevention, Rehabilitation, and Compensation Amendment Act (No. 2) 2005 No. 45
IPRCAA 2008	Injury Prevention, Rehabilitation, and Compensation Amendment Act 2008 No. 46
i. V. m.	in Verbindung mit
JA	Juristische Arbeitsblätter

JurBüro	Das Juristische Büro
JuS	Juristische Schulung
JZ	Juristenzeitung
Kap.	Kapitel
KG	Kammergericht
L.	Lex
L. Aq.	Lex Aquilia
LG	Landgericht
LMK	Kommentierte BGH-Rechtsprechung Lindenmaier-Möhring
Ltd	Limited
MDK	Medizinischer Dienst der Krankenversicherung
MDR	Monatsschrift für Deutsches Recht
MedR	Medizinrecht
m. w. N.	mit weiteren Nachweisen
NJ	Neue Justiz
NJW	Neue Juristische Wochenschrift
NJW-aktuell	Neue Juristische Wochenschrift aktuell
NJW-RR	Neue Juristische Wochenschrift Rechtsprechungs Report Zivilrecht
NJW Spezial	Neue Juristische Wochenschrift Spezial
No.	Numero
Nov.	Novelle
Nr.	Nummer(n)
NStZ-RR	Neue Zeitschrift für Strafrecht Rechtsprechungs-Report
NZAR	New Zealand Administrative Reports
NZI	Neue Zeitschrift für das Recht der Insolvenz und Sanierung
NZ Law Review	New Zealand Law Review
NZLJ	New Zealand Law Journal
NZLR	New Zealand Law Reports
NZ Recent Law Review	New Zealand Recent Law Review
NZ Universities Law Review	New Zealand Universities Law Review
NZV	Neue Zeitschrift für Verkehrsrecht
OLG	Oberlandesgericht
OLG-NL	OLG-Rechtsprechung Neue Länder
OLGR	OLGReport
PatG	Patentgesetz
RabelsZ	Rabels Zeitschrift für ausländisches und internationales Privatrecht
Rdnr.	Randnummer(n)

re	in Sachen
RG	Reichsgericht
RGBl.	Reichtsgesetzblatt
RGSt	Entscheidungen des Reichsgerichts in Strafsachen
RGZ	Entscheidungen des Reichsgerichts in Zivilsachen
RIW	Recht der Internationalen Wirtschaft
RPflVereinfG	Rechtspflege-Vereinfachungsgesetz
RuP	Recht und Politik
RuS	Recht und Schaden
S.	Seite(n)
sBV	selbständiges Beweisverfahren
SC	Supreme Court
SchiedsVZ	Zeitschrift für Schiedsverfahren
Schuldrechts-modernisierungsG	Gesetz zur Modernisierung des Schuldrechts
Scot	Scotland
SG	Sozialgericht
SGB V	Fünftes Sozialgesetzbuch
SGG	Sozialgerichtsgesetz
StGB	Strafgesetzbuch
Übers.	Übersicht
v	versus
v. Chr.	vor Christus
VersR	Versicherungsrecht
vgl.	vergleiche
Vor. / Vorbem.	Vorbemerkung(en)
VSSR	Vierteljahresschrift für Sozialrecht
VwGO	Verwaltungsgerichtsordnung
ZfRSoz	Zeitschrift für Rechtssoziologie
ZIAS	Zeitschrift für ausländisches und internationales Arbeits- und Sozialrecht
ZMGR	Zeitschrift für das gesamte Medizin- und Gesundheitsrecht
ZPO	Zivilprozessordnung
ZRP	Zeitschrift für Rechtspolitik
ZVersWiss	Zeitschrift für die gesamte Versicherungswissenschaft
ZVglRWiss	Zeitschrift für Vergleichende Rechtswissenschaft
Zweites SchadÄndG	Zweites Gesetz zur Änderung schadensersatzrechtlicher Vorschriften
ZZP	Zeitschrift für Zivilprozess

Einleitung

> „Nach verbreitet gewonnener Erkenntnis steht und fällt die Verwirklichung des materiellen Rechts und die Qualität der Rechtsprechung auf dem Gebiet der Arzthaftung mit der Art und Weise der Handhabung des prozessualen Instrumentariums.“[1]

Ärztliche Haftpflichtfragen haben Hochkonjunktur[2], es herrscht eine wahre Anspruchsflut[3]. Allein im Jahr 2009 schätzte der Marburger Bund die Zahl der Verfahren auf rund 40.000.[4] Dies bietet Anlass, über alternative Konfliktlösungsmodelle nachzudenken, um der Entwicklung hin zur „Arzthaftpflicht in der Krise“[5] entgegenzuwirken.[6] Es stellt sich die Frage, welche Möglichkeiten außergerichtlicher Streitbeilegung in Arzthaftungssachen derzeit existieren und wie das selbständige Beweisverfahren in diesen Kontext einzuordnen ist.

Die Idee der vorprozessualen Konfliktvermeidung ist nicht neu, sondern bewegt die Rechtswissenschaft seit Jahrzehnten. Bereits 1977 löste die von Rechtssoziologen veranstaltete Tagung „Alternative Rechtsformen und Alternativen zum Recht“ erstmals eine Debatte darüber aus.[7] In der

---

1 Zitat nach *Katzenmeier*, Arzthaftung, 2002, S. 375.

2 Siehe *Ulsenheimer*, in: *Laufs/Kern*, Handbuch des Arztrechts, 4. Aufl. 2010, § 112 Rdnr. 2. *Brüggemeier*, Deliktsrecht, 1986, S. 385 stellte schon im Jahr 1986 fest, die Prozessquote in Arzthaftpflichtsachen sei „überproportional hoch“.

3 Vgl. *Deutsch/Spickhoff*, Medizinrecht, 6. Aufl. 2008, Rdnr. 585.

4 Eine einheitliche Darstellung der Zahl vermuteter oder tatsächlich nachgewiesener medizinischer Behandlungsfehler gibt es in Deutschland bislang nicht. Die Schätzung basiert auf den Daten der ärztlichen Gutachterkommissionen und Schlichtungsstellen, des Medizinischen Dienstes der Krankenversicherung (MDK) sowie der Haftpflichtversicherer der Ärzteschaft und der Statistik der Gerichte in Zivilsachen. Letztere weist erstmals seit dem Berichtsjahr 2004 die Erledigungszahlen in Arzthaftungssachen aus, vgl. zu der aktuellen Auswertung *Statistisches Bundesamt*, Fachserie 10, R 2.1. für das Berichtsjahr 2009.

5 So lautete das Thema des 3. Kölner Medizinrechtstags, der sich am 1. Oktober 2010 mit der steigenden Zahl geltend gemachter Ersatzansprüche gegen Ärzte und Krankenhausträger beschäftigte, vgl. den Veranstaltungsbericht von *Schmitz-Luhn*, NJW-aktuell 44/2010, S. 18.

6 Dies deckt sich mit der Vorgabe des BVerfG aus jüngerer Zeit, der Gesetzgeber sei nicht gehalten, nur kontradiktorische Verfahren vorzusehen. Er könne auch Anreize für eine einverständliche Streitbewältigung schaffen, um etwa die Konfliktlösung zu beschleunigen, den Rechtsfrieden zu fördern oder die staatlichen Gerichte zu entlasten, vgl. BVerfG NJW-RR 2007, 1073.

7 Siehe *Blankenburg/Klausa/Rottleuthner*, Alternative Rechtsformen und Alternativen zum Recht, 1980. Im Herbst 1981 fand auf Einladung des Bundesjustiz-

Folgezeit wurden die verschiedenen Methoden außergerichtlicher Streitbeilegung unter dem Stichwort „Schlichten ist besser als Richten"[8] wiederholt erörtert.[9] Stets genannte Motive waren dabei - neben der Entlastung der Gerichte[10] - Zeit- und Kostenvorteile, der Abbau von Zugangsbarrieren sowie die Grenzen, die einem Urteil bei der Konfliktverarbeitung gesetzt sind.[11] Auch wenn die alternative Streitschlichtung früh als Ergänzung zur Justiz begrüßt wurde[12] und heute zum Teil als Notwendigkeit propagiert wird[13], bedarf ihre Eignung speziell für Arzthaftungssachen einer kurzen Erläuterung.

---

ministeriums eine Arbeitstagung über „Alternativen in der Ziviljustiz" statt, deren Ergebnisse der Tagungsband *Blankenburg/Gottwald/Strempel*, Alternativen in der Ziviljustiz, 1982 zusammenfasst. Es folgte eine zweite Arbeitstagung im Dezember 1982, die sich schwerpunktmäßig mit dem Prozessvergleich beschäftigte, daneben aber weiterführende Überlegungen zur Streitschlichtung erarbeitete, die in *Gottwald/Hutmacher/Röhl/Strempel*, Der Prozeßvergleich, 1983 veröffentlicht sind.

8 Diese mittlerweile gebräuchliche Aussage wurde erstmals im November 1983 als Titel einer Informationsbroschüre des Presse- und Informationsamts der Bundesregierung verwendet.

9 Aus der umfangreichen Aufsatzliteratur sei exemplarisch auf *Prütting*, JZ 1985, 261; *Wagner*, JZ 1998, 836; *Hager*, JZ 1998, 1158; *Stadler*, NJW 1998, 2479; *Katzenmeier*, ZZP 115 (2002), 51; *Greger*, NJW 2007, 3258; *Ortloff*, NJW 2008, 2544; *Knauss*, ZRP 2009, 206; *Trenczek*, DS 2009, 66; *Ulrich/Vogt*, DS 2009, 217 und *Stubbe*, SchiedsVZ 2009, 321 verwiesen. In Monografien haben sich beispielsweise *Preibisch*, Außergerichtliche Vorverfahren in Streitigkeiten der Zivilgerichtsbarkeit, 1982; *Breidenbach*, Mediation. Struktur, Chancen und Risiken von Vermittlung im Konflikt, 1995; *Gottwald/Strempel*, Streitschlichtung. Rechtsvergleichende Beiträge zur außergerichtlichen Streitbeilegung, 1995 und *Hager*, Konflikt und Konsens. Überlegungen zu Sinn, Erscheinung und Ordnung der alternativen Streitschlichtung, 2001 mit der Thematik auseinandergesetzt.

10 Im Jahr 1979 ordnete *Benda*, der damalige Präsident des BVerfG, auf dem Deutschen Richtertag die Rechtsgewährung als „ein knappes Gut" ein. *Stadler*, NJW 1998, 2479 merkt in diesem Zusammenhang kritisch an, „allein das Diktat leerer Kassen gepaart mit anstehenden personalintensiven Aufgaben" sei ausschlaggebend für den Bedeutungszuwachs der konsensualen Streitbeilegung gewesen.

11 Vgl. zu diesen rechtssoziologischen Motiven *Katzenmeier*, NJW 2008, 1116, 1117, demzufolge es ein altes Anliegen der Sozialwissenschaften ist, dass an die Stelle der Streitentscheidung durch die Justiz eine „echte Konfliktlösung" tritt, welche zu den tieferliegenden Ursachen vordringt und eine Verständigungsmöglichkeit zwischen den Streitenden aufzeigt.

12 Diese Einschätzung gab *Prütting*, JZ 1985, 261, 271 vor rund 25 Jahren ab.

13 Siehe *Hager*, Fn. 9, S. 40, der sich für ein rechtlich geordnetes Modell der alternativen Streitschlichtung ausspricht.

Das Verhältnis zwischen Arzt und Patient[14] wird zwar zunehmend verrechtlicht, ist jedoch „weit mehr als eine juristische Vertragsbeziehung“[15]. So konstatierte bereits *Eberhard Schmidt*, dass es in den sittlichen Beziehungen der Menschen untereinander verankert ist und sich nur da in einer gerade auch für die gesundheitliche Betreuung des Patienten förderlichen Weise entfaltet, wo eben diese sittlichen Momente von Mensch zu Mensch es tragen und seinen Gehalt bestimmen.[16] Arzt und Patient befinden sich in einer „asymmetrischen Partnerschaft“[17], die besonderes Vertrauen erfordert und meist über lange Jahre hinweg gewachsen ist. Rollenspezifisch betrachtet handelt der Arzt als *professional* und der Patient kommt als der oft existentiell berührte Hilfesuchende auf ihn zu.[18] Stehen sich die beiden ungleichen Partner nun vor Gericht gegenüber, führt ihr prozessualer „Kampf ums Recht“[19] zwangsläufig zur Zerstörung ihrer intimen Verflechtung. Aus diesem Grund erscheinen alternative Wege der Konfliktlösung auf dem Gebiet der Arzthaftung besonders attraktiv.

Bei einem Blick auf die Instrumente der außergerichtlichen Streitbeilegung in Arzthaftungssachen sind zunächst die ärztlichen Schlichtungsstellen und Gutachterkommissionen zu nennen.[20] Seit Gründung der ers-

---

14 Soweit in dieser Arbeit auf „den Arzt“ oder „den Patienten“ Bezug genommen wird, steht dies als allumfassendes Synonym auch für die Ärztin und die Patientin. Entsprechendes gilt für den Begriff Kläger und Beklagter, Antragsteller und Antragsgegner sowie Richter.

15 So das BVerfG in seinem grundlegenden Beschluss zu Fragen des Arzthaftungsprozesses vom 25. Juli 1997, BVerfGE 52, 131, 169 f. unter Verweis auf *Eberhard Schmidt*.

16 *Eberhard Schmidt*, in: *Ponsold*, Lehrbuch der gerichtlichen Medizin, 1950, S. 2.

17 So *Katzenmeier*, Fn. 1, S. 9.

18 Vgl. *Deutsch/Spickhoff*, Fn. 3, Rdnr. 5.

19 Diese vielzitierte Begrifflichkeit geht auf *von Jhering*, Der Kampf ums Recht, 1872 zurück.

20 Von den zahlreichen Aufsätzen in diesem Bereich sind hervorzuheben *Doms*, NJW 1981, 2489; *Bodenburg/Matthies*, VersR 1982, 729; *Eberhardt*, NJW 1986, 747; *Schlund*, in: *Laufs/Dierks/Wienke/Graf-Baumann/Hirsch*, Die Entwicklung der Arzthaftung, 1997, S. 333; *Stegers*, ZMGR 2006, 49; *Katzenmeier*, in: *Geschäftsführender Ausschuss der ARGE Medizinrecht im DAV*, Medizinrecht heute: Erfahrungen, Analysen, Entwicklungen, 2008, S. 201. Eine ausführliche Darstellung bieten etwa *Henschel*, Aufgabe und Tätigkeit der Schlichtungs- und Gutachterstellen für Arzthaftpflichtstreitigkeiten, 1980; *Matthies*, Schiedsinstanzen im Bereich der Arzthaftung: Soll und Haben, 1984; *Weizel*, Gutachterkommissionen und Schlichtungsstellen für Arzthaftpflichtfragen, 1999; *Meurer*, Außergerichtliche Streitbeilegung in Arzthaftungssachen – unter besonde-

ten Schlichtungsstelle vor nunmehr rund 35 Jahren[21], existieren in Deutschland mittlerweile neun derartige Einrichtungen, die zwar bei den Ärztekammern angesiedelt, organisatorisch jedoch von ihnen getrennt sind.[22] Sie werden trotz ursprünglich unterschiedlicher Verfahrensabläufe von den gemeinsamen Prinzipien der Freiwilligkeit, Gebührenfreiheit und Unverbindlichkeit geleitet.[23] Ziel ihrer Arbeit ist die erleichterte Durchsetzung begründeter Ansprüche einerseits und die Zurückweisung unbegründeter Ansprüche andererseits. Dabei werden in der Praxis nicht nur Behandlungsfehler und hieraus resultierende Gesundheitsschäden, sondern auch Aufklärungspflichtverletzungen und deren Folgen überprüft.[24] Obwohl sie dem Gang vor Gericht nicht als zwingende Prozessvoraussetzung vorgeschaltet sind[25], verzeichnen diese Institutionen hohe Zulauf- und Erfolgsquoten.[26] Ihnen wurde und wird dennoch oftmals die Gretchenfrage nach ihrer Objektivität gestellt[27], wobei die Antwort hierauf in jüngerer Zeit positiv ausfällt.[28]

---

rer Berücksichtigung der Arbeit der Gutachterkommissionen und Schlichtungsstellen bei den Ärztekammern, 2008; *Deutsch/Spickhoff*, Fn. 3, Rdnr. 567 ff.

21 Die erste Schlichtungsstelle wurde im April 1975 von der Landesärztekammer Bayern gegründet, die seit dem Jahr 2000 als Gutachterkommission betrieben wird. Weiterführend *Meurer*, Fn. 20, S. 16 f.

22 Vgl. *Stegers*, ZMGR 2006, 49, 50 mit tabellarischer Übersicht der Aufgaben von Gutachterkommissionen und Schlichtungsstellen auf S. 53.

23 Während *Weizel*, Fn. 20, S. 21 noch festhält, dass sich die Verfahrensabläufe aufgrund der landesspezifischen Ausgestaltung der den Verfahren zugrundeliegenden Satzungen und Vereinbarungen teilweise erheblich voneinander unterscheiden, kommt *Meurer*, Fn. 20, S. 18 zu dem Ergebnis, die Unterschiede in ihrer Benennung seien kaum noch begründet, da sich die Gutachterkommissionen und Schlichtungsstellen in ihrer Konzeption immer mehr angeglichen haben. Näher zu den hier genannten Prinzipien *Weizel*, Fn. 20, S. 21.

24 Vgl. *Katzenmeier*, in: *Geschäftsführender Ausschuss der ARGE Medizinrecht im DAV*, Fn. 20, S. 201, 203.

25 Siehe etwa OLG Naumburg OLGR Naumburg 2001, 321. Das Schlichtungsverfahren vor den Gutachter- und Schlichtungsstellen stelle eine freiwillige Möglichkeit dar, die eine Inanspruchnahme der Gerichte nicht hindere.

26 Die Antragszahl hat sich seit dem Jahr 2004 auf einem Niveau von 10.000 bis 11.000 Anträgen pro Jahr eingependelt; die Zahl der Erledigungen ist seit dem Jahr 2004 deutlich angestiegen. Insgesamt wird gut ein Viertel aller vermuteten Arzthaftungsfälle durch die Gutachterkommissionen und Schlichtungsstellen überprüft. Eine ausführliche statistische Auswertung findet sich bei *Meurer*, Fn. 20, S. 51 ff.

27 So *Eberhardt*, NJW 1986, 747, 749. Zweifelnd äußerte sich ursprünglich unter anderem die *ARGE Rechtsanwälte im Medizinrecht*, siehe *Makiol/Radermacher/Ratajczak/Schwarz-Schilling/Stegers*, Gutachterkommissionen und Schlichtungs-

Eng verwandt mit der Option, sich an eine Schlichtungsstelle oder Gutachterkommission zu wenden, ist die Begutachtung durch den Medizinischen Dienst der Krankenversicherung (MDK) nach § 66 SGB V.[29] Allerdings sieht sich dieser oft dem Vorwurf mangelnder Neutralität ausgesetzt, denn als Gutachter agieren überwiegend angestellte Fachärzte.[30] Seit dem 1. Januar 2000 sind die gesetzlichen Krankenkassen zudem gemäß § 65b SGB V verpflichtet, Einrichtungen zur Verbraucher- und Patientenberatung zu schaffen, weshalb es inzwischen zahlreiche Stellen dieser Art gibt. Sie erteilen jedoch nur allgemeine Hinweise zur Vorgehensweise bei ärztlichen Behandlungsfehlern.[31] Schiedsgerichtliche Verfahren gemäß §§ 1025 bis 1066 ZPO spielen im Verhältnis von Arzt und Patient keine Rolle.[32] Ihnen wird vielmehr bei der Auseinandersetzung von ärztlichen Berufsausübungsgemeinschaften zunehmend Bedeutung beigemessen.[33]

Das obligatorische Schlichtungsverfahren nach § 15a EGZPO in Verbindung mit der jeweiligen landesgesetzlichen Regelung[34] kommt wegen

---

stellen 1990, S. 1 f, die Gütestellen als „trojanische Pferde" bezeichnete. Kritisch auch *Gottwald*, WM 1998, 1257, 1261 f.

28 Vgl. nur *Ulsenheimer* in: *Laufs/Kern*, Fn. 2, § 113 Rdnr. 15 ff, der unter anderem die Unabhängigkeit, Neutralität und Integrität ihrer Mitglieder anführt. Vertiefend *Meurer*, Fn. 20, S. 88 ff.

29 Nach *Krauskopf*, in: *Krauskopf*, Soziale Krankenversicherung, Pflegeversicherung, Kommentar, 2010, SGB V § 66 Rdnr. 2 ist die am 1. Januar 1989 in Kraft getretene Regelung im Interesse der Versicherten erforderlich, da aufgrund einer übermäßigen Technisierung und damit einhergehenden Spezialisierung und Arbeitsteilung im Gesundheitswesen Behandlungsfehler nicht auszuschließen seien.

30 Einen Überblick über die Tätigkeit, Organisationsstruktur und haftungsrechtliche Verantwortung des MDK bietet *Sikorski*, MedR 2001, 188.

31 Nach *Höfler*, in: *Leitherer*, Kasseler Kommentar Sozialversicherungsrecht, 2010, SGB V § 65b Rdnr. 2 sollen nur solche Organisationen gestärkt werden, die neutral und unabhängig beraten.

32 Unabhängig davon fallen sie nach *Katzenmeier*, ZZP 115 (2002), 51, 65 f. nicht in die engere Kategorie echter Alternativen zur Justiz, da sie gesetzlich ausdrücklich anerkannt sind und sich den staatlichen Gerichten stark angenähert haben. Der wesentliche Unterschied bestehe darin, dass statt eines staatlichen ein von den Parteien bestimmter Richter entscheide.

33 Vgl. *Dahm*, ZMGR 2009, 198. Ausführlich zu dieser Thematik *Möller*, MedR 2009, 119 und *Griebau*, in: *Geschäftsführender Ausschuss der ARGE Medizinrecht im DAV*, Fn. 20, S. 743.

34 So etwa in Baden-Württemberg das Gesetz zur obligatorischen außergerichtlichen Streitschlichtung (SchlG); in Bayern das Bayerische Gesetz zur obligatorischen außergerichtlichen Streitschlichtung in Zivilsachen und zur Änderung

seiner Begrenzung auf den Bagatellbereich kaum als besondere Zulässigkeitsvoraussetzung zum Tragen, da Arzthaftungssachen in der Regel einen hohen Streitwert aufweisen[35]. Auch die mit dem ZPO-Reformgesetz[36] eingeführte Regelung, der mündlichen Verhandlung gemäß § 278 Abs. 2 ZPO grundsätzlich eine Güteverhandlung voranzustellen, hat sich in der Praxis bislang wenig ausgewirkt.[37] Selten genutzt wird die mit demselben Gesetz geschaffene Möglichkeit, den Prozess nach § 278 Abs. 5 S. 2, 3 ZPO unter Verweisung auf ein außergerichtliches Streitbeilegungsverfahren zum Ruhen zu bringen.[38] Unabhängig davon haben neuerdings verschiedene Bundesländer Modellversuche zum Zweck einer gerichtsinternen alternativen Streitbeilegung gestartet. So erwies sich in Bayern beispielsweise das Modell der Güterichter als sehr erfolgreich.[39]

---

gerichtsverfassungsrechtlicher Vorschriften (BaySchlG); in Brandenburg das Gesetz zur Einführung einer obligatorischen außergerichtlichen Streitschlichtung im Land Brandenburg (BbgSchlG); in Hessen das Gesetz zur Regelung der außergerichtlichen Streitschlichtung (HSchlichtG); in Nordrhein-Westfalen das Gesetz über die Anerkennung von Gütestellen im Sinne des § 794 Abs. 1 Nr. 1 der Zivilprozeßordnung und die obligatorische außergerichtliche Streitschlichtung in Nordrhein-Westfalen (GüSchlG NRW); in Rheinland-Pfalz das Landesgesetz zur Ausführung des § 15a des Gesetzes betreffend die Einführung der Zivilprozessordnung (LSchlG); im Saarland das Gesetz zur Ausführung des § 15a des Gesetzes betreffend die Einführung der Zivilprozessordnung und zur Änderung von Rechtsvorschriften (LSchlG); in Sachsen-Anhalt das Schiedsstellen- und Schlichtungsgesetz (SchStG); in Schleswig-Holstein das Gesetz zur Ausführung von § 15a des Gesetzes betreffend die Einführung der Zivilprozessordnung (LSchliG).

35 Siehe hierzu *Bergmann/Wever*, Die Arzthaftung, 2009, S. 183, denenzufolge der Streitwert überwiegend die Grenze von EUR 5.000 überschreitet.

36 Gesetz zur Reform des Zivilprozesses vom 27. Juli 2001, BGBl. I, S. 1887, das am 1. Januar 2002 in Kraft getreten ist.

37 Dennoch spricht *Knauss*, ZRP 2009, 206 in der Überschrift seines Beitrags von einem „Zwang" zur gütlichen Einigung. Allgemein zur Güteverhandlung *Foerste*, NJW 2001, 3103 und zu deren Bedeutung im Arzthaftungsrecht *Gehrlein*, VersR 2002, 935.

38 Siehe *Hommerich/Prütting/Ebers/Lang/Traut*, Rechtstatsächliche Untersuchung zu den Auswirkungen der Reform des Zivilprozessrechts auf die gerichtliche Praxis, 2006, S. 84 ff. Danach gaben 86 Prozent der Amtsrichter und 81 Prozent der Richter an Landgerichten an, noch nie einen solchen Vorschlag gemacht zu haben.

39 Vgl. *Greger*, NJW 2007, 3258, dort insbesondere Fn. 2. Auch *Nistler*, JuS 2010, 685, 688 möchte das Bewusstsein für gerichtsinterne Mediation schärfen, welches schon *Wassermann*, NJW 1998, 1685, 1686 eingefordert hat.

Im US-amerikanischen Recht haben in jüngerer Zeit neue Konfliktlösungsmöglichkeiten an Gewicht gewonnen, die unter dem Begriff *alternative dispute resolution* (ADR) zusammengefasst werden.[40] So steht etwa der Weg der *early neutral evaluation* offen, bei der in einem frühen Stadium des Streits ein Dritter ohne Entscheidungsgewalt hinzugezogen wird. Diesem obliegt die Aufgabe, den Konflikt neutral zu beurteilen und konkrete Vorschläge zu dessen Beilegung zu machen.[41] Auch in Deutschland nimmt man ADR-Techniken seit den 90er Jahren vermehrt zur Kenntnis, wobei das Hauptaugenmerk auf die Mediation gelegt wird.[42] In diesem Zusammenhang ist wiederum der bereits erwähnte § 278 Abs. 5 S. 2 ZPO zu berücksichtigen, welcher dem Richter die Möglichkeit gibt, den Parteien ein außergerichtliches Mediationsverfahren vorzuschlagen.[43]

Allerdings erscheint dieses Vorgehen, das auf eine Verbesserung der Kommunikation zwischen den Streitenden abzielt, in Arzthaftungssachen wenig sinnvoll. Denn meist strebt der Patient einen finanziellen Ausgleich für infolge eines Behandlungsfehlers erlittene Körperschäden an, der keine effektivere Verständigung der Parteien, sondern ein medizinisches Sachverständigengutachten erfordert.[44]

Die schriftliche Begutachtung durch einen Sachverständigen ist demgegenüber ein zentrales Element des selbständigen Beweisverfahrens. Nach § 485 Abs. 2 ZPO stellt sie das einzig zulässige Beweismittel dar, wenn das Verfahren außerhalb eines anhängigen Rechtsstreits durchgeführt wird. Im Bereich der konsensualen Konfliktlösung nimmt das selbständige Beweisverfahren eine Sonderstellung ein. Es ist kein klassisches Instrument außergerichtlicher Streitbeilegung, sondern eine „flankieren-

---

40 Darauf wies bereits *Hager*, JZ 1998, 1158 hin. Die verschiedenen Ausgestaltungen der ADR beschreibt *Hay*, US-amerikanisches Recht, 4. Aufl. 2008, S. 78.

41 Näher hierzu *Hilber*, BB-Beilage Nr. 2 (zu BB 2001, Heft 16), 22, 24 ff. Ausführlich zur *early neutral evaluation* auch *Rothhaupt*, Die außergerichtliche Streitbeilegung durch Entscheidung eines neutralen Dritten, 2008, S. 109 ff.

42 Im September 2008 setzte sich etwa der 67. Deutsche Juristentag in Erfurt mit der Thematik „Mediation und weitere Verfahren konsensualer Streitbeilegung - Regelungsbedarf im Verfahrens- und Berufsrecht?" auseinander. Einen Ausblick auf die Tagung gibt *Ortloff*, NJW 2008, 2544. Mittlerweile wurde auch eine europäische Mediationsrichtlinie eingeführt, genauer hierzu *Sujecki*, EuZW 2010, 7. Mit der richterlichen Mediation im Lichte der Amtshaftung beschäftigt sich *Matthies*, in: *Ahrens/von Bar/Fischer/Spickhoff/Taupitz*, Medizin und Haftung, 2009, Festschrift für Erwin Deutsch zum 80. Geburtstag, S. 869.

43 Vgl. *Greger*, NJW 2007, 3258, 3260.

44 So *Katzenmeier*, NJW 2008, 1116, 1118.

de Maßnahme im Bereich des Verfahrensrechts"[45]. Nur das streitschlichtende Beweisverfahren gemäß § 485 Abs. 2 ZPO wird stets vor Anhängigkeit des Hauptsacheprozesses durchgeführt. Das einvernehmliche und das sichernde Beweisverfahren im Sinn von § 485 Abs. 1 ZPO ermöglichen hingegen sowohl außerhalb als auch während eines Streitverfahrens eine vorsorgliche Beweiserhebung.

Gleichwohl soll jedes selbständige Beweisverfahren der Prozessvermeidung dienen, § 492 Abs. 3 ZPO. Dieses Potential wurde bislang zu wenig ausgeschöpft. Zwar führte *Prütting* bereits im Jahr 1985 aus, das Beweissicherungsverfahren, aus dem sich das selbständige Beweisverfahren entwickelt hat[46], könne als richterliches Vorverfahren eine Alternative zum Prozess darstellen.[47] Doch im weiteren Diskussionsverlauf über außergerichtliche Streitbeilegungsmethoden wurde dem kaum Bedeutung beigemessen.[48] Dabei eignet sich das selbständige Beweisverfahren insbesondere für die einvernehmliche Klärung von Schadensersatzstreitigkeiten, die einem Mediationsverfahren in der Regel kaum zugänglich sind.[49]

Gegenstand der vorliegenden Untersuchung soll daher sein, welche Rolle dem selbständigen Beweisverfahren gerade im Arzthaftungsrecht zukommt. Hierfür muss man sich zunächst seine geschichtliche Entwicklung und heutige Ausgestaltung vor Augen führen (Erster Teil). Anschließend wird die grundsätzliche Zulässigkeit des streitschlichtenden Beweisverfahrens in Arzthaftungssachen diskutiert, die lange Zeit umstritten war (Zweiter Teil). Einen letzten großen Komplex bildet die rechtsvergleichende Betrachtung der deutschen Verschuldenshaftung und des kollektiven Schadensausgleichs im neuseeländischen *accident compensation scheme*. Diese liefert Anhaltspunkte dafür, wann die vorprozessuale Beweiserhebung im Einzelfall unzulässig sein kann (Dritter Teil).

---

45 Diese Begrifflichkeit verwendet *Katzenmeier*, ZZP 115 (2002), 51, 76.

46 Näher hierzu unter A.IV.2, S. 36.

47 *Prütting*, JZ 1985, 261, 264. Auch *Preibisch*, Fn. 9, S. 35 ordnet das Beweissicherungsverfahren als gerichtliches Vorverfahren ein, das von den außergerichtlichen Verfahren abzugrenzen sei.

48 In neuerer Zeit weist beispielsweise *Rauscher*, in: *MüKo*/ZPO, Bd. 1, 3. Aufl. 2008, Einleitung Rdnr. 52 kurz darauf hin, man könne das selbständige Beweisverfahren im weiteren Sinn zur Schlichtung rechnen, setzt sich aber nicht vertieft mit dieser Möglichkeit der Streitvermeidung auseinander.

49 So *Hilber*, BB-Beilage Nr. 2 (zu BB 2001, Heft 16), 22, 30, der die §§ 485 ff. ZPO dem außergerichtlichen Konfliktlösungsmodell der *early neutral evaluation* gegenüberstellt.

Erster Teil: Das selbständige Beweisverfahren in seiner historischen Entwicklung und heutigen Gestalt

A. Entstehungsgeschichte des selbständigen Beweisverfahrens

„Es ist kein historischer Zufall, dass das römische Recht die Welt erobert hat. Sein hoher Abstraktionsgrad erlaubt es, es für beliebige Gesellschafts- und Wirtschaftsformen anzuwenden [...]."[50] Diese Feststellung *Manthes* gilt auch im Hinblick auf das selbständige Beweisverfahren, dessen Wurzeln sich als Beweis zum ewigen Gedächtnis bis ins römisch-kanonische Recht zurückverfolgen lassen.[51] Die *probatio in perpetuam rei memoriam*[52] diente damals ausschließlich dazu, gefährdetes Beweismaterial zu sichern.[53]

I. Anfänge der vorprozessualen Beweissicherung im römischen Recht

Ob im Prozessrecht der Königszeit (753 bis 509 v. Chr.) ein Institut zur Sicherung von Beweisen existierte, lässt sich nicht erforschen, denn dessen Ausgestaltung „verliert sich in frühgeschichtliches Dunkel"[54]. Lange Zeit wurden die römischen Gesetze größtenteils nur mündlich überliefert.[55] Das Zwölftafelgesetz von 452/451 v. Chr.[56], in dem altrömische Rechtsgrundsätze schriftlich fixiert sind, markierte daher eine historische

---

50 So *Manthe*, Geschichte des römischen Rechts, 3. Aufl. 2007, S. 7.

51 Ausführlich zum römischen Zivilprozess *Kaser/Hackl*, Das römische Zivilprozessrecht, 2. Aufl. 1996; *Keller*, Der römische Zivilprozess und die Aktionen, 6. Aufl. 1966. Einen Überblick über das römische Privatrecht bieten *Kaser/Knütel*, Römisches Privatrecht, 19. Aufl. 2008. Detaillierte Ausführungen finden sich bei *von Savigny*, System des heutigen römischen Rechts, 1973.

52 Manche Autoren sprechen auch von der *probatio ad perpetuam rei memoriam*, so beispielsweise *Groß*, Die Beweistheorie im canonischen Proceß, Bd. 1, 1867, S. 117.

53 Vgl. *Endemann*, Das Deutsche Zivilprozessrecht, 1969, S. 608.

54 Zitat nach *Wenger*, Institutionen des römischen Zivilprozessrechts, 1925, S. 19.

55 Hinweise darauf, dass auch vor Niederlegung des Zwölftafelgesetzes schon schriftliche Rechtsquellen gesammelt wurden, finden sich bei *Vering*, Geschichte und Pandekten des römischen und heutigen gemeinen Privatrechts, 4. Aufl. 1875, S. 57.

56 Der genaue Entstehungszeitpunkt der *Lex* bzw. *Leges Duodecim Tabularum* ist ungeklärt. Die Jahre 452/451 v. Chr. werden jedoch von vielen Autoren als maßgebliches Datum angegeben, so beispielsweise von *Seidl*, Römische Rechtsgeschichte und römisches Zivilprozessrecht, 3. Aufl. 1971, S. 186.

Wendung.[57] Dem Zivilverfahren widmeten sich lediglich die ersten drei Tafeln[58], dementsprechend wenig war in damaliger Zeit prozessrechtlich geregelt. Der Beweis wurde darin an einer Stelle dergestalt behandelt, dass „[w]er Jemand zum Zeugen brauche, ihn drey Tage hinter einander vor seinem Hause dazu auffordern soll, Zeuge zu seyn“[59]. Weiterhin schrieben die Zwölf Tafeln vor, Manzipationszeugen seien dazu verpflichtet, Zeugnis abzulegen.[60] Hinweise auf ein selbständiges Beweisverfahren finden sich in diesem frühen Gesetzgebungswerk allerdings noch nicht.

Ursprünglich enthielt das römische Recht zur Zeit der Republik (509 bis 27 v. Chr.) nur die Bestimmung, dass bei drohender Gefahr des Verlustes oder der Erschwerung des Zeugenbeweises die vorzeitige Erhebung und Entscheidung einer an sich noch nicht reifen Klage gestattet ist.[61] Im Formularverfahren, das in der mittleren Republik neben das Legisaktionenverfahren trat, sind außergerichtlich abgegebene Zeugenaussagen dokumentiert, die in einer Urkunde, der *testatio*, festgehalten wurden.[62] Die *testimonia per tabulas* wurden von den Urkundszeugen als echt beglaubigt, anschließend vor Gericht eröffnet und vorgelesen. Ihnen kam als schriftlich verzeichneten, eidlichen oder nicht eidlichen Aussagen aber ein geringerer Beweiswert zu als der Zeugeneinvernahme im laufenden Verfahren.[63] Trotzdem wurde die Möglichkeit einer vorläufigen

---

57 Die Zwölftafelgesetzgebung ist eine Errungenschaft der Plebejer im Ständekampf mit den Patriziern, genauer hierzu *Salkowski*, Institutionen, 9. Aufl. 1907, S. 16.

58 Siehe *Kaser/Hackl*, Fn. 51, S. 13.

59 Zitiert nach *Hugo*, Lehrbuch der Geschichte des römischen Rechts bis auf Justinian, 11. Aufl. 1997, S. 351.

60 Siehe *von Bethmann-Hollweg*, Der Civilprozeß des gemeinen Rechts in geschichtlicher Entwicklung, Bd. 2, 1959, S. 597. Die *mancipatio* stellte im römischen Recht eine spezielle Art der Eigentumsübertragung unter Mitwirkung von Zeugen dar. Genauer hierzu *Manthe*, Fn. 50, S. 19 ff.

61 Vgl. *Endemann*, Fn. 53, S. 607; *Heffter*, System des römischen und deutschen Civilproceßrechts, 1843, S. 598.

62 So *Kaser/Hackl*, Fn. 51, S. 368.

63 Dennoch nahm ihre Häufigkeit während der Kaiserzeit zu, vgl. *von Bethmann-Hollweg*, Fn. 60, S. 599, dort insbesondere Fn. 76.

Vernehmung in der *Lex Aquilia*[64] zugelassen, wenn Zeugen „späterhin verloren werden könnten"[65].

In der Spätantike (284 bis 565) schritt die Entwicklung der Beweissicherung außerhalb des Prozesses weiter fort. Unter Kaiser *Justinian* (527 bis 565) wurde im oströmischen Reich ein zwölfbändiges Gesetzgebungswerk geschaffen, das seit dem Mittelalter als *Corpus Iuris Civilis* bekannt ist und aus den Institutionen, den Digesten[66], dem Codex und den Novellen besteht.[67] Im vorliegenden Zusammenhang ist die Novelle 90 von besonderer Bedeutung, die sich mit den Zeugen beschäftigte.[68] Ihr Kapitel neun besagte, die Vernehmung zur Sicherung des Zeugenbeweises für einen künftigen Prozess könne auch in Abwesenheit des Gegners durchgeführt werden, wenn dieser der Vernehmung willkürlich fern geblieben sei.[69] Die Bezeugung *apud acta*, die sogenannte *ἐκμαρτύριον*[70],

---

64 Die Entstehungszeit dieses Plebiszits, das im *concilium plebis* auf Antrag eines Volkstribuns als Gesetz beschlossen wurde, ist ungewiss, vgl. *Salkowski*, Fn. 57, S. 416.

65 Zitat nach *Zimmern*, Geschichte des römischen Privatrechts bis Justinian, Bd. 3, 1829, S. 403, der auf L. 40 D. ad l. Aq. (9, 2), also auf die Digesten IX, 2, in denen auf das Plebiszit Bezug genommen wird, verweist. Darin wird sinngemäß Folgendes festgeschrieben: Wenn die Vertragsurkunde, die belegt, dass mir unter einer bestimmten Bedingung Geld geschuldet wird, zerstört worden ist, ich dies aber zum heutigen Zeitpunkt mittels Zeugen, die zum Zeitpunkt des Bedingungseintritts möglicherweise nicht mehr zur Verfügung stehen werden, beweisen kann und ich den Richter nach einer kurzen Darstellung davon überzeugen kann, sollte ich gewinnen; jedoch wird die Vollziehung des Urteils erst gestattet, wenn die Bedingung für die Schuld erfüllt wird, andernfalls bleibt das Urteil wirkungslos. Die Originalversion und eine englische Übersetzung des Abschnitts finden sich in *Thayer*, Lex Aquilia, 1929, S. 39.

66 Anstelle der Bezeichnung „Digesten" ist auch der Begriff der „Pandekten" gebräuchlich.

67 Das *Corpus Iuris Civilis* ist eine kompilatorische Verarbeitung des in damaliger Zeit vorhandenen Rechtsmaterials, vgl. *Salkowski*, Fn. 57, S. 48, der auf den folgenden Seiten einen Überblick über die Entstehungsgeschichte der einzelnen Teile der Rechtssammlung gibt.

68 Nov. 90, *De testibus*. In griechischer und lateinischer Sprache beispielsweise abgedruckt in: *Schöll/Kroll*, Corpus Iuris Civilis, Bd. 3, 2005, S. 445 ff; auf Deutsch nachzulesen bei *Otto/Schilling/Sintenis*, Das Corpus Juris Civilis in's Deutsche übersetzt, Bd. 7, 1833, S. 443 ff.

69 *Heffter*, Fn. 61, S. 599; *von Linde*, Lehrbuch des deutschen gemeinen Civilprozesses, 4. Aufl. 1835, S. 296 f. und *Simon*, Untersuchungen zum Justinianischen Zivilprozeß, 1969, S. 227 ff. verweisen bei ihrer Darstellung des Beweises zum ewigen Gedächtnis ebenfalls auf Nov. 90 cap. 9.

70 Zitiert nach *Simon*, Fn. 69, S. 227. *Wenger*, Fn. 54, S. 291 bezeichnet die außerhalb des Prozesses stattfindende Beweissicherung hingegen als *ἐκμαρτύρια*.

hatte die Erteilung einer Zeugenurkunde zur Folge, was an die *testatio* erinnert. Doch die Aufgabe der bei der *testatio* anwesenden Zeugen wurde nunmehr von der für die Vernehmung zuständigen Behörde[71] wahrgenommen, welche der Erklärung die erforderliche Publizität verlieh.[72]

II. Beweissicherung im römisch-kanonischen Recht

Überaus bedeutsam für die Entwicklung des selbständigen Beweisverfahrens und des deutschen Prozessrechts an sich war das mittelalterlich-kanonische Recht.[73] Obwohl dieses ursprünglich nur kirchliche Rechtsverhältnisse regelte, nahm es zunehmend Einfluss auf das Verfahren vor weltlichen Gerichten, wobei als wichtigste positive Rechtsquelle das *Corpus Iuris Canonici* zu nennen ist.[74] Dieses Gesetzeswerk baute auf dem römischen Recht als Grundlage auf[75] und modifizierte es in einigen Punkten[76].

Beide Begriffe setzten sich aus „ek-" (= aus, heraus, weg) und „martyrion" bzw. „martyria" (= Zeugnis) zusammen.

71 Die Behörde war mit *ius actorum conficiendorum* ausgestattet, vgl. *Wenger*, Fn. 54, S. 291.

72 Ausführlicher hierzu *Simon*, Fn. 69, S. 228 f, der diese Form der Zeugniserteilung wegen des geschilderten Unterschieds nicht als weiterentwickelte byzantinische Erscheinungsform der *testatio*, sondern als davon unabhängiges Institut einordnet.

73 *Von Linde*, Fn. 69, S. 19 ist der Ansicht, das kanonische Recht sei für das gemeine deutsche Prozessrecht eine noch wichtigere Quelle als das römische Recht, da auch germanische Institute in das Verfahren mit aufgenommen wurden.

74 *Endemann*, Fn. 53, S. 23 f. *Wesel*, Geschichte des Rechts in Europa, 2010, S. 236 zufolge war das kanonische Recht der katholischen Kirche „[d]as erste über fast ganz Europa verbreitete transnationale Rechtssystem". Auf S. 238 bietet er einen Überblick über den Inhalt des *Corpus Iuris Canonici*.

75 *Richter*, Lehrbuch des katholischen und evanglischen Kirchenrechts, 5. Aufl. 1858 schildert auf S. 29 ff, 40 ff, wie es zum römischen Primat kam. Die römischen Bischöfe nahmen nicht zuletzt deshalb, weil Rom Sitz der damaligen Weltherrschaft war, eine besondere Stellung ein. Bereits im fünften Jahrhundert galt die päpstliche Maßgabe, in allen wichtigen Angelegenheiten müsse das Recht in letzter Instanz in Rom geschöpft werden.

76 In Italien dienten der justinanische Codex und der *Epitome Novellarum Juliani* als Grundlage für das römische Kirchenrecht, vgl. *Richter*, Fn. 75, S. 90. Allgemein hierzu auch *Puchta*, Vorlesungen über das heutige römische Recht, Bd. 1, 1999, S. 12.

Üblicherweise schloss sich im kanonischen Recht das Beweisverfahren erst an die Klageerwiderung, die *litis contestatio*, an, doch als Ausnahme hierzu war ein früher stattfindendes Verhör von Zeugen zur Sicherung des Beweises anerkannt.[77] Diese Vernehmung, die schon vor Anhängigkeit des Prozesses durchgeführt werden konnte, war in canon 1730 des *Corpus Iuris Canonici* gesetzlich festgeschrieben und wurde als „Beweisführung zum ewigen Gedächtnisse" bzw. als *probatio in perpetuam rei memoriam* bezeichnet.[78] Wenngleich ihre Ursprünge in der streitigen Gerichtsbarkeit liegen, fand sie selbst im kanonischen Strafprozess in einem gegen Papst *Bonifaz* gerichteten Verfahren Anwendung.[79]

Die Beweisaufnahme konnte insbesondere dann vorweg genommen werden, wenn ein Zeuge in Todesgefahr schwebte, verreisen wollte, wegzuziehen drohte oder wegen eines anderen Grundes zu einem späteren Zeitpunkt die Gefahr bestand, dass eine Einvernahme nicht oder nur unter großen Schwierigkeiten möglich sein würde.[80] Sie beschränkte sich aber nicht auf Zeugen, sondern wurde im kanonischen Recht überall dort durchgeführt, „wo ein Beweismittel gefährdet [war], bei welchem eine vorzeitige Aufnahme und Beweisführung seiner Natur nach möglich [war]"[81]. Dabei richtete der zukünftige Kläger oder Beklagte ein Gesuch an den Richter des Prozesses oder an irgendeinen kirchlichen Richter und machte die Gründe für die Notwendigkeit der Beweisaufnahme glaubhaft. Er musste die Tatsachen und Beweismittel bezeichnen und den Gegner oder Interessenten nennen. Ein Notar protokollierte die Handlung und das Ergebnis in beweiskräftiger Form, sicherte das öffentliche Aktenstück durch Verschließen sowie Versiegelung gegen Fälschungen und bewahrte es anschließend in der Gerichtskanzlei auf. Dieses vorgezogene Vernehmungsprotokoll wurde nur auf Antrag einer

---

77 Siehe *Litewski*, Der römisch-kanonische Zivilprozeß nach den älteren ordines iudiciarii, 1999, S. 365, 372.

78 Vgl. *Groß*, Fn. 52, S. 117. *Endemann*, Fn. 53, spricht in diesem Zusammenhang auf S. 607 f. auch von einer „Zeugenabhör in Nothfällen", welche die Bescheinigung einer Gefahr voraussetze.

79 So erklärte sich Papst *Clemens V.* angesichts der Bedeutung des Prozesses gegen *Bonifaz* am 13. Mai 1310 bereit, vorzeitig Zeugen zur Prozessfrage zuzulassen. Er stütze sich hierbei auf eine Sonderbestimmung *Innozenz III*, demzufolge im Inquisitions- und Offizialverfahren die vorgezogene Beweissicherung gleichfalls möglich war. Ausführlich hierzu *Schmidt*, Der Bonifaz-Prozess, 1989, S. 224 ff.

80 Vgl. *Wirth*, Der Zeugenbeweis im kanonischen Recht, 1961, S. 160 f.

81 So *Groß*, Fn. 52, S. 118, der ausführlich darlegt, weshalb die *probatio ad perpetuam rei memoriam* auch bei Sachverständigen, Augenschein und sogar Urkunden statthaft war.

Partei im Prozess verwendet. Der Gegenseite, die nicht über die Beweisaufnahme in Kenntnis gesetzt worden war, blieben alle Einwände dagegen erhalten.[82]

Hatte der Kläger vom Beweis zum ewigen Gedächtnis vorprozessual Gebrauch gemacht, musste er die Sache binnen Jahresfrist anhängig machen oder wenigstens den Gegner darüber informieren, andernfalls galt die vorgezogene Beweisaufnahme als nicht geschehen.[83] Bei der Beweiswürdigung war zu berücksichtigen, dass das zum ewigen Gedächtnis Aufgenommene nur ein Surrogat für die eigentliche Beweisführung im Prozess selbst darstellte.[84] Der urteilende Richter konnte das Verhalten der Zeugen beim Verhör nicht beobachten, weshalb der *probatio in perpetuam rei memoriam* ein geringerer Wert beigemessen wurde als einer Aussage im laufenden Verfahren.[85] Standen die Beweismittel während des Prozesses noch zur Verfügung, konnten die Parteien eine Wiederholung der Beweisaufnahme verlangen, da die vorweggenommene Sicherung als reiner Ersatz- oder Notbehelf den wirklichen Beweis nicht verdrängen wollte.[86]

III. Übernahme des Instituts der Beweissicherung in das deutsche Prozessrecht

Die Rezeption führte im 15. und 16. Jahrhundert im territorial zersplitterten Deutschland dazu, dass römisches Recht überall dort Anwendung fand, wo einzelne Gebiete keine eigenen besonderen Rechte entwickelt hatten.[87] Obgleich das römische Privatrecht eine Fülle von Regelungen

---

82 Zum hier geschilderten Ablauf der *probatio in perpetuam rei memoriam* näher *Meile*, Die Beweislehre des kanonischen Prozesses, 1925, S. 123.

83 Vgl. *Heffter*, Fn. 61, S. 600 f.

84 So *Groß*, Fn. 52, S. 179.

85 Bereits der *testatio* im römischen Recht kam ein geringerer Beweiswert zu als einer Zeugenvernehmung vor dem entscheidenden Gericht, siehe unter A.I, S. 27.

86 Vgl. *Meile*, Fn. 82, S. 123.

87 Von maßgebender Bedeutung hierfür war der bereits erwähnte *Corpus Iuris Civilis*. Mitte des 11. Jahrhunderts wurde mit dem *Codex Florentinus*, der auch *Littera Florentina* genannt wird, eine Handschrift der Digesten wiederentdeckt. Der italienische Gelehrte *Irnerius von Bologna* versah sie mit eigenen Kommentierungen, den sogenannten Glossen, und begründete die Glossatorenschule in Bologna. Von dort aus nahm die Rezeption des römischen Rechts ihren Anfang, da nach und nach weitere Teile des *Corpus Iuris Civilis* auf diese Art und Weise bearbeitet und der Rechtswissenschaft zugänglich gemacht wurden. Näher hierzu *Stobbe*, Geschichte der deutschen Rechtsquellen, Bd. 1, 1965, S. 625 ff.

aufwies, umfasste es relativ wenige verfahrensrechtliche Bestimmungen. Daher rezipierten die südlichen und westlichen Territorien die Prozessordnung der Kirche und entnahmen die Beweisregeln größtenteils dem kirchlichen Verfahren, wobei sie oftmals das *Corpus Iuris Canonici* zugrunde legten.[88] Auf diese Weise hielt der Beweis zum ewigen Gedächtnis Einzug in deutsche Gerichtssäle.[89]

Denn dem germanischen Prozessrecht, das neben dem römisch-kanonischen Recht die zweite Wurzel der deutschen Verfahrensordnung bildet[90], war das Institut der Beweissicherung unbekannt. Ihm lag eine andere Konzeption zu Grunde, bei der den Parteien der Beweis erst im Urteil auferlegt wurde. Am Schluss der Verhandlung stand eine Art von Beweiswette, ein förmliches Gelöbnis mit dem Inhalt, dass entweder der nötige Beweis geführt oder aber der Gegner befriedigt werden musste.[91] Eine vorprozessuale Beweissicherung war angesichts dieser Verfahrensgestaltung nicht denkbar.[92] Beim Aufeinandertreffen mit dem germanischen Recht gewannen die kanonischen Regelungen auf dem Gebiet des Prozesses die Oberhand.[93] Daher sah auch § 3 der Kammergerichtsordnung vom 7. August 1495 vor, dass nach gemeinem, also nach römisch-kanonischem Recht[94] zu entscheiden war.[95]

---

88 Siehe *Meile*, Fn. 82, S. 16.

89 Vgl. *Werlhof/von Hugo*, Disquisitio iuridica de examine testium extraordinario, cum primis ad instruendam probationem futuram vulgo zum ewigen Gedächtniß, 1746.

90 So *Rosenberg*, Lehrbuch des Deutschen Zivilprozeßrechts, 2. Aufl. 1929, S. 5.

91 Vgl. *Meile*, Fn. 82, S. 9. Er verwendet in diesem Zusammenhang auch den Begriff „zweizüngiges Urteil".

92 So findet dieses Institut beispielsweise bei *Platner*, Ueber die historische Entwicklung des Systems und des Charakters des deutschen Rechts, vorzugsweise des Privatrechts, Bd. 2, 1854, im Kapitel über den Beweis und die Beweislehre auf S. 328 ff. keine Erwähnung.

93 Siehe *Endemann*, Die Beweislehre des Zivilprozesses, 1973, S. 30. *Wesel*, Fn. 74, S. 258 hält dementsprechend in seinem Abschnitt über die Gerichte und das Prozessrecht im Hoch- und Spätmittelalter lapidar fest: „Und das Verfahrensrecht? War natürlich das des römisch-kanonischen Inquisitionsprozesses."

94 Das römisch-kanonische Recht wurde zunächst als gemeines Recht angesehen, vgl. *Schwartz*, Vierhundert Jahre deutscher Zivilprozeß-Gesetzgebung, 1986, S. 72.

95 Allerdings entwickelt sich später das „Beweisinterlokut", welches eine Teilung des Verfahrens in zwei voneinander getrennte, selbständige Abschnitte nach sich zog. Ausführlich hierzu *Dahlmanns*, Der Strukturwandel des deutschen Zivilprozesses im 19. Jahrhundert, 1971, S. 42 f.

In der weiteren Entwicklung wurde der Beweis zum ewigen Gedächtnis in § 125 des Reichs-Deputations-Abschieds von 1600 verankert.[96] Nachdem es im Anschluss an den Westfälischen Frieden[97] zur Schaffung selbständiger partikularer Prozessrechtsregelungen in den einzelnen Territorien des Heiligen Römischen Reichs Deutscher Nation gekommen war[98], fand das Beweissicherungsverfahren Aufnahme in den meisten neueren deutschen Prozessgesetzen. Den Anfang machte Preußen mit der von *Svarez* durchgehend neu redigierten Allgemeinen Gerichtsordnung für die Preußischen Staaten von 1793/1795[99], die in wesentlichen Teilen auf dem *Corpus Juris Fridericianum* von 1781 beruht[100]. Auch in den Prozessgesetzen von Braunschweig[101], Hannover[102], Oldenburg[103], Baden[104], Württemberg[105] und Bayern[106] wurde das Institut festgeschrieben. Nur die rheinische Jurisprudenz folgerte aus der Tatsache, dass die französi-

---

96 Vgl. *Schubert*, Entwurf und Motive einer Prozeß-Ordnung in bürgerlichen Rechtsstreitigkeiten für den Preußischen Staat, 1994, S. 206.

97 Gesamtheit der zwischen dem 15. Mai und 24. Oktober 1648 in Münster und Osnabrück geschlossenen Friedensverträge, die den Dreißigjährigen Krieg in Deutschland beendeten.

98 So *Endemann*, Fn. 53, S. 30.

99 Allgemeine Gerichtsordnung für die Preußischen Staaten von 1793/1795, Drei und dreißigster Titel, §§ 1 bis 29, Von Aufnehmung des Beweises zum ewigen Gedächtnisse. Der Druck der Gerichtsordnung wurde zwar erst 1795 beendet, das Publikationspatent aber bereits am 6. Juli 1793 unterzeichnet, vgl. *Schwartz*, Fn. 94, S. 509.

100 Näher hierzu *Dahlmanns*, in: *Coing*, Handbuch der Quellen und Literatur der neueren Europäischen Privatrechtsgeschichte, Bd. 3, Teilbd. 2, 1982, S. 2615, 2646.

101 Civilproceßordnung vom 19. März 1850, Titel 7, §§ 288 bis 298, Beweisaufnahme zum ewigen Gedächtnisse.

102 Bürgerliche Processordnung für das Königreich Hannover vom 8. November 1850, Zweiter Theil, Erster Titel, Zweiter Abschnitt, §§ 244 bis 250, Sicherung gefährdeter Beweismittel.

103 Gesetz für das Herzogthum Oldenburg, den bürgerlichen Prozeß betreffend, vom 2. November 1857, Art. 153, §§ 1 bis 7, Beweis zum ewigen Gedächtniß.

104 Proceß-Ordnung in bürgerlichen Rechtsstreitigkeiten für das Großherzogtum Baden vom 18. März 1864, Vierundzwanzigster Titel, §§ 516 bis 520, Vom Beweise zum ewigen Gedächtniß.

105 Civilprozeß-Ordnung des Königreichs Württemberg vom 3. April 1868, Zweiter Theil, Titel XXIII, Art. 445 bis 457, Vom Verfahren zur Sicherung gefährdeter Beweismittel.

106 Prozeßordnung in bürgerlichen Rechtsstreitigkeiten für das Königreich Bayern vom 1. Februar 1869, Zweites Buch, Erster Abschnitt, IX. Hauptstück, Art. 347 bis 352, Beweis zum ewigen Gedächtniß.

schen Rechtsbücher das Beweissicherungsverfahren nicht erwähnten, dessen Unstatthaftigkeit.[107]

IV. Schaffung des Beweissicherungsverfahrens

Allgemeine Geltung erlangte der Beweis zum ewigen Gedächtnis gegen Ende des 19. Jahrhunderts. Im Jahr 1862 beschloß der Deutsche Bund, zur „Ausarbeitung und Vorlage des Entwurfs einer allgemeinen Civilprozeßordnung" eine Kommission einzusetzen, was zu regen gesetzgeberischen Tätigkeiten in allen deutschen Territorien führte.[108] Es wurden mehrere Prozessrechtsentwürfe geschaffen, die allesamt einen Abschnitt enthielten, der sich mit der Sicherung des Beweises befasste.[109] Das Bedürfnis nach einer Vereinheitlichung des Rechts verstärkte sich mit der Gründung des Deutschen Reichs am 18. Januar 1871. So sah die Verfassung in Art. 4 vor, das gerichtliche Verfahren zum Gegenstand gemeinsamer Gesetzgebung zu machen.[110]

1. Adaption in der Civilprozeßordnung von 1877

In der Folge nahm eine allgemeine Civilprozeßordnung für das Deutsche Reich immer deutlichere Gestalt an.[111] Schon der Entwurf von 1871 regel-

---

107 *Schubert*, Fn. 96, S. 207. Hauptargument hierfür war, dass die Ordonnanz von 1667 die *enquête d'examen à futur* ausdrücklich beseitigt hatte. In Frankreich wurde hingegen aus der Nichtaufnahme dieser Bestimmung in den *code de procédure civile* gerade die Zulässigkeit des Instituts der Beweissicherung hergeleitet.

108 Eine Zeittafel zur Entstehung der Civilprozeßordnung findet sich bei *Schubert*, Entstehung und Quellen der Civilprozeßordnung von 1877, Bd. 1, 1987, S. 35 f.

109 Entwurf einer Prozeßordnung in bürgerlichen Streitigkeiten für den Preußischen Staat von 1864, §§ 826 bis 836; Entwurf einer bürgerlichen Prozessordnung für das Königreich Sachsen von 1865, §§ 496 bis 500; hannoverscher Entwurf einer allgemeinen Civilproceßordnung für die deutschen Bundesstaaten von 1866, §§ 311 bis 321; Entwurf einer Prozessordnung in bürgerlichen Rechtsstreitigkeiten für den Norddeutschen Bund von 1870, §§ 648 bis 659.

110 Vgl. hierzu die „Allgemeine Begründung" des Entwurfs einer Civilprozeßordnung für das Deutsche Reich, abgedruckt bei *Hahn*, Die gesammten Materialien zur Civilprozeßordnung, Erste Abtheilung, Bd. 2, 1880, S. 113.

111 Einen kurzen Überblick über die Entstehung der CPO von 1877 und ihre weitere Ausstrahlungswirkung bietet *Prütting*, in: *Hau/Schmidt*, Facetten des Verfahrensrechts, Liber amicorum Walter F. Lindacher zum 70. Geburtstag am 20. Februar 2007, 2007, S. 89, 91 f.

te das Beweissicherungsverfahren[112], ebenso der Entwurf von 1872[113]. Die Civilprozeßordnung vom 30. Januar 1877 verankerte es schließlich im ersten Abschnitt des zweiten Buchs als zwölften Titel in den §§ 447 bis 455.[114] Das Beweissicherungsverfahren war somit von Beginn an Bestandteil der heute noch geltenden Verfahrensordnung in Deutschland.[115]

Ausweislich der Gesetzesbegründung bestand nur hinsichtlich des Augenscheins, des Zeugenbeweises und des Beweises durch Sachverständige ein Bedürfnis für den Beweis zum ewigen Gedächtnis.[116] Bereits der damalige Gesetzgeber ordnete diese „präparatorischen Beweisaufnahmen"[117] nicht als Teil der freiwilligen Gerichtsbarkeit, sondern als Teil des bevorstehenden Hauptsacheprozesses ein.[118] Die Besonderheiten des Verfahrens erklärten sich aus der „Anomalie, daß es unabhängig von einem Rechtsstreite stattfinden kann"[119]. In Abkehr von der Regelung im kanonischen Recht sah die CPO keine Zeitfrist mehr für die Beweiskraft der aufgenommenen Verhandlungen vor.[120]

2. Weiterentwicklung bis hin zur Regelung der §§ 485 ff. ZPO a. F.

Der Zivilprozess blieb vom Zusammenbruch des Kaiserreichs im Jahr 1918 und den darauf folgenden politischen Wirren in der Weimarer Re-

---

112 Entwurf einer Deutschen Civilprozeßordnung von 1871, Zweites Buch, Erster Abschnitt, Zwölfter Titel, §§ 409 bis 417, Von der Sicherung des Beweises.

113 Entwurf einer Deutschen Civilprozeßordnung von 1872, Zweites Buch, Erster Abschnitt, Zwölfter Titel, §§ 423 bis 430, Sicherung des Beweises.

114 Die Civilprozeßordnung vom 30. Januar 1877 wurde im RGBl. 1877, Nr. 6, S. 83 veröffentlicht. Sie trat zusammen mit dem Gerichtsverfassungsgesetz vom 27. Januar 1877, der Strafprozeßordnung vom 1. November 1877 und der Konkursordnung vom 10. November 1877 als Teil der Reichsjustizgesetze am 1. Oktober 1879 in Kraft, vgl. *Rosenberg*, Fn. 90, S. 12.

115 Das Muster eines „Antrag[s] auf Beweisaufnahme zum ewigen Gedächtniß" nach damaligem Recht ist bei *Delius*, Die Deutschen Prozeßordnungen, 1877, auf S. 206 unter Ziff. VII nachzulesen, überdies eine Kurzkommentierung zur Sicherung des Beweises auf S. 102 ff.

116 Ein Abdruck der Gesetzesbegründung findet sich bei *Hahn*, Fn. 110, S. 342 f.

117 Zitiert nach *Hahn*, Fn. 110, S. 343.

118 Dennoch wurde die Beweissicherung außerhalb des Prozesses teilweise der freiwilligen Gerichtsbarkeit zugeschrieben, vgl. etwa *Schneider*, ZZP 29 (1901), 96, 104 f. Ausführlich zur Einordnung der vorgezogenen Beweisaufnahme in das Rechtsschutzsystem unter B.I, S. 40.

119 So *Hahn*, Fn. 110, S. 343.

120 Wiederum *Hahn*, Fn. 110, S. 343.

publik anfangs nahezu unberührt.[121] Nach und nach wurden jedoch Reformwünsche laut, die zum Erlass der Emminger Novelle vom 13. Februar 1924 führten.[122] Dies hatte auch Auswirkungen auf die vorgezogene Beweisaufnahme, die nunmehr über die reine Sicherung des Beweises hinaus für den Fall zulässig wurde, dass der gegenwärtige Zustand einer Sache festgestellt werden sollte und der Antragsteller ein rechtliches Interesse an dieser Feststellung geltend machen konnte.[123] Als Beweismittel hierfür waren ausweislich des Gesetzestextes sowohl die Augenscheinseinnahme als auch die Vernehmung von Zeugen und Sachverständigen vorgesehen. Unter dem Begriff des Zustands wurde allerdings nur die Beschaffenheit der Sache verstanden. Eine Ausweitung auf die Erkundung der maßgeblichen Ursachen sowie der Beseitigungsmöglichkeiten und Kosten hierfür war davon nicht umfasst, da dies dem Wortlaut und der Entstehungsgeschichte dieser Alternative widersprochen hätte.[124]

Die Reformen während des Dritten Reichs hatten keine bedeutende Änderung des Instituts zur Folge, obwohl die Novelle von 1933 die Unmittelbarkeit der Beweisaufnahme erweiterte[125] und die Verfahrensbeschleunigung ein erklärtes Ziel des Reformprogramms war[126]. Einzig *Fischer* forderte in einem Referat vor dem „Ausschuß für bürgerliche Rechtspflege" im März 1934 einen Ausbau der Beweissicherung, die viel zu sehr gebunden sei. „Solche Sachverhaltsermittlung und -klärung ohne

---

121 Näher *Dannreuther*, Der Zivilprozeß als Gegenstand der Rechtspolitik im Deutschen Reich 1871-1945, 1987, S. 304.

122 RGBl. I, S. 135.

123 Vgl. die Neufassung des § 485 ZPO nach Inkrafttreten der Emminger Novelle, abgedruckt etwa bei *Goldschmidt*, Die neue Zivilprozeßordnung vom 13. Mai 1924, 1924, S. 130. Den Erläuterungen des Referentenentwurfs aus dem Jahr 1922 zufolge sollten dadurch die geltenden Vorschriften in Einzelheiten praktischer und einfacher gestaltet werden, siehe *Schubert*, Zivilprozessreform in der Weimarer Zeit, 2005, S. 250.

124 So *Schilken*, ZZP 92 (1979), 238, 263 f.

125 Gesetz zur Änderung des Verfahrens in bürgerlichen Rechtsstreitigkeiten vom 23. Oktober 1933, RGBl. I, S. 780, § 349 Abs. 2: „Im übrigen hat der Einzelrichter die Sache so weit zu fördern, daß sie tunlichst durch eine Verhandlung vor dem Prozeßgericht erledigt werden kann. Er kann zu diesem Zweck auch einzelne Beweise erheben; dies soll nur insoweit geschehen, als es zur Vereinfachung der Verhandlung vor dem Prozeßgericht wünschenswert und von vorneherein anzunehmen ist, daß das Prozeßgericht das Beweisergebnis auch ohne unmittelbaren Eindruck von dem Verlauf der Beweisaufnahme sachgemäß zu würdigen vermag."

126 In diesem Zusammenhang wurden im Jahr 1935 lediglich die Gerichtsferien abgeschafft, vgl. *Dannreuther*, Fn. 121, S. 480.

Rücksicht auf die Rechtsfolgen würde sicherlich vielen Prozessen vorbeugen."[127] Doch sein Plädoyer für eine Erweiterung der vorprozessualen Beweiserhebung zog keine gesetzgeberischen Konsequenzen nach sich.

V. Einführung des selbständigen Beweisverfahrens

Erst das RPflVereinfG[128] goss im Jahr 1991 gravierende Neuerungen in Gesetzestext. Um die außergerichtliche Streitbeilegung zu fördern, wurde das Beweissicherungsverfahren in ein selbständiges Beweisverfahren umgestaltet, das eine gütliche Einigung wesentlich erleichtern soll.[129] Zwar blieb das Sicherungsverfahren herkömmlicher Art nach § 485 Abs. 1 ZPO für den Beweis durch Augenschein, Zeugen und Sachverständige grundsätzlich erhalten. Im Interesse einer Entlastung der Gerichte und einer Beschleunigung des Prozesses verzichtet das nun geltende Recht aber in § 485 Abs. 2 ZPO für den Sachverständigenbeweis außerhalb eines anhängigen Prozesses auf die Zulässigkeitsvoraussetzung des drohenden Beweisverlustes.[130]

Der Gesetzgeber verwies zur Begründung unter anderem auf die angloamerikanische *pre-trial discovery*, welche den Parteien die Möglichkeit gibt, den Sachverhalt vor Eintritt in die eigentliche Verhandlung weitgehend aufzuklären.[131] Zwar ging die Umgestaltung durch das RPflVereinfG nicht so weit, als dass die vorprozessuale Beweiserhebung wirklich als Abbild dieser Regelung angesehen werden könnte. Während die *discovery* allein in den Händen der Parteien liegt und sich bewusst als *fishing expedition* versteht[132], erfordert das selbständige Beweisverfahren nach wie vor einen gerichtlichen Beweisbeschluss und lässt eine Ausfor-

---

127 Ein Abdruck des Referats samt des angeführten Zitates findet sich in *Schubert*, Zivilprozeß und Gerichtsverfassung, 1997, S. 211, 217.

128 Rechtspflege-Vereinfachungsgesetz vom 17. Dezember 1990, BGBl. I, S. 2847, das am 1. April 1991 in Kraft getreten ist.

129 Begründung des Entwurfs eines Rechtspflege-Vereinfachungsgesetzes, BT-Drs. 11/3621, S. 2.

130 Vgl. *Herget*, in: *Zöller*, ZPO, 28. Aufl. 2010, Vor. § 485, Rdnr. 2.

131 BT-Drs. 11/3621, S. 23. Ausführlich zur *pre-trial discovery* etwa *Böhm*, Amerikanisches Zivilprozessrecht, 2005, S. 181 ff. Einen allgemeinen Überblick über das Deliktsrecht und den Zivilprozess bieten *Reimann/Ackmann*, Einführung in das US-amerikanische Privatrecht, 2. Aufl. 2004, S. 81 ff.

132 Vgl. *Hay*, Fn. 40, S. 68. *Böhm*, Fn. 131, S. 189 wählt den Begriff der „Beweisausforschung".

schung nicht zu[133]. Doch die „[…] Novelle konzentrierte sich glücklicherweise nicht darauf, allein ein Etikett farbiger zu gestalten, sondern griff mit der Neufassung der §§ 485 ff. ZPO auch inhaltlich bedeutsam in die Struktur ein; so fand in der Sache die notwendige Aktualisierung statt"[134]. Wie die von *Ulrich* angesprochene Anpassung an den Zeitgeist im Detail erfolgte, steht im Blickpunkt des nächsten Kapitels.

133 So auch *Stadler/Hau* in: *Reimann/Zekoll*, Introduction to German Law, 2005, S. 365, 373, die einen Überblick über das deutsche Zivilprozessrecht geben. Allerdings warnen *Lüpke/Müller*, NZI 2002, 588 davor, der deutsche Zivilprozess drohe sich aufgrund der Neufassung von § 142 ZPO, der die gerichtlichen Anordnungsmöglichkeiten für eine Urkundenvorlegung erweitert hat, an das amerikanische *discovery*-Verfahren anzunähern.

134 Zitat nach *Ulrich*, AnwBl 2003, 26. *Schreiber*, NJW 1991, 2600, ist hingegen der Ansicht, die Bedeutung des RPflVereinfG erschöpfe sich in weiten Teilen in begrifflichen Änderungen.

B. Ausgestaltung und Zielsetzung des selbständigen Beweisverfahrens

Der „Ausnahmecharakter der Beweissicherung als Maßnahme zur Abwehr konkreter Gefahren für den Fortbestand einer Beweismöglichkeit"[135] wurde durch die Umgestaltung in ein selbständiges Beweisverfahren erheblich abgeschwächt. Im Folgenden soll die neue Strukturierung dieser Art der Beweisaufnahme genauer beleuchtet werden.

I. Einordnung des Verfahrens in das Rechtsschutzsystem

1. Zuordnung zur streitigen Gerichtsbarkeit

Zu Beginn stellt sich die Frage, ob das selbständige Beweisverfahren der streitigen oder der freiwilligen Gerichtsbarkeit unterfällt. Der historische Gesetzgeber vertrat konsequent die Ansicht, eine vorgezogene Beweisaufnahme sei Teil des bevorstehenden Hauptsacheprozesses. Dies lässt sich schon der Begründung der CPO von 1877 entnehmen[136] und wird dadurch bestätigt, dass er das Beweissicherungsverfahren auch nach Einführung des FGG im Jahr 1898[137] und nach der Umgestaltung des Verfahrens durch das RPflVereinfG in der ZPO belassen hat.

Gleichwohl wurde der Beweissicherung außerhalb des Prozesses teilweise der Charakter eines Akts der freiwilligen Gerichtsbarkeit zugeschrieben, da ein Bezug auf einen bestimmten Rechtsstreit nicht erforderlich und eine Erklärung und Prüfung in dieser Hinsicht nicht geboten sei.[138] Als weiteres Argument diente § 164 FGG, der ein Verfahren zur Sicherung des Beweises für Fälle vorsah, in denen nach den Vorschriften des bürgerlichen Rechts der Zustand oder der Wert einer Sache durch Sachverständige festgestellt werden konnte. Aus dieser Regelung folge, dass das Verfahren der vorgezogenen Beweisaufnahme ohne die Möglichkeit einer genauen Abgrenzung teils in der ZPO, teils im FGG geregelt werde.[139] Mit Außerkrafttreten des FGG zum 1. September 2009 wurde dieser Auffassung die Grundlage entzogen, zumal das nun geltende FamFG keine entsprechende Regelung aufweist.[140] Die herrschen-

---

135 So *Schilken*, ZZP 92 (1979), 238, 264.

136 Siehe *Hahn*, Fn. 110, S. 343.

137 RGBl. I, S. 771.

138 Vgl. *Jonas*, in: *Stein/Jonas*, Die Zivilprozeßordnung für das Deutsche Reich, Bd. 1, 14. Aufl. 1928, Vor. § 485.

139 So *Schneider*, ZZP 29 (1901), 96, 104 f.

140 Daher bedarf es auch keiner Entscheidung mehr, welchem Verfahren der Vorrang zukommt oder ob sie nebeneinander Anwendung finden. Während *Wei-*

de Literaturmeinung hatte sich ohnehin stets dafür ausgesprochen, die vorweggenommene Beweisführung als kontradiktorisches Verfahren zwischen Antragsteller und Antragsgegner der streitigen Gerichtsbarkeit zu unterstellen.[141] Das selbständige Beweisverfahren in seiner heutigen Gestalt soll ausweislich der Gesetzesbegründung die außergerichtliche Streitbeilegung fördern und eine gütliche Einigung vor Eintritt in das Streitverfahren erleichtern.[142] Obgleich die vorgezogene Beweisaufnahme unter den Voraussetzungen der §§ 491 Abs. 2, 494 ZPO auch ohne einen bestimmten Gegner durchgeführt werden kann, setzt dies die Zuordnung zur streitigen Gerichtsbarkeit voraus.[143]

2. Abgrenzung zum einstweiligen Rechtsschutz

Ferner ist kurz darauf einzugehen, dass der Arrest nach § 916 ZPO und die einstweilige Verfügung gemäß §§ 935, 940 ZPO insoweit Parallelen zum selbständigen Beweisverfahren aufweisen, als sie ebenfalls einem Sicherungszweck dienen.[144] Sie beinhalten gewissermaßen „eine Tendenz zur Gefahrenabwehr, die durch die Dauer des Hauptprozesses bedingt ist"[145]. Die Verfahren des einstweiligen Rechtsschutzes kommen aber grundsätzlich nur bei der Sicherung eines materiellrechtlichen Anspruchs in Betracht, nicht hingegen, wenn es gilt, den bestehenden Zustand einer Sache festzustellen.[146] Im letztgenannten Fall greift vielmehr das Verfahren nach §§ 485 ff. ZPO ein, in dem die Beweisbarkeit von

---

se, Praxis des selbständigen Beweisverfahrens, 1994, Rdnr. 13 f. § 164 FGG als Sondervorschrift ansah, die aufgrund des engeren Anwendungsbereichs dem Verfahren nach §§ 485 ff. ZPO vorgehe, betonte *Schilken*, ZZP 92 (1979), 238, 242 zwar die strukturmäßigen Unterschiede zwischen beiden Verfahren, schloss aber nicht aus, im Einzelfall beide für zulässig zu erklären.

141 Vgl. nur *Rosenberg*, Fn. 90, S. 375. Auch *Spilok*, Grundfragen der Beweissicherung, 1982, S. 12 f. führt aus, dass nur eine Mindermeinung, die als überwunden angesehen werden kann, das Beweissicherungsverfahren zur freiwilligen Gerichtsbarkeit zählte.

142 BT-Drs. 11/3621, S. 2.

143 Für eine Zuordnung zur streitigen Gerichtsbarkeit sprechen sich in neuerer Zeit unter anderem *Reichold*, in: *Thomas/Putzo*, ZPO, 31. Aufl. 2010, Vorbem. § 485, Rdnr. 2; *Schreiber*, in: *MüKo*/ZPO, Fn. 48, § 485 Rdnr. 1; *Weise*, Selbstständiges Beweisverfahren im Baurecht, 2. Aufl. 2002, Rdnr. 9 f. aus.

144 Siehe *Greim*, Probleme des neuen selbständigen Beweisverfahrens (§§ 485 ff. ZPO) am Beispiel von Bausachen, 1995, S. 6.

145 So *Spilok*, Fn. 141, S. 14.

146 Vgl. *Motzke*, Die Vorteile des Beweissicherungsverfahrens in Baustreitigkeiten, 1981, S. 16 zu §§ 485 ff. ZPO a. F. Ebenso *Wussow*, Das gerichtliche Beweissicherungsverfahren in Bausachen, 1979, S. 21.

Tatsachen erhalten werden soll, die möglicherweise für die Bestätigung des potentiellen Anspruchs im Erkenntnisverfahren benötigt werden.[147]

Zu diesem Ergebnis gelangte im Jahr 1972 auch das OLG Nürnberg, das in seiner Begründung richtigerweise auf die unterschiedlichen Zielsetzungen beider Verfahren verwies.[148] Gleichwohl ordnen manche Stimmen in der Literatur das selbständige Beweisverfahren in das System des einstweiligen Rechtsschutzes ein[149] und auch die Rechtsprechung äußert sich nicht immer ganz eindeutig. So legte etwa das OLG Düsseldorf in einer jüngeren Entscheidung dar, es könne dahingestellt bleiben, ob die Durchführung eines selbständigen Beweisverfahrens eine vorläufige oder sichernde Maßnahme im Sinn des § 1033 ZPO darstelle, „dass dies für andere Arten des einstweiligen Rechtsschutzes sicherlich anders zu beurteilen sein dürfte"[150].

3. Anwendbarkeit außerhalb der ZPO

Auch außerhalb der streitigen Zivilgerichtsbarkeit sind die §§ 485 ff. ZPO anwendbar. § 46 Abs. 2 ArbGG, § 99 Abs. 1 PatG, § 98 VwGO und § 82 FGO sehen ausdrücklich eine entsprechende Anwendung dieser Bestimmungen vor. Ausweislich der Begründung des Regierungsentwurfs soll das selbständige Beweisverfahren vor den Verwaltungs-, Finanz- und Sozialgerichten aber regelmäßig wie bisher nur zum Zweck der Beweissicherung möglich sein.[151]

Für das sozialgerichtliche Verfahren ergibt sich diese Einschränkung bereits aus § 76 Abs. 1 SGG, der ein spezielles Beweissicherungsverfahren beinhaltet. Eine Regelung, die § 485 Abs. 2 ZPO entspricht, fehlt darin gerade. § 76 Abs. 3 SGG verweist lediglich ergänzend auf einzelne Normen des selbständigen Beweisverfahrens der ZPO.[152] Unlängst hat das

---

147 Siehe *Ulrich*, Selbständiges Beweisverfahren mit Sachverständigen, 2004, Rdnr. 27.

148 OLG Nürnberg NJW 1972, 2138. Obwohl dies für sich schon überzeugend war, sprach das Gericht dem Antragsteller zudem das Rechtsschutzbedürfnis für den Erlass einer einstweiligen Verfügung ab. Kritisch daher *Habscheid*, NJW 1973, 375 (Anm. zu OLG Nürnberg, Beschluss vom 7. September 1972, Az: 2 W 108/72 = NJW 1972, 2138). Ausführlich hierzu *Schilken*, ZZP 92 (1979), 238, 243 ff.

149 So *Spilok*, Fn. 141, der das Verfahren nach §§ 485 ff. ZPO im Untertitel seiner Dissertation als besondere Form des vorläufigen Rechtsschutzes einstuft. Ähnlich *Crückeberg*, Vorläufiger Rechtsschutz, 1999, S. 19 ff.

150 OLG Düsseldorf SchiedsVZ 2008, 258, 260.

151 BT-Drs. 11/3621, S. 24.

152 Es handelt sich hierbei um §§ 487, 490 bis 494 ZPO.

SG Ulm daher erneut bekräftigt, dass ein Antrag auf Durchführung eines Beweissicherungsverfahrens die Anforderungen nach § 76 Abs. 3 i. V. m. § 487 ZPO erfüllen muss, was unter anderem die Angabe der Tatsachen voraussetzt, über die Beweis erhoben werden soll.[153] Die Verwaltungs- und Finanzgerichte haben den Sachverhalt gemäß § 86 Abs. 1 S. 1 VwGO und § 76 Abs. 1 S. 1 FGO von Amts wegen zu ermitteln. Sie müssen also gegebenenfalls den durch § 485 Abs. 2 ZPO vorgesehenen Sachverständigenbeweis selbst erheben und können kein vorgeschaltetes Beweisverfahren anordnen.[154]

II. Besonderheiten der drei Regelungen des selbständigen Beweisverfahrens

Die geltende Zivilprozessordnung kennt drei unterschiedliche Ausgestaltungen der vorsorglichen Beweisaufnahme: das einvernehmliche Beweisverfahren im Sinn von § 485 Abs. 1 Alt. 1 ZPO, das sichernde nach § 485 Abs. 1 Alt. 2 ZPO sowie das streitschlichtende gemäß § 485 Abs. 2 ZPO. Jedes dieser Verfahren stellt besondere Anforderungen an die Zulässigkeit.

1. Einvernehmliches Beweisverfahren

Nach § 485 Abs. 1 Alt. 1 ZPO kann während oder außerhalb eines Streitverfahrens die Einnahme des Augenscheins, die Vernehmung von Zeugen oder die Begutachtung durch einen Sachverständigen angeordnet werden, wenn der Gegner zustimmt. Die Abgabe der Zustimmung ist mündlich, schriftlich oder zu Protokoll der Geschäftsstelle möglich. Als allgemeine Prozesshandlung wird sie mit Zugang bei Gericht wirksam und ist danach unanfechtbar und unwiderruflich.[155] Diese Ausgestaltung war bereits im Beweissicherungsverfahren nach § 485 ZPO a. F. geregelt; an die Stelle der „Vernehmung" des Sachverständigen, ist jedoch die allgemeine Formulierung der „Begutachtung" getreten, die den Beweis durch ein schriftliches Sachverständigengutachten ermöglicht.[156]

---

153 SG Ulm, Beschluss vom 9. März 2009, Az: S 10 U 4214/08 A.

154 Insgesamt zu diesen Unterschieden auch *Schreiber*, NJW 1991, 2600, 2601.

155 Vgl. *Huber*, in: *Musielak*, ZPO, 7. Aufl. 2009, § 485 Rdnr. 9.

156 Nach Ansicht von *Cuypers*, NJW 1994, 1985 trägt diese Regelung der Praxis Rechnung. Die Vernehmung des Sachverständigen sei ausgesprochen selten praktiziert worden.

2. Sicherndes Beweisverfahren

Im sichernden Beweisverfahren setzt sich nahezu unverändert die römischkanonische Regelung der *probatio in perpetuam rei memoriam* fort.[157] Nach § 485 Abs. 1 Alt. 2 ZPO können Augenscheinseinnahme, Zeugenvernehmung und Sachverständigenbegutachtung während oder außerhalb eines Streitverfahrens dann erfolgen, wenn zu besorgen ist, dass das Beweismittel verloren geht oder seine Benutzung erschwert wird. Unter der Gefahr des Verlustes des Beweismittels werden Fälle wie das drohende Versterben infolge hohen Alters[158], ein schlechter Gesundheitszustand, eine längere Auslandsreise oder eine bevorstehende Auswanderung des Zeugen zusammengefasst[159]; ebenso die unmittelbar bevorstehende Veränderung der zu besichtigenden Sache[160] oder ihr Untergang[161].

3. Streitschlichtendes Beweisverfahren

Entgegen der früheren Konzeption, die im Wesentlichen auf eine Sicherung von Beweismitteln ausgerichtet war, ist eine vorprozessuale Beweisaufnahme seit der Neuregelung auch dann möglich, wenn eine Partei ein rechtliches Interesse daran hat, den Zustand einer Person oder den Zustand oder Wert einer Sache, die Ursache eines Personenschadens, Sachschadens oder Sachmangels oder den Aufwand für die Beseitigung eines derartigen Mankos feststellen zu lassen, § 485 Abs. 2 S. 1 ZPO. Als einzig zulässiges Beweismittel kann in diesem Fall die schriftliche Begutachtung durch einen Sachverständigen beantragt werden. Das rechtliche Interesse ist nach dem zweiten Satz der Vorschrift dann anzunehmen, wenn die Feststellung der Vermeidung eines Rechtsstreits dienen kann. Daher hat sich die Bezeichnung als streitschlichtendes Beweisverfahren etabliert.[162] Es stellt mittlerweile die

---

157 Ausführlich zur geschichtlichen Entwicklung, insbesondere zur Beweissicherung im römisch-kanonischen Recht unter A.II, S. 30.

158 OLG Nürnberg NJW-RR 1998, 575.

159 Insgesamt hierzu *Schreiber*, in: *MüKo/*ZPO, Fn. 48, § 485 Rdnr. 8.

160 OLG Karlsruhe NJW-RR 1989, 1465. Ein typischer Anwendungsfall ist die Veränderung infolge Baufortschritts, da es dem Bauherrn nicht zuzumuten ist, den Mangel zu konservieren und das Bauvorhaben bis zur Durchführung des Hauptsacheverfahrens zu stoppen, vgl. *Ulrich*, AnwBl 2003, 26, 28; *ders*, DS 2007, 184, 185.

161 Näher hierzu *Herget*, in: *Zöller*, Fn. 130, § 485 Rdnr. 5; *Huber*, in: *Musielak*, Fn. 155, § 485 Rdnr. 10.

162 Vgl. nur *Cuypers*, NJW 1994, 1985, 1986. Manche Autoren wählen auch die Begrifflichkeit des isolierten Beweisverfahrens, so etwa *Fischer*, MDR 2001, 608; *Ulrich*, AnwBl 2003, 26, 28; *ders*, DS 2007, 184, 185.

in der Praxis am häufigsten durchgeführte Variante der vorgezogenen Beweisaufnahme dar.[163]

III. Wirkungen des selbständigen Beweisverfahrens

1. Prozessuale Wirkungen

a) Verwertbarkeit der selbständigen Beweiserhebung im Hauptsacheprozess

§ 493 Abs. 1 ZPO zufolge steht die selbständige Beweiserhebung einer Beweisaufnahme vor dem Prozessgericht gleich, wenn sich eine Partei im Prozess auf Tatsachen beruft, über die selbständig Beweis erhoben worden ist. Damit stellt die Norm das notwendige Bindeglied zwischen dem selbständigen Beweisverfahren und dem Hauptsacheprozess dar.[164] Während die Verwertung der Beweisergebnisse gemäß § 493 ZPO a. F. von der Initiative einer Partei abhing[165], steht es den Parteien nach neuem Recht nicht mehr frei, sich auf die im selbstständigen Beweisverfahren durchgeführte Beweisaufnahme zu berufen[166]. Das darin erzielte Beweisergebnis ist bei streitigem Tatsachenvortrag vielmehr wie ein im Hauptsacheprozess gewonnenes zu behandeln, um Verzögerungen zu vermeiden.[167] Auf die Parteirolle des Antragstellers kommt es nicht an; dieser kann entweder als Kläger oder als Beklagter in Erscheinung treten.[168] Notwendig ist lediglich, dass die Beteiligten des Hauptsacheprozesses bereits zuvor im selbständigen Beweisverfahren agiert haben.[169] Prozess in diesem Sinne ist nicht nur das ordentliche Verfahren, in dem

---

163 So *Ulrich*, DS 2007, 184, 185. Zur hohen Praxisbedeutung auch *Herget/Fischer*, JuS 2008, 157.

164 Siehe die Ausführungen bei *Voit*, in: *Kniffka/Quack/Vogel/Wagner*, Festschrift für Prof. Dr. Reinhold Thode zum 65. Geburtstag, 2005, S. 337, 340.

165 Vgl. *Thomas*, in: *Deutsche Gesellschaft für Baurecht e. V*, Seminar – Das Beweissicherungsverfahren in Bausachen und dessen Neugestaltung, 1990, S. 78, 94.

166 Siehe zu diesen prozessualen sowie den materiellrechtlichen Wirkungen des selbständigen Beweisverfahrens *Volze*, DS 2010, 301.

167 Derartige Verzögerungen konnten nach alter Rechtslage entstehen, wenn sich die Parteien im Hauptsacheprozess auf andere Beweismittel als die bereits erhobenen beriefen, vgl. BT-Drs. 11/3621, S. 24.

168 OLG Braunschweig BauR 2001, 990. Gegenstand des selbständigen Beweisverfahrens sei eine vorweggenommene, vorsorgliche Beweisaufnahme zum Zwecke der Tatsachenfeststellung. Dabei komme es nicht darauf an, ob der Antragsteller das Gutachten zum Beweis für anspruchsbegründende Tatsachen oder zur Darlegung von Tatsachen verwende, die seiner Verteidigung dienen.

169 Vgl. in jüngerer Zeit beispielsweise BGH NJW-RR 2007, 1294.

das Beweisergebnis des selbständigen Beweisverfahrens verwertet wird, sondern auch ein vorläufiges Verfahren wie einstweilige Anordnung oder Arrest.[170] Zwar erfolgt die Entscheidung dort ausschließlich aufgrund präsenter Beweise, vgl. §§ 920, 936, 294 Abs. 2 ZPO. Ist das Verfahren nach §§ 485 ff. ZPO jedoch bereits abgeschlossen, ist die Beweisaufnahme sofort möglich, ohne dass eine Verzögerung des vorläufigen Verfahrens droht.[171]

Nur eine gesetzmäßige, den Anforderungen des § 492 Abs. 1 i. V. m. §§ 355 ff. ZPO genügende vorgezogene Beweisaufnahme kann verwertet werden.[172] Diese muss insbesondere das Recht der Parteien auf Beteiligung wahren, §§ 493 Abs. 2, 491 ZPO.[173] Verfahrensfehler sind hingegen insoweit unbeachtlich, als sie die Unzuständigkeit des Gerichts oder die nachträgliche Geltendmachung der Unzulässigkeit betreffen.[174] Für die spätere Verwendbarkeit des Beweisergebnisses ist es unerheblich, wenn der Antrag auf Durchführung eines selbständigen Beweisverfahrens zunächst gegen Unbekannt im Sinne von § 494 ZPO gerichtet worden ist, sofern die Voraussetzungen des § 493 Abs. 2 ZPO beachtet wurden.[175] Die Möglichkeit der späteren Verwertung im Prozess ist überdies für die Bestimmung der internationalen Zuständigkeit eines deutschen Gerichts

---

170 So auch OLG Koblenz JurBüro 1995, 481; *Ulrich*, AnwBl 2003, 144; *ders*, Fn. 147, Rdnr. 310; *ders*, in: *Prütting/Gehrlein*, ZPO, 2. Aufl. 2010, § 493 Rdnr. 3. A. A. noch KG JurBüro 1984, 1243; Schleswig-Holsteinisches OLG JurBüro 1987, 1223.

171 Hiervon zu trennen ist die Frage, welches Gericht für die Entscheidung über die Zulässigkeit der vorprozessualen Beweisaufnahme zuständig ist. Arrest oder einstweilige Verfügung stellen keinen anhängigen Rechtsstreit im Sinne des § 486 ZPO dar, vgl. *Ulrich*, in: *Prütting/Gehrlein*, Fn. 170, § 486 Rdnr. 3 und *Weise*, Fn. 143, Rdnr. 662. So hat bereits das OLG Frankfurt NJW 1985, 811 entschieden, dass sich eine unmittelbare oder entsprechende Anwendung des § 486 ZPO a. F. auf vorläufige Verfahren nach dem Wortlaut und Zweck der Vorschrift verbietet, weil das Warten auf das Ergebnis der Beweissicherung das vorläufige Verfahren erheblich verzögern würde.

172 Vgl. *Ulrich*, AnwBl 2003, 144; *ders*, DS 2007, 248.

173 *Herget*, in: *Zöller*, Fn. 130, § 493 Rdnr. 3 führt neben dem generellen Recht auf Beteiligung die Missachtung des Anwesenheitsrechts und des Fragerechts nach §§ 397, 411 ZPO auf.

174 So auch *Weise*, Fn. 143, Rdnr. 645 ff, der ausführlich zwischen Verstößen, die zu einem Verwertungsverbot führen und folgenlosen Fehlern differenziert.

175 BGH NJW 1980, 1458 zum damals noch geltenden Beweissicherungsverfahren. Ein Antrag gegen Unbekannt hat jedoch Auswirkungen auf die materiellrechtlichen Folgen des selbständigen Beweisverfahrens, da er die Verjährung nicht unterbricht. Genauer hierzu unter B.III.2, S. 48.

von Bedeutung.[176] Im zitierten Fall hatten die Parteien die Streitentscheidung in prozessualer Hinsicht einem koreanischen Schiedsgericht unterstellt. Das OLG Düsseldorf verneinte infolgedessen die internationale Zuständigkeit deutscher Gerichte für das selbständige Beweisverfahren. Dieses habe Hilfsfunktion und sei nach den Grundsätzen des deutschen Prozessrechts unzulässig, wenn das Beweisergebnis in dem funktional mit ihm verbundenen Hauptsacheverfahren nicht benutzt werden könne, weil ein zivilprozessuales Streitverfahren denkbarerweise nicht stattfinde.[177]

Ein Sonderproblem stellt die Verwertung eines gemäß § 485 Abs. 2 ZPO erholten schriftlichen Sachverständigengutachtens in einem Urkundenprozess dar. Diese Frage war lange Zeit umstritten und wurde vom BGH schließlich dahingehend entschieden, dass die Verwertung unzulässig ist, soweit dadurch der Beweis durch Sachverständige in das Verfahren nach §§ 592 bis 605a ZPO eingeführt werden soll.[178] Zwar handele es sich bei dem vorprozessual eingeholten schriftlichen Gutachten um eine Urkunde im Sinne der ZPO, diese sei aber im Urkundenprozess nicht tauglich. § 493 Abs. 1 ZPO gestatte keine Wesensänderung eines wegen § 595 Abs. 2, 3 ZPO unzulässigen Sachverständigenbeweises in einen Urkundsbeweis.[179]

b) Zuständigkeitsbegründung für und gegen den Antragsteller

Im streitschlichtenden Beweisverfahren gibt § 486 Abs. 2 S. 1 ZPO dem Antragsteller die Möglichkeit, durch seinen Vortrag das Gericht zu bestimmen, welches zur Entscheidung in der Hauptsache berufen wäre. Gemäß § 486 Abs. 2 S. 2 ZPO ist es ihm im nachfolgenden Streitverfahren verwehrt, sich auf die Unzuständigkeit des Gerichts zu berufen. Diese Selbstbindung des Antragstellers gilt auch für die sachliche Zuständigkeit, da diese in §§ 486 Abs. 2 S. 2, 487 Nr. 4 ZPO nicht ausgenommen wird und der Gesetzgeber ausweislich der Materialien davon ausging,

---

176 Vgl. hierzu OLG Düsseldorf SchiedsVZ 2008, 258. Näher zur Anwendung von §§ 485 ff. ZPO auf grenzüberschreitende Sachverhalte *Ahrens*, in: *Geimer*, Wege zur Globalisierung des Rechts, Festschrift für Rolf A. Schütze zum 65. Geburtstag, 1999, S. 1 sowie zur Tätigkeit von Gerichtssachverständigen in Fällen mit Auslandsbezug *Hau*, RIW 2003, 822.

177 OLG Düsseldorf SchiedsVZ 2008, 258, 260. Umfassende Ausführungen zu *multi-fora disputes* bei *Hau*, Positive Kompetenzkonflikte im Internationalen Zivilprozeßrecht, 1996.

178 BGH NJW 2008, 523 m. w. N. zum vorherigen Streitstand in Literatur und Rechtsprechung.

179 Vgl. *Fritzsche-Brandt*, NJW 2008, 525, 526 (Anm. zu BGH, Urteil vom 18. September 2007, Az: XI ZR 211/06 = NJW 2008, 523).

dass die Zuständigkeit insgesamt dargelegt werden muss.[180] Durch den Antrag auf Durchführung eines selbständigen Beweisverfahrens wird der Antragsteller an den darin bezeichneten Gerichtsstand gebunden und kann sein Wahlrecht nach § 35 ZPO während des Verfahrens nicht mehr ausüben.[181] Es tritt jedoch kein Wahlrechtsverbrauch für die Hauptsache ein.[182]

2. Materiell-rechtliche Wirkung

Bis zum 31. Dezember 2001 hatte das selbständige Beweisverfahren eine die Verjährung unterbrechende Wirkung, die mit Anhängigkeit des Antrags bei Gericht eintrat.[183] Seit der Einführung von § 204 Abs. 1 Nr. 7 BGB durch das SchuldrechtsmodernisierungsG[184] wird mit der Zustellung des Antrags auf Durchführung eines selbständigen Beweisverfahrens die Verjährung gehemmt.[185] Strittig ist bereits, ob unter der Zustel-

---

180 BT-Drs. 11/3621, S. 42. A. A. *Zimmermann*, ZPO, 6. Aufl. 2002, § 486 Rdnr. 3, der dahingehend argumentiert, zu Beginn des selbständigen Beweisverfahrens stehe der Schaden und damit die erstinstanzliche Zuständigkeit noch nicht genau fest.

181 OLG Zweibrücken BauR 1997, 885, das in der Entscheidung aber zu Unrecht eine analoge Anwendung von § 281 Abs. 2 S. 4 ZPO verneint. Nach OLG Frankfurt NJW-RR 1998, 1610 und Brandenburgisches OLG MDR 2006, 1184 ist § 281 ZPO auf das selbständige Beweisverfahren anwendbar. Der BGH hat dies in seinem Beschluss vom 18. Februar 2010 höchstrichterlich bestätigt, vgl. NJW-RR 2010, 891.

182 OLG Jena, Beschluss vom 18. Dezember 2007, Az: 5 W 481/07, das zutreffend darauf hinweist, auch aus der Entscheidung des OLG Zweibrücken BauR 1997, 885 ergebe sich nichts anderes. So bereits *Fischer*, MDR 2001, 608, 611 f, demzufolge der zitierte Beschluss des OLG Zweibrücken ständig missverstanden wird.

183 In arzthaftungsrechtlichen Streitigkeiten blieb der Antrag aber ohnehin ohne Auswirkungen auf die Verjährung. Da der Behandlungsvertrag zwischen Arzt und Patient als Dienstvertrag, nicht aber als Werk- oder gar Kaufvertrag einzuordnen ist, fanden §§ 639 Abs. 1, 477 Abs. 2 BGB a. F. keine Anwendung. Genauer zur Rechtsnatur des Arztvertrages unter F.I.1.b)aa), S. 106.

184 Gesetz zur Modernisierung des Schuldrechts vom 26. November 2001, BGBl. I, S. 3138, das am 1. Januar 2002 in Kraft getreten ist.

185 Seit dem 1. Januar 2002 beträgt die regelmäßige Verjährungsfrist sowohl für vertragliche als auch für deliktische Ansprüche drei Jahre, § 195 BGB. Für Schadensersatzansprüche, die auf der Verletzung des Lebens, des Körpers, der Gesundheit oder der Freiheit beruhen, sieht § 199 Abs. 2 BGB eine kenntnisunabhängige Verjährungsfrist von 30 Jahren vor. Näher hierzu unter F.I.1, S. 103. Vgl. zu Verjährungsfragen nach heutiger und früherer Rechtslage *Gehrlein*, Grundriss der Arzthaftpflicht, 2. Aufl. 2006, Teil D Rdnr. 1 ff. Im Bereich des Baurechts haben sich *Kainz* und *Schmitz/Vogel* in: *Kniffka/Locher*, Festschrift

lung im Sinn von § 204 Abs. 1 Nr. 7 BGB die förmliche Zustellung gemäß §§ 166 ff. ZPO zu verstehen ist[186], oder ob die formlose, dem Antragsgegner zugegangene Bekanntgabe des Antrags auf Durchführung des selbstständigen Beweisverfahrens ausreicht[187]. Laut einer neueren Entscheidung des OLG Frankfurt kann dieser Streit dahinstehen, soweit nach formloser Mitteilung des Antrags auf Durchführung eines selbstständigen Beweisverfahrens der Beweisbeschluss des Gerichts an die Parteien zugestellt wird.[188] Da der Ratio des § 204 BGB, den Schuldner davor zu warnen, dass der Gläubiger die Verjährung seines Anspruchs verhindern will, in gleicher Weise genügt sei, wenn anstelle des Antrags der auf den Antrag hin ergangene Beweisbeschluss förmlich zugestellt werde, bewirke zumindest dieser die Hemmung der Verjährung.

Indem diese Entscheidung auf die Warnfunktion des § 204 BGB Bezug nimmt, impliziert sie aber zugleich, dass die besseren Argumente für eine Anwendung der §§ 166 ff. ZPO sprechen. Neben diesen Telos der Norm treten der eindeutige Wortlaut des § 204 Abs. 1 Nr. 7 BGB sowie der Wille des Gesetzgebers, demzufolge „die Regelung des Verjährungsrechts auch der Rechtssicherheit dienen [muss]“[189]. In der Gesetzesbegründung zu § 204 Abs. 1 Nr. 7 BGB weist er ausdrücklich auf die gemäß § 270 Abs. 1 ZPO a. F. (§ 166 ZPO n. F.) erforderliche Zustellung des Antrags hin.[190] Unlängst hat nun auch der BGH gestützt auf diese Überlegungen entschieden, der Antrag auf Durchführung eines selbständigen Beweisverfahrens sei dem Antragsgegner förmlich zuzustellen.[191] Da somit § 167 ZPO ebenfalls Anwendung findet, reicht es aus, wenn die Zustellung demnächst, also innerhalb eines den Umständen nach angemessenen Zeitraums erfolgt.[192] Allerdings kann *Ulrich* zufolge nicht davon ausgegangen werden, dass der bearbeitende Richter allein wegen der Herbeiführung der verjährungshemmenden Rechtsfolge von Amts

---

für Wolfgang Koeble zum 65. Geburtstag, 2010, S. 625 und S. 635 damit beschäftigt, dass die Verjährungshemmung von Mängelansprüchen bei Durchführung eines selbständigen Beweisverfahrens zu unterschiedlichen Zeitpunkten enden kann.

186 LG Darmstadt IBR 2005, 678; *Weyer*, NZBau 2008, 228 m. w. N. in Fn. 6.

187 Vgl. hierzu LG Marburg BauR 2006, 1192; OLG Karlsruhe NJW-RR 2008, 402.

188 OLG Frankfurt NJW-RR 2010, 535.

189 BT-Drs. 14/6040, S. 96.

190 BT-Drs. 14/6040, S. 114.

191 BGH, Urteil vom 27. Januar 2011, Az: VII ZR 186/09.

192 Diese Definition des BGH in NJW 2003, 2830, 2831 zu § 270 Abs. 3 ZPO a. F. lässt sich auf den neu formulierten § 167 ZPO übertragen, der dieselbe Intention verfolgt.

wegen die förmliche Zustellung anzuordnen hat; diese muss vielmehr beantragt werden.[193] Eine rügelose Einlassung gemäß § 295 ZPO kann den Zustellungsmangel heilen.[194]

Aus Gründen der Erkennbarkeit für den Schuldner muss der Anspruch, dessen Verjährungsfrist gehemmt werden soll, individualisiert dargelegt werden.[195] Ist der Mangel im Antrag auf Durchführung eines selbständigen Beweisverfahrens konkret genug bezeichnet, tritt die Unterbrechung der Verjährung auch dann ein, wenn der im Beweisverfahren bestellte Sachverständige den Mangel nicht bestätigt.[196] Unerheblich ist in diesem Zusammenhang, ob der Antrag zulässig ist und vor dem zuständigen Gericht erhoben wurde, er darf nur nicht als unstatthaft zurückgewiesen worden sein.[197] Im Unterschied zur bisherigen Regelung beginnt die Verjährung nach Beendigung des selbständigen Beweisverfahrens nicht mehr neu. Stattdessen wird der Zeitraum, in dem das Verfahren gemäß §§ 485 ff. ZPO anhängig ist, nicht mit in die Verjährungsfrist eingerechnet.[198]

Für die Dauer der Unterbrechung der Verjährung durch ein selbständiges Beweisverfahren kommt es darauf an, wann die vorgezogene Beweisaufnahme beendet ist, wann also ihre sachliche Erledigung eintritt.[199] Dies ist grundsätzlich mit der Erhebung des Beweises, d. h. der Vernehmung des Zeugen, der Einnahme des Augenscheins oder der Zuleitung des erstatteten Gutachtens an die Parteien der Fall.[200] Findet ein Erörterungstermin statt, ist die Beweisaufnahme nach der mündlichen Anhörung eines Sachverständigen mit dem Verlesen des Sitzungsprotokolls über diese Vernehmung oder dessen Vorlage zur Durchsicht erle-

---

193 *Ulrich*, DS 2007, 214.

194 Siehe *Peters/Jacoby*, in: *Staudinger*/BGB, Neubearbeitung 2009, § 204 Rdnr. 87.

195 So *Grothe*, in: *MüKo*/BGB, Bd. 1, Halbbd. 1, 5. Aufl. 2006, § 204 Rdnr. 45, demzufolge die Anforderungen an eine ausreichende Individualisierung aber geringer anzusetzen sind als bei einer Klage oder einem Mahnbescheid. Denn das Erfordernis der Individualisierung sei nicht aus dem Verfahrensrecht, sondern aus dem materiellen Verjährungsrecht abzuleiten. A. A. *Peters/Jacoby*, in: *Staudinger*/BGB, Fn. 194, § 204 Rdnr. 89, die eine nähere Bezeichnung des Anspruchs nicht für erforderlich halten.

196 BGH NJW-RR 1998, 1475.

197 BGH NJW 1998, 1305 im Anschluss an BGH NJW 1983, 1901.

198 Ein Vergleich zwischen alter und neuer Rechtslage findet sich bei *Fink*, Das selbstständige Beweisverfahren in Bausachen, 2005, S. 87 ff.

199 BGHZ 150, 55.

200 Vgl. *Peters/Jacoby*, in: *Staudinger*/BGB, Fn. 194, § 204 Rdnr. 90.

digt.[201] Die Übermittlung des Protokolls liegt in diesem Fall außerhalb der Beweisaufnahme und gehört nicht mehr zum Beweisverfahren.[202] Diese Grundsätze hat der BGH in einer neueren Entscheidung ausdrücklich auf die Hemmung der Verjährung nach neuem Recht übertragen, die sechs Monate nach Beendigung des eingeleiteten Verfahrens endet, § 204 Abs. 2 BGB.[203]

IV. Ziele des selbständigen Beweisverfahrens

1. Entlastung der Gerichte als genereller Normzweck

Ausschlaggebend für die Umgestaltung des Beweissicherungsverfahrens in ein selbständiges Beweisverfahren war das Bestreben, die Gerichte zu entlasten.[204] Dieses Anliegen des Gesetzgebers verwirklicht das Verfahren nach §§ 485 ff. ZPO in zweierlei Hinsicht.

Einerseits vereinfacht und beschleunigt es die Beweisaufnahme, indem das vorzeitig gesicherte Beweismittel gemäß § 493 Abs. 1 ZPO von Amts wegen im Hauptsacheverfahren verwertet wird. Somit stellt das selbständige Beweisverfahren ein „Instrument der (Vor-)Klärung tatsächlicher Sachverhalte" dar.[205] Die schnellere Klärung der maßgeblichen Tatsachen soll im Übrigen auch eine Entlastung auf Kostenebene mit sich bringen.[206] Andererseits dient vor allem das streitschlichtende Beweisverfahren nach § 485 Abs. 2 ZPO der Prozessvermeidung. Es erleichtert eine gütliche Einigung in Fällen, in denen die Entscheidung für oder gegen einen Vergleich nur von tatsächlichen Fragen abhängt.[207] Abgesehen

---

201 So etwa BGHZ 120, 329, 331. Findet kein Beweistermin statt, endet das Verfahren mit der Übermittlung des Gutachtens an die Parteien, vgl. *Ellenberger*, in: *Palandt*, BGB, 70. Aufl. 2011, § 204 Rdnr. 39.

202 BGHZ 60, 212, 213.

203 BGH NJW-RR 2009, 1243. Darin nahm das Gericht zugleich dazu Stellung, dass ein selbständiges Beweisverfahren ungeachtet des Inhalts und der Qualität des Gutachtens jedenfalls dann beendet ist, wenn der Gutachter sich zu den gestellten Beweisfragen geäußert hat und innerhalb eines angemessenen Zeitraums nach der mündlichen Anhörung keine Anträge einer Partei zur Ergänzung des Gutachtens gestellt wurden.

204 BT-Drs. 11/3621, S. 24.

205 So *Sturmberg*, Die Beweissicherung, 2004, Rdnr. 5.

206 BT-Drs. 11/3621, S. 32. Die Einsparung von Kosten wurde aber bereits im Beweissicherungsverfahren angestrebt, vgl. *Klein*, in: *Ankermann/Menne*, Alternativkommentar ZPO, Vor. § 485 Rdnr. 3. Ausführlich zu den Kosten des alten Beweissicherungsverfahrens *Laubhardt*, ZZP 43 (1913), 46.

207 Einhellige Meinung, vgl. nur *Crückeberg*, Fn. 149, S. 19; *Ulrich*, Fn. 147, Rdnr. 42 sowie *Weise*, Fn. 143, Rdnr. 5 f.

von der expliziten Regelung in § 485 Abs. 2 S. 2 ZPO ermöglicht jede Ausgestaltung des selbständigen Beweisverfahrens einen vorprozessualen Vergleich. Gemäß § 492 Abs. 3 ZPO kann das Gericht die Parteien bei einer vorgezogenen Beweisaufnahme gleich welcher Art zu einer mündlichen Erörterung laden, wenn eine Einigung zu erwarten ist.[208]

Damit eng verknüpft ist eine weitere allgemeine Zielsetzung des selbständigen Beweisverfahrens: die Schaffung eines vollstreckbaren Titels nach § 492 Abs. 3 HS. 2 i. V. m. § 794 Abs. 1 Nr. 1 Alt. 2 ZPO.[209] Durch die richterliche Protokollierung des geschlossenen Vergleichs können die Parteien nun schon im Rahmen des selbständigen Beweisverfahrens einen Titel erlangen, der sie zur Vollstreckung ermächtigt. Dies macht ein bereits anhängiges Verfahren oder die Einleitung eines Prozesses ebenfalls entbehrlich.[210]

2. Typenspezifische Normzwecke

a) Einvernehmliches und sicherndes Beweisverfahren

Die Beweisaufnahme gemäß § 485 Abs. 1 ZPO soll die Beweisführung des Antragstellers in einem künftigen oder bereits anhängigen Prozess sichern bzw. verbessern.[211] In beiden Alternativen kommt die „funktionale Bindung" der Beweiserhebung an ein späteres Hauptsacheverfahren zum Ausdruck.[212] Das einvernehmliche Beweisverfahren setzt nach § 485 Abs. 1 Alt. 1 ZPO die Zustimmung des Gegners voraus. Es zielt damit bereits bei der Einleitung des Verfahrens auf eine Verständigung der Parteien darüber ab, ob die Besorgnis des Untergangs eines Beweismittels oder die Erschwerung seiner Benutzung besteht. Das Gericht ist von der Prüfung einer Verlustgefahr entbunden.[213]

Im sichernden Beweisverfahren des § 485 Abs. 1 Alt. 2 ZPO lebt der Grundgedanke der römisch-kanonischen Regelung der *probatio in perpe-*

---

208 In diesem Sinne auch *Huber*, in: *Musielak*, Fn. 155, § 485 Rdnr. 2.

209 BT-Drs. 11/3621, S. 24 mit Hinweisen auf die unklare Rechtslage beim Beweissicherungsverfahren.

210 Vgl. hierzu bereits *Schmidt-v. Rhein*, ZRP 1984, 119, 120, der im Hinblick auf einen weiteren Ausbau außergerichtlicher Schlichtungsprozesse unter anderem fordert, dass diese mit einem vollstreckbaren Vergleich enden sollten.

211 Vgl. nur *Herget*, in: *Zöller*, Fn. 130, § 485 Rdnr. 1.

212 Zitiert nach *Müller*, in: *Schneider*, Zivilprozeß und Praxis, Das Verfahrensrecht als Grundlage juristischer Tätigkeit. Festschrift für Egon Schneider zur Vollendung des 70. Lebensjahres, 1997, S. 405, 408.

213 So *Leipold*, in: *Stein/Jonas*, ZPO, Bd. 5, 22. Aufl. 2006, § 485 Rdnr. 7.

tuam rei memoriam weiter.[214] Hierbei soll dem Verlust eines Beweismittels entgegengewirkt werden, wenn nur eine Partei eine Gefährdung annimmt und das Gericht nach objektiver Beurteilung der Sachlage zu demselben Ergebnis gelangt. Insgesamt betrachtet bildet nach wie vor die Beweissicherung - und nicht etwa die Beweisklärung - die rechtspolitische und rechtsdogmatische Grundlage der beiden Regelungen in § 485 Abs. 1 ZPO.[215]

b) Streitschlichtendes Beweisverfahren

Im isolierten, streitschlichtenden Beweisverfahren nach § 485 Abs. 2 ZPO kommt hingegen ein neuer Ansatz zum Tragen. Die Vermeidung eines Prozesses ist gemäß § 485 Abs. 2 S. 2 ZPO oberste Maxime und daher auch Anknüpfungspunkt für die Zulässigkeit des Verfahrens. Der Gesetzgeber will damit eine Sonderregelung für Fälle schaffen, in denen ein selbständiges Beweisverfahren unabhängig vom drohenden Verlust des Beweismittels zweckmäßig erscheint, weil es eine vorprozessuale Einigung der Parteien erleichtert.[216] Die vorgezogene Beweisaufnahme wird von der Gefahr eines drohenden Beweismittelverlustes oder der Zustimmung des Gegners entkoppelt und verfolgt nunmehr das Ziel, den Sachverhalt vor Eintritt in den Hauptsacheprozess weitgehend zu klären, um diesen entbehrlich zu machen.

Indem § 493 Abs. 1 ZPO das Ergebnis des selbständigen Beweisverfahrens der vor dem Prozessgericht durchgeführten Beweisaufnahme gleichstellt, erleichtert die vorgezogene Beweisaufnahme zugleich die Abschätzung von Prozessrisiken. Denn eine erneute Beweisaufnahme zu derselben Frage ist nur noch unter den engen Voraussetzungen der §§ 492 Abs. 1, 412 ZPO zulässig, wenn das Gericht die Begutachtung als ungenügend beurteilt oder der Sachverständige nach Erstattung des Gutachtens abgelehnt wird.[217] Erst kürzlich hat der BGH in diesem Zusammenhang klargestellt, dass gegen einen Beschluss, der die Einholung eines Obergutachtens gemäß § 412 ZPO nicht gestattet, auch im selbständigen Beweisverfahren kein Rechtsmittel gegeben ist.[218]

---

214 Ausführlich zur geschichtlichen Entwicklung, insbesondere zur Beweissicherung im römisch-kanonischen Recht unter A.II, S. 30.

215 Zu diesem Ergebnis kommt auch *Müller*, in: *Schneider*, Fn. 212, S. 405, 408.

216 BT-Drs. 11/3621, S. 41.

217 Näher hierzu *Voit*, in: *Kniffka/Quack/Vogel/Wagner*, Fn. 164, S. 337, 341 f, 344.

218 BGH NJW-Spezial 2010, 205.

V. Anwendungspotential des streitschlichtenden Beweisverfahrens im Arzthaftungsrecht

Bislang hat das selbständige Beweisverfahren in erster Linie im Bereich des Baurechts Aufmerksamkeit erlangt.[219] Doch auch bei arzthaftungsrechtlichen Streitigkeiten birgt diese Art der Beweisaufnahme in seiner Ausgestaltung als streitschlichtendes Beweisverfahren großes Potential in sich. Es stellt einen Weg zur Verfügung, auf dem die Beteiligten unter Berücksichtigung der Besonderheiten dieses Gebiets zu einer einvernehmlichen vorprozessualen Einigung gelangen können.

1. Vorzugswürdigkeit gütlicher Streitbeilegung in Arzthaftungssachen

a) Allgemeine Zugangsbarrieren im Arzthaftungsprozess

Trotz der steten Zunahme medizinrechtlicher Streitigkeiten[220] lässt sich auf diesem Gebiet eine Beobachtung machen, die von den Befürwortern alternativer Streitbeilegung häufig als Argument ins Feld geführt wird: die Scheu davor, einen kräfteraubenden Prozess auf sich zu nehmen. *Georg Büchners* Anklage gegen den hessischen Polizeistaat, die Justiz spreche „nach Gesetzen, die ihr nicht versteht, von Grundsätzen, von denen ihr nichts wißt, Urtheile, von denen ihr nichts begreift"[221], ist noch heute im Unterbewusstsein vieler Betroffener verankert. Im Arzthaftungspro-

---

219 Dies belegen nicht zuletzt die zahlreichen gerichtlichen Entscheidungen und Veröffentlichungen auf diesem Gebiet, so die bereits zitierten Werke von *Fink*, Fn. 198; *Greim*, Fn. 144; *Motzke*, Fn. 146; *Spilok*, Fn. 141; *Wussow*, Fn. 146 und weitere Monographien wie etwa *Koeble*, Gewährleistung und selbständiges Beweisverfahren bei Bausachen, 2. Aufl. 1993, S. 97 ff; *Röthlein*, Private Bausachen, 2. Aufl. 1995, S. 1 ff; *Weller*, Selbständiges Beweisverfahren und Drittbeteiligung, 1994; *Werner/Pastor*, Der Bauprozess, 12. Aufl. 2008, Rdnr. 1 ff. Vgl. auch *Sturmberg*, Fn. 205, Rdnr. 6; *Ulrich*, Fn. 147, Rdnr. 8 und *Weise*, Fn. 143, Rdnr. 12, denenzufolge das selbständige Beweisverfahren hauptsächlich der Klärung des Vorliegens von Baumängeln dient.

220 Schon im Jahr 1999 hielt *Rehborn* fest: „Arzthaftungsrecht liegt im Trend – jedenfalls was die Anzahl der Verfahren angeht", vgl. MDR 1999, 1169. *Spickhoff*, NJW 2007, 1628, 1629 weist acht Jahre später auf die „wachsende praktische Bedeutung des Medizinrechts" hin und merkt in NJW 2010, 1718, 1722 an, gerade verfahrensrechtliche Fragen hätten in den Jahren 2009/2010 wieder eine „Flut von Entscheidungen" ausgelöst.

221 *Büchner/Weidig*, Der hessische Landbote. Texte, Briefe, Prozessakten, 1974, S. 7. Der Aufsatz, dem dieses Zitat entnommen ist, wurde im Juli 1834 veröffentlicht.

zess, der hochkomplex und stark richterrechtlich geprägt ist[222], muss dieser Vorwurf besonders ernst genommen werden.

So werden die Erfolgsaussichten der Anerkennung von Schadensersatz- und Schmerzensgeldansprüchen in Arzthaftungssachen als gering eingestuft. In einer 2002 von *forsa* durchgeführten Befragung nach den Gründen dafür, warum Betroffene einen Behandlungsfehler nicht melden bzw. weiterverfolgen, belegt die Annahme „man hat da sowieso keine Chance" den zweiten Platz.[223] Dies lässt sich zum einen auf die Furcht vor einem scheinbar überlegenen Gegner zurückführen und damit auf Ängste, die in der Person des Betroffenen wurzeln, zum anderen auch auf wirtschaftliche, rechtliche und sonstige subjektive Barrieren.[224]

An wirtschaftlichen Zugangshindernissen sind in medizinrechtlichen Streitigkeiten die oftmals unkalkulierbaren Kosten zu nennen, die aus der Notwendigkeit der Einholung eines oder auch mehrerer medizinischer Sachverständigengutachten erwachsen.[225] Bei den rechtlichen Hürden spielt neben der Komplexität der Materie der Zeitfaktor eine bedeutende Rolle, da sich Verfahren in arzthaftungsrechtlichen Streitigkeiten oftmals über einen längeren Zeitraum erstrecken. Nach Einschätzung des *Sachverständigenrates für die Konzertierte Aktion im Gesundheitswesen* sind jahrelange Rechtsstreitigkeiten durch alle Instanzen keine Seltenheit.[226] Dies belegt eine vom EGMR gefällte Entscheidung, in der die Bundesrepublik Deutschland aufgrund überlanger Verfahrensdauer eines Arzthaftpflichtprozesses zu einer Schadensersatzzahlung verurteilt wurde.[227] Das LG Berlin hatte über eine missglückte Nierentransplantation zu entscheiden, bei der keine besonders komplexen Fragen im Raum standen. Streitig war lediglich eine tatsächliche Frage, die durch

---

222 Ausführlich zur Aus- und Fortbildung des Arzthaftungsrechts durch die Gerichte *Katzenmeier*, Fn. 1, S. 77 ff.

223 Vgl. *Sachverständigenrat für die Konzertierte Aktion im Gesundheitswesen*, Gutachten 2003, Bd. I, 4. Teil, Tabelle 30, in: BT-Drs. 15/530, S. 159. An erster Stelle steht die Aussage, der vermutete Behandlungsfehler sei nicht so schlimm oder schwerwiegend, wie ursprünglich angenommen.

224 Einen Überblick über mögliche Zugangsbarrieren bietet *Rehbinder*, Rechtssoziologie, 7. Aufl. 2009, Rdnr. 150. Seiner Einteilung in verschiedene Kategorien wird vorliegend gefolgt.

225 *Scholz*, Der Sachverständigenbeweis im Zivilprozeß (Arzthaftpflichtprozeß), 2003, S. 24 führt zutreffend aus, dass die Gerichte bei der Beurteilung medizinischer Sachverhalte auf die besonderen Kenntnisse und die Erfahrung eines Sachverständigen angewiesen sind.

226 *Sachverständigenrat für die Konzertierte Aktion im Gesundheitswesen*, Gutachten 2003, Bd. I, 4. Teil, in: BT-Drs. 15/530, S. 170.

227 EGMR EuGRZ 2009, 207.

ein medizinisches Sachverständigengutachten hätte geklärt werden können. Dennoch zog sich das Verfahren über mehr als vier Jahre hin. Darin sah der Gerichtshof eine Verletzung des Gebots der „angemessenen Frist“ nach Art. 6 Abs. 1 EMRK, da es Aufgabe der innerstaatlichen Gerichte sei, dafür zu sorgen, dass Verfahren nicht übermäßig verzögert würden.

In medizinrechtlichen Fällen spielt überdies die sogenannte Schwellenangst als subjektive Zugangsbarriere eine wichtige Rolle.[228] Die ständige, sich oft über Jahre hinziehende Beschäftigung mit dem juristischen Konflikt beeinträchtigt den Betroffenen, der ohnehin schon in seiner Gesundheit geschädigt ist, zusätzlich in seiner Lebensqualität.

b) Schutz der Arzt-Patienten-Beziehung als soziale Barriere

Gestützt auf die besondere Schutzwürdigkeit der Vertrauensbeziehung zwischen Arzt und Patient sprechen sich, wie einleitend angedeutet, zahlreiche Stimmen in der Literatur für eine außergerichtliche Vorgehensweise aus. Zum einen ist der Behandlungssuchende oftmals auf einen hoch spezialisierten Mediziner in seinem näheren Umfeld angewiesen und ein Rechtsstreit birgt die Gefahr einer Zerrüttung des Behandlungsverhältnisses in sich. Insbesondere in strukturschwachen Regionen kann dies zu existentiellen Problemen für den Patienten führen.[229] Zum anderen scheut der Arzt die Prangerwirkung, die von einem Prozess ausgeht, in dem mögliche Behandlungsfehler seinerseits öffentlich ausgebreitet werden.[230]

Abgesehen von den individuellen Belangen der beiden Vertragspartner steht ihr Verhältnis an sich im Mittelpunkt des Schutzinteresses.[231] Über Jahrhunderte hinweg wurde es als unantastbar angesehen. „Die Betonung der Einzigartigkeit, der Unvergleichbarkeit, der Intimität, der Un-

---

228 Allgemein hierzu *Rehbinder*, Fn. 224, Rdnr. 152, der auch von „psychischen Kosten“ spricht.

229 Vgl. *Katzenmeier*, NJW 2008, 1116, 1117.

230 *Taupitz*, NJW 1986, 2851, 2852 führt in diesem Zusammenhang aus, dass eine Schadensersatzleistung aber weitgehend über eine Versicherung sozialisiert werden kann, wohingegen Strafe und berufsgerichtliche Maßnahmen den Arzt noch erheblich schwerer belasten.

231 Nach *Raiser*, Das lebende Recht, 2. Aufl. 1995, S. 300 sind Streitigkeiten in diesem Verhältnis als Rollenkonflikte einzuordnen, die sich auf die komplexen Verhaltenserwartungen beziehen, die mit sozialen, in erster Linie beruflichen Rollen und Positionen verknüpft sind. Er orientiert sich damit an der Auffassung von *Gessner*, Recht und Konflikt, 1976, S. 170, demzufolge das Verhalten des anderen als typisches Verhalten in typischen Situationen erfahren wird.

abdingbarkeit eines geschützten Vertrauensverhältnisses innerhalb dieser Beziehung verhinderte jeden objektivierenden Zugriff."[232] Ärzte waren und sind nach den Worten von *Jörg-Dietrich Hoppe*, dem Präsidenten der deutschen Ärztekammer und des deutschen Ärztetags, Heiler, Helfer, Tröster und Berater zugleich, nicht nur Schadensbeseitiger.[233] Der Prolog zu den vom 111. Deutschen Ärztetag 2008 in Ulm beschlossenen gesundheitspolitischen Leitsätzen stellt den Versuch dar, zu diesem Bild zurückzukehren. Er erinnert daran, „dass das Gesundheitswesen keine Gesundheitswirtschaft oder Industrie ist, dass Ärzte keine Kaufleute und Patienten keine Kunden sind, dass Gesundheit und Krankheit keine Waren und Wettbewerb und Marktwirtschaft keine Heilmittel zur Lösung der Probleme des Gesundheitswesens sind, dass Diagnose und Therapie nicht zum Geschäftsgegenstand werden dürfen"[234].

Das streitschlichtende Beweisverfahren kann einen Beitrag zu dieser Rückbesinnung leisten und den vielbeschworenen „Kalten Krieg" zwischen Ärzten und Juristen[235] auf dem Konfliktfeld des Zivilprozesses zumindest eindämmen. Indem es die Aufarbeitung der Geschehnisse zwischen Behandlungssuchendem und Behandelndem zunächst in die Hände eines medizinischen Sachverständigen gibt, bewahrt es die Arzt-Patienten-Beziehung vor dem durchdringenden Blick der Öffentlichkeit. In vielen Fällen wird das Gutachten bereits eine Antwort auf die in Arzthaftungssachen entscheidende Frage geben können, ob ein Behandlungsfehler vorliegt und ob dieser als gravierend einzuschätzen ist. Dies lässt in der Folge eine gerichtliche Auseinandersetzung oftmals gänzlich überflüssig werden.

2. Geeignetheit des § 485 Abs. 2 ZPO zur Klärung von Arzthaftungsfragen

Im Vergleich zu den eingangs dargestellten Möglichkeiten der gütlichen Streitbeilegung ist das streitschlichtende Beweisverfahren in besonderer Art und Weise dazu geeignet, in arzthaftungsrechtlichen Streitigkeiten eine vorprozessuale Einigung herbeizuführen Es verbindet die Vorzüge,

---

232 So *Katzenmeier*, in: *Katzenmeier/Bergdolt*, Das Bild des Arztes im 21. Jahrhundert, 2009, S. 45.

233 *Hoppe*, in: *Katzenmeier/Bergdolt*, Fn. 232, S. 1, 6, der davor warnt, in den letzten Jahren sei ein gefährlicher Weg beschritten worden. Ärzte könnten diesen Aufgaben zunehmend nicht mehr gerecht werden, da sie als „Budgeteinhalter, Allokationsjongleure […] auch als Geschäftsleute" agieren müssten.

234 Ein Abdruck dieses Zitats findet sich bei *Laufs*, in: *Katzenmeier/Bergdolt*, Fn. 232, S. 9, 17, der die jüngere Entwicklung des Arztberufs im Spiegel des Rechts beleuchtet.

235 Siehe hierzu nur *Giesen*, JZ 1982, 391, 401.

die ein außergerichtliches Vorgehen in sich birgt, mit denen eines staatlichen Verfahrens.

In der Zivilprozessordnung ist die Anrufung einer Gutachterkommission oder Schlichtungsstelle nicht vorgesehen und die Entscheidungen dieser Einrichtungen entfalten weder für die Parteien noch für das Gericht rechtliche Bindungswirkung.[236] Gleiches gilt, wenn die Parteien ein Privatgutachten einholen, um sich auf dessen Basis gütlich zu einigen.[237] Die Einschaltung eines Mediators ist zwar geeignet, eine Konfrontationsstellung mit zunehmender Verhärtung der Fronten zu vermeiden, stößt aber dann an ihre Grenzen, wenn der Patient einen finanziellen Ausgleich für den erlittenen Schaden anstrebt. Denn in der Praxis entscheidet der Haftpflichtversicherer des Arztes über die Regulierung des Schadens, wobei er sich an den Feststellungen eines medizinischen Sachverständigengutachtens orientiert, nicht an den subjektiven Vorstellungen des Geschädigten.[238]

Schlägt der Betroffene hingegen den Weg der vorprozessualen Beweiserhebung nach § 485 Abs. 2 ZPO ein, gewährleistet dies die Wahrung fundamentaler Verfahrensgarantien, wie sie von vielen Autoren einge-

---

236 Vgl. hierzu § 1 Abs. 1, 3 Abs. 2b) Statut der Gutachterkommission für Fragen ärztlicher Haftpflicht bei der Landesärztekammer Baden-Württemberg; § 1 Abs. 2 Verfahrensordung der Gutachterstelle für Arzthaftungsfragen bei der Bayerischen Landesärztekammer; § 11 Satzung der Gutachter- und Schlichtungsstelle für ärztliche Behandlungen im Bereich der Landesärztekammer Hessen; § 7 Verfahrensordnung der Schlichtungsstelle für Arzthaftpflichtfragen der norddeutschen Ärztekammern; §§ 1 Abs. 1, 2 Abs. 4 Statut der Gutachterkommission für ärztliche Behandlungsfehler bei der Ärztekammer Nordrhein; § 8 Statut des Schlichtungsausschusses zur Begutachtung ärztlicher Behandlungen bei der Landesärztekammer Rheinland-Pfalz; §§ 1 Abs. 3, 7 Abs. 3 Satzung der Gutachterkommission für Fragen ärztlicher Haftpflicht bei der Ärztekammer des Saarlandes; §§ 1 Abs. 3, 7 Abs. 3 Verfahrensordnung der Gutachterstellen für Arzthaftungsfragen der Sächsischen Landesärztekammer; §§ 2, 3 Abs. 4a) Statut der Gutachterkommission für ärztliche Haftpflichtfragen bei der Ärztekammer Westfalen-Lippe. Zu den Grenzen des Schlichtungsverfahrens auch *Bergmann/Wever*, Fn. 35, S. 181.

237 *Gehrlein*, VersR 2003, 574, 575 stellt klar, dass ein Privatgutachten in einem eventuell nachfolgenden Prozess grundsätzlich als (qualifiziertes) substantiiertes Parteivorbringen zu werten ist, welches ein Gerichtsgutachten nicht ersetzen kann. Allerdings hat das Gericht in medizinrechtlichen Streitigkeiten die Pflicht, sich mit von der Partei vorgelegten Privatgutachten auseinanderzusetzen und auf die weitere Aufklärung des Sachverhalts hinzuwirken, wenn sich ein Widerspruch zu einem gerichtlichen Gutachten ergibt, vgl. BGH NJW 2004, 1871; 2001, 77, 78; 2796, 2797; 1996, 1597, 1599; 1994, 1596, 1597.

238 Näher hierzu *Katzenmeier*, NJW 2008, 1116, 1117 f.

fordert wird.[239] Da die Beweisaufnahme gemäß § 492 Abs. 1 ZPO unter Beachtung der Vorschriften für die einzelnen Beweismittel erfolgt, erfährt eine zwischen den Parteien getroffene Einigung gewissermaßen eine „Legitimation durch Verfahren"[240]. Dies erhöht auch den Willen zur Akzeptanz der ergehenden Entscheidung. So haben empirische Untersuchungen in den USA ergeben, dass einem offiziellen Gerichtsprozess mehr Vertrauen entgegengebracht wird, als informellen Vermittlungs- und Schlichtungsstellen.[241]

Auch wenn das selbständige Beweisverfahren grundsätzlich nur eine Beweiserhebung, nicht schon eine Beweiswürdigung gewährleisten kann[242], stellt dies in Arzthaftungssachen kein gewichtiges Gegenargument dar. Denn dem medizinischen Sachverständigen kommt im Verhältnis zum Richter eine Sonderrolle zu[243], manche sprechen gar vom „Richter in Weiß"[244]. Da sich die berufsrechtlichen Sorgfaltspflichten des Arztes in erster Linie nach dem medizinischen Standard des jeweiligen Fachgebiets bestimmen, weist der BGH in ständiger Rechtsprechung darauf hin, dass der Richter den Sorgfaltsmaßstab mit Hilfe eines medizinischen Sachverständigen zu ermitteln hat und nicht aus eigener rechtlicher Bewertung heraus festlegen darf.[245] Bereits die Beweiserhebung im Rahmen des schriftlichen Sachverständigengutachtens beinhaltet somit

---

239 Vgl. *Preibisch*, Fn. 9, S. 120 ff; *Schmidt-v. Rhein*, ZRP 1984, 119, 120, der insbesondere die notwendige Unabhängigkeit des Vorsitzenden der Gutachterkommission bzw. Schlichtungsstelle unterstreicht; *Prütting*, JZ 1985, 261, 270; *Gottwald*, WM 1998, 1257, 1261.

240 Zitat nach *Gottwald*, ZZP 95 (1982), 245, 258; allgemein hierzu *Luhmann*, Legitimation durch Verfahren, 2. Aufl. 1975, der sich auf S. 55 ff. mit dem Gerichtsverfahren auseinandersetzt.

241 Vgl. *Vidmar*, ZfRSoz 1993, 35, 37.

242 Siehe *Müller*, in: *Schneider*, Fn. 212, S. 405, 409 ff.

243 Ähnlich *Laufs*, NJW 1998, 1750, 1757. Der Sachverständige sei mehr als nur Gehilfe des Richters.

244 So lautet der Untertitel des von der *ARGE Rechtsanwälte im Medizinrecht e. V.* im Jahr 1995 herausgegebenen Sammelwerks: Der medizinische Sachverständige. Ausführlich zu der Thematik auch *Stegers/Hansis/Alberts/Scheuch*, Der Sachverständigenbeweis im Arzthaftungsrecht, 2002; *Bürger*, MedR 1999, 100; *Rumler-Detzel*, VersR 1999, 1209; *Stegers*, VersR 2000, 419; *Scheppokat/Neu*, VersR 2001, 23; *Oehler*, VersR 2001, 1354; *Müller*, MedR 2001, 487.

245 BGH NJW 2001, 2791, 2792; 2794 f; 1997, 798; 1995, 776. *Spickhoff*, NJW 2009, 1716, 1722 zufolge hat das Gericht „[...] zur Aufklärung des medizinischen Sachverhalts in der Regel im Arzthaftungsprozess einen Sachverständigen einzuschalten".

Aspekte, die für die Beweiswürdigung durch den Richter maßgeblich sind.

Zum Teil wird bezweifelt, dass das selbständige Beweisverfahren der Klage überlegen ist. Seine Einleitung mache nur dann Sinn, wenn es um tatsächliche Fragen gehe, die ausschließlich den Katalog des § 485 Abs. 2 ZPO beträfen, vollständig von einem Sachverständigen beantwortet werden könnten und die begründete Aussicht bestehe, dass auch der Antragsgegner das Ergebnis akzeptieren werde.[246] Eben diese Fallgestaltung ist im Rahmen von arzthaftungsrechtlichen Streitigkeiten jedoch oftmals gegeben. Zunächst einmal muss geklärt werden, ob in tatsächlicher Hinsicht eine fehlerhafte Behandlung vorliegt und wie gravierend diese ist, ehe sich rechtliche Überlegungen, etwa zur Kausalität und der Verschuldensfrage, anschließen. So kam bereits eine Untersuchung aus dem Jahr 1978 zu dem Ergebnis, dass Auseinandersetzungen über die Frage, ob ein objektives Fehlverhalten des Arztes vorlag, mit 79 Prozent bei Weitem im Vordergrund standen, während Kausalitätsprobleme nur in 20 Prozent der Fälle streitig waren. Die Zahl der Fälle, in denen ausschließlich um ein Verschulden des Arztes gestritten wurde, lag unter einem Prozent.[247] In Anbetracht dessen stellt das medizinische Sachverständigengutachten das Kernstück eines Arzthaftpflichtprozesses dar.[248]

Im Folgenden soll daher unter Berücksichtigung der Rechtsprechungsentwicklung und Argumentationslinien in der Literatur näher darauf eingegangen werden, weshalb die vorgezogene sachverständige Begutachtung nach § 485 Abs. 2 ZPO entgegen teilweise vorgebrachter Bedenken im Arzthaftungsrecht grundsätzlich zulässig ist.

---

246 Vgl. *Herget*, in: *Greger/Gleussner/Heinemann*, Neue Wege zum Recht. Festgabe für Max Vollkommer, 2006, S. 97, 117.

247 Näher hierzu *Stolz*, VersR 1978, 798.

248 So auch *Sachverständigenrat für die Konzertierte Aktion im Gesundheitswesen*, Gutachten 2003, Bd. I, 4. Teil, in: BT-Drs. 15/530, S. 169. *Katzenmeier*, Fn. 1, S. 395 bezeichnet den Beweis durch Sachverständige als die „Schlüsselstelle" und das medizinische Sachverständigengutachten als den „Angelpunkt" des Arzthaftpflichtprozesses.

Zweiter Teil: Die grundsätzliche Zulässigkeit des streitschlichtenden Beweisverfahrens im Arzthaftungsrecht

Während die Durchführung des „klassischen" Beweissicherungsverfahrens nach § 485 Abs. 1 ZPO in medizinrechtlichen Streitigkeiten von keiner Seite Bedenken begegnet[249], wird die vorprozessuale Beweiserhebung gemäß dem zweiten Absatz der Regelung umso mehr hinterfragt. Insbesondere die Klärung der Ursache eines Personenschadens war und ist Stein des Anstoßes für Diskussionen in Rechtsprechung und Literatur. Der Streit entfacht sich an der Zulässigkeitsvoraussetzung des rechtlichen Interesses.[250] Nach § 485 Abs. 2 S. 2 ZPO ist dies stets anzunehmen, wenn die Feststellung der Vermeidung eines Rechtsstreits dienen kann; im Übrigen ist der Begriff umstritten.[251] Dabei hatte das OLG Zweibrücken bereits kurz nach Einführung des selbständigen Beweisverfahrens festgestellt, dass der Begriff des rechtlichen Interesses weit zu fassen ist[252], was in der Folge auch höchstrichterlich bestätigt wurde[253].

C. Entwicklung der Rechtsprechung

Es ergingen viele Entscheidungen, bis die Rechtsprechung im Hinblick auf das streitschlichtende Beweisverfahren in Arzthaftungssachen zu einer gemeinsamen Grundlinie fand. In gewissen Punkten sind die Gerichte aber nach wie vor uneins, wie die folgenden Ausführungen zeigen werden.

---

249 Nach Ansicht von *Reutter*, Der Arzthaftungsprozess, 2006, S. 61 ist das selbständige Beweisverfahren in Arzthaftungsfällen „unstreitig zulässig", wenn ein Fall des § 485 Abs. 1 ZPO vorliegt. *Rehborn*, MDR 1998, 16, 18 und *Schinnenburg*, MedR 2000, 185, 187 erachten insbesondere bei Zahnarzthaftungsfällen eine Beweissicherung für sinnvoll. Ausführlich zum selbständigen Beweisverfahren bei zahnprothetischen Leistungen auch *Rinke/Balser*, MedR 1999, 398; *dies*, VersR 2009, 188 sowie *Mohr*, MedR 2001, 38.

250 Vgl. *Stegers*, MedR 2003, 405 (Anm. zu BGH, Beschluss vom 21. Januar 2003, Az: VI ZB 51/02 = BGHZ 153, 302).

251 So *Deutsch/Spickhoff*, Fn. 3, Rdnr. 511.

252 OLG Zweibrücken MDR 1992, 1178. Der Beschluss befasste sich mit Gewährleistungsansprüchen des Käufers wegen behaupteter Mängel an einem Fahrzeug. *Schreiber*, NJW 1991, 2600, 2601 fordert hingegen, den Begriff nicht zu weit auszulegen.

253 BGH NJW 2004, 3488. Die Parteien stritten über Gebäudemängel sowie die Haftung eines Sachverständigen.

I. Gegensätzliche Positionen bis 2003

Annähernd zwölf Jahre lang herrschte Uneinigkeit darüber, ob ein selbständiges Beweisverfahren gemäß § 485 Abs. 2 ZPO in arzthaftungsrechtlichen Streitigkeiten durchgeführt werden kann.[254]

1. Ablehnende obergerichtliche Entscheidungen

Das OLG Hamm entschied sich bereits kurz nach Inkrafttreten der Regelung gegen dessen Zulässigkeit und bestätigte seine ablehnende Haltung mehrfach.[255] Ein rechtliches Interesse an der schriftlichen Begutachtung im selbständigen Beweisverfahren sei in Arzthaftungssachen nur in seltenen Ausnahmefällen zu bejahen, da der Sachverständige keine Aussage zum Verschulden des Arztes treffen könne.[256] Im Jahr 1996 stellte das OLG Nürnberg fest, ein streitschlichtendes Beweisverfahren hinsichtlich der Ursächlichkeit behaupteter Behandlungsfehler sei unzulässig, wenn der Hauptsacheprozess zur Ermittlung der Anknüpfungstatsachen weitgehend vorweggenommen werden müsste.[257] Nur ein Jahr später sprach sich der fünfte Senat des OLG Köln ebenfalls gegen die Durchführung einer vorgezogenen Beweisaufnahme in Arzthaftungsstreitigkeiten aus.[258] Er verneinte das Rechtsschutzinteresse für diese Verfahrensart, da die einseitige Auswahl eines Sachverständigen sowie eine einseitige Fragestellung durch eine Partei ohne Schlüssigkeitsprüfung die Sachaufklärung erschwerten. Hiermit argumentierte auch das LG Hannover, demzufolge die Frage der medizinischen Notwendigkeit einer bestimmten Behandlung nicht im Rahmen von § 485 Abs. 2 ZPO geklärt werden kann.[259]

---

[254] Vgl. nur *Spickhoff*, NJW 2001, 1757, 1763, demzufolge seit längerer Zeit unklar ist, „ob und gegebenenfalls inwieweit ein selbständiges Beweisverfahren im Arzthaftungsprozess zulässig ist". Ein Jahr darauf führt *ders.* in NJW 2002, 1758, 1765 aus, die Frage sei nach wie vor streitig geblieben. Zum gleichen Ergebnis gelangt *ders.* in NJW 2003, 1701, 1708, wobei er darauf hinweist, die Zulässigkeit werde zunehmend bejaht.

[255] OLG Hamm, Beschluss vom 31. Mai 1995, Az: 3 W 15/95; Beschluss vom 17. Oktober 1994, Az: 3 W 26/94; Beschluss vom 16. März 1994, Az: 3 W 3/94; Beschluss vom 27. Januar 1993, Az: 3 W 52/92.

[256] So bereits OLG Hamm, Beschluss vom 27. Januar 1993, Az: 3 W 52/92.

[257] OLG Nürnberg MDR 1997, 501.

[258] OLG Köln NJW 1999, 875.

[259] LG Hannover VersR 2001, 1099. Weitere Landgerichte, die sich gegen die Zulässigkeit des selbständigen Beweisverfahrens wandten, deren Entscheidungen aber unveröffentlicht sind: LG Meiningen, Beschluss vom 6. Juni 1999, Az: 1 OH 61/98; LG Duisburg, Beschluss vom 14. Dezember 1999, Az: 1 OH

Im Jahr 2002 bekräftigte derselbe Senat des OLG Köln seine Auffassung nochmals.[260] Er führte aus, dass die vorprozessuale Beweisaufnahme wegen der Besonderheiten von Arzthaftungsstreitigkeiten in aller Regel nicht geeignet ist, der Vermeidung eines Rechtsstreits zu dienen. Erst in einem Rechtsstreit, in dem es bereits vor Eintritt in die Beweiserhebung zu einer eingehenden Schlüssigkeits- und Erheblichkeitsprüfung komme, innerhalb derer das Gericht die notwendigen Voraussetzungen für eine sachgerechte Beweiserhebung treffen könne und müsse, werde sowohl dem Interesse des Patienten als auch des betroffenen Arztes an einer umfassenden Sachaufklärung hinreichend Rechnung getragen.

2. Befürwortende obergerichtliche Entscheidungen

Die weitaus größere Zahl der OLG-Senate sprach sich bereits wenige Jahre nach Einführung des streitschlichtenden Beweisverfahrens durch das RPflVereinfG[261] für dessen Zulässigkeit auch in arzthaftungsrechtlichen Streitigkeiten aus.[262] Das OLG Düsseldorf stellte im September 1995 klar, ein rechtliches Interesse sei regelmäßig anzunehmen, wenn die begehrten gutachterlichen Feststellungen der Vermeidung eines Rechtsstreits dienen können.[263] Im Juli 1998 bestätigte es nochmals, die Durchführung eines selbständigen Beweisverfahrens gemäß § 485 Abs. 2 ZPO komme zur Vorbereitung eines Arzthaftungsprozesses in Betracht.[264] Ein rechtliches Interesse an der Durchführung bestehe, wenn nahe liege, dass ein medizinisches Gutachten die Durchführung des streitigen Haftungsprozesses entbehrlich mache. Knapp drei Monate darauf arbeitete das OLG Stuttgart heraus, die Gefahr einer Gutachtenerstellung auf ungesicherter tatsächlicher Grundlage stelle keine Besonderheit des Arzthaftpflichtprozesses dar. Ebenso verhalte es sich mit dem Umstand der einseitigen Formulierung von Fragen durch den Antragsteller. Dies könne es nicht rechtfertigen, gerade in Arzthaftpflichtfällen das rechtliche

---

49/99; LG Chemnitz, Beschluss vom 17. Juli 2000, Az: 3 OH 2151/00; LG Frankfurt/Oder, Beschluss vom 6. Januar 1995, Az: 13 OH 13/94.

260 OLG Köln, Beschluss vom 25. Juli 2002, Az: 5 W 86/02.

261 Rechtspflege-Vereinfachungsgesetz vom 17. Dezember 1990, BGBl. I, S. 2847, das am 1. April 1991 in Kraft getreten ist.

262 Der Ansicht von *Sturmberg*, Der Beweis im Zivilprozess, 1999, Rdnr. 208 sowie *Schinnenburg*, MedR 2000, 185, 187, denenzufolge sich die obergerichtliche Rechtsprechung in der Regel der ablehnenden Meinung anschloss, kann daher nicht zugestimmt werden. *Spickhoff*, NJW 2001, 1757, 1763 führt in seinem Beitrag zur Entwicklung des Medizinrechts 2000/2001 zutreffend aus, schon damals habe sich im Prinzip die befürwortende Auffassung durchgesetzt.

263 OLG Düsseldorf MedR 1996, 132.

264 OLG Düsseldorf MDR 1998, 1241.

Interesse an der Durchführung eines selbständigen Beweisverfahrens regelmäßig zu verneinen.[265]

Auch das OLG Karlsruhe beschloss im Dezember 1998, ein streitschlichtendes Beweisverfahren zuzulassen, in dessen Rahmen die Verursachung von Gesundheitsschäden durch die bei der Anfertigung von Zahnersatz verwendete Legierung zu klären war.[266] Zur Begründung verwies es auf den Zweck der Prozessbeschleunigung und -vermeidung, den das Verfahren nach §§ 485 ff. ZPO verfolge. Das Gericht unterstrich, dass im Hinblick auf einen späteren Prozess weder dessen Erfolgsaussichten noch die Erheblichkeit der Beweisfragen zu prüfen sind. Unerheblich sei zudem, ob der Vortrag des Antragstellers den behaupteten Anspruch schlüssig begründe. Im Mai 1999 hielt das OLG Saarbrücken fest, das streitschlichtende Beweisverfahren komme auch in Arzthaftungssachen in Betracht, wobei der Begriff des rechtlichen Interesses weit zu interpretieren sei.[267] Der Zulässigkeit des Verfahrens stehe es nicht entgegen, dass der Antragsgegner eine gütliche Einigung von vornherein ablehne. Denn auch bei einem nicht vergleichsbereiten Gegner bestehe die Möglichkeit, der Antragsteller werde unter Umständen von einer Klageerhebung absehen, wenn das Ergebnis der nachgesuchten Beweisaufnahme keine ausreichende Grundlage für die Verfolgung von Ansprüchen biete.[268]

Im Folgejahr hatte das OLG Düsseldorf erneut über die Zulässigkeit des Verfahrens nach § 485 Abs. 2 ZPO in einem Arzthaftungsprozess zu befinden und sprach sich wiederum dafür aus.[269] Der antragstellende Patient könne selbst entscheiden, ob er das Risiko, dass das einzuholende Gutachten möglicherweise auf einer ungesicherten tatsächlichen Grundlage erstattet wird, eingehen wolle. Ebenso entschied das OLG Koblenz, demzufolge auch in Arzthaftungsprozessen die Durchführung eines selbständigen Beweisverfahrens grundsätzlich zulässig ist.[270] Das Vorlie-

---

265 OLG Stuttgart NJW 1999, 874.

266 OLG Karlsruhe MDR 1999, 496.

267 OLG Saarbrücken NJW 2000, 3439.

268 Diese Rechtsauffassung hatte das LG Passau im Hinblick auf Gewährleistungsansprüche wegen behaupteter Mängel an einem Kraftfahrzeug schon im Februar 1992 dargelegt, vgl. NJW-RR 1992, 767. Das OLG Hamm MDR 1999, 184 ließ bei Streitigkeiten über Verkehrsunfälle ebenfalls eine entfernte Schlichtungschance ausreichen, die nicht deswegen zu verneinen sei, weil der Antragsgegner schon vor Gutachtenerstattung eine einverständliche Streitbereinigung abgelehnt habe.

269 OLG Düsseldorf NJW 2000, 3438.

270 OLG Koblenz OLGR Koblenz 2001, 214.

gen eines rechtlichen Interesses gemäß § 485 Abs. 2 ZPO müsse aber in jedem Einzelfall geprüft werden. Nach Ansicht des Schleswig-Holsteinischen OLG unterliegt das selbständige Beweisverfahren in Arzthaftungssachen keinen erweiterten Zulässigkeitsvoraussetzungen.[271] Jeder Antragsteller nach § 485 ZPO laufe Gefahr, das von ihm erwirkte Gutachten könne in einem späteren Prozess nicht ausreichen oder sich gar als unerheblich erweisen. Dies habe der Gesetzgeber in Kauf genommen. Außerdem wies das Gericht - wie schon das OLG Karlsruhe im Jahr 1998[272] - darauf hin, dass Erwägungen zur Schlüssigkeit und mutmaßlichen Entwicklung des späteren Hauptsacheprozesses im selbständigen Beweisverfahren außer Betracht zu bleiben haben.

Dieser Argumentation schloss sich das OLG Naumburg an.[273] Innerhalb des selbständigen Beweisverfahrens sei nicht zu prüfen, ob durch das begehrte Gutachten alle Streitfragen zwischen den Parteien erschöpfend aufgeklärt würden oder nicht bzw. ob die durch das Gutachten gegebenenfalls beantworteten Streitfragen überhaupt entscheidungserheblich seien. Im Dezember 2001 bekräftigte das OLG Koblenz nochmals seine Position aus dem Jahr zuvor und sprach sich abermals für die Zulässigkeit des streitschlichtenden Beweisverfahrens in Arzthaftungssachen aus.[274] Dass sich dessen Ergebnis häufig als unzureichend oder gar als unerheblich erweise, sei ein Risiko, welches der betroffene Patient mit den Antragstellern anderer Verfahren teile. Ein vorgerichtlich erholtes Gutachten könne in anderen Sachgebieten ebenfalls nutzlos sein. Auch das OLG Karlsruhe bestätigte seine Rechtsprechung aus dem Jahr 1998, als es im Rahmen einer Zahnarzthaftungsstreitigkeit erneut die Durchführung eines Verfahrens gemäß § 485 Abs. 2 ZPO bejahte.[275]

Eine zahnarztrechtliche Streitigkeit war der einzige Ausnahmefall, in dem das OLG Hamm vor dem Jahr 2003 eine außerprozessuale Beweisaufnahme für möglich erklärte.[276] Zwar hielt es wiederum fest, dass nach ständiger Rechtsprechung des Senats ein rechtliches Interesse an der schriftlichen Begutachtung durch einen Sachverständigen im selbständigen Beweisverfahren in Arzthaftungssachen nur in seltenen Ausnahmefällen gegeben ist. „Anders zu beurteilen ist der hier vorliegende Fall behaupteter Mangelhaftigkeit einer noch nicht entfernten prothetischen

---

271 Schleswig-Holsteinisches OLG OLGR Schleswig 2001, 279.

272 OLG Karlsruhe MDR 1999, 496.

273 OLG Naumburg OLGR Naumburg 2001, 321.

274 OLG Koblenz MedR 2002, 359 mit einleitender Anm. von *Kern*, der die Problemstellung beschreibt.

275 OLG Karlsruhe VersR 2003, 374.

276 OLG Hamm, Beschluss vom 10. Mai 1995, Az: 3 W 6/95.

Versorgung. In diesen Fällen ist für das Vorliegen eines Mangels in der Regel der objektiv feststellbare Zustand allein maßgeblich." Interessanterweise beschloss auch das OLG Köln im August 2002 speziell für den Bereich von Zahnarzthaftungssachen, ein streitschlichtendes Beweisverfahrens durchzuführen.[277] Im Gegensatz zu sonstigen Arzthaftungsprozessen müsse die zahnprothetische Versorgung regelmäßig in situ begutachtet werden. Das Gericht verwies in seinem Beschluss aber explizit darauf, dass es seine Auffassung zur restriktiven Anwendung von § 485 Abs. 1 und 2 ZPO in Arzthaftungssachen anlässlich einer weiteren Entscheidung durch Zulassung der Rechtsbeschwerde gemäß § 574 Abs. 1 Nr. 2 ZPO zur Überprüfung durch den BGH gestellt hat.[278]

II. Grundsatzentscheidung des BGH vom 21. Januar 2003

Diese Überprüfung hatte am 21. Januar 2003 eine Grundsatzentscheidung des BGH zur Folge, in der sich der VI. Zivilsenat für die Zulässigkeit des streitschlichtenden Beweisverfahrens in Arzthaftungssachen aussprach.[279] „Ein rechtliches Interesse an der Durchführung des selbständigen Beweisverfahrens nach § 485 Abs. 2 ZPO kann bei Arzthaftungsansprüchen nicht aus grundsätzlichen Erwägungen ohne Prüfung der Umstände des Einzelfalls verneint werden", so der Leitsatz des Beschlusses. Zur Begründung zog das Gericht fast schon lehrbuchartig die vier juristischen Auslegungsmethoden[280] heran.

Zum einen lasse der Wortlaut der Regelung eine Ausnahme für Ansprüche aus dem Arzthaftungsrecht nicht zu.[281] Die Voraussetzungen für eine teleologische Reduktion des Gesetzeswortlauts seien ebenfalls nicht gegeben, da weder die Entstehungsgeschichte des § 485 Abs. 2 ZPO noch sein Sinn und Zweck oder der Gesamtzusammenhang mit der Vorschrift des § 485 Abs. 1 ZPO gegen eine generelle Zulässigkeit des selbständigen Beweisverfahrens in arzthaftungsrechtlichen Angelegenheiten sprächen.[282]

Zur Entstehungsgeschichte führte der BGH weiter aus, schon die Erwägungen des Gesetzgebers legten die Zulässigkeit eines Verfahrens gemäß

---

277 OLG Köln VersR 2003, 375.

278 OLG Köln Beschluss vom 25. Juli 2002, Az: 5 W 86/02, näher hierzu bereits unter C.I.1, S. 62.

279 BGHZ 153, 302.

280 Näher hierzu *Larenz*, Methodenlehre der Rechtswissenschaft, 6. Aufl. 1991.

281 BGHZ 153, 302, 306.

282 BGHZ 153, 302, 306.

§ 485 Abs. 2 ZPO in Arzthaftungssachen nahe.[283] Denn die Begründung des Entwurfs für das RPflVereinfG vom 1. Dezember 1988[284] zähle auf S. 23 neben Bau- und Kraftfahrzeugprozessen ausdrücklich Arzthaftungsprozesse auf. Bei diesen Streitigkeiten werde angenommen, dass die gesonderte Begutachtung durch einen Sachverständigen häufig zu einer die Parteien zufriedenstellenden Klärung und damit eher zu einem Vergleich als in einen Prozess führe.

Große Bedeutung maßen die Richter der teleologischen Auslegung bei. So seien die Ziele des streitschlichtenden Beweisverfahrens bei Ausschöpfung der gesetzlich vorgesehenen Möglichkeiten zur Sachaufklärung und zur vorprozessualen Einigung zwischen den Parteien grundsätzlich auch in Arzthaftungssachen zu erreichen. „Sinn und Zweck der vorprozessualen Beweissicherung nach § 485 Abs. 2 ZPO ist es nämlich, die Gerichte von Prozessen zu entlasten und die Parteien unter Vermeidung eines Rechtsstreits zu einer raschen und kostensparenden Einigung zu bringen."[285] Dabei verkannte der BGH nach eigener Aussage nicht, dass sich das selbständige Beweisverfahren bei der Verletzung einer Person darauf beschränkt, den Zustand dieser Person und die hierfür maßgeblichen Gründe sowie die Wege zur Beseitigung des Schadens festzustellen. Die rechtlichen Fragen des Verschuldens des Arztes und der Kausalität der Verletzung für den geltend gemachten Schaden seien damit noch nicht geklärt. „In der Rechtspraxis", so das entscheidende, prozessökonomisch geprägte Argument des Gerichts, „wird sich jedoch bei Feststellung des Gesundheitsschadens und der hierfür maßgeblichen Gründe nicht selten erkennen lassen, ob und in welcher Schwere ein Behandlungsfehler gegeben ist."[286]

Sonstigen Bedenken, etwa im Hinblick auf einen unter Umständen geringeren Beweiswert, da der Antragsteller ohne Hilfe durch das Gericht die Beweisfragen vorgibt, widersprach der BGH bereits vorsorglich.[287] Zum einen sei der Antragsteller in der Regel anwaltlich vertreten, zum anderen könne das Gericht auch im selbständigen Beweisverfahren den Sachverhalt weiter aufklären. Ihm stünden die Möglichkeiten nach §§ 492 Abs. 1, 411 Abs. 3, 412 Abs. 1 sowie § 492 Abs. 3 ZPO offen; es könne also den Sachverständigen anhören, ihn zur Ergänzung des Gutachtens auffordern, ein weiteres Gutachten einholen oder die Parteien

283 BGHZ 153, 302, 307.

284 BT-Drs. 11/3621.

285 BGHZ 153, 302, 307.

286 BGHZ 153, 302, 307.

287 BGHZ 153, 302, 308.

zur Erörterung laden. Schlussendlich stellte der BGH dies der Rechtslage beim Verfahren gemäß § 485 Abs. 1 ZPO gleich, innerhalb dessen das Gericht ebenfalls an die Formulierung der Beweisfragen durch den Antragsteller gebunden sei.[288]

Bei aller Argumentation zugunsten der grundsätzlichen Zulässigkeit des streitschlichtenden Beweisverfahrens im Arzthaftungsrecht - das auch nicht von dem Verfahren vor den Gutachter- und Schlichtungsstellen verdrängt wird[289] - blieb der VI. Zivilsenat aber die Antwort darauf schuldig, was die maßgeblichen Kriterien des Einzelfalls sind, die gegen seine Durchführung sprechen können.

III. Standpunkte der Rechtsprechung nach der Grundsatzentscheidung

Diese Klärung oblag in der Folge den untergeordneten Gerichten, die im Juni 2003 wieder über ein Verfahren gemäß § 485 Abs. 2 ZPO in Arzthaftungssachen zu befinden hatten. Das OLG Köln, welches sich zuvor wiederholt gegen die Zulässigkeit des streitschlichtenden Beweisverfahrens ausgesprochen hatte[290], musste nunmehr aufgrund der Zurückverweisung durch den BGH Stellung beziehen.

1. Beschränkung auf tatsächliche Feststellungen

Das Gericht bejahte nach Verweis auf die höchstrichterlichen Feststellungen das rechtliche Interesse der Klägerin an der Durchführung eines Verfahrens gemäß § 485 Abs. 2 ZPO.[291] Zugleich wies es jedoch unter Wiederholung der einschlägigen Urteilspassagen der Grundsatzentscheidung darauf hin, dass dieses auf die Feststellung des Zustands der Person sowie der hierfür maßgeblichen Gründe und Wege zur Beseitigung des Schadens beschränkt ist. Die rechtlichen Fragen des Verschuldens des Arztes und der Kausalität der Verletzung für den geltend gemachten Schaden könnten damit nicht geklärt werden.

Gestützt darauf lehnte das OLG Naumburg im März 2004 eine vorprozessuale Beweisaufnahme ab, welche auf die Feststellung eines Behandlungsfehlers und dessen Ursächlichkeit für den eingetretenen Schaden gerichtet war.[292] Eine solche Feststellung könne aufgrund des eindeutigen Wortlauts des § 485 Abs. 2 ZPO keinesfalls im selbständigen Be-

---

[288] BGHZ 153, 302, 308.

[289] BGHZ 153, 302, 306.

[290] OLG Köln NJW 1999, 875; Beschluss vom 25. Juli 2002, Az: 5 W 86/02. Näher hierzu unter C.I.1, S. 62.

[291] OLG Köln RuS 2003, 528.

[292] OLG Naumburg ZMGR 2004, 135.

weisverfahren getroffen werden. Ebenso entschied es im November 2005, als es die Bewertung der ordnungsgemäßen Dosierung von Medikamenten als Rechtsfrage einordnete.[293] Ein medizinischer Sachverständiger dürfe diese nicht allein und anstelle des Gerichts beantworten, da nur ein Richter über das Vorliegen einer fehlerhaften Behandlung zu befinden habe.[294]

Das KG wies zweieinhalb Jahre darauf einen Antrag auf Durchführung eines Verfahrens nach § 485 Abs. 2 ZPO insoweit zurück, als der Vorwurf eines Behandlungsfehlers erörtert werden sollte.[295] Nur die unmittelbare Ursache könne Gegenstand der Beweiserhebung sein, nicht aber, ob diese Ursache durch einen Fehler der behandelnden Ärzte gesetzt worden sei. Das OLG Köln blieb seiner Auffassung treu, indem es sich im Beschluss vom 29. April 2009 gegen die vorprozessuale Einholung eines Sachverständigengutachtens aussprach.[296] Die Antragstellerin erstrebe nicht die Feststellung von Tatsachen, sondern unzulässigerweise die Klärung der Haftung des Antragsgegners.

2. Bezugnahme auf Rechtsfragen unumgänglich

Andere Gerichte zogen die Trennungslinie zwischen Tatsachenfeststellungen und Rechtsfragen weniger strikt. So führte das ehemals skeptische OLG Nürnberg[297] im Mai 2008 aus, dass § 485 Abs. 2 ZPO zumindest dann die Durchführung eines selbständigen Beweisverfahrens erlaubt, wenn es um die Frage geht, ob die eingesetzte Hüftgelenksprothese hinreichend an die körperlichen Besonderheiten der Patientin angepasst war.[298] Auf diesem Weg könne dann festgestellt werden, ob eine bestimmte Verletzung durch einen ärztlichen Behandlungsfehler oder durch andere Faktoren verursacht worden sei. Denn der BGH nehme lediglich die Kausalität der Verletzung für den geltend gemachten Schaden, nicht aber die Kausalität des Behandlungsfehlers für die Verletzung vom Anwendungsbereich des Beweisverfahrens aus. Dies entspreche dem Wortlaut des Gesetzes, nach welchem die Ursache des Personen-

---

293 OLG Naumburg, Beschluss vom 14. November 2005, Az: 1 W 18/05.

294 Kritisch zu dieser Entscheidung *Martis/Winkhart*, Arzthaftungsrecht, 3. Aufl. 2010, Rdnr. B 507, vgl. unter D.IV.3.f), S. 92.

295 KG ArztR 2007, 163.

296 OLG Köln VersR 2009, 1515.

297 In MDR 1997, 501 lehnte das OLG Nürnberg die Durchführung eines Verfahrens nach § 485 Abs. 2 ZPO in arzthaftungsrechtlichen Streitigkeiten noch ab, genauer hierzu unter C.I.1, S. 62.

298 OLG Nürnberg MedR 2009, 155.

schadens, nicht aber dessen Auswirkung in der Vermögenssphäre des Verletzten Gegenstand des Beweisverfahrens sein könne.[299]

In der Folge hielt das OLG Oldenburg in seinem Leitsatz fest, „[d]ie Behauptung, dass ein ärztlicher Behandlungsfehler vorliegt bzw. dass die Verletzung einer Person durch einen ärztlichen Behandlungsfehler verursacht worden ist, kann Gegenstand eines selbständigen Beweisverfahrens sein“[300]. Es treffe zwar zu, dass die Bewertung, ob ein Behandlungsfehler vorliege, als Rechtsfrage nicht dem Sachverständigen, sondern dem Gericht vorbehalten sei. Auch bedürfe die Feststellung eines für die Haftung des Arztes erforderlichen Verschuldens einer Wertung, die von der Ursächlichkeit im Sinne von § 485 Abs. 2 Nr. 2 ZPO getrennt werden müsse. Doch eine gerichtliche Entscheidung könne auf diesem Gebiet nicht ohne entsprechende sachverständige Feststellungen ergehen. Im Hinblick darauf lasse sich bei der Feststellung des Gesundheitsschadens nicht selten erkennen, ob und in welcher Schwere ein Behandlungsfehler gegeben sei, auch wenn noch nicht alle für eine Haftung des Arztes notwendigen rechtlichen Fragen wie das Verschulden des Arztes und die Kausalität der Verletzung für den geltend gemachten Schaden geklärt seien. Zuletzt verwies das Gericht darauf, dass sich auch der BGH nicht gehindert gesehen hatte, ein rechtliches Interesse des Antragstellers nach § 485 Abs. 2 ZPO zu bejahen, obwohl durch die Beweisfragen geklärt werden sollte, ob eine Nervenverletzung auf einem ärztlichen Behandlungsfehler beruhte.[301]

Ähnliche Schlüsse zog das Brandenburgische OLG, demzufolge die Frage, inwieweit das Vorliegen eines Behandlungsfehlers im Betracht kommt, immer im Hintergrund des selbständigen Beweisverfahrens steht.[302] Bei der Wertung einer möglichen Pflichtverletzung handle es sich auch um Rechtsfragen, die ein medizinischer Sachverständiger nicht allein anstelle des Gerichts beantworten könne. Gleichwohl könne eine gerichtliche Entscheidung nicht ohne entsprechende sachverständige

---

299 Auf die kritische Anm. von *Reiprich*, MedR 2009, 157 wird unter D.IV.3.f), S. 92 genauer eingegangen.

300 OLG Oldenburg ZMGR 2009, 111. Entgegen der Auffassung von *Huber*, in: *Musielak*, Fn. 155, § 485 Rdnr. 14 spricht sich das Gericht darin gerade nicht für die Unzulässigkeit der Behauptung eines ärztlichen Behandlungsfehlers im streitschlichtenden Beweisverfahren aus. Es erachtet lediglich die schlichte Frage danach, ob ein Behandlungsfehler vorliegt, als unzulässige Ausforschung, vgl. auch die Ausführungen unter C.III.3, S. 71.

301 Insgesamt hierzu OLG Oldenburg ZMGR 2009, 111, 112. Die kritische Anm. von *Liebhold* wird unter D.IV.3.f), S. 92 näher dargestellt.

302 Brandenburgisches OLG, Beschluss vom 12. November 2009, Az: 12 W 33/09.

Feststellungen getroffen werden, da sie maßgeblich vom medizinischen Standard, der einen objektiven Charakter aufweise, bestimmt werde.

3. Verbot der Ausforschung

Doch selbst diese weite Auffassung findet ihre Grenze im Verbot der Ausforschung.[303] Das Verbot war in der Rechtsprechung bereits zuvor als Zulässigkeitskriterium für das selbständige Beweisverfahren anerkannt[304] und wurde erstmals vom Thüringer OLG speziell für Arzthaftungssachen bekräftigt[305]. In seinem Beschluss vom 19. Dezember 2005 forderte es die Angabe einer bestimmten Tatsachenbehauptung oder die Bezeichnung eines festzustellenden Zustands. Für Arzthaftungsverfahren bedeute dies, dass der Antragsteller unter Bezeichnung gewisser Anhaltspunkte die Behauptung eines ärztlichen Behandlungsfehlers aufstellen und das selbständige Beweisverfahren der Klärung dieses behaupteten Behandlungsfehlers dienen müsse. Im konkreten Fall hatte sich der umfangreiche Fragenkatalog der Antragstellerin auf die gesamte Behandlung des verstorbenen Ehemanns bezogen. Das Gericht entschied, dass dieser Antrag ohne die nähere Eingrenzung eines angenommenen Behandlungsfehlers, der für den Tod des Ehemanns kausal gewesen sein könnte, unzulässig ist.

Das OLG München hielt kurz darauf fest, der Fragenkatalog eines Antragstellers im selbständigen Beweisverfahren bedürfe der hinreichenden Konkretisierung und somit der Möglichkeit der Subsumtion unter eine der drei Alternativen des § 485 Abs. 2 S. 1 ZPO.[306] Im Dezember 2009 wies das OLG Oldenburg Teile eines Antrags als unzulässig ab, die gegen das Verbot der Ausforschung verstießen.[307] Im Rahmen eines streitschlichtenden Beweisverfahrens könne insbesondere nicht geklärt werden, ob eine hinreichende Aufklärung des Patienten durch den Arzt erfolgt sei. Denn die Aufklärung falle selbst bei weiter Auslegung des § 485 Abs. 2 S. 1 ZPO unter keine der dort genannten Fallgruppen und sei daher kein tauglicher Gegenstand.[308] Das OLG Hamm nahm Anfang

303 OLG Nürnberg MedR 2009, 155, 157; OLG Oldenburg ZMGR 2009, 111, 112; Brandenburgisches OLG, Beschluss vom 12. November 2009, Az: 12 W 33/09, Rdnr. 4.

304 Vgl. etwa Thüringer OLG OLG-NL 1998, 118; KG NJW-RR 1999, 1369.

305 Thüringer OLG MedR 2006, 211.

306 OLG München, Beschluss vom 9. Februar 2006, Az: 1 W 805/06.

307 OLG Oldenburg, Beschluss vom 3. Dezember 2009, Az: 5 W 60/09.

308 Dieselbe Auffassung vertrat bereits das OLG Naumburg, Beschluss vom 14. November 2005, Az: 1 W 18/05, demzufolge sich hierin die Unzulänglichkeit eines selbständigen Beweisverfahrens offenbart.

2010 zur Ausforschungsproblematik Stellung und sprach dem Antragsteller ein rechtliches Interesse im Sinn von § 485 Abs. 2 ZPO ab.[309] Es erklärte das selbständige Beweisverfahren für unzulässig, wenn auf diesem Weg der Sachverhalt ermittelt und ausgeforscht werden solle, um damit erst die Voraussetzungen für eine Klage zu schaffen. Die Vorklärung zur Ermittlung einer eventuellen Haftungsgrundlage gegenüber einem oder mehreren Antragsgegnern sei nicht Aufgabe der vorprozessualen Beweisaufnahme.[310]

4. Schlichtungsmöglichkeit im weitesten Sinne ausreichend

Großzügig zeigen sich die Gerichte indes bei der Beurteilung der Geeignetheit einer vorprozessualen Beweisaufnahme zur Streitbeilegung. Das OLG Koblenz stellte im April 2005 fest, dass ein selbständiges Beweisverfahren auch dann zur Vermeidung eines Rechtsstreits dienen kann, wenn der Antragsgegner eine gütliche Streitbeilegung bereits bestimmt und scheinbar endgültig abgelehnt hat.[311] Ausreichend für eine Beweisanordnung sei eine Schlichtungsmöglichkeit im weitesten Sinne, die sich nur in Ausnahmefällen verneinen lasse. Denn auch wenn der Antragsgegner sich in keinem Fall gütlich einigen wolle, werde der Antragsteller sein Begehren kaum weiterverfolgen, wenn die Beweisaufnahme zu einem für ihn ungünstigen Ergebnis führe. Ebenso argumentierte ein Jahr später das OLG München. Als rechtliches Interesse nach § 485 Abs. 2 S. 2 ZPO reiche die Möglichkeit eines für den Antragsteller negativen Ausgangs der Begutachtung aus, da die Möglichkeit bestehe, dass er in diesem Fall von einer Klageerhebung absehe.[312]

5. Keine Berücksichtigung des mutmaßlichen Hauptsacheprozesses

Die Rechtsprechung hinsichtlich des Verhältnisses der vorgezogenen Beweisaufnahme zu einem eventuell nachfolgenden Hauptsacheprozess kommt dem Antragsteller ebenfalls entgegen. Bei der Prüfung des rechtlichen Interesses sei eine in das Hauptsacheverfahren gehörende, tiefgreifende Schlüssigkeits- und Erheblichkeitsprüfung zu vermeiden, so

---

309 OLG Hamm GesR 2010, 254.

310 Mit Beschluss vom 29. Dezember 2003, Az: 3 W 34/03 hatte das OLG Hamm jedoch seine zuvor gegenteilige Rechtsauffassung geändert und sich erstmals für die grundsätzliche Zulässigkeit des selbständigen Beweisverfahrens in Arzthaftungssachen ausgesprochen. Es bekräftige dies erneut in ZMGR 2004, 135.

311 OLG Koblenz MedR 2005, 531.

312 OLG München, Beschluss vom 9. Februar 2006, Az: 1 W 805/06.

das OLG Koblenz.[313] Daraus folgerte das OLG Oldenburg, der Sachvortrag des Antragstellers zum Hauptanspruch müsse nicht gemäß § 487 Nr. 4 ZPO glaubhaft gemacht werden.[314] Das Schleswig-Holsteinische OLG bestätigte dies gut ein Jahr später und führte aus, dass Erwägungen zur Schlüssigkeit und mutmaßlichen Entwicklung eines späteren Hauptsacheprozesses im selbständigen Beweisverfahren seit jeher außer Betracht zu bleiben haben.[315] Für die Zulässigkeitsvoraussetzungen des selbständigen Beweisverfahrens in Arzthaftungssachen gelten keine Besonderheiten. Auch streitiges, durch Zeugenvernehmung noch aufzuklärendes Parteivorbringen dürfe einer Begutachtung durch Sachverständige zugrunde gelegt werden. Denn im Hauptsacheverfahren könne das Gericht ebenfalls auf der Grundlage streitigen Parteivorbringens noch vor einer Vernehmung von Zeugen Beweis durch ein Sachverständigengutachten einholen.

6. Unzulässigkeit bei Komplexität

Damit setzte sich das Schleswig-Holsteinische OLG in Widerspruch zu einem Beschluss des OLG Köln aus dem Jahr 2004, demzufolge komplexe Fragestellungen, welche die umfassende Beiziehung von Behandlungsunterlagen und gegebenenfalls noch die Befragung von Zeugen sowie die Anhörung der Parteien erfordern, der Beweiserhebung im selbständigen Beweisverfahren nicht zugänglich sind.[316] Diese Auffassung - der auch einige Landgerichte folgen[317] - war bereits im Jahr 2006 vom OLG München angezweifelt, im konkreten Fall aber nicht verworfen worden.[318] Es argumentierte wie das Schleswig-Holsteinische OLG damit, dass sich die Herausnahme streitigen Parteivorbringens aus der vorprozessualen Beweisaufnahme dem Zweck des § 485 Abs. 2 ZPO nicht entnehmen lässt. Ebenfalls mit Komplexität begründete das LG Kassel seine ablehnende Haltung in Bezug auf eine außerprozessuale Beweisaufnahme.[319] Ein selbständiges Beweisverfahren sei dann unzu-

---

313 OLG Koblenz MedR 2007, 252.

314 OLG Oldenburg GesR 2008, 421.

315 Schleswig-Holsteinisches OLG OLGR Schleswig 2009, 593. Vgl. hierzu bereits OLG Köln NJW-RR 1996, 573. Der Beschluss stammte allerdings nicht aus dem Bereich der Arzthaftung, sondern beschäftigte sich mit Mängeln an einer Sitzgarnitur.

316 OLG Köln GesR 2004, 235.

317 So etwa LG München, Beschluss vom 22. Dezember 2005, Az: 9 OH 19273/05; LG Köln GesR 2004, 139; LG München GesR 2003, 87.

318 OLG München, Beschluss vom 9. Februar 2006, Az: 1 W 805/06.

319 LG Kassel GesR 2005, 26.

lässig, wenn hierdurch ein späterer Prozess nicht vereinfacht oder vermieden werden könne, sondern verzögert und kompliziert werde. Außerdem sei die bloße Möglichkeit, dass die Antragstellerin im Falle einer ungünstigen Beweisaufnahme von einer Klage absehe, immer gegeben und begründe kein rechtliches Interesse nach § 485 Abs. 2 S. 2 ZPO.[320]

7. Bedeutung bereits eingeholter Gutachten

Gegensätze zeigen sich innerhalb der Rechtsprechung auch dann, wenn sie sich mit der Bedeutung bereits erholter Gutachten beschäftigt. Dem OLG Hamm zufolge fehlt das rechtliche Interesse an einer Begutachtung im selbständigen Beweisverfahren, wenn der Antragsteller die sachverständige Stellungnahme einer Gutachterkommission, die einen ärztlichen Behandlungsfehler verneint, nicht in Zweifel zieht.[321] Das OLG Köln hielt hingegen knapp zwei Jahre darauf fest, der Antragsteller eines Verfahrens gemäß § 485 Abs. 2 ZPO müsse sich nicht substantiiert mit den Feststellungen eines Privatgutachtens auseinandersetzen, welches der Antragsgegner in Auftrag gegeben habe.[322] Zwar sei anerkannt, dass die Einholung eines gerichtlichen Sachverständigengutachtens in einem Rechtsstreit ausnahmsweise entbehrlich sein könne, wenn eine Partei ein außergerichtlich von ihr eingeholtes Gutachten vorlege. Diese Grundsätze seien indes nicht auf das selbständige Beweisverfahren übertragbar, da es dem Gericht dabei verwehrt sei, eine Schlüssigkeits- und Erheblichkeitsprüfung durchzuführen.[323]

---

320 Eine gegenteilige Auffassung hierzu vertreten das OLG Koblenz MedR 2005, 531 sowie das OLG München, Beschluss vom 9. Februar 2006, Az: 1 W 805/06, siehe unter C.III.4, S. 72.

321 OLG Hamm GesR 2004, 379.

322 OLG Köln, Beschluss vom 1. August 2005, Az: 5 W 92/05.

323 Vgl. hierzu auch OLG Koblenz MedR 2007, 252; OLG Oldenburg GesR 2008, 421; Schleswig-Holsteinisches OLG OLGR Schleswig 2009, 593.

D. Argumentationslinien in der Literatur

In der Literatur wurde die Zulässigkeit des streitschlichtenden Beweisverfahrens in arzthaftungsrechtlichen Streitigkeiten bis zur Grundsatzentscheidung des BGH ebenfalls unterschiedlich beurteilt.[324] Auch wenn sich die herrschende Meinung mittlerweile dafür ausspricht[325], weist *Schlund* zu Recht darauf hin, es sei bis heute umstritten, ob ein Verfahren nach § 485 Abs. 2 ZPO im Arzthaftungsprozess stets statthaft ist[326].

I. Strikt ablehnende Haltung

Einige Autoren lehnten dessen Durchführung zunächst vehement ab. *Rehborn* beispielsweise versah nicht nur die Überschrift seines 1998 erschienenen Aufsatzes „Selbständiges Beweisverfahren im Arzthaftungsrecht?" mit einem Fragezeichen, sondern ließ auch in seinen Ausführungen hierzu Zweifel erkennen. Ein rechtliches Interesse daran bestehe nicht, denn in der Regel führe die Einholung eines Sachverständigengutachtens im selbständigen Beweisverfahren nicht zur Vermeidung eines Rechtsstreits.[327] Seine Skepsis behielt er auch nach der Grundsatzentscheidung des BGH bei. Aufgrund des amtlichen Leitsatzes verbleibe die Frage, ob jedenfalls eine Uneignung im Einzelfall auch zur Unzulässigkeit des Verfahrens führen könne - und wenn ja, in welchen Fällen und unter welchen Voraussetzungen.[328] Davon ausgehend sollen nunmehr die Argumente der Gegner der vorgezogenen Beweisaufnahme näher betrachtet werden.

1. Fehlendes rechtliches Interesse

Nach Ansicht von *Sturmberg* kann ein streitschlichtendes Beweisverfahren nicht mehr durchgeführt werden, wenn die Parteien zuvor ein Sachverständigen- oder Schiedsgutachterverfahren eingeleitet haben.[329] Als Beispiel zieht er ein Schlichtungsverfahren vor der Ärztekammer heran. Es bestehe kein anerkennungswürdiges Bedürfnis für eine Doppel- oder

---

324 Vgl. *Bockey*, NJW 2003, 3453; *Rehborn*, Arzt - Patient - Krankenhaus, 3. Aufl. 2000, S. 223; *Spickhoff*, NJW 2004, 1710, 1718.

325 *Spickhoff*, NJW 2010, 1718, 1722 zufolge wird mittlerweile kaum noch bestritten, dass ein selbständiges Beweisverfahren auch in Arzthaftungssachen in Betracht kommt.

326 *Schlund*, in: *Ahrens/von Bar/Fischer/Spickhoff/Taupitz*, Fn. 42, S. 463, 469.

327 *Rehborn*, MDR 1998, 16, 18.

328 *Rehborn*, MDR 2004, 371, 376.

329 *Sturmberg*, Fn. 262, Rdnr. 201.

Parallelbegutachtung, wenn bereits ein Experte hinzugezogen worden sei und das Gesetz selbst das rechtliche Interesse auf die schriftliche Begutachtung durch einen Sachverständigen beschränke. *Bergmann* spricht dem Antragsteller ein rechtliches Interesse an der Durchführung ab, wenn ein Rechtsstreit erkennbar nicht zu vermeiden sein wird.[330]

2. Entgegenstehende Besonderheiten des Arzthaftungsprozesses

Abgesehen davon kommen die Kritiker stets auf eine Punkt zu sprechen: Das Verfahren nach § 485 Abs. 2 ZPO sei aufgrund der besonderen prozessualen Regeln, die in arzthaftungsrechtlichen Streitigkeiten von der Rechtsprechung entwickelt wurden[331], nicht durchführbar.

a) Beschränkung der Beweismittel als Manko

Da einzig und allein die schriftliche Begutachtung durch einen Sachverständigen beantragt werden könne, stünden die sonstigen Beweismittel im streitschlichtenden Beweisverfahren nicht zur Verfügung. Allein dies spreche schon gegen seine Zulässigkeit.[332] Denn gerade die Dokumentation spiele eine zentrale Rolle in nahezu jedem Arzthaftungsprozess, könne aber im Rahmen von § 485 Abs. 2 ZPO nicht als Urkundsbeweis eingeführt werden.[333] Außerdem erfordere die Erläuterung der ärztlichen Aufzeichnungen oftmals sowohl eine Zeugen- als auch eine Parteivernehmung, etwa zur Deutung von Abkürzungen oder zum Zwecke der Entzifferung nicht lesbarer Notizen.[334]

b) Gutachtenerstellung auf ungesicherter Tatsachengrundlage

Die Beschränkung der Beweismittel wird auch als eine der Hauptursachen dafür angesehen, dass der Sachverständige sein Gutachten möglicherweise auf einer ungesicherten Tatsachengrundlage erstellt.[335] Es bestehe die Gefahr, dass der Sachverhalt nicht umfassend zu ermitteln sei,

---

330 *Bergmann*, Die Arzthaftung, 1999, S. 186, wobei er jedoch offen lässt, wann dies der Fall ist. In der 3. Aufl. seines Werks, vgl. Fn. 35, findet sich diese Aussage nicht mehr.

331 *Ulsenheimer*, in: *Geschäftsführender Ausschuss der ARGE Medizinrecht im DAV*, Fn. 20, S. 121 führt aus, die richterliche Spruchpraxis habe die Rechte des Patienten mit Hilfe spezieller prozessualer Erleichterungen in der praktischen Durchsetzung nachhaltig gestärkt.

332 So *Jorzig*, Der Amtsermittlungsgrundsatz im Arzthaftungsprozess, 2002, S. 142.

333 Vgl. *Rehborn*, MDR 1998, 16, 17.

334 Siehe *Scholz*, Fn. 225, S. 114.

335 So *Rehborn*, MDR 1998, 16, 17.

zumal die Anknüpfungstatsachen erst im Laufe des Prozesses zusammengetragen würden und sich erst dann als Vorgabe für den medizinischen Sachverständigen eigneten.[336]

c) Keine Geltung der für den Antragsteller vorteilhaften besonderen gerichtlichen Beweiserhebungspflicht

Den strengen Anforderungen an die Beweiserhebung in Arzthaftungssachen könne das selbständige Beweisverfahren nicht genügen.[337] Denn im Arzthaftungsprozess sei das Gericht aus Gründen der Waffengleichheit grundsätzlich dazu verpflichtet, die erforderlichen Tatsachenfeststellungen im Wege der Amtsermittlung zu treffen.[338] Diese Aufklärungspflicht bestehe im Verfahren nach § 485 Abs. 2 ZPO aufgrund der Beschränkung der Beweismittel nicht.[339] Der Patient verzichte damit gerade auf das, was ihm die Rechtsprechung für die Ermittlung von Arzthaftungsschäden ansonsten zuerkenne.[340] Außerdem könne der Richter auch keine Formulierungshilfe bei der Präzisierung der Beweisfrage geben, da die Tatsachen, über die Beweis zu erheben sei, gemäß § 487 Nr. 2 ZPO vom Antragsteller benannt würden und das Verfahren unmittelbar mit dem Beweisbeschluss beginne.[341]

d) Unaufklärbarkeit der Verschuldensfrage

Die Frage nach dem ärztlichen Verschulden könne nicht beantwortet werden, da § 485 Abs. 2 S. 1 Nr. 2 ZPO lediglich die Klärung des Ursachenzusammenhangs zwischen ärztlichem Fehlverhalten und Körperschaden zulasse.[342] Dies bedürfe einer wertenden Betrachtung, welche dem Gericht obliege, nicht aber dem Sachverständigen.[343]

---

336 Vgl. *Sturmberg*, Fn. 262, Rdnr. 208 sowie *Scholz*, Fn. 225, S. 116.

337 So *Schinnenburg*, MedR 2000, 185, 188.

338 Näher hierzu *Jorzig*, Fn. 332. *Rehborn*, MDR 1998, 225 (Anm. zu OLG Köln, Beschluss vom 21. August 1997, Az: 5 W 57/97 = NJW 1999, 875) spricht von einer „eingeschränkt geltenden Amtsermittlungsmaxime".

339 Vgl. *Scholz*, Fn. 225, S. 116; *Jorzig*, Fn. 332, S. 142.

340 Siehe *Rehborn*, in: *Geschäftsführender Ausschuss der ARGE Medizinrecht im DAV*, Selbständiges Beweisverfahren im Arzthaftungsrecht, Neue BSG-Rechtsprechung Vertragsarztrecht, 2001, S. 1, 8.

341 So *Scholz*, Fn. 225, S. 117.

342 Vgl. *Rehborn*, MDR 1998, 16, 17.

343 Siehe *Scholz*, Fn. 225, S. 118 ff.

e) Beeinträchtigung der Parteiinteressen

Da der Sachverhalt noch nicht einmal annähernd aufgeklärt werde, könne das streitschlichtende Beweisverfahren noch weniger als ein übliches Zivilverfahren den Interessen der Parteien gerecht werden.[344] *Scholz* ist gar der Auffassung, das Verfahren könne zu einem „untragbaren fehlerhaften Ergebnis" führen.[345] Für *Rehborn* besteht das Risiko auf Patientenseite darin, dass Bedeutung und Auswirkungen eines scheinbar negativen Gutachtens verkannt und infolgedessen mögliche Schadensersatzansprüche nicht weiterverfolgt werden.[346]

3. Allgemeine zivilprozessuale Bedenken

Daneben werden zum Teil auch Bedenken geäußert, die nicht speziell an den Arzthaftungsprozess anknüpfen, sondern allgemeiner Natur sind.

a) Fehlendes Rechtsschutzbedürfnis

Schinnenburg führt im Hinblick auf die Zahnarzthaftung aus, dem Patienten fehle das Rechtsschutzbedürfnis für die Durchführung des Verfahrens, wenn seit Eingliederung des streitbefangenen Zahnersatzes bereits längere Zeit verstrichen sei.[347] In diesem Fall könne ihm auch das Abwarten des normalen Klageverfahrens zugemutet werden.

b) Auswahl eines ungeeigneten Sachverständigen

Obgleich der Sachverständige nach § 492 Abs. 1 i. V. m. § 404 ZPO durch das Gericht zu benennen sei, bestünde die Gefahr der Auswahl eines nicht geeigneten Sachverständigen.[348] Denn in der Rechtspraxis orientieren sich die Gerichte häufig am Vorschlag des Antragstellers und erst später stelle sich heraus, dass der Sachverständige nicht die erforderliche Sachkunde aufweise, da er beispielsweise aus einem fremden Fachbereich stamme.

---

344 Vgl. *Jorzig*, Fn. 332, S. 143.

345 *Scholz*, Fn. 225, S. 122 f.

346 *Rehborn*, in: *Geschäftsführender Ausschuss der ARGE Medizinrecht im DAV*, Fn. 340, S. 1, 8.

347 *Schinnenburg*, MedR 2000, 185, 188.

348 So *Rehborn*, in: *Geschäftsführender Ausschuss der ARGE Medizinrecht im DAV*, Fn. 340, S. 1, 9.

c) Keine Akzeptanz eines negativen Gutachtens

Trotz eines negativen Gutachtens könne oftmals kein Rechtsstreit vermieden werden, wenn die Parteien dieses nicht akzeptieren und dennoch einen Rechtsstreit anstrengen.[349] Daneben stehe der Behandlerseite die Möglichkeit offen, ihrerseits gemäß § 494a ZPO die Durchführung eines kontradiktorischen Verfahrens zu beantragen oder auch negative Feststellungsklage zu erheben.[350] Die vorprozessuale Beweiserhebung sei daher unzweckmäßig und aufgrund allgemeiner zivilprozessualer Erwägungen unzulässig.[351]

II. Befürwortende Haltung ohne Einschränkungen

Autoren wie *Mohr* sprachen sich hingegen bereits 1996 nachdrücklich für die uneingeschränkte Zulässigkeit des selbständigen Beweisverfahrens im Arzthaftungsrecht aus.[352] Er trat damit der Auffassung des OLG Hamm entgegen, demzufolge ein Verfahren gemäß § 485 Abs. 2 ZPO bei dieser Materie ausscheiden muss.[353] „Genau das Gegenteil ist richtig: In Arzthaftpflichtsachen ist regelmäßig ein rechtliches Interesse des Patienten an der Feststellung von Verletzungen und Leiden sowie deren Ursachen zu bejahen, ohne dass es dafür näherer Darlegungen bedarf."[354] Dabei stützt er sich zusammen mit weiteren Befürwortern der außerprozessualen Beweiserhebung auf folgende Gesichtspunkte:

1. Ausgestaltung des streitschlichtenden Beweisverfahrens

Schon die Ausgestaltung des Verfahrens nach § 485 Abs. 2 ZPO spreche für dessen Zulässigkeit in arzthaftungsrechtlichen Streitigkeiten.

a) Bloße Eignung zur Prozessvermeidung und -vorbereitung ausreichend

Das streitschlichtende Beweisverfahren sei selbst dann zur Prozessvermeidung geeignet, wenn der Antragsgegner eine gütliche Einigung bereits im Vorfeld ablehne. Die Befriedungsfunktion bestehe vor allem dar-

---

349 Vgl. *Rehborn*, MDR 1998, 16, 18.

350 Siehe *Jorzig*, Fn. 332, S. 142 f.

351 So *Rehborn*, in: Geschäftsführ*ender Ausschuss der ARGE Medizinrecht im DAV*, Fn. 340, S. 1, 9.

352 *Mohr*, MedR 1996, 454.

353 Dabei nimmt er insbesondere auf die beiden unveröffentlichten Beschlüsse des OLG Hamm vom 10. Mai 1995, Az: 3 W 6/95 und vom 17. Oktober 1994, Az: 3 W 26/94 Bezug. Genauer hierzu unter C.I.1, S. 63 m. w. N. zur Rechtsprechung des OLG Hamm in Fn. 255.

354 *Mohr*, MedR 1996, 454, 455.

in, dass der potentielle Kläger von der Verfolgung weiterer Ansprüche absehe.[355] Außerdem könne der Sinn der vorgezogenen Begutachtung auch darin liegen, einen Rechtsstreit vorzubereiten. Die richterliche Entscheidung werde erleichtert, wenn die Frage der medizinischen Notwendigkeit, bei deren Beantwortung es auf die Befunde und wissenschaftlichen Erkenntnisse bei Behandlungsbeginn ankomme, vorab geklärt sei.[356]

b) Bindungswirkung des Gutachtens

Die Befürworter des streitschlichtenden Beweisverfahrens sehen es als Vorteil an, dass das Gutachten in einem späteren Hauptsacheverfahren bindende Wirkung entfaltet.[357] So könne der Versicherer - sofern er bereits am Verfahren nach § 485 Abs. 2 ZPO beteiligt war - im Prozess nicht mehr mit dem Einwand gehört werden, die Behandlung sei medizinisch nicht notwendig gewesen.[358] Eine erneute Begutachtung zum selben Beweisthema ist wiederum nur unter den engen Voraussetzungen des § 412 ZPO, also insbesondere bei Widersprüchlichkeit, Unvollständigkeit oder sonstiger Unbrauchbarkeit des erstatteten Gutachtens möglich.[359]

c) Beschränkung auf schriftliches Sachverständigengutachten als Vorteil

Während die Gegner des streitschlichtenden Beweisverfahrens unter anderem die Beschränkung der Beweismittel kritisieren, weisen *Rinke* und *Balser* darauf hin, dass etwa der Zeugenbeweis im Verhältnis zum schriftlichen Sachverständigengutachten verhältnismäßig unsicher ist. Jede Zeugenaussage, ob sie von Sprechstundengehilfen, Patientenangehörigen oder sonstigen Personen erholt werde, sei mit einer Vielzahl von Fehlerquellen behaftet.[360] Ein sachverständiger Gutachter könne hingegen insbesondere nach Abschluss einer prothetischen Behandlung Spuren feststellen, die meist eher geeignet seien, zur Aufklärung einer Be-

---

355 Vgl. *Mohr*, MedR 1996, 454, 455.

356 So *Rinke/Balser*, VersR 2009, 188, 190.

357 *Mohr*, MedR 1996, 454, 455 zufolge ist damit eine wesentliche Grundlage für die Geltendmachung des Anspruchs beweiskräftig festgestellt. Dennoch kommt er in MedR 2001, 38, 39 zu dem Schluss, das berechtigte Interesse an einem selbständigen Beweisverfahren könne wegfallen, wenn im Vorfeld ein Gutachten auf Veranlassung der Krankenkasse eingeholt worden sei, da dieses oftmals erhebliches Gewicht habe.

358 Vgl. *Rinke/Balser*, VersR 2009, 188, 189.

359 Allgemein hierzu *Leipold*, in: *Stein/Jonas*, Fn. 213, § 412 Rdnr. 12 ff.

360 *Rinke/Balser*, MedR 1999, 398, 401.

handlungsfehlerrüge beizutragen. „Auch diese praktischen Aspekte sollten die Gerichte nicht aus den Augen verlieren."[361]

2. Wahrung der Sonderregeln in arzthaftungsrechtlichen Streitigkeiten

Alles in allem sprächen die Besonderheiten des Arzthaftungsprozesses nicht gegen, sondern vielmehr für die Durchführung des streitschlichtenden Beweisverfahrens.

a) Untrennbarer Zusammenhang zwischen Mängeln und Indikationsfragen

Gerade im Bereich der zahnärztlichen Versorgung hingen Indikationsfehler und Mängel des Zahnersatzes häufig untrennbar zusammen. Um zu einer zutreffenden und vollständigen Beurteilung der Mängel zu gelangen, müsse der Sachverständige die Indikationsvoraussetzungen notwendig mit berücksichtigen. Daher sei die vom Gesetzgeber angestrebte zutreffende und erschöpfende vorprozessuale Begutachtung nur möglich, wenn diese Fragen gemeinsam in einem Gutachten thematisiert würden.[362]

b) Interessenlagen von Patient und Behandler

Auch die Interessenlagen des Patienten sowie der Behandlerseite könnten im Rahmen eines Verfahrens gemäß § 485 Abs. 2 ZPO angemessene Berücksichtigung finden. Der Behandelte habe dadurch die Möglichkeit, schon im Vorfeld eines gerichtlichen Verfahrens beweiskräftig feststellen zu lassen, auf welchen Vorgängen und Gründen seine Leiden beruhe. Dass damit bloß ein Ausschnitt aus den für die Entscheidung notwendigen Umständen erfasst werde, sei keine Besonderheit des Arzthaftpflichtprozesses.[363] Meist stehe der Patient unter enormem Leidensdruck und sei an einer zeitnahen Kostenerstattung interessiert.[364] Doch auch wenn bereits einige Zeit verstrichen sei, habe er ein Recht darauf zu erfahren, ob er fachgerecht behandelt worden ist.[365] Der behandelnde Arzt

---

361 So die Forderung von *Rinke/Balser*, MedR 1999, 398, 401.

362 Insgesamt hierzu *Rinke/Balser*, MedR 1999, 398, 401, die den Schwerpunkt auf zahnprothetische Leistungen legen.

363 *Mohr*, MedR 1996, 454, 455 zieht zur Begründung insbesondere eine Parallele zum Baurecht, innerhalb dessen die Feststellung eines Mangels des Bauwerks nicht bedeute, dass die Verantwortung hierfür ohne Weiteres einem bestimmten Handwerker zugeordnet werden könne.

364 *Rinke/Balser*, MedR 1999, 398, 401; *dies*, VersR 2009, 188, 190.

365 Vgl. *Mohr*, MedR 2001, 38, 39, der damit der von *Schinnenburg* in MedR 2000, 185, 188 vertretenen Auffassung entgegentritt, das Rechtsschutzbedürfnis für

werde hingegen darauf bedacht sein zu vermeiden, dass das „Gerede" während eines langen Hauptsacheprozesses seinen Ruf ruiniert.[366] Eine außergerichtliche Begutachtung berge für ihn den Vorteil, ein zeitintensives und eventuell geschäftsschädigendes Verfahren möglicherweise abwenden zu können.

c) Objektiver Stand der Medizin durch Sachverständigen erfassbar

In der Praxis bestehe die gerichtliche Entscheidung regelmäßig darin, dass den überzeugenden, von besonderer Sachkunde getragenen Äußerungen des Sachverständigen gefolgt werde.[367] *Mohr* sieht es daher als Scheinargument an, wenn das OLG Hamm ausführt, die Feststellung objektiver Umstände reiche alleine nicht aus, um die Pflichtverletzung darzulegen.[368] Es sei zwar theoretisch richtig, dass die Beurteilung einer Pflichtverletzung eine Rechtsfrage darstelle und mithin allein vom Gericht zu entscheiden sei. In Wirklichkeit werde diese Aufgabe aber wegen des objektiven Charakters des medizinischen Standards letztlich doch vom Sachverständigen wahrgenommen.[369]

3. Vergleich mit Werkvertragsrecht und vorprozessualer Begutachtung

Um die Einsatzmöglichkeiten des streitschlichtenden Beweisverfahrens richtig beurteilen zu können, werfen dessen Befürworter auch einen Blick in andere Rechtsgebiete und werten die dortigen Erfahrungen mit außergerichtlicher Begutachtung aus. Allen voran im Werkvertragsrecht habe sich das selbständige Beweisverfahren in der Praxis bewährt und teilweise zu einer Prozessvermeidung und zu einer effektiveren Prozessvorbereitung geführt.[370] Die bisherigen Erfahrungen mit den Entscheidungen der Gutachterkommissionen und Schlichtungsstellen legten ebenfalls die vorgezogene Begutachtung durch einen Sachverständigen nahe. Wenn die Gutachter eine Pflichtverletzung verneinten, würden in

---

die Durchführung des Verfahrens fehle, wenn seit der Eingliederung des streitbefangenen Zahnersatzes bereits längere Zeit verstrichen sei. Genauer hierzu unter D.I.3.a), S. 80.

366 So *Rinke/Balser*, MedR 1999, 398, 401.

367 Siehe *Mohr*, MedR 1996, 454, 455.

368 Er bezieht sich dabei auf den Beschluss des OLG Hamm vom 10. Mai 1995, Az: 3 W 6/95 sowie den Beschluss vom 17. Oktober 1994, Az: 3 W 26/94.

369 *Mohr*, MedR 1996, 454, 455.

370 Vgl. *Rinke/Balser*, MedR 1999, 398, 401; *dies*, VersR 2009, 188, 190. *Weise*, Fn. 140 betont in seinem Vorwort, das selbständige Beweisverfahren sei für den Praktiker, der eine außergerichtliche Streitbeilegung suche, von hohem Wert.

einem hohen Prozentsatz der eingeleiteten Fälle anschließend keine Ansprüche mehr verfolgt.[371]

III. Unterscheidung zwischen Zulässigkeit und Zweckmäßigkeit

Mit seiner differenzierenden Sichtweise bewegt sich *Stegers* zwischen den dargestellten Ansichten. Zwar greift er das von Kritikern angeführte Argument der Unzweckmäßigkeit auf[372]; dieses führt ihn jedoch zu einer anderen Schlussfolgerung. Das streitschlichtende Beweisverfahren kann ihm zufolge auch in arzthaftungsrechtlichen Streitigkeiten durchgeführt werden, doch „mit der Zulässigkeit des Verfahrens ist freilich keine Aussage über die Zweckmäßigkeit desselben verbunden“[373]. Als Gegenspieler von *Rehborn* vertrat er diese Auffassung erstmals im Tagungsband zur zweiten Frühjahrstagung der *ARGE Medizinrecht* am 31. März und 1. April 2000 in Hamburg[374] und bestätigte sie in der Folge[375]. Mittlerweile haben sich auch andere Autoren seine Grundaussage zu Eigen gemacht.[376]

1. Entscheidung für außergerichtliches Gutachten als Akt der Privatautonomie

Zugunsten der vorprozessualen Beweisaufnahme gerade in Arzthaftungssachen zieht *Stegers* - wie in der Folge der BGH in seiner

371 So *Mohr*, MedR 1996, 454, 455. Dieses Argument greifen auch *Frahm/Nixdorf/Walter*, Arzthaftungsrecht, 4. Aufl. 2009, Rdnr. 258 auf, die aber nicht zu den vorbehaltlosen Befürwortern des streitschlichtenden Beweisverfahrens zählen.

372 Näher hierzu unter D.I.3.c), S. 79.

373 *Stegers*, in: *Stegers/Hansis/Alberts/Scheuch*, Fn. 244, S. 147, 150. Andeutungsweise auch *Bockey*, NJW 2003, 3453, 3455 und *Baumbach*, ZPO, 69. Aufl. 2011, Übers. § 485 Rdnr. 4, demzufolge jedes selbständige Beweisverfahren die Gefahr einer nur bedingten Brauchbarkeit in sich trägt.

374 *Stegers*, in: *Geschäftsführender Ausschuss der ARGE Medizinrecht im DAV*, Fn. 340, S. 11.

375 *Stegers*, in: *Stegers/Hansis/Alberts/Scheuch*, Fn. 244, S. 147 ff; *ders*, in: *Stegers/Hansis/Alberts/Scheuch*, Sachverständigenbeweis im Arzthaftungsrecht, 2. Aufl. 2008, S. 204 ff. Bereits 1995 sprach er sich - allerdings noch ohne die genannte Differenzierung - für die generelle Zulässigkeit des Verfahrens aus, vgl. *ders*, in: *ARGE Rechtsanwälte im Medizinrecht e. V*, Fn. 244, S. 75, 83 ff.

376 So etwa *Bergmann/Wever*, Fn. 35, S. 184. Die vorgezogene Beweisaufnahme in Arzthaftungssachen sei zwar zulässig, doch aus prozesstaktischer Sicht dürfte das selbständige Beweisverfahren dennoch in vielen Fällen unzweckmäßig sein, da nach § 485 Abs. 2 ZPO nur die schriftliche Begutachtung durch einen Sachverständigen beantragt werden könne.

Grundsatzentscheidung[377] - die vier juristischen Auslegungsmethoden heran.

Zum einen weise der Wortlaut des § 485 Abs. 2 S. 1 Nr. 2 ZPO keine Einschränkung auf, sondern umfasse das gesamte Schadensrecht unabhängig davon, ob es sich um Vertragsrecht, Deliktsrecht oder Produkthaftungsrecht handele. Außerdem bezwecke die Regelung eine außergerichtliche Streitbeilegung zu fördern. Dies werde unterlaufen, wenn man ein selbständiges Beweisverfahren schon deshalb für unzulässig erachte, weil der Gegner zu erkennen gebe, dass er sich den Feststellungen des Gutachters nicht anschließen werde.[378] Auch gesetzessystematische Gründe sprächen dafür, das rechtliche Interesse nicht bei einer ablehnenden Haltung des Antragsgegners zu verneinen. § 485 Abs. 1 ZPO umfasse die Fälle, in denen der Gegner der außerprozessualen Beweisaufnahme zustimme. Die Begutachtung ohne Einverständnis der Gegenseite sei daher Gegenstand des zweiten Absatzes der Regelung.[379] Entscheidend sei schließlich der Wille des Gesetzgebers, der in der Begründung des Entwurfs für das RPflVereinfG explizit auf Arzthaftungsprozesse Bezug nehme und diese als Anwendungsbereich des selbständigen Beweisverfahrens qualifiziere.[380]

Stegers sieht in der Entscheidung für die Einleitung eines selbständigen Beweisverfahrens einen Akt der Privatautonomie.[381] Letztere werde von denjenigen missachtet, die die vorprozessuale Beweiserhebung kategorisch ablehnten.[382] Überdies würden diese die Zulässigkeitsvoraussetzungen für die Einholung eines Sachverständigengutachtens mit den Anforderungen an die Begründetheit eines materiellen Anspruchs verwechseln, denn „[d]as Sachverständigengutachten ist nur Mittel rechtlicher Erkenntnis und ersetzt diese nicht“[383].

---

377 BGHZ 153, 302. Genauer hierzu unter C.II, S. 67.

378 Vgl. *Stegers*, in: *Geschäftsführender Ausschuss der ARGE Medizinrecht im DAV*, Fn. 340, S. 11, 15.

379 So *Stegers*, in: *Geschäftsführender Ausschuss der ARGE Medizinrecht im DAV*, Fn. 340, S. 11, 15 f.

380 Vgl. wiederum *Stegers*, in: *Geschäftsführender Ausschuss der ARGE Medizinrecht im DAV*, Fn. 340, S. 11, 18 unter Verweis auf BT-Drs. 11/3621, S. 23.

381 *Stegers*, in: *Geschäftsführender Ausschuss der ARGE Medizinrecht im DAV*, Fn. 340, S. 11, 18.

382 Siehe *Stegers*, in: *Geschäftsführender Ausschuss der ARGE Medizinrecht im DAV*, Fn. 340, S. 11, 21.

383 So *Stegers*, in: *Geschäftsführender Ausschuss der ARGE Medizinrecht im DAV*, Fn. 340, S. 11, 21.

2. Überprüfbarkeit des medizinischen Standards, nicht des Verschuldens

Folglich könne mittels der Begutachtung die Abweichung der streitgegenständlichen Behandlung vom medizinischen Standard überprüft werden, nicht aber, ob ein solcher objektiver Verstoß rechtlich als Verschulden zu qualifizieren sei.[384] Denn Rechtsanwender sei nicht der Sachverständige, sondern der Jurist. An dieser Kompetenzaufteilung wolle das selbständige Beweisverfahren nichts ändern.[385] Die Beantwortung von Rechtsfragen dürfe daher nicht an den Sachverständigen delegiert werden. Erlaubt sei ihm aber, den objektiv gesicherten Stand der Medizin aufzuweisen und das Behandlungsgeschehen hieran zu messen.[386]

3. Konsequenz der Differenzierung nach der Zweckmäßigkeit

Da die Zulässigkeit von der Frage nach der Zweckmäßigkeit getrennt werden müsse, komme das selbständige Beweisverfahren nur bei „einfach gelagerten Fällen ohne größere Unsicherheiten bei der Beweislastverteilung und damit auch ohne schwierige Rechtsfragen, meistens ohne Dauerschaden, und solche mit besonderer Kostensensibilität" in Betracht.[387]

Denn die Klärung des Sachverhalts erfordere oftmals auch die Vernehmung von Zeugen, der Parteien oder die Einholung eines Urkundsbeweises, was im Verfahren gemäß § 485 Abs. 2 ZPO nicht vorgesehen sei.[388] Außerdem könne ein Sachverständiger nicht zur Höhe des Vermögensschadens und eines eventuellen Schmerzensgeldes Stellung nehmen.[389] Wechselseitige Auskunftsansprüche der Parteien seien im

---

384 Vgl. *Stegers*, in: *Geschäftsführender Ausschuss der ARGE Medizinrecht im DAV*, Fn. 340, S. 11, 19; *ders*, in: *Stegers/Hansis/Alberts/Scheuch*, Fn. 375, S. 204, 207, 212.

385 Näher hierzu *Stegers*, in: *Geschäftsführender Ausschuss der ARGE Medizinrecht im DAV*, Fn. 340, S. 11, 13.

386 So *Stegers*, in: *Geschäftsführender Ausschuss der ARGE Medizinrecht im DAV*, Fn. 340, S. 11, 14; *ders*, in: *Stegers/Hansis/Alberts/Scheuch*, Fn. 375, S. 204, 207.

387 Zitiert nach *Stegers*, in: *Geschäftsführender Ausschuss der ARGE Medizinrecht im DAV*, Fn. 340, S. 11, 26 f. Siehe hierzu auch die Auflistung bei *ders*, in: *Stegers/Hansis/Alberts/Scheuch*, Fn. 244, S. 147, 151, an der er in der 2. Aufl. festhält, vgl. *ders*, in: *Stegers/Hansis/Alberts/Scheuch*, Fn. 375, S. 204, 215.

388 Vgl. *Stegers*, in: *Stegers/Hansis/Alberts/Scheuch*, Fn. 375, S. 204, 214. Ähnlich *Bergmann/Wever*, Fn. 35, S. 184.

389 So *Bergmann/Wever*, Fn. 35, S. 184.

streitschlichtenden Beweisverfahren nicht durchsetzbar.[390] Überdies bleibe unsicher, ob eine mündliche Verhandlung stattfinde, in der Sachverständige sich oftmals eher öffneten als im Rahmen einer rein schriftlichen Begutachtung. Schließlich seien, wenn das Gutachten die medizinischen Vorfragen hierzu nicht feststelle, die anzuwendenden Beweisregeln ungeklärt.[391] Da Vernehmungen nicht stattfinden, müsse zwangsläufig der genaue Ablauf von Aufklärungsgesprächen unvollständig bleiben.[392]

Stegers weist aber auch darauf hin, dass seine Bedenken der zum damaligen Zeitpunkt aktuellen Rechtspraxis geschuldet sind.[393] „Eine andere Rechtsanwendung, gleichsam eine konzertierte Aktion der Beteiligten, könnte freilich zu anderen Ergebnissen führen."[394]

IV. Mittelweg der herrschenden Meinung in Anlehnung an den BGH

Die überwiegende Literaturmeinung wählt ebenfalls einen vermittelnden Weg mit Tendenz zugunsten des streitschlichtenden Beweisverfahrens. Sie bewegt sich dabei im Fahrwasser, das der BGH vorgegeben hat. Prinzipiell ist die außergerichtliche Begutachtung gemäß § 485 Abs. 2 ZPO in arztrechtlichen Streitigkeiten zulässig, im Einzelfall kann das rechtliche Interesse daran jedoch zu verneinen sein.[395] In der

390 Vgl. *Stegers*, in: *Geschäftsführender Ausschuss der ARGE Medizinrecht im DAV*, Fn. 340, S. 11, 25.

391 Insgesamt hierzu *Stegers*, in: *Geschäftsführender Ausschuss der ARGE Medizinrecht im DAV*, Fn. 340, S. 11, 26.

392 Siehe *Bergmann/Wever*, Fn. 35, S. 184.

393 Der Beitrag erschien im Jahr 2001, also vor der Grundsatzentscheidung des BGH vom 21. Januar 2003.

394 *Stegers*, in: *Geschäftsführender Ausschuss der ARGE Medizinrecht im DAV*, Fn. 340, S. 11, 26.

395 Vgl. etwa *Deutsch/Spickhoff*, Fn. 3, Rdnr. 511; *Strachwitz-Helmstatt*, in: *Ehlers/Broglie*, Arzthaftungsrecht, 4. Aufl. 2008, Rdnr. 570; *Frahm/Nixdorf/Walter*, Fn. 371, Rdnr. 258; *Gehrlein*, Fn. 185, Teil E Rdnr. 7; *Geiß/Greiner*, Arzthaftpflichtrecht, 6. Aufl. 2009, Teil E Rdnr. 25; *Martis/Winkhart*, Fn. 294, Rdnr. B 506 ff; *Ulsenheimer*, in: *Laufs/Kern*, Fn. 2, § 114 Rdnr. 13 f, der noch die Überschrift „Beweissicherungsverfahren" wählt; *Steffen/Pauge*, Arzthaftungsrecht, 11. Aufl. 2010, Teil B Rdnr. 788; *Terbille*, in: *Terbille*, Münchener Anwaltshandbuch Medizinrecht, 2009, § 1 Rdnr. 216 ff; *Rosenberger*, in: *Wenzel*, Handbuch des Fachanwalts Medizinrecht, 2. Aufl. 2009, Kap. 7 Rdnr. 454 ff. Exemplarisch für die Kommentarliteratur *Huber*, in: *Musielak*, Fn. 155, § 485 Rdnr. 5, 10, 14; *Ulrich*, in: *Prütting/Gehrlein*, Fn. 170, § 485 Rdnr. 8; *Spickhoff*, in: *Soergel*, BGB, Bd. 12, 13. Aufl. 2005, § 823 Anh. I Rdnr. 217; *ders*, in: *Spickhoff*, Medizinrecht, 2011, ZPO, Rdnr. 11 ff; *Leipold*, in: *Stein/Jonas*, Fn. 213, § 485 Rdnr. 23; *Reichold*,

Folge soll ein Überblick gegeben werden, was nach herrschender Literaturansicht bei der Zulässigkeitsprüfung zu beachten ist und welche Umstände ausnahmsweise gegen eine vorprozessuale Begutachtung sprechen.

1. Weite Auslegung des rechtlichen Interesses

Das erforderliche rechtliche Interesse sei grundsätzlich weit zu verstehen[396]; es müsse weiter gefasst werden als das für eine negative Feststellungsklage[397] und werde in aller Regel kaum auszuschließen sein[398]. Jede Frage, die irgendwie der Vereinfachung, der Vorbereitung oder der Vermeidung eines künftigen Rechtsstreits dienen könne, belege per se ein rechtliches Interesse im Sinn von § 485 Abs. 2 S. 2 ZPO.[399] Das streitschlichtende Beweisverfahren sei daher selbst dann zur Vermeidung eines Rechtsstreits geeignet, wenn der Behandler im Vorfeld erkläre, dass er im Falle eines für ihn nachteiligen Ausgangs der Begutachtung keinen Schadensersatz leisten wolle.[400] Denn es reiche aus, dass der den Antrag stellende Patient bei einem negativen Gutachten voraussichtlich von der Geltendmachung von Ansprüchen absehen werde.[401]

Zwar bestehe ein Nachteil des Verfahrens gemäß § 485 Abs. 2 ZPO in dem Risiko, dass das einzuholende Gutachten auf einer ungesicherten

---

in: *Thomas/Putzo*, Fn. 143, § 485 Rdnr. 7; *Herget*, in: *Zöller*, Fn. 130, § 485 Rdnr. 9 (a. A. noch in 21. Aufl. 1999; 22. Aufl. 2001; 23. Aufl. 2002; jeweils unter § 485 Rdnr. 9. Erst in der 24. Aufl. 2004 änderte *Herget* seine Auffassung, vgl. auch hier § 485 Rdnr. 9).

396 Vgl. *Leipold*, in: *Stein/Jonas*, Fn. 213, § 485 Rdnr. 30, der auch ein mittelbares Interesse genügen lässt. Enger hingegen *Schreiber*, in: *MüKo*/ZPO, Fn. 48, § 485 Rdnr. 13; *ders*, NJW 2001, 2600, 2601, demzufolge man den Begriff nicht zu weit fassen sollte.

397 So *Herget*, in: *Zöller*, Fn. 130, § 485 Rdnr. 7a.

398 Siehe *Huber*, in: *Musielak*, Fn. 155, § 485 Rdnr. 13. *Herget*, in *Greger/Gleussner/Heinemann*, Fn. 246, S. 97, 104 stellt fest, die Ablehnung eines Beweisantrags sei „seltene Ausnahme".

399 Vgl. *Ulrich*, GesR 2008, 422, 423 (Anm. zu OLG Oldenburg, Beschluss vom 14. Mai 2008, Az: 5 W 31/08 = GesR 2008, 421). *Schreiber*, in: *MüKo*/ZPO, Fn. 48, § 485 Rdnr. 13 befürchtet, dieses Verständnis lasse die Alternativen des § 485 Abs. 1 ZPO leer laufen, da mit jeder glaubhaften Darlegung anspruchsbegründender Tatsachen die Zulässigkeit eines Verfahrens nach § 485 Abs. 2 ZPO gegeben sei.

400 So *Bockey*, NJW 2003, 3453, 3454; *Spickhoff*, NJW 2006, 1630, 1637; *Ulrich*, in: *Prütting/Gehrlein*, Fn. 170, § 485 Rdnr. 24; *ders*, DS 2007, 184, 186.

401 Vgl. *Terbille*, in: *Terbille*, Fn. 395, § 1 Rdnr. 218; *Rosenberger*, in: *Wenzel*, Fn. 395, Kap. 7 Rdnr. 456.

tatsächlichen Grundlage erstattet werde.[402] Dies betreffe aber jedwedes Rechtsgebiet und könne daher nicht gegen dessen Zulässigkeit speziell in medizinrechtlichen Streitigkeiten vorgebracht werden.[403] Auch der Umstand, dass der Antragsteller die Fragen an den Sachverständigen einseitig formuliert, stelle keine Besonderheit des Arzthaftpflichtprozesses dar, die es rechtfertigen würde, dem Patienten gerade in diesen Fällen das rechtliche Interesse zu versagen.[404]

2. Keine Schlüssigkeits- oder Erheblichkeitsprüfung durch das Gericht

Bei der Zulässigkeitsprüfung durch das Gericht müsse weiter beachtet werden, dass im Rahmen eines selbständigen Beweisverfahrens die Erfolgsaussichten einer möglichen Prozessführung ebenso wenig zu prüfen seien wie die Erheblichkeit der Beweisfragen in einem späteren Prozess.[405] Es komme deshalb nicht darauf an, ob der Vortrag des Antragstellers den behaupteten Anspruch schlüssig begründe oder ob das Beweisverfahren dazu geeignet sei, den Stoff eines späteren Prozesses umfassend zu klären.[406] Diese Erwägungen hätten regelmäßig außer Betracht zu bleiben.[407]

3. Kriterien der Unzulässigkeit im Einzelfall

Die Literatur hat im Rahmen der Auseinandersetzung mit der Rechtsprechung einige Fälle herausgearbeitet, in denen das streitschlichtende Beweisverfahren als unzulässig abzulehnen ist. Dennoch sind viele Punkte nach wie vor heftig umstritten.

a) Klärung durch anderweitige Gutachten

Leipold zufolge ist das rechtliche Interesse zu verneinen, wenn zunächst andere, sachgerechtere Wege zur Klärung beschritten werden können.[408] Er nennt unter anderem das Beispiel, dass ein von den Parteien zu den-

---

402 Siehe *Terbille*, in: *Terbille*, Fn. 395, § 1 Rdnr. 221.

403 So auch *Ulrich*, GesR 2008, 422 f. (Anm. zu OLG Oldenburg, Beschluss vom 14. Mai 2008, Az: 5 W 31/08 = GesR 2008, 421).

404 Vgl. *Martis/Winkhart*, Fn. 294, Rdnr. B 517; *Terbille*, in: *Terbille*, Fn. 395, § 1 Rdnr. 219; *Ulrich*, GesR 2008, 422 f. (Anm. zu OLG Oldenburg, Beschluss vom 14. Mai 2008, Az: 5 W 31/08 = GesR 2008, 421).

405 Siehe *Herget*, in: *Zöller*, Fn. 130, § 485 Rdnr. 7a; *Huber*, in: *Musielak*, Fn. 155, § 485 Rdnr. 13; *Leipold*, in: *Stein/Jonas*, Fn. 213, § 485 Rdnr. 31; *Ulrich*, in: *Prütting/Gehrlein*, Fn. 170, § 485 Rdnr. 24; *ders*, DS 2007, 184, 186.

406 Vgl. *Bockey*, NJW 2003, 3453, 3454.

407 So *Frahm/Nixdorf/Walter*, Fn. 371, Rdnr. 258.

408 *Leipold*, in: *Stein/Jonas*, Fn. 213, § 485 Rdnr. 37.

selben Fragen eingeleitetes Sachverständigenverfahren gemäß § 14 AKB[409] noch nicht beendet ist. Nach einhelliger Meinung stellt die Möglichkeit der vorherigen Anrufung einer Gutachter- oder Schlichtungsstelle in arzthaftungsrechtlichen Streitigkeiten jedoch keinen derartigen Weg dar.[410] Teilweise wird das nötige rechtliche Interesse aber verneint, wenn die Gutachterkommission im Vorfeld keinen Behandlungsfehler festgestellt hat und der Patient dies widerspruchslos akzeptiert.[411] Hiergegen wendet sich *Ulrich*, denn „der Antragsteller braucht [...] sein Pulver nicht schon in diesem vorgeschalteten und eben nicht zwingend zu einem gerichtsfesten Gutachten führenden Verfahren zu verschießen“[412]. Auch ein bereits erholtes Privatgutachten schließe das Feststellungsinteresse für die Durchführung eines selbstständigen Beweisverfahrens zu denselben Fragen nicht aus.[413]

b) Evidente Ungeeignetheit des Verfahrens

Nach einhelliger Literaturansicht ist eine außergerichtliche Begutachtung dann unzulässig, wenn kein Rechtsverhältnis, kein möglicher Prozessgegner oder kein Anspruch ersichtlich sind.[414] Dabei muss es sich um völlig eindeutige Fälle handeln, bei denen evident ist, dass der vom Antragsteller behauptete Anspruch keinesfalls bestehen kann.[415] Denn die Entscheidung zweifelhafter Rechtsfragen sei dem Hauptsacheprozess vorbehalten und dürfe nicht im Rahmen des selbständigen Beweisverfahrens getroffen werden.

Offensichtlich ungeeignet sei das streitschlichtende Beweisverfahren auch dann, wenn der Anspruch bereits rechtskräftig abgewiesen wurde

---

409 Allgemeine Bedingungen für die Kfz-Versicherung.

410 Vgl. nur *Reutter*, Fn. 249, S. 64, demzufolge das selbständige Beweisverfahren und die Begutachtung bei den Gutachterkommissionen bzw. Schlichtungsstellen selbständig nebeneinander stehen.

411 Siehe *Ulsenheimer*, in: *Laufs/Kern*, Fn. 2, § 114 Rdnr. 14 sowie *Rosenberger*, in: *Wenzel*, Fn. 395, Kap. 7 Rdnr. 456 jeweils unter Bezugnahme auf OLG Hamm GesR 2004, 379. Ausführlich hierzu unter C.III.7, S. 74.

412 *Ulrich*, GesR 2008, 422, 423 (Anm. zu OLG Oldenburg, Beschluss vom 14. Mai 2008, Az: 5 W 31/08 = GesR 2008, 421).

413 So *Ulrich*, DS 2007, 184, 186.

414 Vgl. nur *Bockey*, NJW 2003, 3453, 3454 sowie *Herget*, in: *Zöller*, Fn. 130, § 485 Rdnr. 7a, der darauf hinweist, dass sich das Gericht dabei aber stets in Gefahr einer unzulässigen Schlüssigkeits- oder Erheblichkeitsprüfung befindet.

415 Siehe *Martis/Winkhart*, Fn. 294, Rdnr. B 505, B 520; *Leipold*, in: *Stein/Jonas*, Fn. 213, § 485 Rdnr. 31.

und eine Restitutionsklage nicht in Betracht komme.[416] Ebenso sei der Fall zu beurteilen, dass der Antrag auf die Erbringung des Gegenbeweises in Bezug auf eine offenkundige Tatsache abstelle.[417] Sollte sich der Streit nur auf Anknüpfungstatsachen beziehen, wird das rechtliche Interesse an der Begutachtung ebenfalls verneint.[418] Derartige Tatsachen seien einer Feststellung durch ein Sachverständigengutachten nicht zugänglich und müssten gegebenenfalls mit anderen Beweismitteln geklärt werden. Solange sich die ärztliche Leistung aber unabhängig davon beurteilen lasse, etwa bei zahnprothetischer Behandlung, bestünden keine Bedenken.[419]

c) Überflüssigkeit der Beweiserhebung

Abgelehnt wird die Durchführung des streitschlichtenden Beweisverfahrens, soweit die Beweisfragen bereits durch ein gerichtlich eingeholtes Gutachten geklärt sind[420] oder klar auf der Hand liegt, dass das Ergebnis der beantragten Begutachtung in einem sich anschließenden Prozess keine Bedeutung haben kann. „In diesen Fällen wäre eine Beweiserhebung überflüssig."[421]

Strittig ist, ob die Berufung des Gegners auf einen zwischen den Beteiligten zu Stande gekommenen gerichtlichen Vergleich hierunter gefasst werden kann. *Huber* spricht dem Antragsteller in diesen Fällen das rechtliche Interesse ab.[422] Dies wird von *Ulrich* in Frage gestellt, da das selbständige Beweisverfahren nicht geeignet sei, Inhalt, Umfang und Wirksamkeit eines Vergleichs zu prüfen. Der Antragsgegner sei hinreichend durch § 494a ZPO geschützt.[423] Teile der Literatur führen als weiteres Beispiel den Fall unstreitig eingetretener Verjährung an, auf die sich der Gegner beruft.[424] Dem treten andere mit dem Argument entgegen, der

---

416 Vgl. *Leipold*, in: *Stein/Jonas*, Fn. 213, § 485 Rdnr. 34, der von den Grenzen des rechtlichen Interesses spricht.

417 So *Leipold*, in: *Stein/Jonas*, Fn. 213, § 485 Rdnr. 35.

418 Vgl. *Leipold*, in: *Stein/Jonas*, Fn. 213, § 485 Rdnr. 23.

419 Siehe hierzu *Huber*, in: *Musielak*, Fn. 155, § 485 Rdnr. 14.

420 Vgl. *Ulrich*, AnwBl 2003, 26, 31.

421 Insgesamt hierzu *Bockey*, NJW 2003, 3453, 3454, von der auch das wörtliche Zitat stammt.

422 *Huber*, in: *Musielak*, Fn. 155, § 485 Rdnr. 14.

423 *Ulrich*, AnwBl 2003, 26, 30.

424 Vgl. *Deutsch/Spickhoff*, Fn. 3, Rdnr. 511. *Huber*, in: *Musielak*, Fn. 155, § 485 Rdnr. 14 nennt neben eingetretener Verjährung auch noch Abgeltung, Verzicht oder Erlass.

Anspruch sei nicht auf Schlüssigkeit und Erheblichkeit zu prüfen.[425] Jedenfalls dann, wenn der Anspruch nur möglicherweise verjährt sei, könne das Rechtsschutzbedürfnis nicht verneint werden, da im selbständigen Beweisverfahren etwaige Erfolgsaussichten des Hauptsacheprozesses keine Rolle spielen dürften.[426]

d) Drohende Komplexität oder Verzögerung des Hauptsacheprozesses

Skepsis besteht darüber, ob die Zulässigkeit der vorgerichtlichen Begutachtung verneint werden kann, wenn dadurch ein späterer Prozess nur verzögert und verkompliziert wird, weil etwa die Beiziehung von Behandlungsunterlagen ohnehin noch erforderlich ist.[427] *Deutsch* und *Spickhoff* merken hierzu kritisch an, dies werde sich im Vorfeld nicht ohne Weiteres feststellen lassen.[428] Außerdem war die angeblich zu hohe Komplexität der Materie ein beliebtes Argument der Gegner des streitschlichtenden Beweisverfahrens. Dieses sei mit der Grundsatzentscheidung des BGH obsolet geworden.[429] Dass es einen Hinderungsgrund darstellt, wenn es zusätzlich zum vorgezogenen Sachverständigengutachten einer Beweiserhebung durch Zeugenvernehmung zum Befinden des Patienten bedarf[430], wird ebenfalls angezweifelt.[431] Manchen Autoren erscheint aber ein Vorgehen nach § 485 Abs. 2 ZPO ohne prozessordnungsgemäße Feststellung der Anknüpfungstatsachen, einer erfolgten Aufklärung sowie der ärztlichen Dokumentation wenig erfolgversprechend.[432]

---

425 So etwa *Martis/Winkhart*, Fn. 294, Rdnr. B 503 f; *Ulrich*, AnwBl 2003, 26, 31. Siehe hierzu auch die Ausführungen unter D.IV.2, S. 88.

426 Siehe *Terbille*, in: *Terbille*, Fn. 395, § 1 Rdnr. 218.

427 Vgl. *Frahm/Nixdorf/Walter*, Fn. 371, Rdnr. 258 unter Bezugnahme auf LG Kassel GesR 2005, 26. Genauer zu dieser Entscheidung unter C.III.6, S. 73. In der Tendenz befürwortend *Spickhoff*, NJW 2005, 1694, 1701.

428 *Deutsch/Spickhoff*, Fn. 3, Rdnr. 511.

429 Siehe *Bockey*, NJW 2003, 3453, 3454.

430 So das OLG Köln GesR 2004, 235, das damit die Vorinstanz LG Köln GesR 2004, 139 bestätigte; siehe hierzu C.III.6, S. 73.

431 *Deutsch/Spickhoff*, Fn. 3, Rdnr. 511 ohne nähere Begründung. Bereits in NJW 2005, 1694, 1701 hatte sich *Spickhoff* eher skeptisch zur Entscheidung des LG Köln GesR 2004, 139 geäußert.

432 Vgl. etwa *Huber*, in: *Musielak*, Fn. 155, § 485 Rdnr. 14.

e) Grenze der Ausforschung

Einig ist sich die Literatur hingegen - wie auch die Rechtsprechung[433] - darüber, dass ein Antrag, der auf Ausforschung abzielt, als unzulässig zurückgewiesen werden muss.[434] Eine Ausforschung sei dann gegeben, wenn der Patient lediglich allgemein gehaltene Fragen stelle, etwa dergestalt, ob ein ärztlicher Behandlungsfehler vorliege.[435] Behauptungen „ins Blaue hinein" ohne greifbare Anhaltspunkte genügen den Anforderungen an ein ordnungsgemäßes streitschlichtendes Beweisverfahren nicht.[436]

f) Keine Beweiserhebung über Rechtsfragen

Ob eine vorgezogene Beweiserhebung möglich ist, die zugleich rechtliche Wertungen beinhaltet, wird unterschiedlich beurteilt. Die Mehrheit der Literaturstimmen lehnt die Einleitung des Verfahrens in diesem Fall ab, da es auch bei medizinischem Hintergrund nur Tatsachen zum Gegenstand haben könne.[437] Der Sachverständige, der lediglich die Ursache der Gesundheitsbeeinträchtigung zu erforschen habe, müsse sich jeder wertenden Stellungnahme enthalten.[438] Er dürfe keine rechtliche Beurteilung treffen.[439] Nach dem Gesetzeswortlaut sind Fragen, die über den Zustand einer Person und der Ursache hierfür hinausgehen, unzulässig.[440] Da Ursächlichkeit gemäß § 485 Abs. 2 Nr. 2 ZPO die Kausalität im Sinne der Äquivalenztheorie, nicht hingegen im Sinne der Adäquanztheorie erfasse, könne nur geklärt werden, ob ein bestimmtes Tun

---

433 Näher hierzu unter C.III.3, S. 71.

434 Vgl. *Frahm/Nixdorf/Walter*, Fn. 371, Rdnr. 258; *Huber*, in: *Musielak*, Fn. 155, § 485 Rdnr. 14; *Ulrich*, in: *Prütting/Gehrlein*, Fn. 170, § 485 Rdnr. 8; *Leipold*, in: *Stein/Jonas*, Fn. 213, § 485 Rdnr. 21; *Herget*, in: *Zöller*, Fn. 130, § 487 Rdnr. 4.

435 Siehe *Frahm/Nixdorf/Walter*, Fn. 371, Rdnr. 258.

436 So *Martis/Winkhart*, Fn. 294, Rdnr. B 524 unter Bezugnahme auf OLG Nürnberg MedR 2009, 155.

437 Vgl. *Rosenberger*, in: *Wenzel*, Fn. 395, Kap. 7 Rdnr. 457 f; *Ulrich*, GesR 2008, 422, 423 (Anm. zu OLG Oldenburg, Beschluss vom 14. Mai 2008, Az: 5 W 31/08 = GesR 2008, 421).

438 So *Terbille*, in: *Terbille*, Fn. 395, § 1 Rdnr. 217.

439 Vgl. *Gehrlein*, Fn. 185, Teil E Rdnr. 7a.

440 Ausführlich hierzu *Liebhold*, ZMGR 2009, 113 (Anm. zu OLG Oldenburg, Beschluss vom 8. Juli 2008, Az: 5 W 41/08 = ZMGR 2009, 111); *Reiprich*, MedR 2009, 157 (Anm. zu OLG Nürnberg, Beschluss vom 29. Mai 2008, Az: 5 W 506/08 = MedR 2009, 155).

oder Unterlassen ursächlich für die Gesundheitsbeeinträchtigung sei.[441] Diese von der Frage des Behandlungsfehlers gelöste Kausalitätsprüfung dürfe im Rahmen des streitschlichtenden Beweisverfahrens erfolgen.[442] Ob das Verhalten hingegen standardwidrig war, sei von dieser Frage zu unterscheiden und betreffe das Verschulden des Arztes.[443] Im Rahmen der vorprozessualen Begutachtung könne daher das Vorliegen eines Behandlungsfehlers nicht überprüft werden.[444]

Obgleich *Leipold* ebenfalls darauf hinweist, dass im Rahmen von § 485 Abs. 2 ZPO die entscheidenden rechtlichen Fragen wie das Verschulden des Arztes und die Kausalität der Verletzung für den Schaden möglicherweise noch nicht geklärt sind, kommt er zu dem Schluss, durch ein streitschlichtendes Beweisverfahren könne festgestellt werden, ob ein behaupteter ärztlicher Behandlungsfehler vorliege und ob dieser eine bestimmte Verletzung verursacht habe.[445] Denn hierauf sei der Antrag in der Grundsatzentscheidung des BGH zur Zulässigkeit des selbständigen Beweisverfahrens in Arzthaftungssachen gerichtet gewesen, den das Gericht für begründet erklärt habe.[446] Ähnlich argumentiert *Ulrich*, demzufolge „Zulässigkeitsvoraussetzung ist, dass der Antragsteller unter Bezeichnung bestimmter Anhaltspunkte die Behauptung eines ärztlichen Behandlungsfehlers aufstellt"[447].

Nach *Martis* und *Winkhart-Martis* stellt die Zulässigkeit der vorgezogenen Begutachtung zur Feststellung eines vom Antragsteller schlüssig behaupteten konkreten Behandlungsfehlers sogar die mittlerweile herrschende Meinung dar.[448] Diese Einschätzung kann angesichts der aufgezeigten Differenzen innerhalb von Literatur und Rechtsprechung nicht geteilt werden, zumal die Autoren selbst die einander teilweise wider-

---

441 So *Reiprich*, MedR 2009, 157 (Anm. zu OLG Nürnberg, Beschluss vom 29. Mai 2008, Az: 5 W 506/08 = MedR 2009, 155). Ähnlich *Schreiber*, in: *MüKo/ZPO*, Fn. 48, § 485 Rdnr. 15; *ders*, NJW 2001, 2600, 2602; *Gehrlein*, ZMGR 2004, 187, 189.

442 Siehe *Gehrlein*, Fn. 185, Teil E Rdnr. 7a; *ders*, ZMGR 2004, 187, 189.

443 Vgl. erneut *Reiprich*, MedR 2009, 157 (Anm. zu OLG Nürnberg, Beschluss vom 29. Mai 2008, Az: 5 W 506/08 = MedR 2009, 155).

444 So *Liebhold*, ZMGR 2009, 113 (Anm. zu OLG Oldenburg, Beschluss vom 8. Juli 2008, Az: 5 W 41/08 = ZMGR 2009, 111); *Reiprich*, MedR 2009, 157 (Anm. zu OLG Nürnberg, Beschluss vom 29. Mai 2008, Az: 5 W 506/08 = MedR 2009, 155); *Huber*, in: *Musielak*, Fn. 155, § 485 Rdnr. 14.

445 *Leipold*, in: *Stein/Jonas*, Fn. 213, § 485 Rdnr. 24.

446 BGHZ 153, 302.

447 *Ulrich*, in: *Prütting/Gehrlein*, Fn. 170, § 485 Rdnr. 8.

448 *Martis/Winkhart*, Fn. 294, Rdnr. B 515.

sprechenden Entscheidungen der vergangenen Jahre wiedergeben. Zuzustimmen ist ihnen aber darin, dass die richtige Dosierung von Medikamenten nicht dem rechtlichen, sondern dem tatsächlichen Bereich der ordnungsgemäßen medizinischen Behandlung zuzuordnen ist.[449] So stützte sich beispielsweise das OLG Köln in einer arzthaftungsrechtlichen Entscheidung über die sachgerechte Verabreichung von Medikamenten maßgeblich auf die Ausführungen des beigezogenen Sachverständigen.[450] Einem Verfahren gemäß § 485 Abs. 2 ZPO stehen bei dieser Tatsachenfrage daher keine Bedenken entgegen.[451]

449 *Martis/Winkhart*, Fn. 294, Rdnr. B 507. Andeutungsweise hierzu bereits unter C.III.1, S. 68.

450 OLG Köln RuS 1993, 376, 377.

451 A. A. OLG Naumburg, Beschluss vom 14. November 2005, Az: 1 W 18/05, vgl. unter C.III.1, S. 68.

E. Eigene Bewertung und Stellungnahme

I. Zusammenfassung und Beschreibung des Kernproblems

In der Zusammenschau der Entwicklung von Rechtsprechung und Literatur zeigt sich, dass die grundsätzliche Zulässigkeit des streitschlichtenden Beweisverfahrens in medizinrechtlichen Streitigkeiten mittlerweile nahezu unbestritten ist.

1. Sachgerechte Entscheidung für die grundsätzliche Zulässigkeit

Angesichts der gesetzgeberischen Intention bei Einführung der vorgezogenen Beweisaufnahme, des Gesetzeswortlauts, der Systematik der Regelung sowie ihrem Sinn und Zweck nach ist damit die richtige Weichenstellung erfolgt. Das Verfahren wurde ausweislich der Gesetzesbegründung für Materien wie das Werkvertrags- oder Arzthaftungsrecht entwickelt, bei denen die Klärung der tatsächlichen Ausgangsbasis viel Zeit in Anspruch nimmt.[452] § 485 Abs. 2 ZPO enthält keinerlei Beschränkung auf ein bestimmtes Rechtsgebiet, sondern fordert im zweiten Satz lediglich ein rechtliches Interesse an der Durchführung des Verfahrens. Während der erste Absatz der Regelung die vorgezogene Beweisaufnahme an den Zweck der Beweissicherung oder das Einverständnis der Gegenseite knüpft, enthält der zweite Absatz keine weitere Voraussetzung als eben dieses rechtliche Interesse des Antragstellers. Seine Zielsetzung besteht darin, Gerichtsprozesse zu vermeiden oder zumindest zu beschleunigen.[453]

Allgemeinen zivilprozessualen Bedenken[454] ist entgegenzuhalten, dass in jedem Gebiet, auf dem ein streitschlichtendes Beweisverfahren durchgeführt wird, das Rechtsschutzbedürfnis fehlen kann, möglicherweise ein nicht geeigneter Sachverständiger ausgewählt wird oder das Gutachten keine Anerkennung bei den Parteien findet. In Anbetracht der einschränkungslosen Ausgestaltung des streitschlichtenden Beweisverfahrens kann dies einer Anwendung im medizinrechtlichen Kontext nicht entgegenstehen. Entscheidend für die Akzeptanz gutachterlicher Stellungnahmen ist vielmehr „die Garantie demokratisch-rechtsstaatlicher Verkehrsformen"[455]. Dies spricht wiederum für die vorgezogene Beweis-

---

452 BT-Drs. 11/3621, S. 23.

453 BT-Drs. 11/3621, S. 2, 24.

454 Vgl. etwa *Rehborn*, MDR 1998, 16, 17; *Schinnenburg*, MedR 2000, 185, 188. Ausführlicher hierzu unter D.I.3, S. 78.

455 So *Stegers*, in: *ARGE Rechtsanwälte im Medizinrecht e. V*, Fn. 244, S. 75, 82, der aus diesem Grund die Arbeit der Gutachterkommissionen und Schlichtungsstellen kritisiert. Eine anonyme Begutachtung erweise den Beteiligten als

aufnahme nach § 485 Abs. 2 ZPO, die den Vorgaben der Verfahrensordnung unterworfen ist.[456]

Der Verweis auf alternative Vorgehensweisen, etwa eine Anregung gemäß § 358a ZPO[457], würde dem Antragsteller die selbstbestimmte Entscheidung darüber absprechen, wie er eine ihn tangierende Streitigkeit lösen möchte. Konflikte können in unserem Rechtssystem nach Wahl der Beteiligten mit staatlicher Hilfe bewältigt werden.[458] Beizupflichten ist daher der herrschenden Meinung, die das rechtliche Interesse im Sinn von § 485 Abs. 2 S. 2 ZPO weit auslegt.[459] Nur so kann die gesetzgeberische Absicht der Förderung außergerichtlicher Streitbeilegung umgesetzt werden.[460] Aus eben diesem Grund sind auch die Erfolgsaussichten einer späteren Hauptsache bei der Entscheidung über den Antrag auf Durchführung des Verfahrens nicht zu prüfen. Eine Schlüssigkeits- oder Erheblichkeitsprüfung würde die Grenzen zum Rechtsstreit verwischen, der vermieden, nicht aber ersetzt werden soll.[461]

Soweit die Beschränkung auf die schriftliche Begutachtung als Hinderungsgrund speziell im medizinrechtlichen Bereich angesehen wird, entkräften sich die Gegner der außergerichtlichen Beweisaufnahme oftmals selbst. So führt beispielsweise *Rehborn* aus, Arzthaftungsprozesse würden häufig vom Sachverständigen dominiert und faktisch entschieden.[462] Zwei Jahre darauf hält er fest, der Sachverständige sei in vielen Fällen der Schlüssel zur Entscheidung der medizinrechtlichen Streitigkeit.[463]

Rechtssubjekten nicht den notwendigen Respekt und sei mit der Achtung der Menschenwürde und dem ärztlichen Humanitätsgebot kaum zu vereinbaren.

456 Vgl. hierzu auch die Ausführungen unter B.V.2, S. 57.

457 *Herget*, in: *Greger/Gleussner/Heinemann*, Fn. 246, S. 97, 111 f, 117 bezeichnet dies als sinnvolle Alternative zur Durchführung eines selbständigen Beweisverfahrens.

458 *Hoffmann-Riehm*, ZRP 1997, 190, 198 zufolge ist dieser Aspekt mitbestimmend für die Lebensqualität der Bürgerinnen und Bürger.

459 BGH NJW 2004, 3488; *Leipold*, in: *Stein/Jonas*, Fn. 213, § 485 Rdnr. 30; *Herget*, in: *Zöller*, Fn. 130, § 485 Rdnr. 7a; *Huber*, in: *Musielak*, Fn. 155, § 485 Rdnr. 13. Ausführlich hierzu unter D.IV.1, S. 89.

460 Laut *Ulrich*, GesR 2008, 422 (Anm. zu OLG Oldenburg, Beschluss vom 14. Mai 2008, Az: 5 W 31/08 = GesR 2008, 421) ist nicht belegt, dass das streitschlichtende Beweisverfahren nicht der Vermeidung von Prozessen dient.

461 Vgl. *Herget*, in: *Greger/Gleussner/Heinemann*, Fn. 246, S. 97, 105 unter Bezugnahme auf die Rechtsprechung des BGH, den Willen des Gesetzgebers und den Wortlaut des Gesetzes.

462 *Rehborn*, MDR 1999, 1169, 1175.

463 *Rehborn*, MDR 2001, 1148, 1155.

Auch *Stegers*, der Vorbehalte im Hinblick auf die Zweckmäßigkeit des Verfahrens hat[464], gesteht dem Sachverständigen im Arzthaftungsprozess maßgebliche Bedeutung zu. „Denn im Bereich der Expertenhaftung wird das, was objektiv dem allgemein anerkannten Stand der medizinischen Wissenschaft und Praxis, was guter Dienstleistungsqualität entspricht, regelmäßig sachverständiger Begutachtung bedürfen."[465] Die Argumente, die gegen die generelle Durchführung des Verfahrens in Arzthaftungssachen vorgebracht wurden, sind in ihrer Absolutheit folglich kaum mehr haltbar. Dennoch kann die Auffassung von *Bockey*, diese seien mit der Grundsatzentscheidung des BGH obsolet geworden[466], nicht geteilt werden. Wie die Einschränkungen zeigen, die selbst von befürwortender Seite her vorgebracht werden, ist das rechtliche Interesse gemäß § 485 Abs. 2 S. 2 ZPO im Einzelfall durchaus zu verneinen.[467] In manchen Konstellationen, deren Umstände vom BGH nicht näher definiert worden sind, gewinnen die Bedenken der Gegner also wieder Raum.

2. Ungeklärte Unzulässigkeit im Einzelfall

Die Schwierigkeit besteht darin, genaue Maßgaben festzulegen, nach denen eine vorprozessuale Beweisaufnahme ausnahmsweise unzulässig ist. Bezogen auf konkrete Sachverhalte haben sich Rechtsprechung und Literatur dieser Problematik zwar genähert[468], doch in zentralen Punkten noch zu keiner gemeinsamen Kategorisierung gefunden.

a) Schlüsselrolle des Beweisthemas nach § 485 Abs. 2 S. 1 Nr. 2 ZPO

Unklarheit herrscht bei den Beweisthemen des streitschlichtenden Beweisverfahrens, insbesondere bei § 485 Abs. 2 S. 1 Nr. 2 ZPO. Wenn die Ursache eines Personenschadens festgestellt werden kann, darf dann der Sachverständige eine Aussage über das Vorliegen eines Behandlungsfehlers treffen oder muss dies dem Richter vorbehalten bleiben? Von der Antwort hierauf hängt die Entscheidung über die Zulässigkeit des gestellten Antrags ab. Wie dargestellt, erachten es die jüngere Rechtsprechung und Teile der Literatur als unproblematisch, wenn das Gutachten

---

464 Vgl. hierzu die Ausführungen unter D.III, S. 83.

465 *Stegers*, in: *Geschäftsführender Ausschuss der ARGE Medizinrecht im DAV*, Fn. 340, S. 11, 19.

466 *Bockey*, NJW 2003, 3453, 3454.

467 Näher hierzu unter D.IV.3, S. 88.

468 Vgl. die Ausführungen unter C.III, S. 68 sowie unter D.IV.3, S. 88.

zu einem ärztlichen Fehlverhalten Stellung nimmt.[469] Dies wird von anderen Gerichten und der Mehrzahl der Autoren hingegen weitgehend abgelehnt, denn der Sachverständige dürfe keine rechtlichen Wertungen treffen.[470] Darin liegt mithin ein zentrales Problem der Zulässigkeitsdebatte. Es gilt herauszufinden, wo in Arzthaftungssachen die Grenze zwischen Tatsachenfragen und rechtlicher Bewertung der Sachlage verläuft.

b) Prozessuale Besonderheiten des Arzthaftungsverfahrens im Blickpunkt

Heftig diskutiert wird zudem, ob das streitschlichtende Beweisverfahren den besonderen Anforderungen der Gerichte an arzthaftungsrechtliche Streitigkeiten Rechnung tragen kann. Während *Rehborn* und andere Gegner der gesonderten Beweiserhebung dies verneinen[471], sprechen Befürwortern zufolge eben diese Besonderheiten für die vorprozessuale Gutachtenerholung[472]. Damit verbunden sind weitere Diskussionspunkte wie die von *Stegers* aufgeworfene Frage nach der Zweckmäßigkeit des Verfahrens[473] oder die Gratwanderung zwischen geringer Substantiierungspflicht und dem Verbot der Ausforschung[474].

---

469 Thüringer OLG MedR 2006, 211; OLG Nürnberg MedR 2009, 155; OLG Oldenburg ZMGR 2009, 111; Brandenburgisches OLG, Beschluss vom 12. November 2009, Az: 12 W 33/09; *Leipold*, in: *Stein/Jonas*, Fn. 213, § 485 Rdnr. 24; *Martis/Winkhart*, Fn. 294, Rdnr. B 515; *Ulrich*, in: *Prütting/Gehrlein*, Fn. 170, § 485 Rdnr. 8.

470 OLG Köln RuS 2003, 528; OLG Naumburg ZMGR 2004, 135; OLG Naumburg, Beschluss vom 14. November 2005, Az: 1 W 18/05; KG ArztR 2006, 163; OLG Köln VersR 2009, 1515; *Gehrlein*, Fn. 185, Teil E Rdnr. 7a; *ders*, ZMGR 2004, 187, 189; *Huber*, in: *Musielak*, Fn. 155, § 485 Rdnr. 14; *Liebhold*, ZMGR 2009, 113 (Anm. zu OLG Oldenburg, Beschluss vom 8. Juli 2008, Az: 5 W 41/08 = VersR 2009, S. 805); *Reiprich*, MedR 2009, 157 (Anm. zu OLG Nürnberg, Beschluss vom 29. Mai 2008, Az: 5 W 506/08 = MedR 2009, 155); *Rosenberger*, in: *Wenzel*, Fn. 395, Kap. 7 Rdnr. 457 f; *Schreiber*, in: *MüKo*/ZPO, Fn. 48, § 485 Rdnr. 15; *ders*, NJW 2001, 2600, 2602; *Ulrich*, GesR 2008, 422, 423 (Anm. zu OLG Oldenburg, Beschluss vom 14. Mai 2008, Az: 5 W 31/08 = GesR 2008, 421); *Terbille*, in: *Terbille*, Fn. 395, § 1 Rdnr. 217.

471 Ausführlich hierzu unter D.I.2, S. 76.

472 Vgl. etwa *Mohr*, MedR 1996, 454, 455; näher hierzu unter D.II.2, S. 81.

473 Laut *Stegers*, in: *Geschäftsführender Ausschuss der ARGE Medizinrecht im DAV*, Fn. 340, S. 11, 26 f. kommt das streitschlichtende Beweisverfahren nur in einfach gelagerten Fällen in Betracht, bei denen keine Zeugen-bzw. Parteivernehmung oder die Erholung eines Urkundsbeweises notwendig ist. Vgl. hierzu auch die Auflistung bei *ders*, in: *Stegers/Hansis/Alberts/Scheuch*, Fn. 244, S. 147, 151.

474 Genauer zu diesem Verbot unter C.III.3, S. 71 und D.IV.3.e), S. 92.

II. Lösungsansatz: Besinnung auf Grundkonzept und Rechtsvergleich

Um zu einer Lösung zu gelangen, ist es nötig, einige Schritte Abstand zu gewinnen und das Arzthaftungsrecht im Gesamtzusammenhang zu betrachten. Zunächst sind die grundlegenden materiellrechtlichen Voraussetzungen für eine Inanspruchnahme des Behandlers sowie die prozessualen Besonderheiten, die dabei gelten, zu klären. Ein Vergleich mit dem neuseeländischen *accident compensation scheme*, einem System kollektiven Schadensausgleichs, das auch im medizinrechtlichen Bereich zum Tragen kommt, soll anschließend die Konturen des deutschen Haftungsrechts verdeutlichen. Ausgehend hiervon können Schlussfolgerungen für die Einsatzmöglichkeiten des streitschlichtenden Beweisverfahrens gezogen werden. „Denn nur durch Vergleichung unterscheidet man sich und erfährt, was man ist, um ganz zu werden, der man sein soll.“[475]

[475] Zitat nach *Thomas Mann*, Gesammelte Werke, Joseph und seine Brüder, III, Joseph in Ägypten, 1983, S. 478.

Dritter Teil: Die Unzulässigkeit der vorprozessualen Beweiserhebung im Einzelfall – zugleich eine rechtsvergleichende Betrachtung

F. Individuelle Verschuldenshaftung nach deutschem Recht

Im deutschen Arzthaftpflichtrecht regiert vordergründig das Verschuldensprinzip, das die zivilrechtliche Einstandspflicht des Behandlers gemäß § 276 BGB von Vorsatz, zumindest aber von Fahrlässigkeit abhängig macht.[476] *Von Jhering* drückte dies im Jahr 1876 mit folgenden Worten aus: „Ohne Schuld keine Verantwortlichkeit für die That, d. h. keine Verpflichtung zum Schadensersatz. Nicht der Schaden verpflichtet zum Schadensersatz, sondern die Schuld. Ein einfacher Satz, ebenso einfach wie der des Chemikers, daß nicht das Licht brennt, sondern der Sauerstoff der Luft."[477]

I. System der Verschuldenshaftung

Das auf persönlicher Verantwortung basierende Haftungskonzept erfordert zunächst einen Blick auf die geltenden Rechtsgrundlagen, ehe genauer auf den Verschuldensgrundsatz und dessen prozessuale Konsequenzen einzugehen ist.

1. Allgemeine Vorschriften als Rechtsgrundlage der Inanspruchnahme

Spezialvorschriften zum Zweck der Erfassung und Regulierung ärztlichen Fehlverhaltens sind dem deutschen Recht unbekannt. Folglich ist ein Rückgriff auf allgemeine Rechtsgrundsätze und Normen nötig.[478] Als Rechtsgrundlage werden in der Mehrzahl der Fälle sowohl § 280 Abs. 1 BGB als auch §§ 823 ff. BGB herangezogen.[479]

---

476 Allgemein zum Verschulden *Deutsch/Ahrens*, Deliktsrecht, 4. Aufl. 2002, Rdnr. 114 ff.

477 *Von Jhering*, Das Schuldmoment im römischen Privatrecht, 1867, S. 40.

478 So auch *Faure/Koziol*, Cases on Medical Malpractice in a Comparative Perspective, 2001, S. 141.

479 Vgl. nur *Bergmann/Wever*, Fn. 35, S. 6 ff; *Deutsch/Spickhoff*, Fn. 3, Rdnr. 160; *Ehlers*, in: *Ehlers/Broglie*, Fn. 395, Rdnr. 13; *Frahm/Nixdorf/Walter*, Fn. 371, Rdnr. 2, 50; *Gehrlein*, Fn. 185, Teil A Rdnr. 1; *Geiß/Greiner*, Fn. 395, Einleitung Rdnr. 1; *Katzenmeier*, Fn. 1, S. 79 ff; *Martis/Winkhart*, Fn. 294, Rdnr. B 20 ff; *Rehborn*, Fn. 324, S. 145 ff; *Steffen/Pauge*, Fn. 395, Teil A Rdnr. 1. Allgemein zum

Durch das SchuldrechtsmodernisierungsG[480] und das Zweite SchadÄndG[481] wurden die bis zum Jahr 2002 bestehenden Unterschiede im Hinblick auf Verjährung und Schmerzensgeld aufgehoben. Die regelmäßige Verjährungsfrist für vertragliche und deliktische Ansprüche beträgt seither gemäß § 195 BGB einheitlich drei Jahre. § 199 Abs. 2 BGB sieht eine kenntnisunabhängige Verjährungsfrist von 30 Jahren ab Begehung der Handlung für Schadensersatzansprüche vor, die - wie regelmäßig in Arzthaftungssachen - auf der Verletzung des Lebens, des Körpers, der Gesundheit oder der Freiheit beruhen. Gemäß der Regelung des § 253 Abs. 2 BGB ist eine Schmerzensgeldforderung nun nicht mehr nur bei deliktischer, sondern auch bei vertraglicher Haftung möglich.[482] Faktisch findet der doppelte Haftungsansatzpunkt seitdem wie eine einzige Rechtsgrundlage Anwendung. Damit wurde die Forderung von *Fischer* und *Lilie*[483] nach einem einheitlichen Anspruch für Behandlungsfehler zwar nicht vom Gesetzgeber, aber von der Rechtspraxis erfüllt.[484] „Vertragsverletzung und unerlaubte Handlungen bilden den gemeinsamen, weitgehend verschmolzenen Haftungsgrund der Arzthaftung."[485] Nichtsdestotrotz soll kurz gesondert auf die jeweiligen Haftungstatbestände eingegangen werden, die sich immer noch dahingehend unterscheiden, dass §§ 823 ff. BGB ein Eigenverschulden voraussetzen. Im vertraglichen Bereich wird dem Anspruchsgegner hingegen über § 278 BGB

Grundsatz der Anspruchskonkurrenz von Vertrag und Delikt *Katzenmeier*, Vertragliche und deliktische Haftung in ihrem Zusammenspiel, 1994, S. 138 ff.

480 Gesetz zur Modernisierung des Schuldrechts vom 26. November 2001, BGBl. I, S. 3138, das am 1. Januar 2002 in Kraft getreten ist.

481 Zweites Gesetz zur Änderung schadensersatzrechtlicher Vorschriften vom 19. Juli 2002, BGBl. I, S. 2674, das am 1. August 2002 in Kraft getreten ist.

482 Ausführlich zu den Auswirkungen des Zweiten SchadÄndG, insbesondere der Ausweitung des Immaterialschadensersatzes *Wagner*, NJW 2002, 2049, 2053 ff. Näher zum System der Arzthaftung im reformierten Schuldrecht *Katzenmeier*, VersR 2002, 1066 sowie *Spickhoff*, NJW 2002, 2530.

483 *Fischer/Lilie*, Ärztliche Verantwortung im europäischen Rechtsvergleich, 1999, S. 161.

484 Der BGH sprach sich schon früh für einen Gleichlauf von vertraglichen und deliktischen Pflichten aus, so etwa in NJW 1991, 2960 f. bezogen auf pflegerische Leistungen und in NJW 1990, 2929, 2930 hinsichtlich einer ordnungsgemäße Aufklärung.

485 So *Deutsch/Spickhoff*, Fn. 3, Rdnr. 160. Ähnlich *Giesen*, International Medical Malpractice Law, 1988, S. 73, der im Rahmen seiner rechtsvergleichenden Betrachtung auch auf das deutsche System Bezug nimmt.

das Fremdverschulden des Erfüllungsgehilfen ohne Entlastungsmöglichkeit zugerechnet.[486]

a) Deliktische Haftung

Da die Dogmatik der Arzthaftung durch ihre Fundierung im Deliktsrecht mitbestimmt wird[487] und vertragliche Ansprüche bis zum Inkrafttreten der Gesetzesänderungen im Jahr 2002 eher im Hintergrund standen[488], wird zunächst die Haftung aus unerlaubter Handlung in groben Zügen dargestellt. Die Betrachtung konzentriert sich hierbei auf die Grundnorm des § 823 Abs. 1 BGB.[489]

aa) *Körperverletzungsdoktrin der Rechtsprechung*

Im Bereich der deliktischen Haftung geht die Rechtsprechung von der Grundannahme aus, dass jeder ärztliche Eingriff eine tatbestandliche Körperverletzung darstellt.[490] Erfolgt dieser Eingriff standardgemäß und

---

486 *Geiß/Greiner*, Fn. 395, Einleitung Rdnr. 2 weisen aber darauf hin, dieser Unterschied habe in der Rechtswirklichkeit kaum Bedeutung, da die Rechtsprechung die Voraussetzung an den Entlastungsbeweis des § 831 Abs. 1 S. 2 BGB zunehmend verschärfe. Ebenso *Ehlers*, in: *Ehlers/Broglie*, Fn. 395, Rdnr. 815 und *Steffen/Pauge*, Fn. 395, Teil A Rdnr. 107.

487 Vgl. *Brüggemeier*, Haftungsrecht: Struktur, Prinzipien, Schutzbereich, 2006, S. 466.

488 *Bolsinger*, Dogmatik der Arzthaftung, 1999, S. 92 zufolge wurden arzthaftungsrechtliche Streitigkeiten im Jahr 1999 nahezu ausschließlich im Deliktsrecht abgehandelt. Ebenso *Heilmann*, NJW 1990, 1513, 1514, der als Begründung anführt, dass nur im Deliktsrecht Schmerzensgeld verlangt werden kann.

489 Darin sind die wichtigsten Tatbestände der deliktischen Haftung enthalten, vgl. *Spickhoff*, NJW 2002, 2530, 2531. Ein Rückgriff auf § 823 Abs. 2 BGB i. V. m. den ärztlichen Verhaltenspflichten erscheint dagegen nach Auffassung von *Weber-Steinhaus*, Ärztliche Berufshaftung als Sonderdeliktsrecht, 1990, S. 12 f. „insgesamt wenig förderlich". Neben der Eigenhaftung ist die Haftung für Dritte relevant, also die Organhaftung gemäß §§ 31, 89 BGB und die Haftung für Verrichtungsgehilfen nach § 831 BGB. Auf diese kann jedoch im Rahmen der vorliegenden Untersuchung ebenso wenig eingegangen werden wie auf die Haftung des beamteten Arztes nach § 839 BGB i. V. m. Art. 34 GG, zu dessen Gunsten das Verweisungsprivileg des § 839 Abs. 1 S. 2 BGB eingreift.

490 Grundlegend hierfür war die auf dem Gebiet des Strafrechts angesiedelte „Hamburger Entscheidung", RGSt 25, 375. Ausführlich hierzu *Edlbauer*, Die hypothetische Einwilligung als arztstrafrechtliches Haftungskorrektiv, 2009, S. 8 ff. Diese Rechtsauffassung wurde in der Folge auch von den Zivilgerichten übernommen, so etwa in BGHZ 29, 46, 49; 67, 48, 49; 154, 205, 224.

mit Zustimmung des Patienten, kann er jedoch gerechtfertigt sein.[491] „Ärzte und Juristen sind sich darüber einig, daß es zu einer ärztlichen Behandlung, vor allem zu einem Eingriff in den Körper grundsätzlich einer Einwilligung des Patienten bedarf."[492]

Von Seiten der Ärzteschaft und Teilen der Literatur stieß die Körperverletzungsdoktrin auf heftige Kritik, die nach wie vor nicht gänzlich verstummt ist.[493] Einige Autoren sprechen sich deshalb dafür aus, die eigenmächtige Heilbehandlung als Persönlichkeitsrechtsverletzung einzustufen.[494] Denn die Rechtsgutsbeeinträchtigung im Sinn von § 823 Abs. 1 BGB kann sich nicht nur aus dem Eingriff in die körperliche oder gesundheitliche Integrität des Patienten ergeben, sondern auch aus der Betroffenheit des allgemeinen Persönlichkeitsrechts, das die Selbstbestimmung des Patienten gewährleistet.[495] Ebenfalls angedacht wird das Modell einer kombinierten Verletzung dieser Rechtsgüter.[496]

---

491 Sogenanntes Indikationsmodell, wonach ein Eingriff in den Körper grundsätzlich rechtswidrig ist und nur ein besonderer Rechtfertigungsgrund die Rechtswidrigkeit ausschließen kann, vgl. *Schiemann*, in: *Deutsch/Taupitz*, Haftung der Dienstleistungsberufe, 1993, S. 137, 148.

492 BGHZ 29, 46, 49. Vgl. hierzu *Nüßgens*, in: *Bruchhausen/Hefermehl/Hommelhoff/Messer*, Festschrift für Rudolf Nirk zum 70. Geburtstag am 11. Oktober 1992, 1992, S. 745 sowie *Taupitz*, in: *Canaris/Heldrich*, 50 Jahre Bundesgerichtshof, Festgabe aus der Wissenschaft, Bürgerliches Recht, Bd. I, 2000, S. 497.

493 Stellvertretend für viele sei auf die Aufführungen von *Bodenburg*, Der ärztliche Kunstfehler als Funktionsbegriff zivilrechtlicher Dogmatik, 1983, S. 19 f. und *Hart*, in: *Heldrich/Schlechtriem/Schmidt*, Recht im Spannungsfeld von Theorie und Praxis, Festschrift für Helmut Heinrichs zum 70. Geburstag, 1998, S. 291 hingewiesen, der auf S. 300 f. einen ausführlichen Überblick über den damaligen Diskussionsstand gibt. Vgl. auch *Giebel/Wienke/Sauerborn/Edelmann/ Menningen/Dievenich* in NJW 2001, 863, denenzufolge in Arztkreisen oft beklagt wird, dass es den Juristen am rechten Verständnis des Heilberufs fehlt. Denn sie qualifizierten auch die notwendige und kunstgerecht ausgeführte ärztliche Operation als „Körperverletzung", die nur deshalb straflos sei, weil sich der Patient mit ihr einverstanden erkläre. *Giesen*, Arzthaftungsrecht, 4. Aufl. 1995, Rdnr. 204, 211 befürwortet die Körperverletzungsdoktrin hingegen; ebenso *Schröder*, NJW 1961, 951, 952 f. im Bereich des Strafrechts.

494 So etwa *Katzenmeier*, Fn. 1, S. 118 ff, insbesondere S. 126; ebenso *Laufs/Katzenmeier/Lipp*, Arztrecht, 6. Aufl. 2009, Kap. V Rdnr. 12 f. Vgl. auch die erläuternden Ausführungen von *Larenz/Canaris*, Lehrbuch des Schuldrechts, Besonderer Teil, Bd. II, Halbbd. 2, 1994, § 76 II.1.g, S. 383 f.

495 Siehe *Deutsch*, AcP 192 (1992), 161.

496 *Brüggemeier*, Fn. 487, S. 491 ff. plädiert für ein körperbezogenes Persönlichkeitsrecht. Denn das geschützte Rechtsgut zeichne sich durch einen Doppelapekt aus; es sei sowohl kognitiv-voluntativ (Autonomie) als auch somatisch-psychisch (Integrität).

bb) Bedeutungszuwachs des Selbstbestimmungsrechts des Patienten

Obwohl der BGH an der Doktrin der Körperverletzung festhält[497], kommt es letztlich für die Haftungsbegründung stets auf die Unwirksamkeit der Zustimmung an.[498] Denn auch die Rechtsprechung begründet ihren Standpunkt nicht mehr vorrangig mit dem Rechtswidrigkeitskonzept, sondern stützt sich maßgeblich auf das Selbstbestimmungsrecht des Patienten.[499] Dieser darf nicht Objekt, sondern muss Subjekt der Behandlung sein.[500] So lässt sich erklären, dass neben dem klassischen Vorwurf des Behandlungsfehlers die Aufklärungsrüge zunehmend an Gewicht gewinnt.[501] Diese knüpft an die unwirksame Einwilligung des Patienten infolge einer unzureichenden Aufklärung an und gestattet, auf Umwegen zur ärztlichen Erfolgshaftung zu gelangen.[502] Rechtstechnisch wird sie als eigener Anknüpfungspunkt der Haftung des Arztes beurteilt.[503] Unklar ist jedoch, ob Aufklärungspflichtverletzung und Behandlungsfehler voneinander zu trennende Streitgegenstände darstellen.[504]

---

497 Vgl. etwa die Entscheidung BGH NJW 2000, 2741, 2742, in der das Gericht eine Garantenstellung des behandelnden Arztes beim schuldhaften Unterlassen erforderlicher Behandlungsmaßnahmen statuierte. In einer jüngeren Entscheidung auf dem Gebiet des Strafrechts zog der BGH auch wieder explizit den Terminus der „Körperverletzung" heran, den er in den Jahren zuvor eher vermieden hatte, vgl. NStZ-RR 2007, 340. Erläuternd hierzu *Laufs/Kern*, in: *Laufs/Kern*, Fn. 2, § 103 Rdnr. 4.

498 Zutreffend *Edlbauer*, Fn. 490, S. 197 f.

499 Siehe auch *Geiß/Greiner*, Fn. 395, Teil C Rdnr. 1.

500 BGH NJW 1981, 633. Dem Patienten solle mittels einer umfassenden Aufklärung eine eigenverantwortliche Entscheidung darüber ermöglicht werden, ob er sich der Operation unterziehen möchte; ebenso *Steffen/Pauge*, Fn. 395, Teil B Rdnr. 366.

501 *Laufs/Kern*, in: *Laufs/Kern*, Fn. 2, § 107 Rdnr. 17 sprechen gar von einer „Konjunktur der Aufklärungsrüge".

502 So *Knoche*, NJW 1989, 757, der sich mit den Nebenwirkungen überzogener Anforderungen an die ärztliche Aufklärungspflicht auseinandersetzt.

503 Vgl. *Müller*, in: *Brandner/Hagen/Stürner*, Festschrift für Karlmann Geiß zum 65. Geburtstag, 2000, S, 461. Der BGH stellte bereits in NJW 1980, 1905, 1906 f. fest, dass ein Arzt, der schuldhaft seine ärztlichen Pflichten bei der Aufklärung verletzt, selbst tatbestandsmäßig die so vorgenommene rechtswidrige Körperverletzung begeht und für den daraus entstandenen Körperschaden haftet, auch wenn andere Ärzte den Patienten daraufhin ohne wirksame Einwilligung operieren. *Hart*, in: *Heldrich/Schlechtriem/Schmidt*, Fn. 493, 291, 308 ff. spricht sich hingegen für eine Entkoppelung von ärztlicher Aufklärung und Körperverletzung aus.

504 Der BGH äußerte sich andeutungsweise erstmals in NJW-RR 2007, 414. Darin führte er im Hinblick auf die Berufungsbegründung aus, diese müsse erken-

Fest steht nur, dass dem Aufklärungsverantwortlichen sowohl aufgrund von Deliktsrecht als auch aufgrund von Vertragsrecht identische Aufklärungspflichten obliegen.[505]

b) Vertragliche Haftung

Die Begründung der vertraglichen Arzthaftung folgt in der Praxis weitgehend den Vorgaben aus dem deliktischen Bereich.[506] Nach den im Jahr 2002 erfolgen Gesetzesänderungen in Gestalt der Angleichung der verjährungsrechtlichen Vorschriften sowie der Zubilligung eines Schmerzensgeldanspruchs auch bei vertraglicher Einstandspflicht verzeichnete sie einen rasanten Bedeutungszuwachs.[507] *Geiß* und *Greiner* zufolge ist der Vertragsschuldner „geborener Beklagter im Arzthaftungsprozess", daher stehe mittlerweile die vertragliche Haftung im Vordergrund.[508]

aa) *Rechtsnatur des Arztvertrags*

Nach nahezu einhelliger Ansicht ist der Arztvertrag nicht als erfolgsbezogener Werkvertrag, sondern als Dienstvertrag einzuordnen.[509] Das be-

---

nen lassen, ob das Urteil sowohl hinsichtlich des Behandlungs- als auch hinsichtlich des Aufklärungsfehlers angegriffen werde. Allerdings wird diese Aussage in den Entscheidungsgründen des Urteils wieder relativiert. Der BGH zieht sich darin auf den Standpunkt zurück, es bedürfe im vorliegenden Fall keiner abschließenden Beurteilung, ob es sich um unterschiedliche Streitgegenstände handle. Gleichwohl nimmt *Prütting*, MedR 2007, 724 (Anm. zu BGH, Urteil vom 5. Dezember 2006, Az: VI ZR 228/05 = NJW-RR 2007, 414) an, dass die Rechtsprechung von zwei unterschiedlichen Streitgegenständen ausgeht. In diese Richtung auch *Spickhoff*, NJW 2008, 1636, 1641. Zu der Relevanz dieser Thematik im Bereich der Präklusion *Irrgang*, MedR 2010, 533, 534.

505 Die Verpflichtung zur ordnungsgemäßen Aufklärung ist keine bloße Nebenpflicht, sondern Hauptpflicht des Arztvertrags, vgl. *Geiß/Greiner*, Fn. 395, Teil C Rdnr. 2. A. A. noch *Bolsinger*, Fn. 488, S. 21 ff.

506 Vgl. *Frahm/Nixdorf/Walter*, Fn. 371, Rdnr. 2; ebenso *Hager*, in: *Staudinger*/BGB, Fn. 194, § 823 Rdnr. I 7, der von einer „Angleichung der Maßstäbe" spricht.

507 Näher zu den Änderungen durch das SchuldrechtsmodernisierungsG und das Zweite SchadÄndG unter F.I.1, S. 102.

508 *Geiß/Greiner*, Fn. 395, Teil A Rdnr. 1. Diesen „Abschied vom Deliktsrecht" hatten auch *Spindler/Rieckers*, JuS 2004, 272, 278 und zuvor bereits *Spickhoff*, NJW 2002, 2530, 2532 prognostiziert.

509 So etwa *Deutsch/Spickhoff*, Fn. 3, Rdnr. 108; *Broglie*, in: *Ehlers/Broglie*, Fn. 395, Rdnr. 709; *Frahm/Nixdorf/Walter*, Fn. 371, Rdnr. 2; *Gehrlein*, Fn. 185, Teil A Rdnr. 4; *Geiß/Greiner*, Fn. 395, Teil A Rdnr. 4; *Katzenmeier*, Fn. 1, S. 99; *Martis/Winkhart*, Fn. 294, Rdnr. A 401; *Müller-Glöge*, in: *MüKo*/BGB, 5. Aufl. 2009, Bd. 4, § 611 Rdnr. 79; *Spickhoff*, in: *Soergel*, Fn. 395, § 823 Anh. I Rdnr. 8; *Steffen/Pauge*, Fn. 395, Teil A Rdnr. 11. A. A. hingegen *Jakobs*, NJW 1975, 1437 für

ruht auf der Erwägung, dass der Arzt nicht für Besonderheiten und unberechenbare Entwicklungen einstehen kann, die sich aus dem Eingriff in einen lebenden Organismus ergeben.[510] In der Konsequenz schuldet der Arzt keine Heilung, sondern lediglich das fachgerechte Bemühen um die Gesundheit, also eine möglichst gute und schadensfreie Behandlung.[511] Eine Verletzung dieser Verpflichtung führt zur Haftung nach allgemeinem Leistungsstörungsrecht.[512]

bb) *Verschuldensvermutung ohne praktische Auswirkungen*

Die Verschuldensvermutung des § 280 Abs. 1 S. 2 BGB hat in der Praxis nicht zu einer Haftungsverschärfung geführt. Da der Arzt nicht den Heilungserfolg schuldet, sondern lediglich eine standardgemäße Behandlung, liegt im bloßen Ausbleiben der Genesung kein Pflichtenverstoß; es fehlt bereits am Anknüpfungspunkt für die Verschuldensvermutung.[513] Eine teleologische Reduktion von § 280 Abs. 1 S. 2 BGB speziell im Bereich der Arzthaftung ist daher unnötig.[514] Der beweisrechtliche Gleichlauf der vertraglichen und deliktischen Haftung ist trotz Schuldrechtsmodernisierung und der damit einhergehenden Aufwertung der vertraglichen Haftung erhalten geblieben.[515]

c) Quasivertragliche Haftung

Eine Sonderkonstellation liegt vor, wenn der Arzt einen Bewusstlosen oder eine nicht voll geschäftsfähige Person ohne Zustimmung des gesetzlichen Vertreters behandelt. In diesen Fällen greifen mangels Ab-

---

den Bereich der zahnärztlichen Behandlung und *Schinnenburg*, MedR 2000, 185 speziell für die technische Herstellung von Zahnersatz.

510 Vgl. *Müller*, NJW 1997, 3049.

511 Vgl. *Fischer/Lilie*, Fn. 483, S. 8; *Schiemann*, in: *Deutsch/Taupitz*, Fn. 491, S. 137, 141. *Müller*, in: *Katzenmeier/Bergdolt*, Fn. 232, S. 75. Anders war dies in der Spätantike und im Hochmittelalter in den *Leges Visigothorum* geregelt, wonach der Arzt nur bei einem Heilungserfolg die vereinbarte Vergütung verlangen konnte. Ausführlich hierzu *Diurni*, in: *Ahrens/von Bar/Fischer/Spickhoff/Taupitz*, Fn. 42, S. 85, 86 f.

512 Näher zum früheren Konstrukt der positiven Vertragsverletzung im Bereich der vertraglichen Arzthaftung *Spickhoff*, NJW 2002, 2530, 2531.

513 Ausführlich zu dieser Frage *Katzenmeier*, VersR 2002, 1066 sowie *Spickhoff*, NJW 2002, 2530, insbesondere 2535 ff.

514 So auch *Spindler/Rieckers*, JuS 2004, S. 272, 274.

515 Siehe *Frahm/Nixdorf/Walter*, Fn. 371, Rdnr. 2. Allgemein zum „Rätsel des deutschen Schuldrechts: § 280 Abs. 1 BGB" *Deutsch*, in: *Apathy/Bollenberger/ Bydlinski/Iro/Karner/Karollus*, Festschrift für Helmut Koziol zum 70. Geburtstag, 2010, S. 553.

schlusses eines wirksamen Behandlungsvertrags die Regeln der Geschäftsführung ohne Auftrag ein.[516] Die Anwendung der Privilegierung des § 680 BGB wird aber beim professionellen Nothelfer weitgehend abgelehnt[517], so dass der Behandler auch hier für alle Formen der Fahrlässigkeit einzustehen hat.

2. Einstandspflicht für schuldhaftes Handeln

Im vertraglichen wie deliktischen Bereich wird die zivilrechtliche Verantwortung des Arztes dem Regelungskonzept nach vom Verschuldensgrundsatz bestimmt. Das deutsche Haftungsrecht geht von der Prämisse *casum sentit dominus* aus, wonach die Folgen eines zufälligen Ereignisses von demjenigen zu tragen sind, den sie treffen.[518] Bei einer ärztlichen Behandlung wird daher nicht für den schlechten Ausgang oder für rechtswidriges Verhalten, sondern erst für schuldhaftes Tun eingestanden.[519]

a) Begriff der Fahrlässigkeit im Arzthaftungsrecht

Vorsätzliches Handeln spielt dabei - abgesehen von Sondersituationen wie Sterbehilfe oder medizinischen Experimenten - keine Rolle; maßgeblich ist die Fahrlässigkeit.[520] Im Arzthaftungsrecht dominiert ein objektivierter zivilrechtlicher Fahrlässigkeitsbegriff.[521] Demnach hat der behan-

---

516 So bereits *Franzki*, Die Beweisregeln im Arzthaftungsprozeß, 1982, S. 30.

517 Vgl. nur *Frahm/Nixdorf/Walter*, Fn. 371, Rdnr. 37; *Gehrlein*, Fn. 185, Teil A Rdnr. 17; *Steffen/Pauge*, Fn. 395, Teil A Rdnr. 78. Letztere weisen aber gleichzeitig darauf hin, dass offen ist, ob die Haftungsprivilegierung zugunsten des nur zufällig am Unfallort anwesenden Arztes eingreifen kann, der auf den Noteinsatz nicht vorbereitet sein muss; so auch OLG München NJW 2006, 1883. In jüngerer Zeit hat sich *Roth*, NJW 2006, 2814 mit der Thematik beschäftigt.

518 Vgl. *Larenz/Canaris*, Fn. 494, § 75 I.2.a, S. 351; *Deutsch*, Allgemeines Haftungsrecht, 2. Aufl. 1996, Rdnr. 1. Ausführlich zum legislativen Konzept des Deliktsrechts unter Berücksichtigung der historischen Entwicklung *Brüggemeier*, AcP 182 (1982), 385, 392 ff. Ihm zufolge stellen der ökonomische Liberalismus und die individuelle Verantwortungsethik die beiden Grundlagen der Verschuldenshaftung dar.

519 So *Deutsch*, NJW 1993, 1506, 1510 unter Verweis darauf, dies solle den Ärzten allgemein, aber auch dem einzelnen Arzt den notwendigen Freiraum bei der Diagnose und Behandlung geben. Das Verschuldenserfordernis beansprucht bei der Verletzung der ärztlichen Aufklärungspflicht ebenfalls Geltung, vgl. *Hausch*, VersR 2009, 1178.

520 Siehe *Fischer/Lilie*, Fn. 483, S. 10, denenzufolge die Haftung auch für leichte Fahrlässigkeit in den meisten europäischen Rechtsordnungen die Regel ist.

521 Vgl. BGH NJW 2001, 1786; erläuternd hierzu *Spickhoff*, NJW 2002, 1758, 1763.

delnde Arzt auch dann haftungsrechtlich einzustehen, wenn dies aus seiner persönlichen Lage heraus subjektiv als entschuldbar erscheinen mag. Die Fahrlässigkeit ist zudem gruppenbezogen, sie richtet sich also nach der Eigenart des jeweiligen Verkehrskreises.[522]

In arzthaftungsrechtlichen Streitigkeiten ist hierbei wesentlich, dass vertragliche und deliktische Befugnisse durch die in Anspruch genommene Expertenautorität bestimmt werden.[523] Mit der Übernahme einer Aufgabe werden in der Regel Verkehrspflichten begründet[524], was die Gerichte in Bezug auf die Ärzteschaft als Experten auf dem Gebiet der Medizin allmählich zur Konzeption von Soll-Standards der Berufsausübung bewogen hat.[525] Der Haftungsgrund liegt daher im Abweichen vom Standard der medizinischen Wissenschaft unter Außerachtlassen der im Verkehr erforderlichen Sorgfalt, nicht aber im schlechten Ausgang einer Behandlung.[526]

b) Verquickung von erforderlicher Sorgfalt und Kausalzusammenhang

Aufgrund dieser Standardisierung lassen sich im Bereich medizinischer Fachkenntnisse die Fragen nach einem Verstoß gegen die gebotene Aufmerksamkeit und nach dessen Ursächlichkeit für die eingetretene Verletzung kaum voneinander trennen. *Deutsch* zufolge verschleifen sich Kausalzusammenhang und erforderliche Sorgfalt bei der Erbringung höherer Dienste unter Anwendung bester medizinischer Kenntnisse.[527]

---

522 Näher hierzu *Pelz*, in: *Laufs/Dierks/Wienke/Graf-Baumann/Hirsch*, Fn. 20, S. 41, 42.

523 Vgl. *Hart*, in: *Heldrich/Schlechtriem/Schmidt*, Fn. 493, S. 291, 294; ebenso *Steffen/Pauge*, Fn. 395, Teil A Rdnr. 2, die daraus die Legitimation des Arztes ableiten, „in die Integrität des Patienten hinein zu behandeln bis hin zu deren partieller Verletzung".

524 Ausführlich hierzu *Larenz/Canaris*, Fn. 494, § 76 III.3.b, S. 408 f.

525 So *Laufs*, NJW 2000, 1757, 1762, demzufolge sich Arzthaftungsprozesse im Kern um die Frage nach dem medizinischen Standard drehen. Vgl. auch *Imhof*, Behandlungsfehler in der Medizin – Was nun? 2010, S. 11, der festhält, dass sich die Rechtsprechung dadurch mittlerweile weitgehend vom Begriff des „Kunstfehlers" entfernt hat. Dieser war vom Arzt Rudolf Virchow im Zusammenhang mit der Novellierung des StGB für das Deutsche Reich eingeführt und in der Folge von der Rechtsprechung übernommen worden.

526 Vgl. *Deutsch/Spickhoff*, Fn. 3, Rdnr. 184, die darauf hinweisen, im *Codex Hammurabi* sei noch der Behandlungsmisserfolg ausschlaggebend gewesen. Instruktiv ist die von ihnen getroffene Einteilung in Legaltypen medizinischer Pflichtwidrigkeit und Fahrlässigkeit in Rdnr. 208 ff.

527 *Deutsch*, in: *Deutsch/Taupitz*, Fn. 491, S. 275, 292, der hierfür das Beispiel einer Peritonitis oder eines Herzinfarkts nennt. Ob diese in ihrem schlechten Verlauf aufgehalten werden können, ergebe sich aus den Möglichkeiten der medizini-

Das ärztliche Fehlverhalten definiert sich gleichsam über den Standard.[528] Ist die Behandlung nicht standardgemäß, liegt in aller Regel ein Behandlungsfehler vor.[529] Die Betrachtung konzentriert sich deshalb in der Folge auf das Verschuldensmoment und streift die Aspekte der Kausalität und Rechtswidrigkeit nur am Rande. Bezüglich letzterer ist nach der vorzugswürdigen Lehre vom Erfolgsunrecht ohnehin an dem Grundsatz festzuhalten, dass der ärztliche Eingriff wie jede andere Körperverletzung auch die Rechtswidrigkeit indiziert.[530]

3. Sonderregelungen als prozessuale Konsequenz

In seiner prozessualen Konsequenz zieht das Verschuldensprinzip auf dem Gebiet der Arzthaftung zahlreiche Sonderregelungen nach sich.[531] Diese reichen von Beweiserleichterungen bis hin zur Beweislastumkehr, finden Niederschlag in abgesenkten Substantiierungspflichten auf Patientenseite sowie in gesteigerten Hinweis- und Fragepflichten des Gerichts.

Zwar trägt grundsätzlich der Patient als Anspruchsteller die Beweislast für das Verschulden, da dem Arzt andernfalls eine unzulässige Garantiehaftung für den Erfolg der Behandlung auferlegt würde.[532] Ungewissheiten müssten folglich ebenfalls zulasten des Behandelten gehen. Dies wird jedoch angesichts des Wissensvorsprungs des Behandlers auf medizinischem Gebiet als ungerecht empfunden.[533] Gestützt auf das Waf-

---

schen Behandlung, die wiederum den Standard der erforderlichen Sorgfalt bilden.

528 So *Kern*, in: *Wienke/Dierks*, Zwischen Hippokrates und Staatsmedizin, 2008, S. 9, 16.

529 Vgl. *Müller*, in: *Katzenmeier/Bergdolt*, Fn. 232, S. 75, 76.

530 So *Franzki*, Fn. 516, S. 125; *Giesen*, JZ 1993, 315, 319 (Anm. zu BGH, Urteil vom 7. April 1992, Az: VI ZR 192/91 = NJW 1992, 2351) und *Spickhoff*, in: *Soergel*, Fn. 395, § 823 Anh. I Rdnr. 35.

531 Auch *Ulsenheimer*, in: *Geschäftsführender Ausschuss der ARGE Medizinrecht im DAV*, Fn. 20, S. 121, 130 zufolge geht das Bemühen der Rechtsprechung, die Prozess-, Beweisführungs- und Beweislast im Arzthaftungsprozess zugunsten des Patienten zu erleichtern, Hand in Hand mit den Entwicklungen im materiellen Zivil- und Strafrecht.

532 Vgl. *Müller*, NJW 1997, 3049, 3051; *Steffen/Pauge*, Fn. 395, Teil B Rdnr. 591. Allgemein zur Beweisführung und dem Beweismaß im Haftungsprozess gegen den Arzt auch *Deutsch/Spickhoff*, Fn. 3, Rdnr. 512 f.

533 Denn im Gegensatz zum beklagten Arzt verfügen in der Regel weder der Geschädigte noch sein Anwalt über hinreichende medizinische Fachkenntnisse für eine sachgerechte Beurteilung der Behandlung, vgl. *Thumann*, Reform der Arzthaftung in den Vereinigten Staaten von Amerika, 2000, S. 188. *Deutsch*

fengleichheitsgebot der Parteien im Prozess und die fachliche Überlegenheit des Arztes wurden daher die allgemeinen verfahrensrechtlichen Grundsätze nach und nach richterrechtlich abgewandelt.

a) Arzthaftungsbeschluss des BVerfG als Wegbereiter

Die obergerichtliche Rechtsprechung hatte die geschilderte Problematik früh erkannt und versucht gegenzusteuern.[534] Von entscheidender Bedeutung war ein Beschluss des BVerfG aus dem Jahr 1979, worin das Gericht zur Beweislast im Arzthaftungsprozess Stellung nahm.[535] Danach liegt die Beweislast für einen ärztlichen Fehler zwar grundsätzlich beim Patienten, doch besondere Verfahrenslagen könnten Beweiserleichterungen bis hin zur Umkehr der Beweislast zulässig machen. Im Senat herrschte Stimmengleichheit, weshalb kein Verstoß gegen das Grundgesetz festgestellt wurde. Dennoch fand das Sondervotum der vier dissentierenden Richter, die den Grundsatz der Waffengleichheit als verletzt ansahen, in der Folge viel Zustimmung bei den Zivilgerichten. Insbesondere das Argument, „daß sich der Patient wegen der tatsächlichen Gegebenheiten einer Heilbehandlung üblicherweise erheblichen Schwierigkeiten in seiner Beweisführung ausgesetzt sieht“[536], wurde wieder und wieder aufgegriffen.[537]

b) Beweislastverteilung nach Risikobereichen

Ausgehend von der schwierigen Beweislage des Geschädigten entwickelte der BGH in den darauffolgenden Jahren ein immer differenzierteres System der Beweislastverteilung, das hier nur skizziert werden

---

wies bereits im Jahr 1980 darauf hin, der Informationsrückstand des Patienten kombiniert mit der Beweisbelastung lasse die theoretisch gleiche Ausgangssituation der Prozessparteien in der Praxis unausgewogen erscheinen, vgl. VersR 1980, 201.

534 Vgl. etwa die Entscheidungen RGZ 171, 168; BGH NJW 1971, 241; 1968, 2291, in denen sich die Richter für eine Umkehr der Beweislast in Arzthaftpflichtprozessen aussprachen.

535 BVerfGE 52, 131.

536 BVerfGE 52, 131, 146.

537 Vgl. nur BGH NJW 1980, 2751. Demnach erfordert das Gebot der Waffengleichheit der Parteien, welchem der Richter im Arzthaftungsprozess in besonderem Maße verpflichtet ist, den Sachverständigen zu Erläuterungen zu veranlassen, die seine sachkundige Meinungsbildung auch für einen aufgeschlossenen Nichtmediziner in möglichst weitem Umfang logisch überprüfbar und nachvollziehbar machen.

soll.[538] Es beruht im Grundsatz darauf, die Darlegungs- und Beweislast den jeweiligen Risiken zuzuordnen, die vom Patienten oder von der Behandlerseite gesetzt werden.[539] Dabei wird nicht § 287 ZPO herangezogen, sondern der strenge Maßstab des § 286 ZPO angelegt.[540] Dieser fordert jedoch keinen unumstößlichen, sondern nur einen "für das praktische Leben brauchbaren Grad von Gewissheit, der Zweifeln Schweigen gebietet, ohne sie völlig auszuschließen"[541].

aa) *Anscheinsbeweis*

Ausgehend davon setzt der Anscheinsbeweis das Bestehen eines Erfahrungssatzes voraus, der geeignet ist, diese Art der richterlichen Überzeugung zu begründen.[542] Der *prima facie* Beweis ist mittlerweile gewohnheitsrechtlich anerkannt[543] und in der Praxis von größter Bedeutung[544]. Denn er erlaubt nicht nur den Schluss von einem feststehenden Ereignis auf den Zusammenhang mit dem eingetretenen Erfolg, sondern umgekehrt auch den Schluss von einem eingetreten Erfolg auf ein bestimmtes Ereignis.[545] Hat die ärztliche Behandlung also einen Schaden zur Folge, der typischerweise auf einen schuldhaften Behandlungsfehler

---

538 Eine detaillierte Darstellung bieten etwa *Deutsch/Spickhoff*, Fn. 3, Rdnr. 517 ff; *Gehrlein*, Fn. 185, Teil B Rdnr. 116 ff; *Geiß/Greiner*, Fn. 395, Teil B Rdnr. 238 ff; *Martis/Winkhart*, Fn. 294, Rdnr. B 471 ff; *Steffen/Pauge*, Fn. 395, Teil B Rdnr. 590 ff.

539 Vgl. *Müller*, NJW 1997, 3049.

540 § 287 ZPO bezieht sich bei einer Rechtsgutsverletzung nur auf die haftungsausfüllende Kausalität, nicht aber auf die haftungsbegründende, vgl. etwa BGH NJW 2004, 777. Eine Diskussion zur möglichen Ausweitung der Norm speziell im Arzthaftungsrecht findet sich bei *Bodenburg*, Fn. 493, S. 61 ff.

541 BGHZ 53, 245, 256.

542 Näher zum Anscheinsbeweis im Arzthaftungsprozess *Lepa*, in: *Ahrens/von Bar/Fischer/Spickhoff/Taupitz*, Festschrift für Erwin Deutsch zum 70. Geburtstag, 1999, S. 635.

543 Vgl. aus jüngerer Zeit beispielsweise die Entscheidung BGHZ 163, 209, in der die Anwendbarkeit des Anscheinsbeweises für eine HIV-Infektion durch die Verabreichung von Blutprodukten diskutiert wird.

544 Siehe *Foerste*, in: *Musielak*, Fn. 155, § 286 Rdnr. 23 f, der aber zugleich anmerkt, dass die rechtliche Einordnung des Anscheinsbeweises umstritten ist. Während ihn manche als Beweismaßsenkung ansehen, betrachten ihn andere als Beweiswürdigungsregel.

545 So explizit BGH NJW 1956, 1638.

zurückzuführen ist, muss der Patient das Verschulden des Behandlers nicht nachweisen.[546]

bb) *Voll beherrschbare Risiken*

In Anbetracht der eingangs geschilderten Beweislastverteilung nach Gefahrbereichen billigt die Rechtsprechung dem Patienten auch dann Erleichterungen zu, wenn es sich auf Seiten des Behandlers um voll beherrschbare Risiken handelt. Bei der Verwirklichung von Gefahren, die nicht vorrangig aus den Eigenheiten des menschlichen Organismus erwachsen, sondern durch den Klinikbetrieb oder die Arztpraxis gesetzt und durch sachgerechte Organisation und Koordinierung des Behandlungsgeschehens objektiv voll beherrscht werden könnten, komme der Rechtsgedanke des § 280 Abs. 1 S. 2 BGB zum Tragen, wonach die Darlegungs- und Beweislast für die Verschuldensfreiheit bei der Behandlungsseite liege.[547] Vereinfacht wird also nicht die Darlegung der haftungsbegründenden Kausalität, sondern der Nachweis des Verschuldens. Dies lässt sich zum einen mit dem Wortlaut der Vermutung des § 280 Abs. 1 S. 2 BGB begründen, die sich nur auf das Vertretenmüssen der Pflichtverletzung erstreckt.[548] Zum anderen ist es die konsequente Schlussfolgerung daraus, dass die Beweislast für das materielle Verschulden aus Gründen der Waffengleichheit prozessual abgemildert werden soll.

cc) *Dokumentationsmängel*

Bei einer Verletzung der Pflicht zur ordnungsgemäßen Dokumentation des Behandlungsgeschehens wird zulasten des Arztes vermutet, dass die Maßnahme unterblieben ist.[549] Denn Fahrlässigkeit im Rahmen der erforderlichen ärztlichen Aufzeichnungen führt zu Schwierigkeiten bei der Rekonstruktion des Behandlungsverlaufs und muss prozessual zuguns-

---

546 So auch *Franzki*, Fn. 516, S. 47, demzufolge es sich eigentlich nicht um Verschulden, sondern um diejenigen Tatsachen handelt, auf denen das Fahrlässigkeitsurteil beruht, da nur darauf geschlossen werden könne.

547 So BGHZ 171, 358, 361. In jüngerer Zeit hat beispielsweise *Hart*, in: *Colombi Ciacchi/Godt/Rott/Smith*, Haftungsrecht im dritten Millennium, Liber amicorum Gert Brüggemeier, 2009, S. 345 zu den Organisationspflichten im Krankenhaus hinsichtlich von Medikationssicherheit Stellung genommen.

548 Vgl. hierzu *Geiß/Greiner*, Fn. 395, Teil B Rdnr. 214, 239 ff, die zutreffend ausführen, der Rechtsgedanke des § 280 Abs. 1 S. 2 BGB finde auch im deliktischen Bereich Anwendung. Genauer zu den Auswirkungen der Verschuldensvermutung auf den Gleichlauf von vertraglicher und deliktischer Haftung unter F.I.1.b)bb), S. 109.

549 Siehe *Steffen/Pauge*, Fn. 395, Teil B Rdnr. 598 m. w. N. in Teil B Rdnr. 538 ff.

ten des Patienten ausgeglichen werden. Die Verpflichtung zur Dokumentation der ärztlichen Behandlung lässt sich letztlich nur aus der selbstverständlichen therapeutischen Pflicht gegenüber dem Patienten erklären, da die weitere Behandlung des Patienten durch eine unzulängliche Führung des Krankenblatts erschwert werden könnte.[550] Die Nichtdokumentation ist jedoch keine eigenständige Anspruchsgrundlage und führt für sich genommen auch nicht zu einer Beweislastumkehr hinsichtlich des Ursachenzusammenhangs.[551] *Brüggemeier* stuft Beweiserleichterungen aufgrund von Dokumentationsmängeln daher als „verfahrensrechtliche Ersatzlösungen" ein.[552]

dd) Grober Behandlungsfehler

Nur bei Vorliegen eines groben bzw. schweren[553] Behandlungsfehlers kann es zu einer Umkehr der Beweislast kommen.[554] Dieser bedeutsame Fehlertyp soll vorliegend lediglich skizziert werden, da er keine Beweissanktion für ärztliches Behandlungsverschulden darstellt. Er gleicht vielmehr aus, dass sich das Spektrum der für die Schädigung in Betracht kommenden Ursachen gerade durch den Fehler besonders verbreitert bzw. verschoben hat.[555] Der Bezugspunkt dieses speziellen Beweisinstituts ist die haftungsbegründende Kausalität, nicht aber der Vorwurf der besonders hohen Fahrlässigkeit. Diese muss gewissermaßen vorgelagert nach den allgemeinen Grundsätzen zur Überzeugung des Gerichts vom Patienten dargelegt werden. Insoweit steht der grobe Behandlungsfehler „in Parallele zur groben Fahrlässigkeit" und ist gewissermaßen deren „arztrechtliche Besonderheit".[556]

---

550 BGHZ 72, 132, 138.

551 Vgl. *Geiß/Greiner*, Fn. 395, Teil B Rdnr. 206. Allerdings ist eine Beweislastumkehr beim Vorliegen von Dokumentationsmängeln dann möglich, wenn eine gänzliche oder unterlassene Dokumentation einen groben Behandlungsfehler indiziert.

552 *Brüggemeier*, Fn. 487, S. 483.

553 So die Terminologie bei *Deutsch/Spickhoff*, Fn. 3, Rdnr. 529.

554 *Huber*, Das Beweismaß im Zivilprozeß, 1983, S. 138 ff. spricht sich in diesem Zusammenhang für eine Beweismaßreduzierung aus, da unklar bleibe, was unter der Umkehr der Beweislast zu verstehen sei. Kritisch auch *Musielak*, Die Grundlagen der Beweislast im Zivilprozeß, 1975, S. 145 ff, der auf S. 155 zu dem Ergebnis kommt, „daß dem als ‚Beweislastumkehr' bezeichneten Vorgang in den hier erörterten Fällen ein Anscheinsbeweis der Kausalität zugrundeliegt, bei dem die sonst an die Wahrscheinlichkeit gestellten Anforderungen vermindert werden".

555 Vgl. BGH NJW 1992, 754, 755; *Geiß/Greiner*, Fn. 395, Teil B Rdnr. 251; *Hausch*, VersR 2005, 600, 603; *Steffen/Pauge*, Fn. 395, Teil B Rdnr. 629.

556 So *Deutsch/Spickhoff*, Fn. 3, Rdnr. 218.

Eine trennscharfe Definition des groben Behandlungsfehlers existiert bislang nicht, die Rechtsprechung arbeitet vielmehr mit Fallgruppen und hat dabei beispielsweise das Nichterheben von Diagnostik- und Kontrollbefunden[557], konkrete Therapiefehler[558], das Unterlassen der therapeutischen Sicherungsaufklärung[559] oder auch das grundlose Außerachtlassung von Leitlinien[560] als grob fehlerhaft eingestuft. In all diesen Fällen muss der Arzt eindeutig gegen bewährte ärztliche Behandlungsregeln verstoßen und dadurch einen Fehler begangen haben, der aus objektiver ärztlicher Sicht und bei Auslegung des geltenden Ausbildungs- und Wissensmaßstabs nicht mehr verständlich und verantwortbar erscheint, weil ein solcher Fehler dem Arzt schlechterdings nicht unterlaufen darf.[561]

---

557 Grundlegend BGH NJW 1987, 1482. Kritisch zu den Beweiserleichterungen bei unterlassener Befunderhebung und Befundsicherung etwa *Hausch*, VersR 2003, 1489. Vgl. zu Diagnoseirrtum, Diagnosefehler und unterlassener Befunderhebung auch *Weber-Steinhaus/von Mickwitz*, in: *Colombi Ciacchi/ Godt/Rott/Smith*, Fn. 547, S. 363.

558 BGH NJW 1997, 796.

559 BGH NJW 2005, 427. Denn Versäumnisse bei der Aufklärung des Patienten über therapierichtiges Verhalten sind wesensverschieden von der Eingriffsaufklärung, vielmehr der Nachsorge zuzuordnen und damit Behandlungsfehler, so *Brüggemeier*, Fn. 2, S. 421 f. Vgl. hierzu auch die relativ neue Entscheidung BGH NJW 2009, 2820, 2821, derzufolge selbst die mangelnde Mitwirkung des Patienten an einer medizinisch gebotenen Behandlung einen Behandlungsfehler nicht ausschließt, wenn der Patient über das Risiko der Nichtbehandlung nicht ausreichend aufgeklärt worden ist.

560 OLG Düsseldorf NJW-RR 2001, 389. Allerdings hat der BGH es in einer neueren Entscheidung nicht beanstandet, dass das Berufungsgericht einen Behandlungsfehler trotz Verstoßes des Arztes gegen eine einschlägige Leitlinie verneint hat, vgl. BGH GesR 2008, 361. Siehe hierzu auch *Zoll*, MedR 2009, 569, 570 sowie *Spickhoff*, NJW 2009, 1716, 1718, demzufolge „bei der haftungsrechtlichen Bedeutung entsprechender Leitlinien in der Praxis Vorsicht angesagt" ist.

561 Vgl. nur BGH NJW 1983, 2080, 2081; *Imhof*, Fn. 525, S. 31. Näher zum groben Behandlungsfehler *Deutsch*, VersR 1988, 1; *Foerste*, in: *Ahrens/von Bar/Fischer/ Spickhoff/Taupitz*, Fn. 42, S. 165; *Katzenmeier*, in: *Kern/Wadle/Schroeder/ Katzenmeier*, Humaniora: Medizin – Recht – Geschichte, Festschrift für Adolf Laufs zum 70. Geburtstag, 2006, S. 909; *Spickhoff*, NJW 2004, 2345.

Im Bereich der Selbstbestimmungsaufklärung[562], die auch als Eingriffsaufklärung bezeichnet wird[563], finden prinzipiell die normalen Beweislastgrundsätze Anwendung. Folglich hat der Arzt darzulegen, dass er den Patienten ordnungsgemäß aufgeklärt hat, da dies Voraussetzung einer rechtswirksamen Einwilligung in den Eingriff betreffend die körperliche Integrität des Patienten ist.[564] Um dem missbräuchlichen Vortrag fehlender Aufklärung zu begegnen, lässt die Rechtsprechung auf Behandlerseite den Einwand der hypothetischen Einwilligung zu.[565] Der Arzt darf haftungsbegrenzend argumentieren, der Patient hätte auch dann sein Einverständnis zu dem Eingriff erteilt, wenn er ordentlich aufgeklärt worden wäre.[566] Allerdings unterliegt dieses Vorbringen strengen Voraussetzungen, damit das Aufklärungsrecht des Patienten nicht unterlaufen wird.[567]

Außerdem akzeptiert die Rechtsprechung auf Patientenseite die Berufung auf einen echten Entscheidungskonflikt.[568] Hierbei muss der Behandelte plausibel erklären, dass er im Fall gehöriger Aufklärung tatsächlich unschlüssig darüber gewesen wäre, ob er den Eingriff vornehmen lassen möchte.[569] Darin ist eine Beweiserleichterung im Rahmen des

---

562 Diese Begrifflichkeit verwendet *Mäsch*, Chance und Schaden, 2004, S. 68 in Abgrenzung zur Sicherungsaufklärung. *Geiß/Greiner*, Fn. 395, Teil C Rdnr. 18 ff. teilen die Selbstbestimmungsaufklärung wiederum in die Behandlungs-, Risiko-, Diagnose- und Verlaufsaufklärung sowie den Sonderfall der wirtschaftlichen Aufklärung ein, vgl. zu letzterer insbesondere Teil A Rdnr. 7, 96.

563 So beispielsweise *Steffen/Pauge*, Fn. 395, Teil B Rdnr. 366.

564 Siehe *Deutsch*, Fn. 518, Rdnr. 255; *Lepa*, in: *Brandner/Hagen/Stürner*, Fn. 503, S. 449 f.

565 So etwa BGHZ 90, 103, 111; 29, 176, 187; BGH NJW 2007, 2771; 2009, 1209. Umfassend hierzu *Edlbauer*, Fn. 490, S. 250 ff. Vgl. auch *Edlbauer/Irrgang*, JA 2010, 786, 788 ff. zur Übertragbarkeit der hypothetischen Einwilligung auf den Untreuetatbestand des § 266 StGB.

566 Siehe *Hager*, in: *Staudinger*/BGB, Fn. 194, § 823 Rdnr. I 121.

567 Stellvertretend statt vieler BGH NJW 1994, 2414, 2415.

568 Ständige Rechtsprechung seit BGHZ 90, 103, 112. Vgl. hierzu auch die Ausführungen von *Diurni*, in: *Ahrens/von Bar/Fischer/Spickhoff/Taupitz*, Fn. 42, S. 85, 97 f.

569 Vgl. *Laufs*, NJW 1997, 1609, 1614. Zu den genauen inhaltlichen Voraussetzungen und den im Einzelfall modifizierten Anforderungen an die Plausibilität näher *Edlbauer*, Fn. 490, S. 257 ff.

Kausalzusammenhangs zu sehen[570], mittels derer die hypothetische Einwilligung wiederum entkräftet werden kann.[571]

c) Sonstige Modifikationen des Zivilverfahrens

Abgesehen von diesen Beweislastverlagerungen werden die Grundsätze des Zivilverfahrens auch in anderer Hinsicht abgemildert.

aa) Maßvolle Substantiierungspflicht auf Patientenseite

So wird im Arzthaftungsprozess nur eine maßvolle Substantiierung des Vortrags vom Patienten erwartet, wenn sich dieser auf medizinische Fragen bezieht.[572] Insoweit sind auch Lücken im Vorbringen nicht schädlich.[573] Obgleich keine Pflicht zur Aneignung von medizinischem Fachwissen besteht, muss die Klagebegründung ein Mindestmaß an nachvollziehbarem Vorbringen enthalten, um schlüssig zu sein.[574] Wird diese Anforderung gewahrt, reicht es wiederum aus, dass ein fehlerhaftes Verhalten des Arztes lediglich vermutet werden kann.[575] Der Grund hierfür liegt in der schwierigen Beweissituation des Behandelten, welche bereits das BVerfG hervorgehoben hat.[576] Letztlich ist diese auf das Verschuldensprinzip zurückzuführen, demzufolge der Patient nur Ersatz erhält, wenn er dem Behandler Fahrlässigkeit nachweisen kann.[577] Auf medizinischem Gebiet bringt dies den Patienten als Laien oftmals in Beweisnot.[578]

---

570 So *Deutsch*, in: *Medicus/Mertens/Nörr/Zöllner*, Festschrift für Hermann Lange zum 70. Geburtstag am 24. Januar 1992, 1992, S. 433, 443.

571 Vertiefend *Spickhoff*, in: *Soergel*, Fn. 395, § 823 Anh. I Rdnr. 155 ff.

572 Vgl. nur BGHZ 159, 245. Zu den Auswirkungen dieser verminderten Darlegungspflicht im Rahmen der Präklusion *Irrgang*, MedR 2010, 533, 535 f.

573 OLG München, Beschluss vom 9. Februar 2009, Az: 1 U 5251/08.

574 Umfassend hierzu und zu Spezialfragen des Beweisrechts *Spickhoff*, in: *Spickhoff*, Fn. 395, ZPO, Rdnr. 8 ff.

575 Brandenburgisches OLG, Urteil vom 22. April 2010, Az: 12 U 186/08.

576 BVerfGE 52, 131. Näher hierzu unter F.I.3.a), S. 111.

577 *Hanau*, in: *Prütting*, Festschrift für Gottfried Baumgärtel zum 70. Geburtstag, 1990, S. 121, 126 führt hierzu aus, dass „der Patient zum Spürhund hinter Arztverschulden werden muß".

578 Allgemein zur Beweisnot als Argument für die Begründung einer Beweiserleichterung zugunsten des Geschädigten *Spickhoff*, Gesetzesverstoß und Haftung, 1998, S. 294 f.

bb) Gesteigerte Prozessleitungspflicht des Gerichts

In Fortführung davon treffen das Gericht in einem arzthaftungsrechtlichen Verfahren gesteigerte Hinweis- und Fragepflichten, was zum Teil unter der Begrifflichkeit der „Amtsermittlung" erörtert wird.[579] Die Rechtsprechung selbst vermeidet diesen Terminus meist und verwendet stattdessen etwa die Umschreibung, dass es „bei der Eigenart des Arzthaftungsprozesses in erhöhtem Maße Pflicht des Gerichts ist, gegebenenfalls eine Ergänzung des Parteivortrags durch geeignete Hinweise und Fragen anzuregen"[580]. Allgemein gesprochen ist der Richter bei der Tatsachenfeststellung im Arztfehlerprozess mehr als im durchschnittlichen Parteiprozess zu gesteigerter Aufmerksamkeit aufgerufen.[581]

Statt von „Amtsermittlung" sollte daher von einer gesteigerten Pflicht des Gerichts zur Sachverhaltsaufklärung[582] oder einer verstärkten Aufklärungspflicht[583] gesprochen werden, zumal auch im arzthaftungsrechtlichen Zivilprozess grundsätzlich die Dispositionsmaxime und der Beibringungsgrundsatz gelten[584]. Daran wird jedoch nicht starr festgehalten; die Wahrheitspflicht sowie die sonstigen prozessrechtlichen Regelungen wirken modifizierend auf sie ein.[585] „Gerade im Arzthaftungsprozeß wird die bisherige Haltung der Gerichte zur verstärkten Prozeßleitung durch die Neufassung des § 139 ZPO bestätigt."[586]

---

579 So etwa *Jorzig*, Fn. 332, die sich in ihrer Dissertation mit dem Amtsermittlungsgrundsatz im Arzthaftungsprozess auseinandersetzt. Ebenso diskutieren *Geiß/Greiner*, Fn. 395, Teil E Rdnr. 6 und *Laufs*, NJW 1996, 2413 eine „verstärkte Pflicht des Richters zur Amtsermittlung". *Bergmann/Wever*, Fn. 35, S. 185 zufolge ist der Arzthaftungsprozess „stark an ein Amtsermittlungsverfahren angenähert". *Scholz*, RuS 1996, 381, 382 spricht von einer „Verpflichtung zu verstärkter Amtsermittlung und umfassender Aufklärung des medizinischen Sachverhalts".

580 BGH NJW 1979, 1933, 1934.

581 Vgl. nur BGH NJW 1980, 2751.

582 Diese Formulierung verwenden *Frahm/Nixdorf/Walter*, Fn. 371, Rdnr. 270.

583 Vgl. *Gehrlein*, Fn. 185, Teil E Rdnr. 2.

584 So forderte die *Deutsche Gesellschaft für Medizinrecht* als Punkt 14 der Ergebnisse ihrer Arbeitstreffen vom 6. bis 8. Oktober 1995 in Berlin und vom 24. bis 26. April 1996 in Heidelberg, die zivilprozessualen Maximen sollen prinzipiell auch das Arzthaftpflichtverfahren bestimmen. Abgedruckt in: *Laufs/Dierks/Wienke/Graf-Baumann/Hirsch*, Fn. 20, S. 349, 353.

585 Vgl. *Katzenmeier*, Fn. 1, S. 390 unter Verweis auf §§ 138, 272, 273, 279, 282, 296, 358a ZPO und insbesondere § 139 ZPO.

586 So *Deutsch/Spickhoff*, Fn. 3, Rdnr. 512. Allgemein zu § 139 ZPO *Spickhoff*, Richterliche Aufklärungspflicht und materielles Recht, 1999.

Dabei muss der Richter nicht nur besonderes Augenmerk auf die umfassende Feststellung der streitgegenständlichen Tatsachen legen. Er hat darüber hinaus die Pflicht zur Erhebung und sorgfältigen Würdigung des Sachverständigenbeweises, denn die Entscheidung über den medizinischen Sachverhalt verlangt „grundsätzlich vorrangige sachverständige Beratung des Richters durch das Gutachten eines medizinischen Sachverständigen“[587]. Zwar sind die tatsächlichen Feststellungen grundsätzlich vom Gericht selbst zu treffen.[588] Bei fehlender Sachkunde muss es sich jedoch schon im Rahmen der Beweisaufnahme sachverständig beraten lassen.[589] Nur so könne gewährleistet werden, dass die Befragung wirklich auf die medizinisch wesentlichen Umstände ausgerichtet sei.[590]

Eine – prinzipiell zulässige[591] – Abweichung des Gerichts vom Gutachten eines Sachverständigen erfordert infolgedessen stets die Darlegung der hierfür maßgeblichen Erwägungen im Sinne einer einleuchtenden und nachvollziehbaren Begründung im Urteil.[592] Auf die zahlreichen weiteren Besonderheiten bei der Würdigung der sachverständigen Stellungnahme, wie etwa die mehrfach vom BGH bestätigte Pflicht, der Richter habe von sich aus Zweifel und Unklarheiten in den Ausführungen des gerichtlichen Gutachters zu klären[593], soll vorliegend nicht näher eingegangen werden.[594]

II. Abschied von der *culpa*-Doktrin auf dem Gebiet der Arzthaftung?

Mit jeder der dargestellten verfahrensrechtlichen Sonderregelungen hat sich die Rechtsprechung weiter von der gesetzlichen Ausgangslage ent-

---

587 Zitiert nach *Geiß/Greiner*, Fn. 395, Teil E Rdnr. 8.

588 BGH NJW 1997, 1446, 1447, worin das Gericht auf § 404a Abs. 3 ZPO Bezug nimmt. Es sei Sache des Tatrichters, dem Sachverständigen die von diesem benötigten Anknüpfungstatsachen vorzugeben.

589 BGH VersR 1979, 939. In dieser Entscheidung stellte der BGH Grundsätze für die tatrichterliche Feststellung medizinischer Sachverhalte im Arzthaftungsprozess auf.

590 BGH VersR 1979, 939, 941.

591 Denn auch der Sachverständigenbeweis unterliegt der freien richterlichen Beweiswürdigung nach § 286 ZPO.

592 BGH NJW 1997, 1446.

593 Vgl. aus neuerer Zeit etwa BGH VersR 2009, 499; 1405. Erläuternd *Spickhoff*, NJW 2010, 1718, 1723.

594 Ausführlich hierzu beispielsweise *Geiß/Greiner*, Fn. 395, Teil E Rdnr. 8 ff; *Spickhoff*, in: *Soergel*, Fn. 395, § 823 Anh. I Rdnr. 261 ff; *Steffen/Pauge*, Fn. 395, Teil B Rdnr. 721 ff.

fernt.[595] Zugleich erfuhr das Verschuldensprinzip aufgrund der Standardisierung im medizinrechtlichen Bereich eine stete Ausweitung. Es stellt sich daher die Frage, inwieweit die *culpa*-Doktrin auf dem Gebiet der Arzthaftung noch eine Rolle spielt.

1. Verschuldensunabhängige Haftung als allgemeine Tendenz

Das deutsche Haftungsrecht hat sich in den vergangenen Jahrzehnten generell vom dargestellten Grundsatz des *casum sentit dominus* hin zum *damnum sentit auctor* gewandelt.[596] So führt *Wiethölter* aus, einer der bemerkenswertesten Entwicklungszüge unseres Schadensrechts sei die Ersetzung der individuellen Gerechtigkeit durch soziale Gerechtigkeit.[597] Maßgebliche Bedeutung kommt dabei dem fortschreitenden Ausbau der Verkehrspflichten im Rahmen von § 823 Abs. 1 BGB zu[598], jenen „Dunkelexistenzen"[599], die entscheidend von der Verkehrserwartung geprägt werden[600]. *Esser* zufolge resultieren sie aus dem Versuch, auch den Unglückschaden gerecht zu verteilen, ohne dabei den Boden des Deliktsrechts zu verlassen.[601] Weitere Korrekturen erfuhr die *culpa*-Doktrin mit-

---

595 *Bolsinger*, Fn. 488, S. 43 zufolge hat die Ausdehnung der Arzthaftung die „Bildung eines prozessualen Sonderrechts bewirkt, das von der ZPO und den allgemeinen Beweisgrundsätzen weitgehend losgelöst ist".

596 Siehe *Katzenmeier*, Fn. 1, S. 159. Ebenso *Großfeld*, Zivilrecht als Gestaltungsaufgabe, 1977, S. 20 f, demzufolge für jeden, der einen Schaden erleidet, ein Gläubiger gefunden werden muss.

597 *Wiethölter*, in: *Stiftung zur Förderung der wissenschaftlichen Forschung über Wissen und Bedeutung der freien Berufe,* Die Aufklärungspflicht des Arztes, 1962, S. 71, 75.

598 Zur Verortung der Verkehrspflichten bei § 823 Abs. 1 BGB ausführlich *Canaris*, in: *Canaris/Diederichsen*, Festschrift für Karl Larenz zum 80. Geburtstag am 23. April 1983, 1983, S. 27, 77. A. A. *von Bar*, Verkehrspflichten, 1980, S. 157, der sie unter § 823 Abs. 2 BGB fasst.

599 Diese Bezeichnung wählte *Steffen* anlässlich eines Vortrags auf dem Karlsruher Forum im Jahr 1980, abgedruckt in: VersR 1980, 409. Allgemein zu Verkehrssicherungspflichten *Larenz/Canaris*, Fn. 494, § 76 III, S. 399 ff. Zu ihrer Bedeutung für Dienstleistungsberufe *Schiemann*, in: *Deutsch/Taupitz*, Fn. 491, S. 137, 148.

600 Seit RGZ 102, 372, 375 spricht man in der Regel von „Verkehrspflichten" anstelle von „Verkehrssicherungspflichten", die heute lediglich eine Untergruppe darstellen. Denn die moderne Rechtsprechung „hat Verkehrspflichten in nahezu jedem Lebensbereich und auf beinahe jedem Gebiet zivilrechtlichen Schadensersatzrechtes entstehen lassen", vgl. *von Bar*, Fn. 598, S. 43.

601 *Esser*, Grundlagen und Entwicklung der Gefährdungshaftung, 2. Aufl. 1969, S. 32.

tels der Objektivierung der Fahrlässigkeitshaftung[602] sowie aufgrund der „Haftungsverlagerung durch beweisrechtliche Mittel“[603], insbesondere der Beweislastumkehr[604].

Ein anderer wichtiger Aspekt war die Ausweitung der Haftpflichtversicherung auf immer mehr Berufsfelder.[605] Die Bewegungsfreiheit des Einzelnen kann in einem System übersteigerter Haftungsverhältnisse letztlich nur noch aufgrund des Bestehens von Pflichtversicherungen aufrecht erhalten bleiben.[606] Zwar setzt die Haftpflichtversicherung nach dem Trennungsprinzip formal die Selbständigkeit des Haftungsrechts voraus.[607] In der Sache hat die Verfügbarkeit von Versicherungsschutz die Entwicklung des materiellen Haftungsrechts jedoch ganz wesentlich und in vielfacher Hinsicht geprägt.[608] Sie hat - auch wenn die Rechtsprechung dies nie ausdrücklich eingestanden hat - dazu geführt, dass die Gerichte eher verurteilen.[609] Denn das Bestehen der Versicherung schützt nicht nur den in Anspruch Genommenen, sondern färbt positiv auf die Rechtsposition des Verletzten ab.[610] Die Einführung der Berufshaft-

---

602 Vgl. *Brüggemeier*, AcP 182 (1982), 385, 436 ff; *von Caemmerer*, RabelsZ 42 (1978), 5, 16. *Larenz/Canaris*, Fn. 494, § 75 I.2.g, S. 353 f. fordern hingegen, dieses „Element von Risikohaftung“ nicht überzubewerten.

603 So die Überschrift des Beitrags von *Stoll*, AcP 176 (1976), 145, der sich auf S. 155 ff. mit der Beweislastverteilung bei der Arzthaftung im Besonderen auseinandersetzt.

604 *Barta*, Medizinhaftung, 1995, S. 15 zufolge ist diese ein halber Schritt auf dem Weg zur Gefährdungshaftung.

605 Näher hierzu *Katzenmeier*, VersR 2002, 1449, der die Überlagerungen des Haftungsrechts durch das Versicherungsrecht beschreibt. Auslöser der zunehmenden Bedeutung des Haftpflichtversicherungsrechts war die Verabschiedung des Reichshaftpflichtgesetzes im Jahr 1871, vgl. *Barta*, Fn. 604, S. 45 f.

606 So auch *Zöllner*, AcP 188 (1988), 85, 96.

607 Vgl. *Weyers*, Unfallschäden, 1971, S. 118; *Deutsch*, Fn. 518, Rdnr. 16.

608 Siehe hierzu bereits *Friedmann*, in: *Möller*, Internationales Versicherungsrecht, Festschrift für Albert Ehrenzweig zum 80. Geburtstag, 1955, S. 25, 27. Auch *Steffen* zufolge sind übersteigerte Sicherheitserwartungen überhaupt erst durch die Haftpflichtrechtsprechung provoziert worden, vgl. VersR 1980, 409, 410. Ähnlich *Deutsch*, Fn. 518, Rdnr. 16.

609 Diese Schlussfolgerung zieht *Deutsch*, Fahrlässigkeit und erforderliche Sorgfalt, 2. Aufl. 1995, S. 481 f. Ähnlich *Rieger*, ZVersWiss 75 (1986), 11, 23.

610 Vgl. hierzu den Vortrag von *Deutsch* vom 12. Mai 1982 auf der Jahrestagung des Vereins zur Förderung der Versicherungswissenschaft an der Universität Mannheim, abgedruckt unter dem Titel Arzthaftung, Arztversicherung und Arzneimittelversicherung, 1982, S. 4. Ebenso *Weyers/Wandt*, Versicherungsvertragsrecht, 3. Aufl. 2003, Rdnr. 904. Eine zusätzliche Zweckrichtung der Haft-

pflichtversicherung ist daher *Brüggemeier* zufolge einer der maßgeblichen Gründe für den *déclin* des klassischen Deliktsrechts und den Entwicklungstrend hin zu einer verschuldensunabhängigen Haftung.[611] *Laufs* zieht aus den dargestellten Entwicklungen die Konsequenz: „Als kennzeichnendes Attribut des Deliktsrechts hat das Verschuldensprinzip seinen Sinn weitgehend eingebüßt."[612]

2. Erosion des Arzthaftungsrechts im Besonderen

Obwohl sich Ärzte dem gesetzlichen Leitgedanken nach haftungsrechtlich nur dann verantworten müssen, wenn sie schuldhaft gehandelt haben[613], kann man die Erosion des Haftungsrechtes in keinem anderen Bereich so deutlich beobachten wie auf medizinrechtlichem Gebiet[614]. Die beschriebenen allgemeinen Veränderungen in der Rechtswirklichkeit geben dem heutigen Arzthaftungsrecht seine Gestalt, zum Teil liegt dort ihr Ursprung.

In den vergangenen Jahrzehnten ist die Bedeutung von Verhaltensregeln beständig gewachsen.[615] In der Medizin kommt dies durch die Statuierung von Standards der ärztlichen Berufsausübung zum Ausdruck, die auf Verkehrspflichten für den medizinischen Bereich zurückgehen.[616] Dies birgt zwangsläufig Elemente einer vom Sorgfaltspflichtverstoß ent-

---

pflichtversicherung bestehe darin, denjenigen zu schützen, der als Verletzter berechtigte Ansprüche gegen den Versicherten erheben könne.

611 *Brüggemeier*, Fn. 487, S. 11. *Von Caemmerer*, RabelsZ 42 (1978), 5, 19 vertritt hingegen die Auffassung, dass die Haftungsverlagerung durch eine Haftpflichtversicherung mit den Prinzipien der Verschuldenshaftung vereinbar ist. Dem Ersatz- und Präventivgedanken des Zivilrechts werde auch dabei Rechnung getragen.

612 *Laufs* anlässlich eines Vortrags am 18. Juni 1994 in der Sitzung der Heidelberger Akademie der Wissenschaften, abgedruckt unter dem Titel Unglück und Unrecht, 1994, S. 31.

613 So auch *von Caemmerer*, RabelsZ 42 (1978), 5, 24, demzufolge das Verschuldensprinzip weiter unangefochten bei allen freiberuflichen Tätigkeiten wie etwa der des Arztes gilt.

614 Vgl. das Vorwort von *Katzenmeier* in seiner Habilitationsschrift, Fn. 1, S. VII.

615 Siehe *Deutsch*, Fn. 609, S. 158.

616 So sprach der BGH in NJW 1985, 2189, 2192 noch davon, es sei gegen die Verkehrssicherungspflicht des Schutzes des Patienten vor vermeidbarer Schädigung bei der Benutzung des Krankenhauses und bei der Behandlung und Pflege verstoßen worden. In BGH NJW 1988, 763 war bereits vom zu fordernden medizinischen Standard die Rede, der bei einer Behandlung geboten werden müsse.

koppelten Haftung in sich[617], denn „[d]ie Verkehrspflichten transponieren Zurechnungskriterien der Gefährdungshaftung in die Verschuldenshaftung"[618]. Werden nun im Rahmen dieser Verkehrspflichten bzw. beruflichen Standards die Sorgfaltsanforderungen so hoch angesetzt, dass sie kaum noch zu erfüllen sind, droht tatsächlich ein schleichender Abschied von der verschuldensabhängigen Einstandspflicht im Arzthaftungsrecht.[619]

Da es als Richterrecht konzipiert ist, liegt es in der Natur des Arzthaftungsrechts, dass die Gerichte in diesem Bereich auch die bestehenden prozessualen Regelungen abwandelten.[620] *Schiemann* zufolge spielte die Entwicklung des Arzthaftungsrechts für Beweisfragen daher eine „herausragende Rolle".[621] Beweiserleichterungen bis hin zur Umkehr der Beweislast prägen geradezu den Haftpflichtprozeß gegen Ärzte und Krankenhäuser.[622] Trotz der dogmatisch erforderlichen Unterscheidung zwischen Beweislast und Haftung findet im praktischen medizinrechtlichen Gerichtsverfahren eine Haftungsverlagerung mittels des modifizierten Beweisrechts statt.[623] Zusammenfassend lässt sich das moderne

---

617 *Laufs*, in: *Laufs/Dierks/Wienke/Graf-Baumann/Hirsch*, Fn. 20, S. 1, 5 zufolge hat die Gerichtspraxis die weithin anerkannte gesetzliche Zweispurigkeit und damit auch die Dogmatik der gesetzlichen Schuldverhältnisse aus zurechenbarer Schädigung verwischt. Ursprünglich hätte die vom Gedanken der persönlichen Verantwortlichkeit getragene Einstandspflicht für verschuldetes Fehlverhalten im Vordergrund gestanden, erst auf der zweiten Spur des Haftpflichtrechts sei Gefährdung und nicht Schuld ausgeglichen worden, vgl. S. 4.

618 So *von Bar*, Fn. 598, S. 319.

619 Schon *Larenz/Canaris*, Fn. 494, § 76 III.7.b, S. 427 führen aus, eine Überspannung der Anforderungen könne zu einer Aushöhlung des Verschuldenserfordernisses und zu einer heimlichen Einführung von Tatbeständen der Gefährdungshaftung führen. Allgemein hierzu *Deutsch*, Fn. 518, Rdnr. 636, demzufolge bei der Steigerung der Sorgfalt bis zum Übermaß „im Ergebnis eine Kausalhaftung eintritt". Kritisch auch *Esser*, Fn. 601, S. 32 f, der die zunehmende Schaffung von Verkehrspflichten und die damit oftmals einhergehende Erhöhung der Sorgfaltsanforderung ablehnt. A. A. *von Bar*, Fn. 598, S. 129 ff. Dieser stellt unter der Überschrift der „Leerformel von der Überspannung von Verkehrspflichten" die These auf, es bleibe für den Normalfall beim Zurechnungsgrund des Verschuldens. Nur dort, wo eine besondere Gefahr fairerweise die Übernahme des Schadens gebiete, komme es außerhalb der speziellen Gefährdungstatbestände zu objektivierten Haftungsformen.

620 Vgl. *Lepa*, in: *Brandner/Hagen/Stürner*, Fn. 503, S. 449.

621 *Schiemann*, in: *Deutsch/Taupitz*, Fn. 491, S. 137, 140 f.

622 So *Laufs*, in: *Laufs/Dierks/Wienke/Graf-Baumann/Hirsch*, Fn. 20, S. 1, 10.

623 In der Tendenz folgend *Deutsch/Spickhoff*, Fn. 3, Rdnr. 509. Instruktiv zur Haftungsverlagerung durch beweisrechtliche Mittel im Arzthaftungsrecht *Nüß-*

Arzthaftungsrechts mit den Worten *Laufs* daher wie folgt beschreiben: „Hochgespannte objektivierte Verkehrspflichten, verbunden gar mit der bei immer zahlreicheren Konstellationen richterlich angeordneten Umkehr der Beweislast für Rechtswidrigkeit, Verschulden und Kausalität führen in eine ‚Grauzone zwischen Delikts- und Gefährdungshaftung', zwischen Schadenszurechnung und bloßer Schadensverteilung."[624]

Bereits jetzt zieht das geltende Haftungssystem aufgrund des beschriebenen schleichenden Wandels Folgeprobleme wie etwa die Zunahme von Prozessen nach sich.[625] Der haftpflichtrechtliche Ausgleich von Behandlungsschäden muss aber aufgrund des Bestehens von Berufshaftpflichtversicherungen im Regelfall nicht vom Verursacher selbst wirtschaftlich getragen werden. *Weyers* merkt hierzu kritisch an, die eigentliche Einstandspflicht wirke sich auf die verantwortlichen Ärzte nicht aus. Die Belastung werde vielmehr über Haftpflichtprämien, Rückstellungen im Staatshaushalt, Globalzahlungen zur Abgeltung von Honoraransprüchen und pauschalierte kostendeckende Pflegesätze auf die Träger der Krankheitsvorsorge zurückgewälzt.[626]

Schon früh erhob sich daher die Frage, ob auf dem Gebiet der Arzthaftung nicht insgesamt eine Neuregelung im Wege der „Haftungsersetzung durch Versicherungsschutz" angezeigt ist.[627] An die Stelle der individuellen Einstandspflicht des Behandlers sollte eine Direktversicherung

---

gens, in: *Von Caemmerer/Fischer/Nüßgens/Schmidt*, Festschrift für Fritz Hauß zum 70. Geburtstag, 1978, S. 287, 294 ff.

624 *Laufs*, Fn. 612, S. 21; *ders*, in: *Laufs/Dierks/Wienke/Graf-Baumann/Hirsch*, Fn. 20, S. 1, 7.

625 Näher hierzu *Radau*, Ersetzung der Arzthaftung durch Versicherungsschutz, 1993, S. 73 ff.

626 *Weyers*, Empfiehlt es sich, im Interesse der Patienten und Ärzte ergänzende Regelungen für das ärztliche Vertrags- (Standes-) und Haftungsrecht einzuführen? 1978, S. 65, der unter diesem Titel das Gutachten A zum 52. Deutschen Juristentag in Wiesbaden erstattete. Ähnlich *Brüggemeier*, Fn. 2, S. 384 f.

627 Vgl. hierzu *Fleming/Hellner/von Hippel*, Haftungsersetzung durch Versicherungsschutz, 1980; *Stammberger*, in: *Stiftung zur Förderung der wissenschaftlichen Forschung über Wissen und Bedeutung der freien Berufe*, Fn. 597, S. 9, 31 f. Bereits 1955 sprach sich *Ehrenzweig*, in: *Möller*, Fn. 608, S. 9 ff. für eine „Ersatzrecht-Versicherung" im Kraftfahrrecht aus. *Schäfer*, Soziale Schäden, soziale Kosten und soziale Sicherung, 1972 stellt ein Modell zur Integration aller Ausgleichsleistungen für Personenschäden in das soziale Sicherungssystem vor. Die allgemeine Diskussion einer Haftungsersetzung durch Versicherungsschutz war dabei nicht auf Deutschland begrenzt, siehe die zahlreichen Literaturnachweise bei *Calabresi*, The Costs of Accidents, 1970, S. 3, dort insbesondere Fn. 1.

für Behandlungsschäden treten.[628] Nachdem gesetzgeberische Änderungen ausgeblieben sind, verlor die Debatte an Feuer, ganz erloschen ist sie jedoch nie.[629] In jüngerer Zeit wurde die Diskussion - nicht zuletzt aufgrund der Erkenntnis, dass dem Wohlfahrtsstaat Grenzen gesetzt sind[630] - wieder neu entfacht.[631] Erst kürzlich setzte sich *Katzenmeier* auf dem 3. Kölner Medizinrechtstag 2010 anlässlich von Klagen der Berufshaftpflichtversicherer über alamierende Entwicklungen in der Schadensbilanz erneut mit der Thematik einer Heilbehandlungsrisikoversicherung auseinander.[632] Im weiteren Gang der Untersuchung soll daher exemplarisch das Wirkungsprinzip des neuseeländischen *accident compensation scheme* dargestellt werden. Dabei handelt es sich um eine Art Volksunfallversicherung[633], die auch im Bereich medizinischer Behandlungsun-

---

628 Ausführlich hierzu beispielsweise *Weyers*, Fn. 626, S. 98 ff, der von einer „Patientenversicherung" spricht.

629 Vgl. etwa *Klingmüller*, VersR 1980, 694; *Dinslage*, VersR 1981, 310; *Deutsch*, Fn. 610, S. 16 ff; *ders*, in: *Von Caemmerer*, Vorschläge und Gutachten zur Reform des deutschen internationalen Privatrechts der außervertraglichen Schuldverhältnisse, 1983, S. 202, 206, wobei er sich in erster Linie auf Verkehrsunfälle bezieht; *Baumann*, JZ 1983, 167; *Giesen*, Fn. 485, S. 529 ff; *Hanau*, in: *Prütting*, Fn. 577, S. 121, 126 ff; *Radau*, Fn. 625; *Pichler*, Rechtsentwicklungen zu einer verschuldensunabhängigen Entschädigung im Medizinbereich, 1994 und *Barta*, Fn. 604. *Katzenmeier* und *Pichler* setzen sich in: *Laufs/Dierks/Wienke/Graf-Baumann/Hirsch*, Fn. 20, S. 59 ff. und S. 173 ff. kritisch damit auseinander, ob eine Ersetzung der Arzthaftung durch Versicherungsschutz angezeigt ist. Befürwortend *Thumann*, Fn. 533, S. 244 ff.

630 Vgl. *Kötz/Wagner*, Deliktsrecht, 11. Aufl. 2010, Rdnr. 51. Angesichts der klammen Situation der öffentlichen Haushalte und vor dem Hintergrund der demographischen Entwicklung sei nicht damit zu rechnen, dass der Ausbau der Sozialversicherung noch weiter vorangetrieben werde. Diese deckt in Deutschland weitgehend die eigentlichen Heilungskosten ab, vgl. *Brüggemeier*, Fn. 2, S. 382. Nach *Faure/Koziol*, Fn. 478, S. 301 entspricht dies der überwiegenden Rechtslage in Europa.

631 Allgemein hierzu *Dute*, in: *Dute/Faure/Koziol*, No-Fault Compensation in the Health Care Sector, 2004, S. 444 ff; *Koziol*, Grundfragen des Schadensersatzrechts, 2010, S. 5 ff. *Wagner*, in: *Wagner*, Tort Law and Liability Insurance, 2005, S. 87, 93 zufolge ist der medizinische Bereich der einzige, in dem noch eine Haftungsersetzung angedacht wird. *Katzenmeier*, VersR 2007, 137 wählt dabei die Bezeichnung einer „Heilbehandlungsrisikoversicherung".

632 Vgl. den Veranstaltungsbericht von *Schmitz-Luhn*, NJW-aktuell 44/2010, S. 18.

633 Diesen Begriff prägte *von Hippel*, ZRP 1976, 252, der sich in seiner Habilitationsschrift Schadensausgleich bei Verkehrsunfällen, 1968 ebenfalls mit Haftungsersetzung durch Versicherungsschutz speziell im Straßenverkehr beschäftigte. In späteren Veröffentlichungen griff *ders.* diese Thematik erneut auf, so etwa in BB-Beilage Nr. 17 (zu BB 1995, Heft 44), 4 und NZV 1999, 313.

fälle eine verschuldensunabhängige kollektive Schadensverteilung vorsieht.

G. Kollektiver Ausgleich im neuseeländischen *accident compensation scheme*

Versicherungslösungen im Bereich ärztlicher Behandlungsfehler verfolgen in der Regel das Ziel, auf kollektiver Basis eine Entschädigung zu gewähren, es kommt nicht mehr darauf an, ob der Schadensverursacher schuldhaft gehandelt hat.[634] Der für die Einführung des *accident compensation scheme* maßgebliche *Woodhouse Report* von 1967[635] betont, dass der Schadensausgleich für Unfälle mit Personenschaden in Neuseeland als eine von der Gemeinschaft zu tragende Aufgabe angesehen wird:

> „Just as a modern society benefits from the productive work of its citizens, so should society accept responsibility for those willing to work but prevented from doing so by physical incapacity. And, since we all persist in following community activities, which year by year exact a predictable and inevitable price in bodily injury, so should we all share in sustaining those who become the random but statistically necessary victims. The inherent cost of these community purposes should be borne on a basis of equity by the community."[636]

I. Geschichtliche Entwicklung des Schadensabnahmesystems

Prinzipiell baut das in Neuseeland herrschende *common law* im Bereich deliktischen Fehlverhaltens, dem *law of torts*, auf Verschulden und dabei insbesondere auf *negligence* auf.[637] Vergleichbar dem deutschen Recht

---

634 Vgl. *Deutsch/Spickhoff*, Fn. 3, Rdnr. 234.

635 *New Zealand Royal Commission of Inquiry into Compensation for Personal Injury*, Compensation for Personal Injury in New Zealand: Report of the Royal Commission of Inquiry, Wellington, Government Printer, 1967 unter dem Vorsitz von *Honourable Mr. Justice Woodhouse*, jetzt *Sir Owen Woodhouse*, der zum Namensgeber für den Bericht wurde. Die Kommission war 1966 von der Regierung eingesetzt worden, um praktische Lösungsvorschläge für eine Entschädigung von Arbeitsunfallopfern zu erarbeiten. In der Folge wird der Bericht als *Woodhouse Report* zitiert. Einen kurzweiligen Rückblick auf seine Entstehungsgeschichte gibt *Woodhouse*, NZ Law Review 2008, 137.

636 *Woodhouse Report* S. 40, § 56. Vgl. hierzu auch *Mulholland*, Introduction to the New Zealand Legal System, 5. Ed. 1983, S. 156, demzufolge die Gesellschaft die Verantwortung dafür trägt, alle Bürger vor den Auswirkungen von Unfällen mit Personenschaden zu schützen.

637 Nach *Atkin/Evans/McLay/Petersson*, Torts in New Zealand, 3. Ed. 2002, S. 208 stellt die Fahrlässigkeit das Herzstück des modernen Deliktsrechts dar. Im Kern orientiert sich das neuseeländische Recht dabei aufgrund der britischen Kolonialisierung am englischen *common law*, vgl. *Robson*, New Zealand, 1954, S. 276 ff; *Dziallas*, Das neuseeländische Accident Compensation Scheme, 2006, S. 59. Die in Neuseeland maßgeblichen Prinzipien des *law of torts* finden sich

trägt grundsätzlich der Anspruchsteller die Beweislast dafür, dass der eingetretene Schaden auf die Fahrlässigkeit des Anspruchsgegners zurückzuführen ist.[638] Mit der Einführung des *accident compensation scheme* zum 1. April 1974 wurde hingegen ein autonomes staatliches Entschädigungsmodell geschaffen, das eine verschuldensunabhängige und flächendeckende finanzielle Absicherung für Fälle vorsieht, in denen es aufgrund eines Unfalls zu einem Personenschaden kommt.[639]

Weshalb sich Neuseeland als erster Staat überhaupt an eine Reform heranwagte, die einen Bruch mit dem bisher geltenden Rechtssystem erforderte, hat verschiedene Gründe. *Ison* führt es darauf zurück, dass von jeher eine Tradition sowohl kollektiver als auch individueller Verantwortlichkeit existierte und insbesondere ein organisiertes System öffentlicher Gesundheitsversorgung vorhanden war.[640] *Cane* sieht eine Krise der neuseeländischen Betriebsunfallversicherung Mitte der 60er Jahre als Auslöser an.[641] Den Ausschlag für die tatsächliche Entwicklung hin zu einem kollektiven Schadensausgleich gab der bereits erwähnte *Woodhouse Report* von 1967.[642] Er hielt als eines der wesentlichen Ergebnisse seiner Untersuchung fest, das geltende Rechtssystem trage Züge einer Lotte-

daher in Fällen, die von Gerichten in Großbritannien entschieden worden sind, so in *Donoghue v Stevenson* [1932] AC 562 (HL) (Scot) und *Hedley Byrne & Co Ltd v Heller & Partners Ltd* [1964] AC 465 (HL) (Eng). Ausführlich zur *negligence* als Grundlage der Haftung und Bestandteil des Verschuldensprinzips *Cane*, Atiyah's Accidents, Compensation and the Law, 7. Ed. 2006, S. 34 ff.

638 Vgl. *Angelo*, in: *Deutsch/Taupitz*, Fn. 491, S. 239, 243.

639 Vgl. hierzu *Atkin/Evans/McLay/Petersson*, Fn. 637, S. 1 sowie *Fleming*, in: *Fleming/Hellner/von Hippel*, Fn. 627, S. 11. Vor diesem Zeitpunkt standen einem Unfallopfer in Neuseeland drei Wege des Schadensausgleichs offen: eine zivilrechtliche Schadensersatzklage gegen den Schädiger, die Geltendmachung eines Anspruchs aus der Betriebsunfallversicherung oder eines Anspruchs auf Sozialunterstützung im Falle von Krankheit, Invalidität und Erwerbsunfähigkeit. Genauer hierzu *Jitsuka/Glücksmann*, VSSR 4 (1976), 349, 350 f.

640 *Ison*, Accident Compensation, 1980, S. 17.

641 *Cane*, Fn. 637, S. 461. Ähnlich *Vollmerhaus*, Der Ausgleich unfallbedingter Personenschäden in Neuseeland und Deutschland, 2005, S. 21, der neben den Koordinierungsproblemen mit der Arbeitnehmerunfallversicherung und den allgemeinen Sozialleistungen die allgemeine Unzufriedenheit mit dem als umständlich und ungerecht empfundenen System der Verschuldenshaftung anführt.

642 Daneben waren auch die Regierungsveröffentlichung *White Paper* aus dem Jahr 1969 und der Bericht eines Parlamentsausschusses, der *Parliamentary Select Committee's Report* aus dem Jahr 1970 von Bedeutung, die sich jeweils mit dem *Woodhouse Report* auseinandersetzten.

rie.[643] Seine Empfehlung lautete daher, das *common law* als Grundlage der Haftung für unfallbedingte Personenschäden abzuschaffen und durch ein Entschädigungssystem auf öffentlichrechtlicher Grundlage zu ersetzen.[644]

Infolgedessen wurde am 3. Oktober 1972 der *Accident Compensation Act* verabschiedet, der die Einführung des *accident compensation scheme* beinhaltete.[645] Aufgrund zahlreicher Abänderungen wurde er im Jahr 1982 neu gefasst.[646] Wiederum zehn Jahre darauf wurde der ACA 1982 durch den *Accident Rehabilitation and Compensation Insurance Act 1992* ersetzt.[647] Dieser übernahm zwar die maßgeblichen Prinzipien des früheren Gesetzes[648], bemühte sich aber darüber hinaus um eine gerechtere Verteilung

---

643 *Woodhouse Report*, S. 19, § 1: „*The negligence action is a form of lottery.*" Siehe zu dieser Thematik auch das Werk von *Ison*, The Forensic Lottery, 1967, der auf S. 55 ff. Vorschläge für eine Reform unterbreitet, an der sich die *Royal Commission of Inquiry* zum Teil orientiert hat. *Hawkins*, Mishap or Malpractice? 1985, S. 261 f. führt unter Bezugnahme auf den *Woodhouse Report* ebenfalls aus: „*A cynic might even regard the law as a lottery.*" In neuerer Zeit hat *Atiyah*, The Damages Lottery, 1997 diese Thematik aufgegriffen.

644 *Woodhouse Report*, S. 108, § 280 (b): „*Thus the common law rights in respect of personal injuries should be abolished and the Workers' Compensation Act repealed.*" Daneben stellte er auf S. 39-41 in §§ 55-62 fünf Grundsätze auf, die im Rahmen eines derartigen Entschädigungssystems beachtet werden müssten: Wie eingangs bereits erwähnt, solle das Risiko der Arbeitsunfähigkeit solidarisch von der Gemeinschaft getragen werden (*community responsibility*). Die Ursache eines Personenschadens dürfe keine Rolle mehr spielen und die Entschädigung müsse nach einheitlichen Grundsätzen gewährt werden (*comprehensive entitlement*). Gefördert werden solle die vollständige Rehabilitation und bis dahin müsse eine reale Kompensation von Einkommensausfällen sichergestellt werden (*complete rehabilitation*). Die Entschädigung solle einkommensbezogen sein und anerkennen, dass eine Beeinträchtigung der Körperfunktionen bereits für sich genommen und ohne Rücksicht auf die Auswirkungen bezüglich der Arbeitsfähigkeit ein Verlust sei (*real compensation*). Überdies müsse eine effiziente Verwaltung gewährleistet werden (*administrative efficiency*).

645 *Accident Compensation Act 1972 No. 43*, in der Folge abgekürzt als ACA 1972. Aufgrund eines Regierungswechsels trat das Entschädigungssystem mit seinen finanztechnischen Vorschriften jedoch erst am 1. April 1974 in Kraft. Genauer zum gesetzgeberischen Hintergrund *Vennell*, in: *Todd*, The Law of Torts in New Zealand, 1991, S. 28.

646 *Accident Compensation Act 1982 No. 181*, in der Folge abgekürzt als ACA 1982. Das Gesetz trat am 1. April 1983 in Kraft.

647 *Accident Rehabilitation and Compensation Insurance Act 1992 No. 13*, in der Folge abgekürzt als ARCIA 1992. Der überwiegende Teil der Regelungen des Gesetzes trat am 1. Juli 1992 in Kraft.

648 *Angelo*, in: *Deutsch/Taupitz*, Fn. 491, S. 239, 245.

der Beitragsleistungen, Verhinderung von Missbrauch und Kostensenkung[649]. In der Folge trat der *Accident Insurance Act 1998* an seine Stelle[650], der den Bereich der Arbeitsunfälle für den privaten Versicherungsmarkt öffnete und somit eine Teilprivatisierung des *accident compensation scheme* anstrebte.[651] Da der erhoffte Erfolg der Kostenminimierung und Minderung von Unfallzahlen nicht eintrat, wurde dieser Schritt kurz darauf rückgängig gemacht[652] und vom 1. Juli 2000 an unterfielen Arbeitsunfälle wieder dem staatlichen Entschädigungssystem[653].

Im September 2001 löste schließlich der *Injury Prevention, Rehabilitation, and Compensation Act* den AIA 1998 ab.[654] Er erfuhr jedoch seinerseits immer wieder Veränderungen, so etwa durch den *Injury Prevention, Rehabilitation, and Compensation Amendment Act (No. 2) 2005*[655], den *Injury Prevention, Rehabilitation, and Compensation Amendment Act 2008*[656] sowie die *Injury Prevention, Rehabilitation, and Compensation Amendment Bill 2009*[657], die nunmehr als *Accident Compensation Amendment Act 2010* be-

---

649 *Vennell/Manning*, NZ Recent Law Review 1992, 1, 8 ff. Die damit einhergehenden Einschnitte stießen von vielen Seiten auf heftige Kritik, vgl. *Wilson*, NZ Law Review 2008, 3, 6.

650 *Accident Insurance Act 1998 No. 114*, in der Folge abgekürzt als AIA 1998. Das Gesetz trat am 1. Juli 1999 in Kraft.

651 Näher hier *Dziallas*, Fn. 637, S. 102 ff, der auf S. 103 darauf hinweist, die Grundprinzipien des Versicherungsmodells seien dabei nicht angetastet worden. Dennoch äußern sich *Wilson/Duncan*, ZIAS 1999, 397 sehr kritisch hierzu. Vgl. auch die Ausführungen von *Starke*, Resilient or Residual? 2005, S. 18.

652 Maßgeblich hierfür war die Verabschiedung des *Accident Insurance (Transitional Provisions) Act 2000 No. 5* und des *Accident Insurance Amendment Act 2000 No. 6*, die beide vom 25. März 2000 datieren und am 1. April 2004 in Kraft traten.

653 Vgl. *Duncan*, ZIAS 2002, 67, 77, der vom *„reinstatement of the ACC monopoly"* spricht.

654 *Injury Prevention, Rehabilitation, and Compensation Act 2001 No. 49*, in der Folge abgekürzt als IPRCA 2001. Der überwiegende Teil der Regelungen des Gesetzes trat am 1 April 2002 in Kraft.

655 *Injury Prevention, Rehabilitation, and Compensation Amendment Act (No. 2) 2005 No. 45*, in der Folge abgekürzt als IPRCAA (No. 2) 2005. Das Gesetz trat am 1. Juli 2005 in Kraft. Genauer zu den Änderungen, die es im Hinblick auf die Ausgestaltung der Volksunfallversicherung für ärztliche Behandlungsfehler nach sich gezogen hat, unter G.III.4, S. 147.

656 *Injury Prevention, Rehabilitation, and Compensation Amendment Act 2008 No. 46*, in der Folge abgekürzt als IPRCAA 2008. Der überwiegende Teil der Regelungen des Gesetzes trat am 1. August 2008 in Kraft.

657 Der überwiegende Teil der Regelungen des Gesetzes trat am 3. März 2010 in Kraft.

kannt ist[658]. Der IPRCA 2001 wurde durch letzteren im März 2010 in *Accident Compensation Act 2001* umbenannt.[659] Der ACA 2001 stellt die heute maßgebliche gesetzliche Grundlage des Versicherungsmodells dar.

II. Grundzüge des Entschädigungsmodells

Bevor genauer auf den Umgang mit ärztlichem Fehlverhalten eingegangen wird, sollen kurz die Grundzüge des Entschädigungsmodells nach dem ACA 2001 dargelegt werden.[660] Dessen erklärtes Ziel ist es, das Allgemeinwohl zu fördern und den Gesellschaftsvertrag zu bekräftigen, der durch die Einführung des *accident compensation scheme* begründet worden ist.[661]

1. Ausschluss gerichtlicher Klagemöglichkeit für Unfälle mit Personenschaden

Wesentlich hierfür ist section 317 des ACA 2001, wonach für Unfälle mit Personenschaden, die in den Anwendungsbereich dieses Gesetzes fallen, jegliche Klagemöglichkeit vor einem neuseeländischen Gericht ausgeschlossen wird.[662] Dieser Grundgedanke war bereits im ACA 1972 verankert.[663] Damit wird faktisch die deliktische Haftung für diejenigen Verletzungen abgeschafft, die das *accident compensation scheme* erfasst.[664] Dies sind zum einen klassische Arbeitsunfälle, die körperliche Beeinträchtigungen nach sich ziehen, auch wenn diese sich erst allmählich entwickeln. Zum anderen zählen hierzu Kraftfahrzeugunfälle und For-

---

658 *Accident Compensation Amendment Act 2010 No. 1*, in der Folge abgekürzt als ACAA 2010.

659 *Accident Compensation Act 2001 No. 45*, in der Folge abgekürzt als ACA 2001. Vgl. zur Umbenennung section 5 ACAA 2010.

660 Eine detaillierte Darstellung des ursprünglichen Modells gemäß dem ACA 1972 bietet *Ison*, Fn. 640, der die Funktionsweise des *accident compensation scheme* über einen längeren Zeitraum hinweg vor Ort studiert hat. Instruktiv zum Modell nach Maßgabe des IPRCA 2001 sind die Ausführungen von *Dziallas*, Fn. 637, S. 57 ff. sowie *Vollmerhaus*, Fn. 641, S. 12 ff.

661 Section 3 ACA 2001. Ausführlich zum *social contract* und dessen historisch-politischem Hintergrund *Wilson/Duncan*, ZIAS 1999, 397, 400.

662 Section 317(1) ACA 2001.

663 Section 5(1) ACA 1972. Genauer hierzu *Jitsuka/Glücksmann*, VSSR 4 (1976), 349, 355, die in diesem Zusammenhang von „epochemachenden Neuerungen" sprechen.

664 So bereits *Ison*, Fn. 640, S. 16. Zu den kollisionsrechtlichen Problemen aufgrund des Ausschlusses des allgemeinen deliktischen Anspruchs für einen ausländischen Verletzten *Großerichter*, IPRax 1998, 220.

derungen aufgrund sexuellen Missbrauchs. Überdies sind alle sonstigen Individualschäden versichert, die sich etwa zu Hause oder beim Sport ereignen, ebenso wie Verletzungsfolgen, die auf einer medizinischen Behandlung beruhen.[665] Schäden aufgrund von Krankheit sind hingegen grundsätzlich nicht Bestandteil des Modells[666], sondern werden unter dem *Social Security Act 1964* versichert[667]. Eine Ausnahme gilt für Krankheiten und Infektionen, die einen Bezug zur beruflichen Betätigung aufweisen.[668]

2. Geltungsbereich der Versicherung

Im Rahmen des *accident compensation scheme* besteht Anspruch auf Entschädigung (*cover*), wenn ein Versicherungsfall wie unter Teil 2 des ACA 2001 beschrieben vorliegt.[669]

a) Sachliche Voraussetzungen

Section 19 ACA 2001 gibt einen enumerativen und abschließenden Überblick über die zentralen Begrifflichkeiten, an die eine Versicherungsleistung anknüpft. Es handelt sich hierbei um *accident, mental injury, motor vehicle injury, personal injury, personal injury caused by a work related gradual process, disease, or infection, treatment injury* sowie *work-related personal injury*, die in den sections 25 bis 38 ACA 2001 genauer definiert werden. Sections 20 bis 24 ACA 2001 enthalten die Grundprinzipien, nach denen für einen Personenschaden Deckung besteht.

Große Bedeutung für die vorliegende Untersuchung kommt dabei der Beweisregel in section 25(3) ACA 2001 zu: Die Tatsache, dass eine Person einen Schaden in ihrer körperlichen Integrität erlitten hat, stellt für sich genommen noch keinen Hinweis darauf oder eine Vermutung dafür dar, dieser sei durch einen Unfall verursacht worden. Sie hat eine weitere Einschränkung des ohnehin restriktiven Begriffs des Behandlungsunfalls zur Folge, da in diesem Bereich die meisten Kausalitätsfragen auftre-

---

665 Insgesamt hierzu *Accident Compensation Corporation,* Levy Consultation 2011/12, 2010, S. 4.

666 Section 26(2) ACA 2001.

667 *Social Security Act 1964 No 136.* Dieses Gesetz ist in der Fassung vom 29. November 2010 nach wie vor gültig.

668 *Deutsch,* RabelsZ 44 (1980), 487, 498 f. unter Verweis auf die damals gültige Rechtslage nach dem ACA 1972, die unter section 30 ACA 2001 fortgeführt wird.

669 Die einzelnen Voraussetzungen werden in sections 19 bis 38 ACA 2001 aufgeführt.

ten.[670] Zugleich gehen aus ihr die beiden maßgeblichen Voraussetzungen für die Zuerkennung von Entschädigungszahlungen hervor: das Vorliegen eines Personenschadens (*personal injury*), der auf einem Unfall (*accident*) beruht.[671]

Personal injury umfasst nach section 26(1) ACA 2001 den Tod, körperliche Schäden, psychische Schäden, soweit sie auf physischen Schäden oder bestimmten Straftaten beruhen oder einen Bezug zur beruflichen Tätigkeit des Geschädigten aufweisen und Schäden an Zahnprothesen und anderen Prothesen, ausgenommen Seh- und Hörhilfen, solange diese keine bloße Abnutzung darstellen. In section 26(1A) bis (5) ACA 2001 werden weitere Sonderregeln etwa bei Herzinfarkt und Hirnschlag sowie Ausnahmen, beispielsweise für altersbedingte Personenschäden, festgeschrieben.

Der Personenschaden muss durch einen *accident* im Sinne von section 25(1) ACA 2001 verursacht worden sein, welcher in erster Linie als Ereignis definiert wird, das eine externe Krafteinwirkung auf den Körper ausübt, wobei es sich auch um einen Widerstand handeln kann.[672] Es reicht also nicht aus, dass eine negative Verletzungsfolge vorliegt, vielmehr sind Kausalitätsfragen bei der Prüfung des Anwendungsbereichs sowie der Einordnung des Personenschadens in eine bestimmte Kategorie durchaus von Bedeutung.[673]

b) Persönliche und zeitliche Voraussetzungen

In persönlicher Hinsicht setzt das Versicherungsmodell lediglich voraus, dass sich der Schaden in Neuseeland ereignet haben muss[674], wobei auch Touristen eine Entschädigung beanspruchen können, da das System

670 So auch *Bitterich*, RabelsZ 67 (2003), 494, 515, der dabei auf die alte Rechtslage nach section 25(3) IPRCA 2001 Bezug nimmt, die der heutigen Regelung entspricht.

671 Im ursprünglichen ACA 1972 wurden diese Begriffe noch nicht näher erläutert, erst der *Accident Compensation Amendment Act 1974* versuchte eine Definition. Genauer hierzu *Jitsuka/Glücksmann*, VSSR 4 (1976), 349, 364, insbesondere Fn. 37.

672 Auf die genaue, nunmehr sehr ausdifferenzierte Begriffsbestimmung des Unfalls kann im Rahmen der vorliegenden Untersuchung nicht eingegangen werden.

673 Zutreffend *Bitterich*, RabelsZ 67 (2003), 494, 517, der ausführt, das *accident compensation scheme* folge nicht dem aus dem Sozialhilferecht bekannten Finalprinzip.

674 Section 16 ACA 2001, der zu diesem Zweck das neuseeländische Staatsgebiet definiert.

möglichst geschlossen gehalten werden soll[675]. Zeitlich erfasst der ACA 2001 alle Personenschäden, die ab dem 1. April 2002 aufgetreten sind.[676]

3. Leistungen der Volksunfallversicherung

Kann der Anspruchsteller die oben geschilderten Voraussetzungen darlegen, stehen ihm gemäß sections 67 und 69(1) ACA 2001 bestimmte Entschädigungsleistungen zu. Er hat Anspruch auf Rehabilitation, sowohl in medizinischer, als auch in sozialer und beruflicher Hinsicht.[677] Arbeitnehmer erhalten eine Entschädigung für die Einkommensverluste in der ersten Woche[678] und darüber hinaus periodisch zu zahlende Entschädigungen für Einkommensverluste ab der zweiten Woche[679]. Gegebenenfalls werden auch eventuelle Beerdigungskosten erstattet und an die Hinterbliebenen wöchentliche Entschädigungen ausgezahlt.[680]

Gerade im Hinblick auf Behandlungsunfälle ist erwähnenswert, dass ein Geschädigter zudem eine einmalige Pauschalzahlung wegen des dauernden Verlustes oder der Minderung der körperlichen Leistungsfähigkeit geltend machen kann.[681] Diese bereits im ACA 1972 und ACA 1982 vorgesehenen *lump sum payments* waren durch den ARCIA 1992 abgeschafft worden[682] und wurden erst im IPRCA 2001 wieder eingeführt[683].

---

675 Ausführlich hierzu *Vennell*, in: *Todd*, Fn. 645, 1991, S. 65, deren Ausführungen auch unter dem ACA 2001 nach wie vor Gültigkeit besitzen.

676 Section 8(1)(a) ACA 2001. Für Schäden, die vor diesem Zeitpunkt eingetreten sind, finden nach section 8(1)(b) ACA 2001 Teil 10 und 11 des Gesetzes Anwendung.

677 Section 69(1)(a) ACA 2001. Ergänzende Regelungen zu *rehabilitation* finden sich in schedule 1 clauses 1 bis 29 ACA 2001.

678 Section 69(1)(b) ACA 2001. Die Pflicht des Arbeitgebers zur Zahlung von *first week compensation* wird in sections 97 bis 99 ACA 2001 statuiert.

679 Section 69(1)(c) ACA 2001. Ergänzende Regelungen zu *weekly* compensation finden sich in sections 100 bis 101 ACA 2001 sowie in schedule 1 clauses 30 bis 53 ACA 2001.

680 Section 69(1)(e) ACA 2001. Ergänzende Regelungen zu den diesbezüglichen *entitlements arising from fatal injuries* und *child care payments* finden sich in schedule 1 clauses 63 bis 78 ACA 2001.

681 Damit hat sich der Gesetzgeber gegen die Empfehlungen des *Woodhouse Reports* entschieden, der anstelle von Einmalzahlungen periodische Entschädigungsleistungen empfohlen hatte, vgl. S. 123, § 305 (a).

682 Dies führte in erster Linie zu einer Diskriminierung nicht berufstätiger Frauen und Kinder, die in Ermangelung eines eigenen Einkommens bei einem Schadensfall keinen sonstigen Zahlungsanspruch auf Versicherungsleistungen hatten, vgl. *Wilson/Duncan*, ZIAS 1999, 397, 405. *Palmer*, 44 University of Toronto Law Journal (1994), 223, 250 bezeichnet die Abschaffung der *lump sum payments* daher als *„discriminatory in substantive effect"*.

Sie sind auch nach zahlreichen Änderungen und der Umbenennung dieses Gesetzes erhalten geblieben und nunmehr in section 69(1)(d) ACA 2001 vorgesehen.[684] Allerdings werden sie nur dann gewährt, wenn ein Behinderungsgrad von zehn Prozent oder mehr feststellbar ist. Die Mindestsumme beträgt NZ$ 2.500, die Höchstsumme von NZ$ 100.000 wird bei einem Behinderungsgrad ab 80 Prozent geleistet.[685] Eine Abfindung allein wegen erlittener Schmerzen, Leiden oder dem Verlust an Lebensfreude, wie sie unter section 79 ACA 1982 noch Bestandteil des Versicherungsmodells war[686], kann nicht geltend gemacht werden.[687]

4. Organisatorische Abwicklung und Finanzierung des Modells

In Teil 6[688] und Teil 7[689] des ACA 2001 werden Fragen der Verwaltung des Versicherungssystems unter Leitung der *Accident Compensation Corporation* geregelt. Diesen Namen trägt die Stelle seit dem AIA 1998[690] und sie wird noch heute nach dessen Maßgaben fortgeführt[691]. Gemäß section 262(1)(a) ACA 2001 treffen die *Accident Compensation Corporation* insbesondere die Pflichten nach section 165 ACA 2001. Sie hat über die Anerkennung von Personenschäden als Versicherungsfall zu entscheiden, ebenso über die Gewährung von den im ACA 2001 vorgesehenen Leistungen. Weiterhin muss sie die zur Finanzierung eingerichteten Konten verwalten und die hierfür zu entrichtenden Beiträge erheben. Überdies ist sie mit der Streitschlichtung gemäß Teil 5 ACA 2001 und gemäß den Vorschriften in Teil 10 des ACA 2001 mit der Verwaltung privater Arbeitsunfallversicherungen, die noch unter der Geltung des AIA 1998 abgeschlossen wurden, betraut.

Die Volksunfallversicherung wird „aus verschiedenen Deckungsfonds gespeist, die zweckgebunden im jeweiligen Gefahrenbereich einzusetzen

---

683 Section 69(1)(d) IPRCA 2001.

684 Ergänzende Regelungen zu *lump sum compensation for permanent impairment* finden sich in schedule 1 clauses 54 bis 62 ACA 2001.

685 Schedule 1 clause 56(3) und (4) ACA 2001.

686 Ausführlich hierzu *Fahy*, Accident Compensation Coverage, 8. Ed. 1984, S. 91.

687 Als Begründung führt *Bitterich*, RabelsZ 67 (2003), 494, 527 die damit zwangsläufig einhergehende Kostensteigerung und die Schwierigkeiten bei der Prüfung der Anspruchsberechtigung an.

688 Section 165 bis 258 ACA 2001.

689 Section 259 bis 286 ACA 2001.

690 Section 11 AIA 1998.

691 Section 259(1) ACA 2001.

sind“[692]. Ursprünglich existierten nur drei Fonds, die für den Bereich der Kraftverkehrsunfälle, Arbeitsunfälle und sonstigen unfallbedingten Individualschäden aufkommen sollten: der *earners fund, motor vehicle fund* sowie der *supplementary fund,* der aus Steuermitteln gedeckt wurde.[693] Mittlerweile wurden diese drei *funds* durch fünf *accounts* ersetzt[694], den *work acount*[695], *motor vehicle account*[696], *earners' account*[697], *non-earners' account*[698] und den vorliegend besonders interessierenden *treatment injury account*[699]. Diese werden seit dem Jahr 1999 gemäß dem Prinzip *fully funded* und nicht mehr nach der Methode *pay-as-you-go* verwaltet, bei der die erhobenen Beiträge nur den tatsächlich im jeweiligen Geschäftsjahr entstandenen Kosten zuzüglich einer von der Regierung festzusetzenden Reserve entsprachen.[700] Im Rahmen der Versicherung werden daher jedes Jahr Gelder in einer Höhe eingezogen, welche sowohl die gegenwärtigen als auch die künftigen Kosten der in einem Geschäftsjahr anerkannten Ansprüche decken.[701]

Ansonsten hat sich das Wirkungsprinzip jedoch nicht verändert, da die *accounts* nach wie vor durch Abgaben der Sozialgemeinschaft, genauer gesagt mittels Beiträgen der jeweiligen Risikoträger, finanziert werden.[702] In den *treatment injury account,* der erstmals durch den ARCIA 1992 ge-

---

692 Diese Aussage *Weyers,* Fn. 626, S. 78 aus dem Jahr 1978 trifft nach wie vor zu. Vgl. hierzu auch *Radau,* Fn. 625, S. 128, der einen sehr knappen Abriss des neuseeländischen Modells gibt.

693 Ausführlich hierzu *Ison,* Fn. 640, S. 122, der auch eine Aufstellung der damaligen Einnahmen und Ausgaben bietet. Die Gesamteinnahmen im Jahr 1979 betrugen NZ$ 141.930.668, die Gesamtausgaben lagen bei NZ$ 114.675.010.

694 Section 166 ACA 2001.

695 Section 167 ACA 2001.

696 Section 213 ACA 2001.

697 Section 218 ACA 2001.

698 Section 227 ACA 2001.

699 Genauer hierzu unter section 228 ACA 2001.

700 Diese Methode war aufgrund der im *Quigley Report* festgestellten Finanzierungsschwierigkeiten durch den ACA 1982 eingeführt worden, was heute als schwerer Fehler angesehen wird, vgl. *Campbell,* Compensation for Personal Injury in New Zealand, 1996, S. 255 f. *Fleming,* in: *Fleming/Hellner/von Hippel,* Fn. 627, S. 11, 22 stand einer *pay-as-you-go*-Strategie hingegen noch positiv gegenüber. Zur politischen Entwicklung und dem gesetzgeberischen Tätigwerden nach Bekanntwerden des *Quigley Reports* näher *Wilson/Duncan,* ZIAS 1999, 397, 400 ff.

701 So betrugen die Nettoeinnahmen der Volksunfallversicherung Im Jahr 2007 NZ$ 3,29 Milliarden, vgl. *Palmer,* NZ Law Review 2008, 81, 91.

702 Insgesamt hierzu *Cane,* Fn. 637, S. 483.

schaffen worden ist und damals noch den Namen *medical misadventure account* trug[703], fließen folglich gemäß section 228(2)(a) ACA 2001 Zahlungen von Angehörigen der Gesundheitsberufe, d. h. von *registered health professionals* oder Organisationen, die eine Behandlung im Sinne des ACA 2001 anbieten.

III. Ausgestaltung der Volksunfallversicherung für ärztliche Behandlungsfehler

Obwohl erst seit dem Jahr 1992 ein Konto für die Deckung von Unfällen im medizinischen Bereich besteht, erfasste das *accident compensation scheme* von Beginn an auch ärztliche Behandlungsfehler.[704] Es stellt damit die bedeutsamste Begrenzung der berufsbezogenen Haftung von Ärzten in Neuseeland dar.[705] Dabei waren ursprünglich gerade Krankenhausfälle für die Entwicklung der haftungserweiternden Institute der *vicarious liability* und *non-delegable duties* im *common law* ausschlaggebend gewesen.[706]

Vor Einführung der Volksunfallversicherung musste der Patient dem Mediziner einen Verstoß gegen den Standard eines durchschnittlichen, umsichtigen und kompetenten Arztes nachweisen.[707] Durch den bereits im ACA 1972 festgeschriebenen Ausschluss der direkten Inanspruchnahme des Behandlers[708] sollten die dabei oftmals auftauchenden Beweisprobleme beseitigt werden.[709]

---

703 Sections 122 bis 124 ARCIA 1992. Vgl. auch *Deutsch*, Fn. 609, S. 482.

704 Vgl. *Manning*, in: *Skegg/Paterson*, Medical Law in New Zealand, 2006, S. 61 f.

705 So *Angelo*, in: *Deutsch/Taupitz*, Fn. 491, S. 239, 250.

706 *Engelmann-Pilger*, Deliktische Haftung für das Fehlverhalten Dritter im Common Law, 2007, S. 34 weist darauf hin, dass Krankenhausbetreiber zu Beginn des 20. Jahrhunderts nicht für die Fahrlässigkeit ihrer Ärzte einzustehen hatten, bis der englische *Court of Appeal* in *Cassidy v Minister of Health* [1951] 1 All ER 574 (CA) (Eng) einen neuen Weg einschlug.

707 Maßgeblich hierfür war die Entscheidung des *Court of Appeal* in *Smith v Auckland Hospital Board* [1965] NZLR 191 (CA).

708 Section 5(1) ACA 1972.

709 Vgl. in diesem Zusammenhang auch *von Hippel*, ZRP 1976, 252, 253, demzufolge es besonderes Interesse verdient, dass die Versicherung auch bei medizinischen Unglücksfällen eingreift.

1. ACA 1972, ACA 1982: Unzureichende Definition des *medical misadventure*

Der ACA 1972 und der ACA 1982 enthielten die Begrifflichkeit der *personal injury by accident*, die auch *medical, surgical, dental, or first aid misadventure* miteinschloss.[710] Beide Gesetze bestimmten nicht näher, was unter *medical misadventure* fiel, obwohl dieser Begriff dem neuseeländischen Recht bislang fremd war.[711] Diese Aufgabe oblag somit den Gerichten, die sich dabei an der englischen Rechtsprechung zum Arzthaftungsrecht orientierten. In Großbritannien umfasste *medical misadventure* allerdings nur Fälle, die keine *medical negligence* darstellten.[712] Bei der Übertragung auf das neuseeländische System wurde diese Definition als zu eng kritisiert und die Richter ordneten von Beginn an auch die schuldhafte Verursachung von Körperschäden als *medical misadventure* ein.[713] Gemäß der Konzeption der Volksunfallversicherung musste dabei vom Anspruchsteller aber kein Verschuldensnachweis geführt werden.[714]

Um *medical misadventure* von Krankheiten abzugrenzen, die dem Versicherungsmodell nicht unterfielen[715], bestimmte die Rechtsprechung die Voraussetzungen für eine Entschädigung in Anlehnung an den Begriff des *accident*, der von den Elementen der Plötzlichkeit und Unerwartetheit geprägt ist.[716] Infolgedessen waren zwar auch psychische Verletzungsfolgen, insbesondere Schock- und Traumaschäden, sowie unfallbedingte Neurosen und Psychosen von der Versicherung erfasst[717], nicht aber Schäden aufgrund medizinischer Experimente, denn hierbei müsse immer mit Risiken gerechnet werden[718]. Im Bereich physischen Verletzungseintritts wurde zunächst eine Handlung als *medical misadventure*

---

710 Section 2(1) ACA 1972 und section 2(1) ACA 1982.

711 Vgl. *Blair*, Accident Compensation in New Zealand, 2. Ed. 1983, S. 76.

712 Grundlegend *Roe v Ministry of Health* [1954] 2 All ER 131, 137 ff. (CA) (Eng), in der Folge bestätigt durch *Whitehouse v Jordan* [1980] 1 All ER 650, 659 ff. (CA) (Eng).

713 Vgl. *Re Collier* [1976] 1 NZAR 130, 132 (ACAA).

714 Siehe *Giesen*, Fn. 485, S. 533.

715 Ausführlicher zum Ausschluss von Krankheit unter G.II.1, S. 131.

716 Vgl. *Deutsch*, Fn. 610, S. 17; *ders*, VersR 1994, 381, 382. Ausführlich hierzu *Butler*, Medical Misadventure im neuseeländischen Accident Compensation Scheme, 1999, S. 83 ff. Instruktiv zum Begriff des *accident* sind die Ausführungen bei *Vennell*, in: *Todd*, Fn. 645, S. 42 ff.

717 *Green v Matheson* [1989] 3 NZLR 564, 565 (CA), *Accident Compensation Corporation v E* [1992] 2 NZLR 426, 427 (CA); *Cochrane v Accident Compensation Corporation* [1994] NZAR 6, 9 (HC). Genauer hierzu *Dziallas*, Fn. 637, S. 110 f.

718 Vgl. *Giesen*, Fn. 485, S. 538, der diese Konsequenz als alamierend bezeichnet.

aufgefasst, ein Unterlassen hingegen nicht.[719] Insoweit sei nur ein schlechter Krankheitsverlauf anzunehmen.[720] *Deutsch* nennt in diesem Zusammenhang das Beispiel der Verwechslung eines Herzinfarkts mit einer Blinddarmreizung, das als Unterlassung qualifiziert wurde und somit nicht ersatzfähig war.[721] Dies zog eine „schwer verständliche Zweispurigkeit des Schadensausgleichs" nach sich.[722] Während Schäden aus aktivem Tun unter dem *accident compensation scheme* versichert waren, mussten Schäden, die auf einem Unterlassen beruhten, auf dem Zivilrechtsweg eingeklagt werden.

Im Jahr 1980 reagierte der *High Court* auf diese Inkonsequenz und hielt in einem *obiter dictum* fest, eine Unterscheidung zwischen Tun und Unterlassen sei nicht wünschenswert.[723] In der weiteren Folge gab er diese Differenzierung endgültig auf.[724] Anstatt wie bisher auf die *common law* Konzepte von *standard of care* und *foreseeability* abzustellen, griff das Gericht bei der Definition von *medical misadventure* auf die usprüngliche Wortbedeutung des französischen *mesavenir* zurück[725], was zu einer Ausweitung der Anspruchsberechtigung führte.[726] Nachdem in einer weiteren Entscheidung des *High Court* das bislang geltende Erfordernis der Seltenheit des sich verwirklichenden Risikos aufgegeben wurde[727], versuchte die *Appeal Authority* im Jahr 1989 eine zusammenfassende Definition des *medical misadventure*[728], die jedoch in der Folge aufgrund neuer Entscheidungen wieder in Frage gestellt wurde[729].

---

719 So in *Re Collier* [1976] 1 NZAR 130 (ACAA). Vgl. auch *Hawkins*, Fn. 643, S. 263.

720 Siehe *Vollmerhaus*, Fn. 641, S. 44, der zugleich betont, das hiervon zu unterscheidende Nichtfortsetzen einer einmal begonnenen Behandlung sei hingegen regelmäßig als *medical misadventure* angesehen worden.

721 *Deutsch*, Fn. 610, S. 18; *ders*, VersR 1980, 201, 204; 1994, 381, 382. In RabelsZ 44 (1980), 487, 500 nennt *ders.* weitere derartige Fälle aus der Rechtsprechung.

722 Zitat nach *Dziallas*, Fn. 637, S. 124.

723 *Accident Compensation Commission v Auckland Hospital Board* [1980] 2 NZLR 748, 752 f. (HC).

724 *MacDonald v Accident Compensation Corporation* [1985] 5 NZAR 276, 282 f. (HC).

725 *MacDonald v Accident Compensation Corporation* [1985] 5 NZAR 276, 278 (HC).

726 Näher *Butler*, Fn. 716, S. 88.

727 *Viggars v Accident Compensation Corporation* [1986] 6 NZAR 235, 239 f. (HC).

728 Genauer hierzu *Collins*, Medical Law in New Zealand, 1992, S. 152.

729 Vgl. etwa *Green v Matheson* [1989] 3 NZLR 564, 572 (CA), wonach der subjektive Standpunkt des Patienten entscheidend sei; *Polansky v Accident Compensation Corporation* [1990] 8 NZAR 481, 488 ff. (HC), in der *Holland J* eine neue, auf den Vorgang der Operation ausgerichtete Auslegung des Begriffs *medical mi-*

Insgesamt schloss die Formulierung des *medical misadventure* im ACA 1972 und ACA 1982 zwar normale Risiken aus, die sich bei einem operativen Eingriff ergaben, ansonsten war sie aber nicht hinreichend bestimmt genug.[730] Es herrschte große Unsicherheit darüber, inwieweit die deliktische Inanspruchnahme des Behandlers weiterhin möglich war.[731] „Damit war freilich der Zweck der Entlastung der Ärzte von der Haftpflicht verfehlt."[732] Zugleich resultierte hieraus der Nachteil, dass die Anhörigen der Heilberufe immer noch die Kosten für eine Haftpflichtversicherung zu tragen hatten[733] und die Ausgaben für Entschädigungsleistungen aufgrund der großzügigen Auslegung der Anspruchsvoraussetzungen Mitte der 80er Jahre dramatisch anstiegen[734]. *Weyers* führte schon 1978 zutreffend aus: „In der Anwendung der Begriffe ‚*accident*' und ‚*misadventure*' liegt im Bereich der Behandlungsschäden das entscheidende Problem des Gesetzes."[735]

2. ARCIA 1992: Rückkehr zur Prüfung des medizinischen Standards

Diesem Missstand sollte der ARCIA 1992 entgegenwirken, der in section 5 eine umfangreiche Definition des *medical misadventure* vorsah. Patienten waren nach dieser neuen Begriffsbestimmung für die Fälle eines *me-*

---

sadventure bevorzugte, der auch *Blackwood J* in *Re Hazel* [1991] 9 NZAR 362, 364 ff. (ACAA) folgte.

730 *Butler*, Fn. 716, S. 93 kommt ebenfalls zu dem Ergebnis, „daß es nicht unerhebliche Probleme bereitet hat, zu definieren, was ein *medical misadventure* ist".

731 Vgl. *Deutsch*, VersR 1980, 201; *Ison*, Fn. 640, S. 36. Instruktiv hierzu *Vennell*, ZVglRWiss 80 (1981), 228, die untersucht, ob eine auf Fahrlässigkeit gestützte Klage neben dem *accident compensation scheme* nach wie vor Platz greift. So etwa in den Fällen *Re M* [1984] 4 NZAR 339 (ACAA); *MacDonald v Accident Compensation Corporation* [1985] 5 NZAR 276 (HC); *Green v Matheson* [1989] 3 NZLR 564 (CA). In letztgenanntem Fall erlaubte das Gericht Schadensersatzansprüche wegen besonderer Verletzung des Persönlichkeitsrechts, da an der Frauenklinik in Auckland ein Versuch durchgeführt worden war, das Carzinoma in situ als gutartig zu betrachten und lediglich eine Biopsie vorzunehmen. Genauer hierzu und zur klinischen Forschung am Menschen allgemein *Deutsch*, VersR 2002, 781. Vgl. auch *Mahoney*, 40 American Journal of Comparative Law (1992), 159, 187.

732 So *Deutsch*, Fn. 610, S. 18.

733 *Ison*, Fn. 640, S. 36 spricht in diesem Zusammenhang von einem „*unfortunate result*". Vgl. hierzu auch *Hawkins*, Fn. 643, S. 263.

734 Näher hierzu *Butler*, in: *Ahrens/von Bar/Fischer/Spickhoff/Taupitz*, Fn. 42, S. 69, 73 f.

735 *Weyers*, Fn. 626, S. 79. Ähnlich *Hussels*, ZIAS 1990, 34, 42, demzufolge das Gesetz im Bereich des ärztlichen Behandlungsunfalls versagt hat, da das System nicht geschlossen gehalten wurde.

dical error und eines *medical mishap* versichert, die sowohl auf einem Handeln als auch auf einem Unterlassen beruhen konnten.[736] Dennoch engte die neue gesetzliche Vorgabe den Anwendungsbereich des *accident compensation scheme* erheblich ein, der zuvor von der Rechtsprechung durch die Bildung von Fallgruppen weit ausgestaltet worden war.[737]

Der ARCIA 1992 schrieb den *medical error* als Außerachtlassen des nach den Umständen zu erwartenden ärztlichen Standards im Hinblick auf Sorgfalt und Fachkenntnisse fest. Somit wurde die *negligence* wieder zu einer wesentlichen Voraussetzung für den Anspruch auf Entschädigungszahlungen erhoben.[738] *Deutsch* sah dies als Weg zurück zur privaten Verantwortung des Arztes an; der *medical error* „stell[e] wohl nichts anderes als die alte Haftung für Fahrlässigkeit dar"[739], auch wenn diese durch das staatliche Versicherungssystem kanalisiert werde[740]. Damit entstand für Geschädigte die widersinnige Anforderung, dem Behandler trotz der *no-fault*-Konzeption des Modells einen Sorgfaltspflichtverstoß nachweisen zu müssen, um Anspruch auf Versicherungszahlungen erheben zu können.[741]

Im Bereich des *medical mishap* wurde nur Entschädigung geleistet, wenn die Eintrittswahrscheinlichkeit der nachteiligen Folge selten und die Folge selbst als außergewöhnlich schwerwiegend anzusehen war.[742] Der Formulierung des *treatment properly given* konnte man entnehmen, dass lediglich die aktive Behandlung, nicht hingegen ärztliches Unterlassen

736 Denn in der Definition ist nicht von *acts* oder *omissions*, sondern nur von *circumstances* die Rede, vgl. hierzu *Butler*, Fn. 716, S. 104, dort insbesondere Fn. 357. Ausführlich zur neuen Definition von *medical misadventure* auch *Venell/Manning*, NZ Recent Law Review, 1992, 1, 4 ff.

737 Genauer zu diesen Fallgruppen *Vollmerhaus*, Fn. 641, S. 43 f. m. w. N.

738 So *Butler*, Fn. 716, S. 103 f. und *Manning*, in: *Skegg/Paterson*, Fn. 704, S. 679, 691.

739 Zitiert nach *Deutsch*, Fn. 609, S. 482.

740 So *Deutsch*, VersR 1994, 381, 383.

741 Kritisch daher *Hussels*, ZIAS 1994, 54, 58, der diesen Umstand als „bemerkenswerte und vor allem bittere Ironie" bezeichnet. Ähnlich *Mahoney*, 40 American Journal of Comparative Law (1992), 159, 206 und *Palmer*, 44 University of Toronto Law Journal (1994), 223, 246, der von *„strange provisions"* spricht.

742 Section 5(2) ARCIA 1992 zufolge ist ein Ereignis selten, das in weniger als einem Prozent der vergleichbaren Behandlungsfälle auftritt. Gemäß section 5(4) ARCIA 1992 ist eine Folge außergewöhnlich hart, wenn sie entweder mindestens 14 Tage Krankenhausaufenthalt nötig macht oder zu einer signifikanten körperlichen Einschränkung von mindestens 28 Tagen oder gar zum Tod führt. Näher hierzu *Hussels*, ZIAS 1994, 54, 57.

versichert wurde.[743] Obwohl der *medical mishap* im Vergleich zum *medical error* verschuldensunabhängig ausgestaltet war, schränkte bereits die Definition an sich den Anspruch auf Entschädigungsleistungen ein, zumal ein *registered health professional* gehandelt haben musste.[744] Im Übrigen waren in section 5(5) bis (8) des ARCIA 1992 spezielle Ausschlusstatbestände für *medical misadventure* enthalten.[745]

Die Definition unter dem ARCIA 1992 hatte zur Folge, dass für einen Großteil medizinischer Versehen keine Entschädigungsleistungen mehr erbracht wurden, da keine Fahrlässigkeit nachweisbar war oder der Beweis der Schwere der Verletzung misslang.[746] Psychische Schäden wurden nur noch anerkannt, wenn sie aus einer physischen Verletzung resultierten oder Folge eines Sexualdelikts und zudem von erheblicher pathologischer Qualität waren.[747] *Butler* zieht aus all dem die bittere Konsequenz: „Damit ist die eigentliche Idee, die hinter der Einführung des *accident compensation scheme* stand, nicht mehr verwirklicht."[748]

3. IPRCA 2001: Nebeneinander von *medical misadventure* und *treatment injury*

Die „Teilaufhebung der Sozialisierung des Behandlungsunfalls"[749] wurde dennoch im AIA 1998 übernommen[750] und zunächst auch im IPRCA 2001 beibehalten[751]. Section 20(2)(b) bis (d) und (f) bis (i) enthielt die Vor-

---

743 So *Butler*, Fn. 716, S. 105 f; zustimmend *Dziallas*, Fn. 637, S. 128.

744 Nach section 3 ARCIA 1992 zählen hierzu neben Ärzten beispielsweie auch Chiropraktiker, Krankenpfleger, Apotheker, Zahntechniker, Physiotherapeuten und medizinisch-technisches Personal, nicht hingegen Homöopathen oder Vertreter der Naturheilkunde.

745 Detaillierte Ausführung zu den verschiedenen Ausschlusstatbeständen bei *Butler*, Fn. 716, S. 119 ff. Einen kurzen Überblick liefert *Deutsch*, VersR 1994, 381, 383.

746 Vgl. *Butler*, in: *Ahrens/von Bar/Fischer/Spickhoff/Taupitz*, Fn. 42, S. 69, 75 unter Verweis auf eine statistische Untersuchung, die belegt, dass unter dem ARCIA 1992 die Mehrheit der Anträge auf Entschädigungszahlungen für *medical misadventure* von der *Accident Compensation Corporation* abgelehnt wurde.

747 Sections 4 und 8(3) ARCIA 1992. Genauer hierzu *Dziallas*, Fn. 637, S. 111, 125 f.

748 *Butler*, Fn. 716, S. 118.

749 So *Deutsch*, Fn. 609, S. 482.

750 Vgl. sections 35 bis 37 AIA 1998, welche die Definition von *personal injury caused by medical misadventure, medical error* und *medical mishap* beinhalten und diese den gleichen Voraussetzungen unterwerfen wie der ARCIA 1992.

751 Der IPRCA 2001 wurde mit Wirkung zum 3. März 2010 durch den ACAA 2010 in *Accident Compensation Act 2001* umbenannt. Genauer hierzu unter G.I, S. 129. Da viele ältere Werke mit der Begrifflichkeit des IPRCA 2001 arbeiten,

aussetzungen für eine Entschädigungszahlung im Hinblick auf medizinische Behandlungsunfälle. Dabei wurde erstmals zwischen unmittelbaren Schäden durch *medical misadventure* sowie Folgeschäden im Rahmen der Behandlung eines von der Versicherung gedeckten Schadens, dem *treatment for personal injury*, unterschieden.[752]

a) Voraussetzungen des *medical misadventure*

Der Begriff des *medical misadventure* wurde in section 32 bis 34 IPRCA 2001 näher erörtert und setzte gemäß section 32(1) IPRCA 2001 - wie bereits unter dem ARCIA 1992 - einen *medical error* oder ein *medical mishap* voraus.[753] Ersterer lag nur dann vor, wenn ein Verstoß des Behandlers gegen den ärztlichen Standard nachgewiesen werden konnte.[754] Damit entsprachen die Anforderungen an den *medical error* nach wie vor denen einer auf *negligence* gestützten Klage im *law of torts*.[755]

Auch im Hinblick auf den Terminus des *medical mishap* hielt der IPRCA 2001 am Grundkonzept des ARCIA 1992 fest.[756] Die eingetretenen Behandlungskomplikationen mussten schwer und selten sein, wobei die Grenzwerte noch detaillierter geregelt und starr im Gesetz festgelegt wurden.[757] Gemäß section 34(3) IPRCA 2001 war eine Komplikation wie bereits nach alter Rechtslage nur dann als selten im Sinne des Gesetzes anzusehen, wenn die Wahrscheinlichkeit für ihr Auftreten nicht größer als ein Prozent war, wobei es sich um eine willkürlich gesetzte Schwelle handelte.[758] Ein weiteres Erschwernis stellte die Regelung in section 34(4) IPRCA 2001 dar, die in Verbindung mit section 322 IPRCA 2001 die Ermächtigung enthielt, mittels *regulations* abweichende Wahrscheinlichkeitsquotienten für bestimmte Komplikationen festzusetzen. Durch die Normierung der Grenzwerte wurde eine „systemwidrige Ausgrenzung

---

wird für den Stand des Gesetzes bis 3. März 2010 an dieser Formulierung festgehalten.

752 Siehe auch *Dziallas*, Fn. 637, S. 126.

753 Nach section 32(6) IPRCA 2001 wurde der Schutzbereich der Versicherung aber über die nächsten Angehörigen hinaus auch auf Dritte erstreckt, wenn sich diese bei dem unmittelbar Geschädigten infiziert hatten. Näher hierzu *Dziallas*, Fn. 637, S. 137.

754 Section 33 IPRCA 2001.

755 Vgl. hierzu auch die Ausführungen unter G.III.2, S. 140.

756 Section 34 IPRCA 2001.

757 Näher hierzu *Dziallas*, Fn. 637, S. 129.

758 So *Butler*, Fn. 716, S. 108, die zur Begründung auf die Gesetzgebungsgeschichte zu section 5(2) ARCIA 1992 Bezug nimmt, in der ebenfalls bereits der Grenzwert von einem Prozent festgelegt worden war.

der medizinischen Problemfälle im Vergleich zu sonstigen Unfällen" vorgenommen, denn in keinem anderen Bereich des *accident compensation scheme* war der Anspruch auf Entschädigung an statistische Wahrscheinlichkeitsfaktoren geknüpft.[759] Abgesehen davon enthielt auch der IPRCA 2001 in section 32(2) bis (5) Ausnahmetatbestände, bei denen kein medizinischer Behandlungsunfall anzunehmen war.[760]

In der Konsequenz wurden die Regelungen des IPRCA 2001 als einseitiges Schutzinstrument zugunsten der Ärzteschaft aufgefasst.[761] Es mehrten sich die Befürchtungen, damit gehe zugleich eine Verschlechterung des Behandlungsstandards einher.[762] Folglich regte die Regierung im Jahr 2002 eine Überprüfung des bisherigen Modells an. Der im Folgejahr veröffentlichte Bericht hielt fest, die Kriterien für *medical mishap* seien verwirrend und willkürlich und der Bereich des *medical error* statuiere in Abweichung vom verschuldensunabhängigen Ansatz der Versicherung zu Unrecht den Nachweis eines Vertretenmüssens.[763]

b) Neueinführung der Begrifflichkeit des *treatment for personal injury*

Abgesehen von den komplizierten Regelungen für primäre Behandlungsunfälle wurde in section 20(2)(d) und (h) des IPRCA 2001 erstmals der Begriff des *treatment for personal injury* gesetzlich verankert. Hierunter fielen Körperschäden, die ihrerseits im Rahmen der medizinischen Behandlung eines von der Versicherung bereits erfassten Schadens auftraten.[764] Da die entschädigungsrechtliche Abdeckung dieser Folgeschäden zweifellos sichergestellt werden sollte, war es unerheblich, ob die Behandlung dabei ordnungsgemäß oder sorgfaltswidrig durchgeführt wurde.[765]

---

759 Zutreffend *Dziallas*, Fn. 637, S. 130, von dem auch das wörtliche Zitat stammt.

760 Ausführlicher hierzu *Vollmerhaus*, Fn. 641, S. 46. Speziell zum Ausschluss von Behandlungsfehlern im Rahmen von klinischen Studien *Dziallas*, Fn. 637, S. 133 f.

761 Vgl. *Paterson*, 6 Journal of Health Services Research and Policy (2001), 193.

762 Siehe *Butler*, in: *Ahrens/von Bar/Fischer/Spickhoff/Taupitz*, Fn. 42, S. 69, 77.

763 *Accident Compensation Corporation*, Review of ACC Medical Misadventure, Consultation Document, 2003, S. 11. Im Übrigen komme es zu ungerechtfertigten Verzögerungen bei Auszahlung der Entschädigung und es herrsche Verwirrung über die Rolle des *accident compensation scheme*, vgl. S. 12.

764 Vgl. *Dziallas*, Fn. 637, S. 136.

765 Siehe *Todd*, 39 Washburn Law Journal (2000), 404, 438.

4. IPRCAA (No. 2) 2005: Keine Verschuldensprüfung für *treatment injury*

Eben diese Begrifflichkeit des *treatment injury*, die zunächst nur Folgeschäden von ohnehin gedeckten Körperschäden erfasste, erlebte durch den IPRCAA (No. 2) 2005 einen ungemeinen Bedeutungszuwachs. Dieses Gesetz ersetzte den umstrittenen Begriff des *medical misadventure* mit Wirkung zum 1. Juli 2005 vollständig durch den des *treatment injury*[766], der nunmehr in section 32(1) ACA 2001 geregelt ist[767].

Treatment injury bezeichnet nunmehr einen Personenschaden, den jemand erleidet, der einen registrierten Angehörigen der Gesundheitsberufe um Behandlung ersucht oder von ihm behandelt wird, wenn der Schaden durch die Behandlung verursacht worden ist.[768] Er darf kein notwendiger Teil und keine gewöhnliche Konsequenz der Behandlung sein, wobei alle Umstände des Einzelfalls einschließlich des Befindens des Patienten und des medizinischen Kenntnisstands zum Zeitpunkt der Behandlung berücksichtigt werden müssen.[769]

Section 33 ACA 2001 beinhaltet eine ausführliche Definition des *treatment* - also des Behandlungsbegriffs - die sehr weit gefasst wurde, um neuerliche Unsicherheiten auszuschließen.[770] Nicht nur der Behandlungsvorgang selbst fällt hierunter, sondern auch die Diagnose des Gesundheitszustands, die Entscheidung eine Behandlung vorzunehmen oder nicht, das Misslingen oder die Verzögerung einer Behandlung, Fehler hinsichtlich des Einholens der Einwilligung des Patienten oder bei Vorbeugemaßnahmen sowie Fehlfunktionen der verwendeten Gerätschaften. Soweit der Personenschaden auf eine Behandlung in diesem Sinne zurückzuführen ist, trifft den Patienten nach der neuen gesetzlichen Regelung in sections 20(2)(d), (f), (h), (i) und 32(1) ACA 2001 nicht länger die Beweislast für einen Sorgfaltspflichtverstoß des Arztes. Auch Unfälle im Behandlungsfehlerbereich fügen sich seither in die verschuldensunabhängige Zielsetzung des neuseeländischen Modells ein.[771]

---

766 Section 3(3), (4) und (6) IPRCAA (No. 2) 2005.

767 Der IPRCA 2001 wurde mit Wirkung zum 3. März 2010 durch den ACAA 2010 in *Accident Compensation Act 2001* umbenannt. Genauer hierzu unter G.I, S. 127. Für den Stand des Gesetzes ab 3. März 2010 wird in der vorliegenden Untersuchung daher die Abkürzung ACA 2001 verwendet.

768 Section 32(1)(a) und (b) ACA 2001.

769 Section 32(1)(c) ACA 2001.

770 Näher hierzu *Manning*, in: *Skegg/Paterson*, Fn. 704, S. 679, 699.

771 So *O'Brien/Johnson/Pearse*, in: *Keenan*, Health Care and the Law, 4. Ed. 2010, S. 48.

Jedoch stellt section 32(3) ACA 2001 unmissverständlich klar, dass der bloße Nichteintritt des erwünschten Behandlungserfolgs nicht als *treatment injury* anzusehen ist. Außerdem enthält section 32(2) ACA 2001 drei Ausnahmen, wobei die erste zugleich die wichtigste darstellt. Ein Personenschaden, der ganz oder im Wesentlichen durch den zugrundeliegenden Gesundheitszustand des Patienten verursacht wird, ist nicht ersatzfähig.[772] Weiterhin ist eine Entschädigung ausgeschlossen, wenn der Personenschaden einzig und allein auf die Ressourcenallokation, d. h. die Zuordnung knapp bemessener Mittel auf die jeweiligen Patienten, zurückzuführen ist.[773] Verweigert oder verzögert der Patient unangemessenerweise seine Zustimmung zur Behandlung und kommt er infolgedessen zu Schaden, kann er ebenfalls keine Versicherungsleistungen beanspruchen.[774] Sections 32(4) bis (7) enthalten Sonderregeln für den Fall klinischer Versuche sowie für die Zweitopfer infektuöser Krankheiten, denen unter gewissen Umständen ein Anspruch auf Entschädigung zugebilligt wird.

Trotz der verschuldensunabhängigen Ausgestaltung bestehen im Rahmen der Anspruchsberechtigung Schwierigkeiten, da section 32(1)(c) ACA 2001 eine Entschädigung ausschließt, wenn der Personenschaden ein notwendiger Teil oder eine zu erwartende Konsequenz der Behandlung ist. Unklar bleibt, wann eine Folge wahrscheinlich ist. Es steht zu befürchten, dass die Rechtsprechung bei der Beantwortung dieser Frage neuerlich Prozentregelungen einführen wird.[775] Auch die Ausnahmeregelung in section 32(2)(a) bereitet Probleme, denn sie bestimmt nicht näher, wann eine Verletzung ganz oder im Wesentlichen durch den zugrundeliegenden Gesundheitszustand des Patienten verursacht wird.[776] *Todd* gibt in diesem Zusammenhang zu bedenken, zur Darlegung eines *treatment injury* müssten die Begrifflichkeiten des *medical mishap* und des *medical error* weiterhin sinngemäß herangezogen werden.[777] Ähnlich argumentiert *Rogers*, demzufolge sich das neue Konzept in der Praxis nicht sehr von der alten Regelung des *medical misadventure* unter-

---

772 Section 32(2)(a) ACA 2001.

773 Section 32(2)(b) ACA 2001.

774 Section 32(2)(c) ACA 2001.

775 So *Butler*, in: *Ahrens/von Bar/Fischer/Spickhoff/Taupitz*, Fn. 42, S. 69, 79, die davor warnt, die Gerichte könnten auf die Ein-Prozent-Grenze für *medical mishap* nach section 5 ARCIA 1992 zurückgreifen.

776 Ausführlich hierzu *Butler*, in: *Ahrens/von Bar/Fischer/Spickhoff/Taupitz*, Fn. 42, S. 69, 79 f.

777 *Todd*, in: *Todd/Hughes*, The Law of Torts in New Zealand, 5. Ed. 2009, S. 49.

scheidet.[778] Verschuldensfragen sind also nicht gänzlich verschwunden[779], sie tauchen vielmehr in neuem Gewand wieder auf. Anstelle eines Sorgfaltspflichtverstoßes muss der geschädigte Patient nun darlegen, dass der Schaden infolge eines medizinischen Unfalls eingetreten ist und nicht auf dem Zustand beruht, der behandelt wurde.[780] Die Beweisproblematik hat sich somit durch die Einführung der Begrifflichkeit *treatment injury* lediglich vom Verschulden hin zur Kausalität verlagert.

So stellte der *Court of Appeal* noch zur alten Rechtslage in *Atkinson v Accident Rehabilitation Compensation and Insurance Corporation* unmissverständlich klar, der Anspruchsteller habe im Fall eines vermuteten Behandlungsfehlers den Nachweis des Kausalzusammenhangs zwischen erfolgter Behandlung und Verletzung zu führen, ohne dass zu seinen Gunsten Beweiserleichterungen eingreifen.[781] Von dieser strikten Haltung wich er im Jahr 2007 zwar insoweit ab, als er in *Accident Compensation Corporation v Ambros* in eng begrenzten Einzelfällen einen Rückschluss auf der Grundlage von Wahrscheinlichkeiten zuließ.[782] Allerdings hielt das Gericht in derselben Entscheidung fest, der Kläger müsse die Ursächlichkeit zwischen dem medizinischen Behandlungsfehler und der tatsächlich eingetretenen Verletzung beweisen; es reiche nicht aus, wenn er nur das Risiko einer derartigen Verletzung darlege. Beweiserleichterungen wie sie etwa bei Berufskrankheiten anerkannt würden, fänden im Rahmen der *accident compensation* keine Anwendung.[783] Erst kürzlich wies der *High Court* im Fall *Sam v Accident Compensation Corporation* unter Bezugnahme auf *Accident Compensation Corporation v Ambros* eine Berufung als unbegründet zurück, die eine Entschädigung für zerebrale Kinderlähmung infolge Sauerstoffmangels einforderte.[784] Der medizinische Sachverständige sah mehrere mögliche Ursachen als aus-

---

778 *Rogers*, Winfield and Jolowicz on Tort, 18. Ed. 2010, S. 49.

779 So auch *Todd*, in: *Todd/Hughes*, Fn. 777, S. 50.

780 Vgl. hierzu *Cane*, Fn. 637, S. 468, der eigentlich für eine Abkehr von der Verschuldenshaftung eintritt: „*At present, not even the most extensive no-fault scheme in operation (that in New Zealand) compensates entirely regardless of cause.*" Ähnlich *Manning*, in: *Skegg/Paterson*, Fn. 704, S. 679, 709; *Luntz*, NZ Law Review 2008, 97, 125.

781 *Atkinson v Accident Rehabilitation Compensation and Insurance Corporation* [2002] 1 NZLR 374, 379 (CA).

782 *Accident Compensation Corporation v Ambros* [2008] 1 NZLR 340, 341 (CA).

783 *Accident Compensation Corporation v Ambros* [2008] 1 NZLR 340 (CA).

784 *Sam v Accident Compensation Corporation* [2009] 1 NZLR 132 (HC). Allerdings wurde die Klage noch auf *medical misadventure* und alternativ auf *personal injury by accident* gestützt. Bei der Berufung verfolgte man nur die letztgenannte Anspruchsbegründung weiter.

schlaggebend für die Schädigung an. Dem Berufungskläger gelang es nicht, zur Überzeugung des Gerichts darzulegen, dass sämtliche Faktoren vom *accident compensation scheme* erfasst waren. Unter dem neuen Regime des *treatment injury* gelten diese strengen Anforderungen an den Nachweis eines kausalen Zusammenhangs zwischen Behandlung und eingetretenem Schaden fort.[785]

5. Unwägbarkeiten im Bereich iatrogener Unfälle

Wie die dargestellten Entwicklungen zeigen, bewegen sich neuseeländische Patienten bei der Geltendmachung von Ansprüchen für medizinisch indizierte Schäden auf schwankendem Boden. Die gesetzliche Grundlage wurde stetig verändert, wobei sie zunächst wenig Trittsicherheit bot, dann hingegen zu starr zementiert und in der Folge wieder aufgebrochen wurde. Lange Zeit war mangels festgeschriebener Begriffsbestimmungen unklar, was als iatrogener Unfall anzusehen ist.[786] Die 1992 eingeführte Definition brachte Nachweisschwierigkeiten im Hinblick auf die statistische Wahrscheinlichkeit und Schwere von Verletzungsfolgen sowie das Einhalten des gebotenen medizinischen Standards mit sich.[787] *Deutsch* bezeichnete dies prägnanterweise als „[d]ie Wiederkehr der Fahrlässigkeit“[788]. Seit 2005 hat sich die Beweisproblematik aufgrund der verschuldensunabhängigen Ausgestaltung weg vom *culpa*-Vorwurf hin auf das weite Feld des Ursachenzusammenhangs verlagert.[789]

Dieser instabilen Rechtslage ist es auch geschuldet, dass die Grenzziehung zwischen öffentlichen Entschädigungsleistungen und Inanspruchnahme des Schädigers nach *common law* bei Behandlungsunfällen besonders problematisch erscheint. Augenfällig wird dies im Bereich psychischer Schäden, die seit dem ARCIA 1992 nur noch dann ersetzt werden, wenn sie auf einer physischen Verletzung beruhen oder Folge eines Sexualdelikts sind und ein gewisses pathologisches Ausmaß aufweisen.[790] So wurde etwa in der Entscheidung *Queenstown Lakes District Council v Palmer* die zivilrechtliche Schadensersatzklage eines Dritten zugelassen.[791] Dieser hatte einen psychischen Schaden in Gestalt eines Schock-

785 So *Beck*, NZLJ 2007, 295, 296.

786 Genauer hierzu unter G.III.1, S. 138.

787 Vgl. die Ausführungen unter G.III.2, S. 140.

788 So die Überschrift seines Aufsatzes in VersR 1994, 381.

789 Ausführlich zu dieser Entwicklung unter G.III.4, S. 145.

790 Siehe unter G.III.2, S. 142. Diese Voraussetzungen sind nunmehr in sections 21, 26(1)(c), (d) und 27 ACA 2001 festgeschrieben.

791 *Queenstown Lakes Districts v Palmer* [1999] 1 NZLR 549 (CA).

schadens ohne zugrundeliegende eigene körperliche Verletzung erlitten und war daher im Rahmen des *accident compensation scheme* nicht anspruchsberechtigt. Für medizinische Entscheidungsträger brachte dieses Urteil zwangsläufig die Notwendigkeit mit sich, trotz des staatlichen Entschädigungssystems privatrechtliche Versicherungsverträge abzuschließen.[792]

Überraschenderweise schränkte der *Court of Appeal* diese Ansicht im Dezember 1998 im Fall *Brownlie v Good Health Wanganui Ltd* wieder ein[793], was in der Literatur überwiegend auf Ablehnung gestoßen ist.[794] Die psychische Belastung der Geschädigten, bei der eine Krebserkrankung erst im zweiten Test zutreffend diagnostiziert worden war, wurde nicht als Folge der körperlichen Schädigung anerkannt. Sie erhielt daher keine Versicherungsleistungen. Dennoch verwehrte ihr das Gericht eine Klage nach *common law*. Indirekt erwachse die psychische Verletzung doch aus der Krebserkrankung und unterfalle somit dem Klagbarkeitsausschluss. Die Klägerin konnte folglich auch nicht gerichtlich gegen die behandelnden Ärzte vorgehen.[795] In dieser Vorgehensweise der Rechtsprechung offenbaren sich erhebliche Schutzlücken zulasten der Patientenseite.[796] Trotzdem nahm der *High Court* in einer neueren Entscheidung wiederum auf *Brownlie v Good Health Wanganui Ltd* Bezug und wandte die Grundsätze des Falls bei der psychischen Schädigung einer Mutter infolge des unfallbedingten Todes ihres ungeborenen Kindes an.[797]

Während *von Hippel* im Jahr 1976 noch prognostizierte, durch die Einführung des *accident compensation scheme* „hat sich damit in Neuseeland insoweit zugleich das dornenreiche Problem der Haftung des Arztes für Kunstfehler erledigt"[798], muss dem heute angesichts der aufgezeigten Unsicherheiten widersprochen werden.

---

792 Vgl. die diesbezüglichen Ausführungen des *Court of Appeal* in *Van Soest v Residual Health Management Unit* [2000] 1 NZLR 179, 196 (CA).

793 *Brownlie v Good Health Wanganui Ltd* [2005] NZAR 289 (CA).

794 Kritisch etwa *Todd*, NZLJ 1999, 216; ebenso *Manning*, NZ Law Review 1999, 527, 532, die *„apparent inconsistencies"* zwischen den Fällen *Palmer* und *Brownlie* ausmacht.

795 Insgesamt hierzu *Bitterich*, RabelsZ 67 (2003), 494, 537 ff. Allgemein zur Problematik des umfangreichen Ausschlusses von Zivilklagen für Schäden, die auch nach dem Versicherungsmodell nicht kompensierbar sind *Hussels*, ZIAS 1994, 54, 65, der insoweit von einem „Mysterium" spricht.

796 So auch *Todd*, NZLJ 1999, 216, 219.

797 *Sivasubramaniam v Yarrall* [2005] 3 NZLR 268, 269 (HC).

798 *Von Hippel*, ZRP 1976, 252, 253.

IV. Auseinanderdriften von Theorie und Praxis

Dem theoretischen Konzept nach wurde die Schaffung der neuseeländischen Volksunfallversicherung „als Triumph des Gedankens der Gleichbehandlung gefeiert“[799]. Doch im Laufe der Jahre sind bei der praktischen Umsetzung des Modells zahlreiche Schwierigkeiten zu Tage getreten. So ließen sich der umfassende Ausschluss deliktischer Klagen oder die Eliminierung von Beweisproblemen ebensowenig durchhalten wie eine gerechte Behandlung aller Beitragspflichtigen.[800] Bezeichnenderweise haben Australien und Großbritannien, die eigene Kommissionen mit der Entwicklung möglicher *no-fault* Modelle beauftragt hatten, von einem kompletten Systemwandel wieder Abstand genommen.[801]

1. Fortbestehen der Nachweisprobleme im Behandlungsfehlerbereich

Auf den ersten Blick scheint die Abschaffung des Verschuldensnachweises unter dem *accident compensation scheme* eine patientenfreundliche Errungenschaft zu sein. Jedoch wird bei näherem Hinsehen deutlich, dass durch die Definition des *medical misadventure* im ARCIA 1992 die Darlegungslast für einen Sorgfaltspflichtverstoß durch die Hintertür wieder eingeführt worden ist.[802] Auch unter dem Regelwerk des *treatment injury*, der seit dem Jahr 2005 eine tatsächlich verschuldensunabhängige Entschädigung verspricht, hat sich die Beweislast nur verlagert. Der geschädigte Patient muss immer noch darlegen, dass der Schaden infolge eines medizinischen Unfalls eingetreten ist und nicht auf dem Zustand beruht, der behandelt wurde.

Statt Fahrlässigkeit der Behandelndenseite gilt es nunmehr, die Ursächlichkeit des Unfalls für den eingetretenen Schaden nachzuweisen.[803] Inzident erfordert dies wiederum, die Behandlung am jeweiligen medizi-

---

799 So *Deutsch*, RabelsZ 44 (1980), 487, 488.

800 Näher zu letzterem *Cane*, Fn. 637, S. 483; *Venell/Manning*, NZ Recent Law Review, 1992, 1, 9.

801 Das *National Rehabilitation and Compensation Scheme Committee of Inquiry* (1974 bis 1975) in Australien wurde, wie zuvor in Neuseeland, von *Sir Owen Woodhouse* geleitet. Dessen Abschlussbericht trug daher wiederum den Namen *Woodhouse Report*. In Großbritannien hatte *Lord Colin Pearson* den Vorsitz der *Royal Commission on Civil Liability and Compensation for Personal Injury* (1973 bis 1978) inne und war in der Folge namensgebend für den *Pearson Commission Report*.

802 Ausführlich hierzu unter G.III.2, S. 140.

803 Siehe die Ausführungen unter G.III.4, S. 145.

nischen Stand zu messen.[804] „Gleichgültig, ob der Arzt wegen Fahrlässigkeit haftbar gemacht oder ob die Versicherung wegen eines Behandlungsunfalls herangezogen wird, kommt es darauf an, ob die Behandlung dem Standard der Wissenschaft zur Behandlungszeit entsprach."[805] Diese auf die Ebene der Kausalität verlagerte Überprüfung gestaltet sich gerade im medizinischen Bereich oftmals äußerst schwierig, wie auch *Manning* eingesteht: „*Satisfying the onus of proof on the issue of causation can be a formidable obstacle in medical cases.*"[806]

2. Hoher Aufwand und geringe Zahlungen bei medizinisch indizierten Schäden

Bei dem Versuch, die Hürde des Kausalitätsnachweises zu überwinden, stößt der Anspruchsteller auf einen weiteren Nachteil des Versicherungssystems. Wenngleich er grundsätzlich wenig mit Formalitäten belastet und in der Regel zeitnah entschädigt wird, trifft ihn gerade im Bereich von Behandlungsfehlern ein erhöhter bürokratischer Aufwand.[807] Hat er diese Schwierigkeit gemeistert, wird ihm lediglich eine „[...] nicht sehr weit gehende und insbesondere im Bereich des Schmerzensgeldes eher schrumpfende Geldentschädigung für fehlerhafte oder sonst entgegen der Erwartung fehlgehende Behandlung gewährt"[808]. Außerdem ist die im Behandlungsfehlerbereich besonders relevante Entschädigungsleistung der *lump sum payments* an die Begutachtung durch einen medizinischen Sachverständigen geknüpft, da mindestens ein Behinderungsgrad von zehn Prozent festgestellt werden muss.[809] Hinzu kommt, dass dem Patienten bei einem Behandlungsfehler im Rahmen der Versiche-

---

804 Vgl. *Deutsch*, Fn. 610, S. 18; *ders*, RabelsZ 44 (1980), 487, 502, wobei er einen Vergleich zur Rechtslage in Schweden zieht.

805 So *Deutsch*, VersR 1980, 201, 205. Auch im Rahmen der Versicherungslösung bleibe die Medizin daher die Kunst des Kunstgerechten.

806 *Manning*, in: *Skegg/Paterson*, Fn. 704, S. 679, 710.

807 Vgl. hierzu *Giesen*, Fn. 485, S. 541, der in Fn. 89 auf den Fall *Re Wallace* [1981] 2 NZAR 491 (ACAA) verweist. Der Anspruchsteller hatte aufgrund fehlerhafter Behandlung im Krankenhaus schwerwiegende Schäden an acht Zähnen erlitten, musste jedoch jahrelang auf Entschädigungszahlungen warten und hierfür zahlreiche Formalitäten in Kauf nehmen.

808 So *Deutsch*, Fn. 610, S. 17; *ders*, VersR 1994, 381.

809 Schedule 1 clauses 54, 57, 59 ACA 2001. Das Gutachten wir erst angefertigt, wenn sich der Zustand des Antragstellers stabilisiert hat, spätestens aber nach zwei Jahren, vgl. schedule 1 clause 57(1) ACA 2001.

rung kein Anspruch wegen erlittener Schmerzen oder dem Verlust an Lebensfreude zusteht.[810]

Dennoch wird ihm jegliches Klagerecht versagt, unabhängig davon, welche Beschwerden er über einen bestimmten Zeitraum hinweg durchleben musste, obwohl etwa für Ehrverletzungen sechsstellige Schadensersatzzahlungen vor den neuseeländischen Gerichten erstritten werden können.[811] Aufgrund dessen haben Betroffene in den letzten Jahren immer häufiger versucht, das staatliche Entschädigungsmodell zu umgehen.[812] Ärzte werden in Neuseeland nicht nur vermehrt mit strafrechtlichen, sondern auch mit disziplinarrechtlichen Klagen konfrontiert.[813] Teilweise wird sogar gefordert, das Recht zur direkten Inanspruchnahme des Schädigers wieder zuzulassen und die Volksunfallversicherung nur noch als haftungsergänzendes System weiterzuführen.[814]

3. Kein vollständiger Ausschluss von Klagen

Diese Forderung hängt damit zusammen, dass dem Verletzten für nicht von der Unfallversicherung gedeckte Ereignisse die Möglichkeit einer Deliktsklage verbleibt.[815] Auch bei iatrogenen Verletzungsfolgen ist die

---

810 Ausführlicher hierzu und zu *lump sum payments* im Allgemeinen unter G.II.3, S. 134.

811 So *Wilson/Duncan*, ZIAS 1999, 397, 406. Auch *Mahoney*, 40 American Journal of Comparative Law (1992), 159, 161 ff. sieht den kompletten Ausschluss von deliktischen Klagen als eine der größten Ungerechtigkeiten des Versicherungsmodells an.

812 Vgl. *Todd*, 39 Washburn Law Journal (2000), 404, 489 f; ebenso *Tobin*, NZ Law Review 2008, 37. Ausführlich zu dieser Problematik speziell bei Schädigungen aufgrund von Asbest *Tobin/Schoeman*, NZLJ 2005, 430, 431.

813 Siehe *Atkin/Evans/McLay/Petersson*, Fn. 637, S. 144. Einen Überblick über das komplizierte Verfahren vor den verschiedenen Disziplinarausschüssen bietet *Butler*, Fn. 716, S. 151 ff. Ausführlich hierzu *Manning*, in: *Skegg/Paterson*, Fn. 704, S. 613 ff; *O'Brien/Johnson/Pearse*, in: *Keenan*, Fn. 771, S. 57 f.

814 So der Vorschlag von *Miller*, 11 University of Hawai'i Law Review (1989), 1, 64 ff. In abgeschwächter Form sprechen sich auch *O'Connell/Brown/Vennell*, NZLJ 1988, 399, 401 f. für die Wiedereinführung von *tort claims* aus. Speziell im Hinblick auf medizinische Behandlungsfehler plädiert *O'Leary*, Redress for Medical Misadventure: A Therapeutic Jurisprudence Perspective, 2001, S. 35 für die Wiedereinführung des Klagerechts.

815 Vgl. hierzu bereits *Weyers*, Fn. 626, S. 79. So wurde etwa in jüngerer Zeit im Fall *Naysmith v Accident Compensation Corporation* [2006] 1 NZLR 40 (HC) trotz Leistungen seitens der staatlichen Volksunfallversicherung zusätzlich eine Deliktsklage nach *common law* gegen die *Accident Compensation Corporation* selbst zugelassen. Ihr wurde vorgeworfen, die finanziellen Spätfolgen eines Autoun-

persönliche Inanspruchnahme des Schädigers in Ausnahmefällen möglich.[816] Während hierin zum Teil ein Vorteil gesehen wird, da das Versicherungsmodell dadurch nach wie vor eine abschreckende Komponente für Ärzte beinhaltet[817] und im Gerichtsprozess höhere Entschädigungssummen erreicht werden können[818], kritisiert der Großteil der Literatur dies als inkonsequente Durchbrechung des staatlichen Modells[819]. Problematisch ist überdies die Zubilligung von *exemplary damages*, die dann gewährt werden, wenn der Schädiger für eine besonders verwerfliche Art und Weise der Tatbegehung bestraft werden soll.[820] Gerade in Arzthaftungsfällen wird dies als Möglichkeit angesehen, doch noch den Klageweg zu beschreiten.[821]

Schon früh sprachen sich Stimmen in der Literatur dafür aus, eine derartige Klage auf Strafschadensersatz bei einem auf Körperverletzung beruhenden Personenschaden weiterhin neben dem *accident compensation scheme* zuzulassen. Die Gerichte teilten diese Auffassung überwiegend und führten zur Begründung an, Klagen auf *exemplary damages* seien nicht auf *personal injury by accident* zurückzuführen.[822] Denn sie sollen nicht dem Ausgleich der geschehenen Verletzung dienen, sondern die flagrante Rechtsverletzung sühnen.[823] Section 319 des ACA 2001 erklärt daher die gerichtliche Geltendmachung von *exemplary damages* explizit für möglich.[824] Seit *Donselaar v Donselaar* muss jedoch in jedem Einzelfall

---

falls nicht ordnungsgemäß abgewickelt zu haben. Ausführlich hierzu *Kerr*, NZLJ 2007, 312.

816 Siehe *Collins*, Fn. 728, S. 161 ff, insbesondere S. 186; *Todd*, in: *Todd/Hughes*, Fn. 777, S. 50 ff.

817 So *Angelo*, in: *Deutsch/Taupitz*, Fn. 491, S. 239, 250.

818 Vgl. *Mahoney*, 6 Otago Law Review (1985), 103, 134 ff.

819 So etwa *Hussels*, ZIAS 1990, 34, 42; *Palmer*, NZ Law Review 2008, 81, 90.

820 Siehe *Deakin/Johnston/Markesinis*, Markesinis and Deakin's Tort Law, 6. Ed. 2008, S. 944. Der Begriff ist also nicht deckungsgleich mit dem des Schmerzensgeldes nach deutschem Recht. Er entspricht vielmehr den *punitive damages* im amerikanischen Rechtskreis und lässt sich am ehesten als Entschädigung mit Strafcharakter oder als Strafschadensersatz übersetzen.

821 Vgl. *O'Brien/Johnson/Pearse*, in: *Keenan*, Fn. 771, S. 54. Ebenso *Vennell*, Victoria University of Wellington Law Review 1993, 13, 31, die darin eine *„attractive proposition"* sieht.

822 Insgesamt hierzu *Vennell*, in: *Todd*, Fn. 645, S. 75.

823 Siehe *Deutsch*, RabelsZ 44 (1980), 487, 506.

824 Danach können selbst dann *exemplary damages* zugebilligt werden, wenn der Schädiger sich strafrechtlich wegen des Verhaltens verantworten muss, auf dem die Verletzung beruht. Die Regelung war bereits im AIA 1998 unter section 396 verortet. Damit hatte sich der Gesetzgeber bewusst über die Entschei-

geklärt werden, wo die Grenze zwischen einem allein im Rahmen der öffentlichen Versicherung zu entschädigenden Verhalten und einem Delikt verläuft, welches das Opfer zum Strafschadensersatz berechtigt.[825] Dies hat der *Supreme Court* in einer vor Kurzem ergangenen Entscheidung wiederum bestätigt.[826] Trotz dieser richterlichen Prüfungspflicht dringt mit der Einklagbarkeit von *exemplary damages* ein weiterer Aspekt des *common law* in das Entschädigungssystem ein, der gegen dessen Grundkonzeption als autonome Versicherung spricht.[827]

4. Verlust des präventiven Aspekts von Schadensersatz und seiner Genugtuungsfunktion

Da Deliktsklagen aber grundsätzlich ausgeschlossen werden, muss der Gedanke der Prävention, der dem individualabhängigen Schadensersatz stets auch innewohnt[828], anderweitig realisiert werden.

Nach section 263(1) ACA 2001 ist die Schadensvermeidung eine primäre Aufgabe der *Accident Compensation Corporation.* Im Jahr 2003 wurde daher die *New Zealand Injury Prevention Strategy* (NZIPS) eingeführt, welche ausweislich ihrer Zielsetzung das Bewusstsein und Engagement für Schadensvermeidung fördern soll.[829] Dennoch ist das Versicherungsmodell selbst weder auf das Auffinden von Verschulden ausgerichtet, noch beinhaltet es pönale Aspekte im Hinblick auf fahrlässige Behandler.[830] Effektive Prävention ist daher nur durch die Aussicht auf höhere Beiträge sowie strafrechtliche Konsequenzen realisierbar.[831] *Butler* sieht es als interessante Entwicklung an, dass die Einführung der zivilrechtlichen

---

dung *Daniels v Thompson* [1998] 3 NZLR 22, 47 ff. (CA) hinweggesetzt, worin eine Klage auf Strafschadensersatz für unzulässig erklärt wurde, wenn der Schädiger in einem Strafverfahren schuldig oder freigesprochen worden war.

825 *Donselaar v Donselaar* [1982] 1 NZLR 97, 107 (CA).

826 *Couch v Attorney-General (No 2)* [2010] 3 NZLR 149, 150 (SC).

827 Vgl. etwa *Beck*, NZLJ 2002, 361. Auch *Beever*, NZ Universities Law Review 2010, 197, 221 spricht sich für die Abschaffung der *exemplary damages* aus.

828 Siehe *Atkin/Evans/McLay/Petersson*, Fn. 637, S. 4 f; *Deutsch*, Fn. 518, Rdnr. 18; ebenso *Katzenmeier*, in: *Laufs/Dierks/Wienke/Graf-Baumann/Hirsch*, Fn. 20, S. 59, 63 ff. Genauer hierzu im Rahmen der rechtsvergleichenden Betrachtung unter H.I.2, S. 160.

829 *Gaskin*, NZ Law Review 2008, 11, 14 bezeichnet die NZIPS daher als *„vital step toward moving the ACC scheme into the future"*.

830 Vgl. *Angelo*, in: *Deutsch/Taupitz*, Fn. 491, S. 239, 248.

831 So *Engelmann-Pilger*, Fn. 706, S. 152 unter Verweis auf *S v Attorney-General* [2003] 3 NZLR 450, 474 (CA). Ähnlich *Angelo*, in: *Deutsch/Taupitz*, Fn. 491, S. 239, 248.

negligence in das Strafrecht mit der Schaffung des *accident compensation scheme* zusammenfiel und sich Ärzte seither zudem - wie bereits erwähnt - vermehrt disziplinarrechtlich verantworten müssen.[832]

Es stellt sich aber die Frage, ob dies ausreichend ist und dem Gedanken der Verantwortlichkeit für das eigene Tun damit genügt wird.[833] *Miller* etwa prognostiziert aufgrund des Ausschlusses der individuellen Einstandspflicht für Personenschäden unter anderem auf dem Gebiet der medizinischen Versorgung eine Gefährdung für die gesamte Bevölkerung.[834] Er untermauert dies mit zahlreichen Beispielen, wie etwa dem 1987 publik gewordenen Fall, dass Frauen mit Gebärmutterhalskrebs am *National Women's Hospital* in Auckland aus experimentellen Gründen eine Therapie verweigert wurde.[835] Nicht außer Betracht bleiben darf überdies, dass dem Zivilprozess ein therapeutischer Effekt innewohnt, den das *accident compensation scheme* nicht zu ersetzen vermag.[836] Er bietet dem Geschädigten die Möglichkeit, seinen Fall vor einem unvoreingenommenen Gremium öffentlich vorzutragen, welches ihn respektvoll behandelt und gegebenenfalls den Schädiger selbst zur Rechenschaft zieht.[837]

Innerhalb der neuseeländischen Volksunfallversicherung wird die Entschädigung hingegen von einem Dritten ausbezahlt, ohne dass sich der Verursacher der Verletzung für sein Verhalten verantworten muss.[838]

5. Drohende Kostenexplosion und missbräuchliche Inanspruchnahme von Leistungen

Ein weiterer neuralgischer Punkt ist der Kostenanstieg, welcher bei einem tatsächlich verschuldens- und kausalunabhängigen Modell im Bereich von iatrogenen Schädigungen zu erwarten steht. *Rogers* verweist in

---

832 *Butler*, Fn. 716, S. 163.

833 So die berechtigte Kritik von *Easton*, Social Policy and the Welfare State in New Zealand, 1980, S. 100: *„Should there not be somewhere in our social philosophy and jurisprudence the notion of an individual's responsibility for his actions [...]?"* Ähnlich *Mahoney*, 40 American Journal of Comparative Law (1992), 159, 161, der den Verlust des abschreckenden Effekts möglicher gerichtlicher Inanspruchnahme gerade im Hinblick auf ärztliche Behandlungsfehler kritisch sieht.

834 *Miller*, 11 University of Hawai'i Law Review (1989), 1, 37.

835 Siehe *Miller*, 11 University of Hawai'i Law Review (1989), 1, 41 f.

836 Vgl. *O'Leary*, Fn. 814, S. 27 ff.

837 So *Feldthusen*, 25 Ottawa Law Review (1993), 203, 216 f.

838 Kritisch daher *O'Leary*, Fn. 814, S. 30 ff, die dies als *„anti-therapeutic aspect"* des Versicherungsmodells einstuft.

diesem Zusammenhang auf Zahlen aus Großbritannien, wo der *National Health Service* (NHS) allein in den Jahren 2000/2001 etwa £ 400 Millionen für Klagen aufgrund medizinischer Behandlungsfehler geleistet hat. Bei der derzeitigen Anzahl von Schädigungen müsste ein vom Verschulden losgelöstes System dort jährlich etwa £ 4 Milliarden aufbringen, um alle Anspruchsberechtigten zu entschädigen. Das neuseeländische *accident compensation scheme* habe eine vergleichbare Kostenexplosion bislang nur verhindern können, indem es erst bei gelungenem Kausalitätsnachweis Versicherungsleistungen gewähre.[839]

Hinzu kommt, dass selbst vehemente Befürworter des haftungsersetzenden Modells wie etwa *Ison* schon kurz nach dessen Einführung vor Missbräuchen warnten.[840] Der *fraud,* also die betrügerische Inanspruchnahme von Leistungen, war und ist ein ständiges Problem des Versicherungssystems.[841] Ursächlich hierfür ist unter anderem die zunehmende Unzufriedenheit der Bevölkerung mit dem Entschädigungsmodell.[842] Nahezu wöchentlich berichten neuseeländische Zeitungen über die Aufdeckung neuer Fälle. Erst im Herbst 2010 wurde ein Chiropraktiker wegen Betrugs verurteilt, der wiederholt Behandlungen unter dem *accident compensation scheme* abgerechnet hatte, welche seine Patienten nie erhalten haben.[843]

6. Glücksspiel der unterschiedlichen Behandlung von Unfall und Krankheit

Seit Bestehen des *accident compensation scheme* wird die Nichteinbeziehung von Krankheiten in den Versicherungsschutz heftig kritisiert.[844]

839 Insgesamt hierzu *Rogers,* Fn. 778, S. 52.

840 *Ison,* Fn. 640, S. 73 ff.

841 Siehe *Dziallas,* Fn. 637, S. 259 ff, demzufolge die betrügerische Ausnutzung des Systems Mitte der 80er Jahre als ein maßgebender Faktor für den Kostenanstieg angesehen wurde, wobei der Bereich sexuellen Missbrauchs am häufigsten betroffen war.

842 So auch *Hussels,* ZIAS 1990, 34, 53.

843 Vgl. *New Zealand Herald* in der Ausgabe von Mittwoch, 20. Oktober 2010, online abrufbar unter http://www.nzherald.co.nz/fraud/news/article.cfm?c_id=213&objectid=10681894 (Stand 27. Januar 2011).

844 Vgl. etwa *Easton,* Fn. 833, S. 98, der von *„anomalous boundaries"* spricht. *Mahoney,* 40 American Journal of Comparative Law (1992), 159, 163 ff. sieht darin – neben dem vollständigen Klageausschluss, vgl. Fn. 811 – die zweite große Ungerechtigkeit der Versicherungslösung, so bereits *ders,* 6 Otago Law Review (1985) 103, 108 f. Kritisch auch *Palmer,* 44 University of Toronto Law Journal (1994), 223, 260 f; *Maughan,* NZLJ 1999, 221, 223; *Duncan,* NZ Law Review,

Denn eine unterschiedliche Behandlung erscheint unangemessen: „Ist der Unfall ein plötzliches Ereignis, das die Gesundheit verschlechtert, so stellt die Krankheit ein vielleicht langsamer, aber umso stärker wirkendes Ereignis dar, das der Gesundheit abträglich ist."[845] Der *Court of Appeal* wies in der Entscheidung *Queenstown v Palmer* ebenfalls auf die Gefahr von Widersprüchen und Spannungen wegen dieser Ungleichbehandlung hin.[846] Dennoch ist eine Ausweitung der Volksunfallversicherung auf diesen Bereich aus Kostengründen bis heute unterblieben.[847]

Es wurde der Vorwurf laut, man sei letztlich auch in Neuseeland auf halbem Weg zur Verwirklichung der Vision einer Gleichbehandlung aller Opfer körperlicher Schäden stehen geblieben.[848] Dies wiegt im Behandlungsfehlerbereich umso schwerer, als dort die Abgrenzung zwischen Krankheit und ärztlichem Fehlverhalten besondere Schwierigkeiten bereitet.[849] Was die unterschiedliche Behandlung von unfall- und krankheitsbedingten Schäden anbelangt, ist das neuseeländische Modell daher selbst einem Glücksspiel vergleichbar. So führte *Deutsch* schon 1980 aus, vom Standpunkt des Opfers aus erscheine es zufällig, ob seine Unfähigkeit auf einen Unfall oder eine Krankheit zurückzuführen sei. „Das häufig gegen das Verschuldensprinzip im Haftungsrecht vorgebrachte Argument, daß unter dem Aspekt der sozialen Versorgung die Verschuldenshaftung eine Lotterie darstelle, läßt sich insoweit auch gegenüber der Unfallversicherung erheben."[850]

2008, 27, 32 ff. Ausführlich zu der Thematik *Stapleton*, Disease and the Compensation Debate, 1986.

845 So *Deutsch*, Fn. 610, S. 18. Bereits *Ison*, Fn. 640, S. 18 ff, insbesondere S. 21 lehnte den dauerhauften Ausschluss von Krankheit ab.

846 *Queenstown Lakes Districts v Palmer* [1999] 1 NZLR 549, 556 f. (CA).

847 Im Jahr 1990 sollte das neuseeländische Modell nach Plänen der Labour Regierung durch die *Rehabilitation and Incapacity Bill 1990* auf Krankheiten ausgeweitet werden. Aufgrund eines Regierungswechsels blieb das Gesetzgebungsverfahren jedoch stecken und das Gesetz trat nie in Kraft, vgl. *Palmer*, 15 University of Hawai'i Law Review (1993), 604, 616; *ders*, 44 University of Toronto Law Journal (1994), 223, 236.

848 So *Dziallas*, Fn. 637, S. 253.

849 Vgl. *Deutsch*, VersR 1980, 201, 202; *Todd*, in: *Todd/Hughes*, Fn. 777, S. 50.

850 *Deutsch*, RabelsZ 44 (1980), 487, 495.

H. Vergleichende Betrachtung

Auch wenn es angebracht ist, von Zeit zu Zeit zu überprüfen, wo unser System der Bewältigung von Unfallschäden seinen Zielen vielleicht nicht mehr gerecht wird[851] und die Reform in Neuseeland eine internationale Pionierleistung ist, die weltweit Aufsehen erregt hat[852], kann sie nicht auf das deutsche Haftungsregime übertragen werden[853].

I. Festhalten am Verschuldensprinzip im Arzthaftungsrecht

Das Verschuldensprinzip gehört zu den wichtigsten Fundamenten unseres Deliktsrechts.[854] Wegen des dargestellten Gleichlaufs von deliktischer und vertraglicher Haftung ist es bei ärztlichem Fehlverhalten generell relevant.[855] Will man die Einheit der Rechtsordnung wahren, die für Arzthaftungfälle gerade keine gesetzlichen Sonderregelungen vorsieht, muss die *culpa*-Doktrin auch in diesem Bereich aufrecht erhalten bleiben.[856] Zwar führen die fortschreitende Standardisierung der Medizin sowie die verfahrensrechtliche Ausgestaltung von Behandlungsfehlerstreitigkeiten zu Unschärfen zwischen auf persönlicher Vorwerfbarkeit gegründeter Einstandspflicht und bloßer Gefährdungshaftung.[857] Doch

---

851 Vgl. die Forderung von *Weyers/Wandt*, Fn. 610, Rdnr. 945.

852 So *von Hippel*, in: *Fleming/Hellner/von Hippel*, Fn. 627, S. 40, 55. Ähnlich *Ison*, Fn. 640, S. 187.

853 Zu diesem Ergebnis kommen auch *Butler*, Fn. 716, S. 166 und *Dziallas*, Fn. 637, S. 271, demzufolge das *accident compensation scheme* für Staaten mit einem funktionierenden Schadensausgleichssystem nicht unbedingt nachahmenswert ist. A. A. *Vollmerhaus*, Fn. 641, S. 138 f, der sich aufgrund der gewandelten gesellschaftlichen Anschauungen in Deutschland für eine einheitliche Entschädigung aller Unfallopfer nach neuseeländischem Vorbild ausspricht.

854 Siehe *Larenz/Canaris*, Fn. 494, § 75 I.2, S. 351 ff. und § 76 III.7.b, S. 427 ff. Ebenso *Koziol*, Fn. 631, S. 201, der es als das „wichtigste Zurechnungsmoment" definiert. Kritisch hingegen *Esser*, Fn. 601, S. 46 ff. Der Verschuldensgrundsatz sei historisch betrachtet niemals der Tragpfeiler des Schadensrechts gewesen, sondern beruhe auf der vergleichsweise geringen Bedeutung des Unfallwesens vor der Zeit der Technisierung sowie der weltanschaulichen und politischen Lage des 19. Jahrhunderts.

855 Näher zu der Angleichung von deliktischer und vertraglicher Haftung unter F.I.1, S. 101.

856 So hinterfragt *Katzenmeier*, VersR 2007, 137, 141 ebenfalls kritisch die Legitimation für eine Sonderbehandlung von Medizinunfallschäden, bei welcher ein Verlust der Einheit der Privatrechtsordnung drohe.

857 Näher zur Bildung von Soll-Standards und den prozessualen Sonderregeln unter F.I.2.a), S. 108 und F.I.3, S. 110.

„[d]ie Zweispurigkeit des Haftungsrechts sollte man ebenso wenig wie den Unterschied zwischen Tag und Nacht aufgeben, nur weil es einen Graubereich (die Dämmerung) gibt“[858].

1. Aufwertung der sozialen Aufgabe des Deliktsrechts durch prozessuale Erleichterungen

Es ist nicht zu verkennen, dass die prozessualen Sonderregelungen in Arzthaftungssachen Einfluss auf das materielle Recht ausüben. Während *Katzenmeier* sie als Abschwächung der *culpa*-Doktrin einordnet[859], begreift *Schmidt-Salzer* die Haftungsverlagerung nicht als Abbau des individuellen Schadenausgleichs, sondern als „funktionale, qualitative Verbesserung des materiellen Rechts von seinem Regelungsanliegen her“[860]. In diesem Kontext spricht *Brüggemeier* zutreffend von einem „Dilemma des BGB-Deliktsrechts“, das als klar begrenzter Ausnahmebereich von der liberalen *property-rule* im Interesse notwendigen Eigentums- und Integritätsschutzes konzipiert war und daher seine soziale Aufgabe von Anfang an verfehlen musste.[861] Mittels prozessualer Abwandlungen verhalfen die Gerichte dem sozialen Bedeutungsgehalt des Deliktsrechts auf dem Gebiet ärztlichen Fehlverhaltens daher zur nötigen Geltung.

Vor diesem Hintergrund gehört es zu den Erfahrungen des deutschen Rechts, dass eine Beweislastumkehr hinsichtlich des Verschuldens vielfach angemessen ist.[862] Bloße Beweislastregelungen können keine echten Veränderungen des materiellen Rechts herbeiführen. Eine Umkehr der Beweislast für Verschulden führt noch nicht zu einer objektiven Haftung oder gar zu einer Gefährdungshaftung.[863] Denn bei allen verfahrensrechtlichen Sonderregelungen muss stets deutlich bleiben, dass es nach wie vor um das Einstehen für Unrecht, nicht aber für Unglück geht.[864]

---

858 Zutreffend *Spickhoff*, LMK 2007, 238681 (Anm. zu BGH, Urteil vom 6. Februar 2007, Az: VI ZR 274/05 = NJW 2007, 1683).

859 *Katzenmeier*, Fn. 1, S. 172.

860 *Schmidt-Salzer*, in: *Deutsch/Klingmüller/Kullmann*, Festschrift für Erich Steffen zum 65. Geburstag am 28. Mai 1995, 1995, S. 429, 443.

861 *Brüggemeier*, AcP 182 (1982), 385, 446. Ähnlich *Esser*, Fn. 601, S. 55, demzufolge der bei Schaffung des BGB maßgebende Liberalismus dazu führte, dass bei der Schadensverteilung zugunsten der Bewegungsfreiheit und Unternehmungsfreudigkeit auf jedes soziale Gerechtigkeitsideal verzichtet wurde. Vgl. auch *Rieger*, ZVersWiss 75 (1986), 11, 21.

862 So *Schiemann*, in: *Deutsch/Taupitz*, Fn. 491, S. 137, 163.

863 Vgl. *Deutsch/Spickhoff*, Fn. 3, Rdnr. 509.

864 Siehe *Laufs/Kern*, in: *Laufs/Kern*, Fn. 2, § 93 Rdnr. 4. Doch auch sie sehen die Gefahr, dass die Grenzen zwischen Schadenszurechnung und Schadensvertei-

2. Schadensprävention und Sicherung des Selbstbestimmungsrechts unter Wahrung der Verhältnismäßigkeit

Eine Abschaffung der Verschuldenshaftung würde überdies im „diametrale[n] Gegensatz" zu dem Anliegen stehen, die Qualität ärztlichen Handelns zu erhalten oder zu verbessern.[865] Obgleich Haftungsregeln schwerpunktmäßig einen angemessenen Ausgleich für bereits eingetretene Schäden gewährleisten sollen, wohnt ihnen zugleich ein präventives Element inne.[866] *Laufs* führt in diesem Zusammenhang aus, die Moralität des Deliktsrechts wirke normbestärkend und insofern allgemein präventiv.[867] Durch die Einführung einer Versicherungslösung droht daher die dem Schadensersatzrecht eigene Funktion der Schadensvorbeugung weitgehend verloren zu gehen.[868] Empirisch wird dies für den Bereich von Arbeitsunfällen durch zwei neuseeländische Studien belegt, wonach mit Einführung des *accident compensation scheme* die Zahl der Verletzungen drastisch gestiegen ist.[869]

Zwar mindert im geltenden Recht der Haftpflichtversicherungsschutz die negativen finanziellen Folgen einer medizinischen Fehlbehand-

---

lung verwischen und verschärfte Verkehrspflichten sowie modifizierte Beweisregeln das Verschuldensprinzip abschwächen und versteckten Gefährdungstatbeständen den Weg bereiten. Ausführlich hierzu *Laufs*, Fn. 612.

865 So *Fischer/Lilie*, Fn. 483, S. 155, von denen auch das wörtliche Zitat stammt. Aus Gründen der Prävention äußert sich *Wagner*, in: *Wagner*, Fn. 631, S. 87, 93 f. ebenfalls ablehnend gegenüber einer Versicherungslösung für medizinische Behandlungsfehler. Ähnlich *Butler*, Fn. 716, S. 166 und *Hawkins*, Fn. 643, S. 265 denenzufolge das *tort law* dazu beiträgt, den medizinischen Standard zu halten und zu verbessern.

866 Vgl. *Deutsch*, Fn. 518, Rdnr. 18; *Katzenmeier*, in: *Laufs/Dierks/Wienke/Graf-Baumann/Hirsch*, Fn. 20, S. 59, 63 ff. A. A. *Pichler*, Fn. 629, S. 37, demzufolge die Verschuldensfeststellung überlastig mit der Präventionsfunktion verknüpft wird, wobei er aber in erster Linie mit Blick auf das österreichische Rechtssystem argumentiert. Ebenso *Barta*, in: *Heinze/Schmitt*, Festschrift für Wolfgang Gitter, S. 9, 21. Die judikative Praxis von mehr als 100 Jahren beweise eindrucksvoll, dass dem Präventionsgedanken auch in einem Unfallversicherungsmodell Rechnung getragen werde. Unlängst haben sich *Tichý* und *Wagner* in *Apathy/Bollenberger/Bydlinski/Iro/Karner/Karollus*, Fn. 515, S. 905 sowie S. 925 mit der Prävention im Haftungsrecht auseinandergesetzt.

867 *Laufs*, Fn. 612, S. 33, dort Fn. 108. Im Unterschied zur Sozialsteuerung durch Richterspruch handle es sich dabei um eine generelle Bewährung des Rechts.

868 So *Koziol*, Fn. 631, S. 6. Ähnlich *Zweigert/Kötz*, Einführung in die Rechtsvergleichung, 3. Aufl. 1996, S. 688 ff, die auf S. 690 zu bedenken geben, dass Anreize zur Unfallverhütung auf andere Weise erhalten bleiben müssen.

869 Näher zu diesen Untersuchungen *Klar*, in: *Steel/Rodgers-Magnet*, Issues in Tort Law, S. 25, 37 f.

lung[870], doch durch Prämienerhöhungen, Bonus-Malus-Systeme und Selbstbehaltsregelungen kann der Anreiz zur Schadensvermeidung gewahrt bleiben[871]. Überdies halten Haftpflichtversicherer zunehmend interne Informationsveranstaltungen für ihre Versicherungsnehmer ab, in denen sie über bisherige Erfahrungswerte berichten und aktuelle Entwicklungen der Rechtsprechung weitergeben. Im Rahmen dieser Zusammenarbeit können Schadenspotentiale erkannt und Risiken minimiert werden.[872] Die absehbare Entwicklung, dass die Schadensanfälligkeit eines Krankenhauses mehr und mehr zum Wettbewerbsfaktor wird, trägt dem Präventionsgedanken ebenfalls Rechnung.[873] Abgesehen davon gehen mit der Möglichkeit individueller Inanspruchnahme des Behandlers weitere Abschreckungsfaktoren einher, so etwa der zu erwartende Zeitverlust bei langwierigen Prozessen und die drohende Einbuße von Ansehen.[874]

Ein weiterer Vorteil des Verschuldensprinzips besteht darin, dass die Einhaltung ärztlicher Soll-Standards auf verhältnismäßige Art und Weise gewährleistet wird, da die Schadensersatzsanktion nicht kriminalisierend wie eine Strafandrohung wirkt.[875] Entfällt die an den Sorgfaltspflichtverstoß geknüpfte Einstandspflicht, müssen an ihre Stelle - wie das neuseeländische Beispiel zeigt[876] - straf- oder disziplinarrechtliche Mechanismen treten, um Prävention zu garantieren.[877] Der Wegfall zivil-

870 Vgl. hierzu die Ausführungen unter F.II.1, S. 120.

871 Diesen Lösungsvorschlag unterbreitet *Katzenmeier*, in: *Laufs/Dierks/Wienke/Graf-Baumann/Hirsch*, Fn. 20, S. 59, 64. Ähnlich *Dziallas*, Fn. 637, S. 243, demzufolge der Schädiger im Eigeninteresse zu umsichtigerem Verhalten angehalten wird, wenn ihm eine Prämienerhöhung oder der Verlust des Versicherungsschutzes bzw. eine Regressforderung seitens des Versicherers drohen.

872 Vgl. *Deister*, in: *Bergmann/Kienzle*, Krankenhaushaftung, 3. Aufl. 2010, S. 358.

873 Siehe in diesem Zusammenhang *Ulsenheimer*, in: *Laufs/Dierks/Wienke/Graf-Baumann/Hirsch*, Fn. 20, S. 321 ff, der sich eingehend mit Schadensprophylaxe durch Risk-Management beschäftigt.

874 Vgl. *Sloan/Bovbjerg/Githens*, Insuring Medical Malpractice, 1991, S. 12.

875 So auch *Fischer/Lilie*, Fn. 483, S. 155. A. A. hingegen *Thumann*, Fn. 533, S. 256. Die Androhung einer Bloßstellung im gerichtlichen Verfahren wirke nur bedingt geeignet und erscheine unverhältnismäßig. Dennoch erachtet er bei groben Pflichtverletzungen die Sanktionsdrohungen des Straf- und Berufsrechts als angemessen. *Schäfer*, Fn. 627, plädiert auf S. 233 gar für ein „pönales Monopol des Strafrechts", um eine von der zufälligen Schadenshöhe abhängige Bestrafung unter Anwendung der zivilrechtlichen Schadensersatzregeln zu vermeiden.

876 Genauer hierzu unter G.IV.4, S. 154.

877 Vgl. hierzu auch *Cane*, Fn. 637, S. 482.

rechtlicher Haftung hinterlässt mithin eine Lücke bei der Kontrolle medizinischer Heilberufe, die durch kein anderes System sinnvoll geschlossen werden kann.[878]

Gerade im beständig an Bedeutung zunehmenden Bereich der Aufklärungspflichtverletzung[879] könnten Ärzte verleitet werden, den berechtigten und erforderlichen Mindeststandard an Information und Einwilligung nicht einzuhalten und so Patienten wieder ihrer Willkür auszusetzen.[880] Ähnliche Bedenken äußert *Vennell*, derzufolge die Pflicht des Behandlers zur Aufklärung im Rahmen einer Volksunfallversicherung nicht gewahrt wird, sondern das Regime des *common law* mit der Möglichkeit der Klageerhebung erfordert.[881] Nur durch das Festhalten am Verschuldensprinzip kann daher das Verhältnis zwischen dem Heilauftrag als oberstem Grundsatz ärztlicher Tätigkeit, *salus aegroti suprema lex*, sowie dem von den Juristen oft propagierten Vorrang des Selbstbestimmungsrechts, *voluntas aegroti suprema lex*, zu einem gerechten Ausgleich gebracht werden.[882]

3. Effektiver Patientenschutz durch Koppelung mit dem Sozialrecht sowie richterliche Rechtsfortbildung

Aufgrund des Zusammenwirkens mit dem Sozialrecht garantiert das geltende Haftungsregime dem Behandelten wirksamen Schutz.[883] *Fuchs* zufolge liegt eine berechtigte Logik in der Existenz zweier Schadensausgleichssysteme. Während das eine den Mindestbedarf abdecke, erfasse

---

878 Zutreffend *Butler*, Fn. 716, S. 21.

879 Näher hierzu unter F.I.1.a)bb), S. 105.

880 So selbst *Radau*, Fn. 625, S. 230, der zu den grundsätzlichen Befürwortern einer Ersetzung der Arzthaftung durch Versicherungsschutz zählt.

881 *Vennell*, ZVglRWiss 80 (1981), 228, 240.

882 Das Aus- und Durchhalten dieses Spannungsverhältnisses fordert auch *Brüggemeier*, Fn. 487, S. 465 ein. *Spickhoff*, in: *Soergel*, Fn. 395, § 823 Anh. I Rdnr. 4 spricht hingegen vom Selbstbestimmungsrecht als *voluntas aegri secunda lex*. *Ders.* weist aber in: *Kingreen/Laux*, Gesundheit und Medizin im interdisziplinären Diskurs, 2008, S. 103 in Bezug auf Patientenverfügungen darauf hin, die Sicherung der freien Entfaltung der Persönlichkeit und der Menschenwürde sei das zentrale Anliegen jeder freiheitlichen Rechtsordnung.

883 Vgl. *Dziallas*, Fn. 637, S. 268 f. Dadurch sei der effektive und lückenlose Schutz des Einzelnen, den der soziale Charakter des Schadensausgleichs fordere, weitestgehend erreicht worden. Einen Überblick des sozialen Sicherungssystems bietet *Mehrhoff*, in: *Fritze/Mehrhoff*, Die ärztliche Begutachtung, 7. Aufl. 2008, S. 13 ff.

das andere auch die Schadensspitzen.[884] Es besteht daher kein Handlungsbedarf für eine grundlegende Änderung der Abwicklung von Personenschäden.[885] Dies gilt umso mehr, als Deutschland bei der richterlichen Beurteilung von Behandlungsunfällen eine herausragende Position einnimmt - „dank der rechtsfortbildenden Leistungen der Straf- wie der Ziviljustiz"[886]. Inhalt, Maß und Sorgfaltspflichten können von den Gerichten der jeweiligen Gefahrsituation angepasst werden, um Veränderungen der sozialen Wirklichkeit zu berücksichtigen und Belange des Patientenschutzes sicherzustellen.[887]

Augenfällig wird dies durch eine Studie, die verschiedene Arzthaftungsmodelle in Europa verglichen und beurteilt hat. Darin stellen *Faure* und *Koziol* dem deutschen Rechtssystem ein sehr gutes Zeugnis aus.[888] Ausgangspunkt der Untersuchung waren sechs konkrete, in Deutschland entschiedene Arzthaftungsfälle, die Gutachtern aus Belgien, Frankreich, Großbritannien, den Niederlanden, Österreich, Portugal, Schweden und der Schweiz vorgelegt wurden. Diese sollten beurteilen, welchen Ausgang die Fälle in ihrem Land vermutlich genommen hätten. Das erfolgreiche Abschneiden des deutschen Entschädigungssystems beruhte dabei unter anderem auf dem Eingreifen von Beweiserleichterungen zugunsten der Patientenseite. Mittels der geschaffenen prozessualen Sonderregelungen wird also das Ziel der Waffengleichheit im gerichtlichen Verfahren erreicht.[889] Etwaige Beweisschwierigkeiten können daher nicht als Argument für eine Patientenversicherung vorgebracht werden.[890]

Zudem belegt Deutschland einen Spitzenplatz bei der Höhe der Schmerzensgeldzahlungen.[891] Das moderne Arzthaftungsrecht bietet damit

---

884 *Fuchs*, Zivilrecht und Sozialrecht, 1992, S. 177, der unterstreicht, dass im Arbeitsunfallrecht, bei dem eine Haftungsersetzung durch Versicherungsschutz stattgefunden hat, der Ausschluss des Anspruchs auf immateriellen Schadensersatz immer wieder beklagt werde.

885 So auch *Rieger*, ZVersWiss 75 (1986), 11, 32.

886 Zitat nach *Laufs*, NJW 1999, 1758, 1766.

887 Vgl. *Katzenmeier*, Fn. 1, S. 185.

888 Faure/Koziol, Fn. 478, S. 294.

889 Ausführlich zu den verfahrensrechtlichen Besonderheiten des Arzthaftungsprozesses unter F.I.3, S. 112.

890 So aber *Thumann*, Fn. 533, S. 255.

891 Vgl. hierzu *Rieser*, DÄBl 2001, A 1810; ebenso *Imhof*, Fn. 525, S. 237, der sich für die Beibehaltung des geltenden Systems ausspricht.

nicht nur Ausgleich, sondern auch Genugtuung.[892] *Laufs* qualifiziert es als Patientenschutzrecht von hoher Qualität, welches den europäischen Vergleich nicht zu scheuen brauche.[893] Geschädigte bedürfen dieses Schutzes, allem voran der Totalreparation und des Schmerzensgeldanspruchs, da ärztliches Fehlverhalten ihre Lebensentwürfe möglicherweise komplett zerstört. Eine pauschalierte Entschädigungszahlung im Rahmen eines Versicherungssystems kann hierfür keinen vollen Ausgleich bieten.[894] Sie wird dem Schicksal des Einzelnen beim Vorliegen eines Behandlungsfehlers nicht gerecht.[895] Denn „[d]erartige Katastrophen nehmen nicht nur die geschädigten Patienten selbst, sondern auch oft deren Angehörige buchstäblich in eine lebenslange Haftung"[896]. Nicht zuletzt aus diesem Grund wird in Neuseeland vermehrt die Forderung nach einer Wiedereinführung von Schadensersatzklagen gerade bei medizinrechtlichen Streitigkeiten erhoben.[897]

4. Berücksichtigung der Freiheit des Arztberufs

Doch das Verschuldensprinzip hat nicht nur haftungsbegründende, sondern in gewissem Maße auch haftungsbegrenzende Funktion.[898] Letztere besteht darin, dass der Einzelne so lange frei handeln darf, wie er die Rechtsgüter eines Dritten nicht verletzt. „Wer sich innerhalb des Spielraumes hält, ist von Repressalien, insbesondere von Ausgleichsverpflichtungen frei."[899] Insofern schützt das Haftpflichtrecht mit seinen Bindun-

---

892 Siehe *Laufs/Kern*, in: *Laufs/Kern*, Fn. 2, § 3 Rdnr. 24. Auch *Butler*, Fn. 716, S. 166 führt dies als Argument für das *tort law* und gegen das *accident compensation scheme* an.

893 *Laufs*, NJW 1999, 1758, 1766; 2000, 1757, 1759. Ähnlich *Buchner*, in: *ARGE Rechtsanwälte im Medizinrecht e. V*, Arzthaftung - Mängel im Schadensausgleich? 2009, S 65, 82.

894 *Koziol*, Fn. 631, S. 6 weist darauf hin, der volle Ausgleich jeglichen Schadens sei nicht finanzierbar, weshalb Selbstbehalte und Höchstgrenzen eingeführt werden müssten. Dies würde jene besonders hart treffen, „die nach heutigem Schadensersatzrecht durchaus damit rechnen können, vom verantwortlichen Schädiger volle Kompensation zu erlangen". Ähnlich *von Hippel*, in: *Fleming/Hellner/von Hippel*, Fn. 627, S. 40, 71 und *Hawkins*, Fn. 643, S. 265. Vgl. hierzu auch *Zweigert/Kötz*, Fn. 868, S. 688, denenzufolge insbesondere immaterielle Schäden regelmäßig gar nicht oder nur teilweise ersetzt werden könnten.

895 So führt *Dziallas*, Fn. 637, S. 268 aus, die Leistungen in Neuseeland blieben hinter dem deutschen Schadensregulierungssystem zurück.

896 Zitiert nach *Imhof*, Fn. 525, S. 238.

897 Vgl. etwa *O'Leary*, Fn. 814, S. 35. Näher hierzu unter G.IV.2, S. 151.

898 Siehe *Larenz/Canaris*, Fn. 494, § 75 I.2.d, S. 352.

899 So *Deutsch*, Fn. 609, S. 69, der mit „Spielraum" den Bereich bezeichnet, innerhalb dessen die Bewegungsfreiheit des Einzelnen anerkannt wird. Diesen Ge-

gen auch den Behandler. Wenn er den Anforderungen seines Berufes entsprechend die erforderliche Sorgfalt einhält, trifft ihn keine Haftung.[900]

Die ärztliche Profession ist auf Freiheit und persönliche Verantwortung gegründet.[901] Nur der nötige Freiraum bei der Berufsausübung bewahrt vor einem Abgleiten in reine Defensivmedizin.[902] Durch die Einführung eines verschuldensunabhängigen Versicherungsschutzes würde eben dieser Handlungsspielraum in Frage gestellt. Ein schädigendes Verhalten des Behandlers wäre dann unabhängig von dessen persönlichem Sorgfaltspflichtverstoß kompensierbar. Es kann auch kein Vergleich zur Produzentenhaftung gezogen werden, da nicht der Arzt, sondern vielmehr die Krankheit Urheber der Gefahr für den Patienten ist.[903] *Dunz* führt in diesem Zusammenhang zutreffend aus, die Ausgangslage für das typische ärztliche Tun sei der gesundheitlich beeinträchtigte Mensch.[904]

Im Übrigen ist die Rechtsbeziehung zwischen Arzt und Patient seit jeher mit einem Berufsrisiko verbunden gewesen. Schon im Jahr 2005 v. Chr. hätten zwei ägyptische Patienten die Worte „Hör auf und laß mich dahinscheiden und tu mir doch nicht so weh!" auf ihren Grabstein ritzen lassen.[905] Dies zeigt, dass absolut sichere ärztliche Entscheidungen und

---

danken greift *Laufs*, in: *Mansel/Pfeiffer/Kronke/Kohler/Hausmann*, Festschrift für Erik Jayme, Bd. 2, 2004, S. 1501, 1504 auf. Der Arzt sei nicht für jede Behandlungssituation rechtlich auf einen bestimmten Katalog von Maßnahmen festgelegt, sondern ihm verbleibe ein Spielraum, dessen Grenzen sich nach den Umständen des konkreten Falls bestimmen.

900 Zutreffend *Taupitz*, NJW 1986, 2851, 2858.

901 Ausführlich hierzu *Laufs*, in: *Ahrens/von Bar/Fischer/Spickhoff/Taupitz*, Fn. 542, S. 625.

902 So treibt etwa eine Zunahme von Arztstrafverfahren die Sorge vor Defensivmedizin voran, vgl. *Spickhoff*, NJW 2003, 1701, 1708. Auch *Kuhlendahl*, in: *Kaufmann/Bemmann/Krauss/Volk*, Festschrift für Paul Bockelmann zum 70. Geburtstag am 7. Dezember 1979, 1979, S. 465, 470 plädiert für mehr ärztlichen Entscheidungsspielraum, der nicht durch juristisch motivierte Zwänge ersetzt werden dürfe.

903 Vgl. *Deutsch*, in: *Ficker/König/Kreuzer/Leser/Freiherr Marschall von Bieberstein/Schlechtriem*, Festschrift für Ernst von Caemmerer zum 70. Geburtstag, 1978, S. 329 f; *Pichler*, Fn. 629, S. 33 f.

904 *Dunz*, Zur Praxis der zivilrechtlichen Arzthaftung, 1974, S. 24. Er beruft sich zur Begründung auf ein Bibelzitat aus Lukas 5, 31: „Die Gesunden bedürfen des Arztes nicht, sondern die Kranken."

905 Näher hierzu *Carstensen*, in: *Ahrens/von Bar/Fischer/Spickhoff/Taupitz*, Fn. 542, S. 505.

Behandlungen nie zu erreichen sein werden.[906] Aus diesem Grund darf die ständig bestehende Möglichkeit, den Patienten zu schädigen, für sich genommen noch keine Haftung auslösen. Vielmehr sind in jedem Einzelfall die Grenzen der Freiheit abzustecken, die durch das Verschuldensprinzip und das Erfordernis einer Verkehrspflichtverletzung geschützt wird.[907]

5. Praktikabilitätserwägungen und internationale Akzeptanz

Neben diesen Argumenten spielen Praktikabilitätserwägungen eine maßgebliche Rolle. Wie schon in den 70er Jahren herrscht immer noch Unklarheit über den Aufbau und die Finanzierung einer Direktversicherung.[908] Schwierigkeiten bestehen bei der Abgrenzung der versicherten Risiken[909], der Definition des medizinischen Behandlungsunfalls[910] sowie der Ausgestaltung der Versicherungsleistungen[911]. Auch die konkrete Schadensabwicklung ist umstritten.[912] Es fehlen unter anderem Bemessungen des zu versichernden Risikos und eine genaue Kostenanalyse.[913]

---

906 So auch *Scheler*, in: *Ahrens/von Bar/Fischer/Spickhoff/Taupitz*, Fn. 542, S. 739, 741.

907 Vgl. *Spickhoff*, LMK 2007, 238681 (Anm. zu BGH, Urteil vom 6. Februar 2007, Az: VI ZR 274/05 = NJW 2007, 1683).

908 *Weyers*, Fn. 626, S. 109 f. führte 1978 aus, eine umfassende sozialrechtliche Deckung berge erhebliche organisatorische Probleme. *Faure/Koziol*, Fn. 478, S. 301 ff. diskutieren in diesem Zusammenhang die Möglichkeiten einer *first-party patient insurance* und eines *compensation fund*, wobei jeweils das Risiko bestehe, dass letztendlich der Staat die Kosten zu tragen habe, vgl. S. 302 und 304. Siehe zur Kostenproblematik auch *Hawkins*, Fn. 643, S. 266.

909 Vgl. *Katzenmeier*, in: *Laufs/Dierks/Wienke/Graf-Baumann/Hirsch*, Fn. 20, S. 59, 63. Allerdings spricht sich *ders*, in: *Mansel/Pfeiffer/Kronke/Kohler/Hausmann*, Fn. 899, S. 1277, 1287 ff. speziell bei der Problematik „Kind als Schaden" für die Einrichtung eines „pränatalen Hilfsfonds" aus, der in diesem Bereich die zivilrechtlichen Schadensersatzregeln in der Praxis faktisch weitgehend verdrängen solle. Ebenso äußern sich *ders.* und *Knetsch*, in: *Ahrens/von Bar/Fischer/Spickhoff/Taupitz*, Fn. 42, S. 247, 280 f.

910 Dies hat in Neuseeland erhebliche Probleme verursacht, wie die Ausführungen unter G.III, S. 137 zeigen.

911 So kann auch im neuseeländischen Recht eine Abkehr von der zunächst als Vorteil von *no-fault* Modellen gepriesenen *pay-as-you-go*-Strategie zurück zu einer Vollabsicherung für die komplette, statistisch errechnete Entschädigungszeit beobachtet werden. Genauer hierzu unter G.II.4, S. 137.

912 *Deutsch/Spickhoff*, Fn. 3, Rdnr. 238 sehen dabei die Gefahr einer wachsenden Bürokratisierung.

913 Obwohl er einer Patientenversicherung grundsätzlich befürwortend gegenübersteht, benennt selbst *Baumann*, JZ 1983, 167, 175 diese Probleme und ver-

Koziol gibt unter Bezugnahme auf die Resultate der Schweizer Reformdiskussion Anfang der 90er Jahre zu bedenken, eine Versicherungslösung bringe keine wirtschaftlichen Vorteile mit sich.[914] Speziell im Hinblick auf das neuseeländische Modell weisen *Fischer* und *Lilie* darauf hin, es sei wegen seiner Einbettung in eine allgemeine öffentlich-rechtliche Volksunfallversicherung schwer übertragbar.[915] Ähnlich äußert sich *Butler,* die vor zu großer Euphorie warnt und eine Übernahme als problematisch und „nicht ohne Weiteres erstrebenswert" beurteilt.[916] Außerdem ist die Gefahr groß, dass sich die juristische Problematik der Verschuldensfrage lediglich verschiebt und an deren Stelle das Merkmal der Kausalität bzw. das der überwiegenden Wahrscheinlichkeit tritt.[917]

Dass ein Lösungsvorschlag, der die individuelle zivilrechtliche Verantwortlichkeit des Arztes aufhebt, international kaum akzeptiert würde[918], kann hingegen mit Blick auf die Rechtslage in Schweden bezweifelt werden. Dort wurde 1975 eine private Unfallversicherung eingerichtet, die zumindest in einem gewissen Umfang Behandlungsschäden ohne Verschuldensnachweis umfasst.[919] In der Folge haben auch Finnland, Dänemark und Norwegen den „Weg der faktischen Verdrängung der Arzthaftung durch ein privates Versicherungssystem" eingeschlagen.[920] Es fehlt also nicht an Staaten in unmittelbarer Nachbarschaft, die sich für eine Abkehr vom verschuldensabhängigen Haftungsrecht entschieden haben.

---

misst „rechtstatsächliche Daten". Diese fehlen auch heute noch, vgl. *Katzenmeier,* VersR 2007, 137, 139.

914 *Koziol,* Fn. 631, S. 8.

915 *Fischer/Lilie,* Fn. 483, S. 155.

916 *Butler,* Fn. 716, S. 166 unter Verweis darauf, dass Neuseeland ein kleines Land mit geringer Bevölkerungsdichte ist.

917 Dieses Gesetz von der Erhaltung der juristischen Probleme, das sogenannte Konstanztheorem, hat *Deutsch* schon frühzeitig diskutiert, so etwa in VersR 1980, 201, 202; 1982, 305, 307; 1994, 381 sowie in *Deutsch/Taupitz,* Fn. 491, S. 275, 291. Vgl. hierzu auch *Hawkins,* Fn. 643, S. 264 f. Wie unter G.IV.1, S. 152 dargestellt, kommt im *accident compensation scheme* nach ACA 2001 dieses Problem zum Tragen.

918 So *Fischer/Lilie,* Fn. 483, S. 155 unter Verweis darauf, das Verschuldensprinzip dominiere in den meisten europäischen Systemen der Arzthaftung.

919 Ausführlich hierzu *Pichler,* Fn. 629, der eine Darstellung der Patientenversicherungsrechte in Schweden, Finnland und Dänemark bietet.

920 Zitat nach *Deutsch/Spickhoff,* Fn. 3, Rdnr. 235.

6. Rechtspolitische Überlegungen

Dennoch ist hierzulande aufgrund der dargestellten Vorzüge des deutschen Arzthaftungssystems, insbesondere des effektiven Patientenschutzes, eine Versicherungslösung nicht anzuraten. Zu diesem Ergebnis kommt auch das Gutachten von *Badura*, *Hart* und *Schellschmidt*, das im Auftrag des Ministeriums für Arbeit, Gesundheit und Soziales des Landes Nordrhein-Westfalen im Jahr 1999 erstellt worden ist.[921] Eine Volksunfallversicherung nach neuseeländischem Vorbild hat in den meisten europäischen Industriestaaten - so auch in Deutschland - kaum eine Chance, da diese über historisch gewachsene, vielfältig gegliederte Ausgleichsregelungen verfügen.[922] Zudem stellen Behandlungsunfälle keine Massenerscheinungen dar, deren Absicherung sozialpolitisch notwendig wäre.[923] Die Einführung eines allumfassenden nationalen Versicherungsschutzes würde einen Ausbau des Wohlfahrtsstaates erfordern, der in heutiger Zeit unerwünscht ist.[924]

Obwohl durchaus diskutiert, wurde von Seiten der Politik bislang auch kein Bedürfnis für eine Haftungsersetzung durch Versicherungsschutz gesehen. Die Antwort der Bundesregierung auf die Große Anfrage der Abgeordneten *Klaus Kirschner*, *Petra Ernstberger*, *Lilo Blunck*, weiterer Abgeordneter und der Fraktion der SPD[925] lautete im Jahr 1998 wie folgt: „Es ist im Hinblick auf die sich fortentwickelnden Verbesserungen der Rechtsstellung des Patienten und die genauer werdende Beschreibung ärztlicher Pflichten durch Rechtsprechung und Berufsrecht nicht daran gedacht, in naher Zukunft durch gesetzgeberische Maßnahmen auf zivilrechtlichem Gebiet besondere Regelungen für die Durchsetzung von Schadensansprüchen von Patienten zu schaffen."[926] Solange es nicht gelingt, die Überlegenheit einer Versicherungslösung anhand einer tragfähigen, interdisziplinär geführten, empirischen Untersuchung aufzuzeigen, sollten sich Reformüberlegungen zur Arzthaftung daher auf eine

---

921 *Badura/Hart/Schellschmidt*, Bürgerorientierung des Gesundheitswesens, 1999, S. 405.

922 So *Zweigert/Kötz*, Fn. 868, S. 690.

923 Vgl. hierzu *Deutsch*, Fn. 610, S. 18 f. Ebenso *Deutsch/Spickhoff*, Fn. 3, Rdnr. 235, die Versicherungsschutz dann als notwendig erachten, wenn eine „besondere Versorgungsaufgabe" besteht.

924 Siehe *Atiyah*, Fn. 643, S. 183. In diese Richtung bereits *Esser*, JZ 1953, 129, 130, demzufolge dies ein weiterer Schritt von der Verantwortung zur Versorgung, vom Gewissen zur Kollektivordnung, vom Rechtsstandpunkt zur demütigen Sekurität im weiter bürokratisierten Sozialverband wäre.

925 BT-Drs. 13/10701.

926 BT-Drs. 13/11452, S. 10.

Fortentwicklung und Effektivierung des geltenden Rechts konzentrieren.[927]

II. Konsequenzen für das streitschlichtende Beweisverfahren

Eine vielversprechende Maßnahme auf dem Weg zu mehr Effektivität kann darin bestehen, das Anwendungspotential der vorgezogenen Beweisaufnahme nach § 485 Abs. 2 ZPO im Arzthaftungsrecht anzuerkennen und auszuschöpfen.

1. Einsatz vorhandener Instrumentarien anstelle eines Systemwechsels

Anstatt eine Abschaffung der verschuldensabhängigen Einstandspflicht anzustreben, sollten die verfahrensrechtlich vorgesehenen Instrumentarien zweckmäßig eingesetzt werden. So erteilte schon *Weyers* der Einführung einer Patientenversicherung eine Absage, da ihr Aufbau Probleme aufwerfe, die vorderhand noch nicht hinreichend geklärt seien.[928] Er plädierte stattdessen für eine Verbesserung des geltenden Haftpflichtsystems; man müsse „auf seine Optimierung bedacht bleiben"[929]. Auch *Imhof* spricht sich für Verbesserungen im geltenden Haftungsrecht anstelle eines Systemwechsels aus. Es sollten Programme etabliert werden, welche die Kompensation von Behandlungsfehlern im Vorfeld klassischer medizinrechtlicher Verfahren zum Ziel haben.[930]

Mit dem streitschlichtenden Beweisverfahren stellt die Verfahrensordnung ein derartiges Programm zur Verfügung, das in Arzthaftungssachen noch nicht ausreichend Beachtung gefunden hat. Es vereint vieles, was von *Laufs*, *Katzenmeier* und *Lipp* zugunsten einer Versicherungslösung vorgebracht wird.[931] Die vorgezogene Beweisaufnahme entlastet des Behandlungsverhältnis, indem es die Konfrontation im gerichtlichen Verfahren zunächst aufschiebt und einen externen, sachverständigen Dritten mit der Aufklärung des medizinischen Sachverhalts betraut. Aufgrund des Einigungstermins gemäß § 492 Abs. 3 ZPO wird die Arzt-Patienten-Kommunikation gefördert und das gegenseitige Vertrauen stabilisiert. Außerdem bestehen Sinn und Zweck des Verfahrens gerade

---

927 Zutreffend *Katzenmeier*, VersR 2007, 137, 143. Allgemein hierzu *Fuchs*, Fn. 884, S. 175, demzufolge jeder Reformvorschlag den Nachweis erbringen muss, dass der bestehende Rechtszustand erhebliche Defizite aufweist und der angestrebte Rechtszustand eine Verbesserung der Situation herbeizuführen vermag.

928 *Weyers*, Fn. 626, S. 109 f.

929 *Weyers*, Fn. 626, S. 110, von dem auch das wörtliche Zitat stammt.

930 *Imhof*, Fn. 525, S. 244.

931 *Laufs/Katzenmeier/Lipp*, Fn. 494, Kap. X Rdnr. 96 f.

darin, Prozesse zu vermeiden oder zu beschleunigen.[932] Die angestellten Überlegungen zum geltenden Haftungsregime in Deutschland können veranschaulichen, wo im Einzelfall die Grenzen seiner Zulässigkeit zu ziehen sind.

2. Reichweite der Beweisthemen des § 485 Abs. 2 S. 1 ZPO

Große Bedeutung kommt dabei den Beweisthemen der vorgezogenen Begutachtung zu. Der Antrag auf Durchführung eines streitschlichtenden Beweisverfahrens steht und fällt in der Regel damit, was als Gegenstand der Begutachtung zugelassen wird.

a) Gegenstand der Begutachtung bei § 485 Abs. 2 S. 1 Nr. 2 ZPO

In Rechtsprechung und Literatur ist unklar, ob im Rahmen einer vorprozessualen Beweisaufnahme die Frage nach dem Vorliegen eines ärztlichen Behandlungsfehlers beantwortet werden kann.[933] Die Ausgestaltung der Arzthaftung im rechtlichen Alltag kann Aufschluss hierüber geben.

aa) *Abweichen vom medizinischen Standard als Sorgfaltspflichtverstoß*

Wegen der Ausgestaltung des Fahrlässigkeitsbegriffs als Verstoß gegen den ärztlichen Standard lassen sich objektives Fehlverhalten und Sorgfaltspflichtverstoß kaum mehr voneinander trennen.[934] Standards begrenzen die ärztliche Entscheidung beispielsweise dort, wo wegen der Bedrohlichkeit eines Krankheitsbildes oder aufgrund gefährlicher Nebenwirkungen einer Therapie Sicherheit vor Effizienz stehen muss, gleiches gilt für den Fall, dass eine Behandlungsmöglichkeit mit hoher Wirksamkeit bekannt ist.[935] Sind Tatsachen gegeben, die auf ein Abweichen des Arztes von der jeweiligen Verkehrspflicht, also vom erforderlichen Soll-Standard schließen lassen, liegt der Sorgfaltspflichtverstoß unweigerlich nahe. *Spickhoff* weist unter Bezugnahme auf die Rechtsprechung zutreffend darauf hin, „aus der Verletzung der äußeren Sorgfalt folge – sei es im Wege des Anscheinsbeweises, sei es im Wege der Beweislastumkehr – indikationsmäßig auch die Verletzung der inneren Sorgfalt“[936].

---

[932] Ausführlich zu den Vorzügen der vorgezogenen Beweisaufnahme in Arzthaftungssachen unter B.V, S. 54.

[933] Vgl. unter E.I.2.a), S. 97.

[934] Näher zur Bildung von Standards im medizinischen Bereich unter F.I.2.a), S. 108.

[935] Vgl. *Steffen*, in: *Ahrens/von Bar/Fischer/Spickhoff/Taupitz*, Fn. 542, S. 799, 807.

[936] *Spickhoff*, Fn. 578, S. 309 f. In einer Entscheidung aus jüngerer Zeit hat beispielsweise das OLG Jena, Urteil vom 10. Mai 2007, Az: 1 U 339/04 festgehal-

Teilweise werden Verkehrswidrigkeit und Fahrlässigkeit sogar generell gleichgesetzt[937], oder letztere wird als Verhaltensunrecht definiert[938]. So führt *Brüggemeier* aus, Fahrlässigkeit als Verschulden sei nicht anderes als *„conduct that falls below the standard established by law"*[939]. Zur Feststellung fahrlässigen Handelns bedürfe es keiner zusätzlichen Sorgfaltspflichtverletzung.

Dieser Aussage kommt im Bereich ärztlichen Fehlverhaltens, das gerade durch das Abweichen von generalisierten Soll-Standards definiert wird, besonderes Gewicht zu. *Kienzle* zufolge ist Standard ein „beweglicher Vermittlungsbegriff zwischen allgemeiner Sorgfaltsregel und Praxis"[940]. Zugleich stelle er einen juristischen, richterlichen Urteilsmaßstab für die Entscheidung von Rechtsstreitigkeiten dar.[941] Standards bilden also die Grundlage für die richterliche Spruchpraxis, die mit ihrer Hilfe einen Berufsfehler bejaht oder verneint.[942] Nimmt man den von der Rechtspre-

---

ten, nach anerkannter Rechtsprechung indiziert die objektive Sorgfaltspflichtverletzung grundsätzlich auch den subjektiven Pflichtenverstoß, der im Rahmen des Anscheinsbeweises ebenfalls vermutet wird. Grundlegend hierzu BGH NJW 1986, 2757, 2758.

937 Näher hierzu etwa *Brüggemeier*, Fn. 2, S. 96; *Wagner*, in: *MüKo*/BGB, 5. Aufl. 2009, Bd. 5, § 823 Rdnr. 64; *Wiethölter*, Der Rechtfertigungsgrund des verkehrsrichtigen Verhaltens, 1960, S. 49, demzufolge die normative Objektivierung aus der Fahrlässigkeit eine hinreichend berechenbare Größe macht, die im Verkehr gebraucht wird und Beweisnotstände verhindert, die bei einer subjektiven Formel zu befürchten wären. A. A. *Nipperdey*, NJW 1957, 1777, 1780 f, der eine Differenzierung zwischen Verkehrswidrigkeit und Fahrlässigkeit fordert. Zum allmählichen Wandel der Rechtsprechung dahingehend, dass die Pflichtwidrigkeit zum Bezugspunkt des Verschuldens wurde, *von Bar*, JuS 1988, 169, 173 f. *Koziol*, Fn. 631, S. 203 zufolge geht die in Deutschland mittlerweile herrschende Meinung davon aus, auch bezüglich der subjektiven Fähigkeiten sei stets ein objektiver oder normativer Fahrlässigkeitsmaßstab heranzuziehen.

938 Siehe *Colombi Ciacchi*, in: *Colombi Ciacchi/Godt/Rott/Smith*, Fn. 547, S. 157, 169.

939 *Brüggemeier*, Fn. 487, S. 62. Eine undifferenzierte Verbindung von Fahrlässigkeit und Sorgfaltspflichtverletzung sorge nur in anderen Bereichen der Fahrlässigkeitshaftung für Verwirrung, in denen Verhaltenspflichten wesentlich seien, so etwa bei der Unterlassungshaftung. A. A. *Deutsch*, Fn. 518, Rdnr. 390 und *von Bar*, JuS 1988, 169, 173, denenzufolge sich Verkehrspflicht und erforderliche Sorgfalt nur hinsichtlich der äußeren Verhaltensanforderungen decken, zur Bejahung von Fahrlässigkeit aber noch die Verletzung der inneren Sorgfalt hinzutreten muss. So in neuerer Zeit auch *Raab*, JuS 2002, 1041, 1047 f.

940 *Kienzle*, in: *Bergmann/Kienzle*, Fn. 872, S. 60, der auf S. 59 ff. detailliert zur Bildung von Standards Stellung nimmt.

941 Wiederum *Kienzle*, in: *Bergmann/Kienzle*, Fn. 872, S. 60.

942 Vgl. auch *Janssen/Püschel*, MedR 1998, 119, 120.

chung propagierten objektivierten Fahrlässigkeitsbegriff ernst, muss der ärztliche Standard „gegenüber örtlichen Schwächelagen der Behandlungsseite weitgehend situationsfest sein"[943]. Grundsätzlich könne er keine Rücksicht darauf nehmen, dass auch dem geschicktesten Arzt einmal ein Fehler unterlaufe, ebensowenig seien fehlende Ausbildung und Erfahrung, personelle oder sachliche Engpässe sowie die Erschöpfung des Budgets relevant. Als Einstehenmüssen für einen professionellen Sorgfaltsmaßstab lasse die Arzthaftung regelmäßig keinen Raum für subjektive Entschuldigungen und für ein zusätzliches inneres Element der Sorgfalt.[944] Folglich beschäftige sich die Rechtsprechung nur in wenigen Fällen etwas eingehender mit dem Verschulden des Arztes.[945]

So stellte der BGH im Jahr 1977 fest, die Trennung zwischen objektivem Fehlverhalten und Schuld sei auf dem Gebiet der Arzthaftung „besonders problematisch"[946]. In der Folge sprach er nur noch pauschal von einem „schadensursächlichen schuldhaften Behandlungsfehler", ohne subjektiven Elementen haftungsausschließende Bedeutung beizumessen.[947] Die Übernahme der beruflichen Rolle des Mediziners beinhaltet für die Ärzteschaft mithin in der Praxis eine Art strikte Haftung, wenn es darum geht, die allgemeinen Anforderungen des Verkehrs zu erfüllen.[948] Es ist *Deutsch* beizupflichten, wenn er in Bezug auf die Arzthaftung ausführt: „Mögen wir auch sonst beim Haftungsgrund aus wissenschaftlichen und didaktischen Gründen in Tatbestand, Rechtswidrigkeit und Verschulden

---

943 So *Steffen/Pauge*, Fn. 395, Teil B Rdnr. 157.

944 Siehe *Deutsch*, in: *Ficker/König/Kreuzer/Leser/Freiherr Marschall von Bieberstein/Schlechtriem*, Fn. 903, S. 329, 331.

945 Vgl. *Pelz*, in: *Laufs/Dierks/Wienke/Graf-Baumann/Hirsch*, Fn. 20, S. 41, 42.

946 BGH NJW 1977, 1102, 1103. Die Entscheidung beschäftigte sich zwar mit der fehlerhaften Behandlung durch einen Tierarzt, zog dabei jedoch einen Vergleich zur Humanmedizin.

947 So *Weber-Steinhaus*, Fn. 489, S. 133, der auf S. 135 festhält, die Arzthaftung sei im Bereich der Behandlungsfehler als objektive Unrechtshaftung für Qualitätsmängel ausgestaltet. Dies bestätigt er auf S. 246 auch für die Aufklärungsfehlerhaftung, die ebenalls nur davon abhänge, ob gegenüber dem Patienten eine objektiv zu bestimmende Aufklärungspflicht bestanden habe und diese verletzt worden sei.

948 Allgemein hierzu *Wiethölter*, Fn. 937, S. 50. Zwar gehe es zu weit, die Fahrlässigkeitshaftung als Gefährdungs- oder Einstandshaftung anzusehen, doch ein richtiger Kern liege darin. Jeder sei für eine bestimmte Qualität des Tuns verantwortlich. Ähnlich *Brüggemeier*, Fn. 487, S. 60 f. Der Teilnehmer am gesellschaftlichen Verkehr werde zivilrechtlich in seiner Erwartung geschützt, dass sich der andere korrekt verhalte.

untergliedern, so genügt es, hier von fahrlässiger Fehlbehandlung zu sprechen."[949]

bb) *Vorwerfbarer Behandlungsfehler als zulässiges Beweisthema*

Aufgrund des beschriebenen Ineinandergreifens von objektiver Falschbehandlung und Sorgfaltspflichtverstoß kann im Rahmen des streitschlichtenden Beweisverfahrens geklärt werden, ob ein schuldhafter Behandlungsfehler vorliegt.[950] Diese Feststellung beschränkt sich nicht auf zahnärztliches Fehlverhalten[951], sondern erfasst jegliche standardwidrige medizinische Behandlung.

Hält der Gutachter einen Verstoß gegen den ärztlichen Standard fest, ist darin zugleich die Vernachlässigung der erforderlichen Sorgfalt seitens des Behandlers enthalten.[952] „Der Standard, so wie er im Haftungsfall sachverständig ermittelt wird, stellt gleichsam das fallbezogene Destillat

---

949 *Deutsch*, in: *Ficker/König/Kreuzer/Leser/Freiherr Marschall von Bieberstein/Schlechtriem*, Fn. 903, S. 329, 331.

950 Diese Auffassung vertreten in neuerer Zeit auch das Thüringer OLG MedR 2006, 211; OLG Nürnberg MedR 2009, 155; OLG Oldenburg ZMGR 2009, 111; Brandenburgisches OLG, Beschluss vom 12. November 2009, Az: 12 W 33/09; *Leipold*, in: *Stein/Jonas*, Fn. 213, § 485 Rdnr. 24; *Martis/Winkhart*, Fn. 294, Rdnr. B 515; *Ulrich*, in: *Prütting/Gehrlein*, Fn. 170, § 485 Rdnr. 8. A. A. etwa OLG Köln RuS 2003, 528; OLG Naumburg ZMGR 2004, 135; OLG Naumburg, Beschluss vom 14. November 2005, Az: 1 W 18/05; KG ArztR 2006, 163; OLG Köln VersR 2009, 1515; *Gehrlein*, Fn. 185, Teil E Rdnr. 7a; *ders*, ZMGR 2004, 187, 189; *Huber*, in: *Musielak*, Fn. 155, § 485 Rdnr. 14; *Liebhold*, ZMGR 2009, 113 (Anm. zu OLG Oldenburg, Beschluss vom 8. Juli 2008, Az: 5 W 41/08 = ZMGR 2009, 111); *Reiprich*, MedR 2009, 157 (Anm. zu OLG Nürnberg, Beschluss vom 29. Mai 2008, Az: 5 W 506/08 = MedR 2009, 155); *Rosenberger*, in: *Wenzel*, Fn. 395, Kap. 7 Rdnr. 457 f; *Schreiber*, in: *MüKo/ZPO*, Fn. 48, § 485 Rdnr. 15; *ders*, NJW 2001, 2600, 2602; *Ulrich*, GesR 2008, 422, 423 (Anm. zu OLG Oldenburg, Beschluss vom 14. Mai 2008, Az: 5 W 31/08 = GesR 2008, 421); *Terbille*, in: *Terbille*, Fn. 395, § 1 Rdnr. 217. Näher hierzu unter C.III.1, S. 68; C.III.2, S. 69 und D.IV.3.f), S. 92.

951 Speziell bei Fehlern im Rahmen einer zahnmedizinischen Behandlung hatten sogar ansonsten restriktive Gerichte das rechtliche Interesse im Sinn von § 485 Abs. 2 ZPO bejaht, vgl. OLG Hamm, Beschluss vom 10. Mai 1995, Az: 3 W 6/95; OLG Köln VersR 2003, 375. Genauer hierzu unter C.I.2, S. 63. Der Zahnarzt und Rechtsanwalt *Schinnenburg*, MedR 2000, 185, 187 f. lehnt das streitschlichtende Beweisverfahren in diesem Bereich dennoch ab, ist aber der Ansicht, § 485 Abs. 1 ZPO habe „für den zahnärztlichen Haftungsprozess eine gewisse Bedeutung".

952 So auch *Giesen*, Fn. 485, S. 104.

der erforderlichen Sorgfalt dar."[953] Wegen des objektivierten Fahrlässigkeitsmaßstabs der Rechtsprechung, der kein subjektives Element beinhaltet, ist eine wertende Betrachtung nicht mehr notwendig.[954] So führt der BGH in seiner Grundsatzentscheidung zur vorgezogenen Beweiserhebung in Arzthaftungssachen zwar aus, die rechtlichen Fragen des Verschuldens und der Kausalität der Verletzung könnten durch tatsächliche Feststellungen häufig nicht geklärt werden. In der Rechtspraxis werde sich jedoch bei Feststellung des Gesundheitsschadens und der hierfür maßgeblichen Gründe nicht selten erkennen lassen, ob und in welcher Schwere ein Behandlungsfehler gegeben sei.[955]

cc) *Beurteilung der Ursächlichkeit des Behandlungsfehlers für den Schaden*

Inwieweit mittels des streitschlichtenden Beweisverfahrens die Ursächlichkeit des schuldhaften ärztlichen Behandlungsfehlers für den eingetretenen Personenschaden geklärt werden kann, hängt derzeit noch vom Grad der Pflichtverletzung ab.

(1) *Grober Behandlungsfehler*

Bei Vorliegen eines groben ärztlichen Fehlverhaltens, gewissermaßen einer schweren Pflichtwidrigkeit[956], greift zugunsten des Patienten eine richterrechtlich entwickelte Beweislastumkehr ein.[957] Damit gilt als nachgewiesen, dass der eingetretene Schaden kausal auf dem grob fahrlässigen Handeln des Arztes beruht. Zumindest in diesen Fällen kann im Rahmen der vorprozessualen Beweisaufnahme die Ursache eines Personenschadens abschließend festgestellt werden.

---

953 Zitiert nach *Pflüger*, Krankenhaushaftung und Organisationsverschulden, 2002, S. 90.

954 Vgl. nur BGH NJW 1991, 754, 755. Auf diese notwendige „wertende Betrachtung" verweist aber beispielsweise *Scholz*, Fn. 225, S. 118, derzufolge eine Klärung des Verschuldens im Rahmen des selbständigen Beweisverfahrens nicht möglich ist. Ebenso *Reiprich*, MedR 2009, 157. Im selbständigen Beweisverfahren nach § 485 Abs. 2 Nr. 2 ZPO könne allenfalls die Frage der technischen Ursache einer Gesundheitsbeeinträchtigung geklärt werden.

955 BGHZ 153, 302, 307. Näher hierzu unter C.II, S. 66.

956 So die Umschreibung von *Spickhoff*, Fn. 578, S. 317.

957 Vgl. aus jüngerer Zeit etwa BGH NJW 2008, 1304. Ein grober Behandlungsfehler führe regelmäßig zur Umkehr der Beweislast für den ursächlichen Zusammenhang zwischen dem Gesundheitsschaden und dem Behandlungsfehler, wenn dieser geeignet sei, den eingetretenen Schaden zu verursachen. Nahelegen oder wahrscheinlich machen müsse der Fehler den Schaden hingegen nicht. Genauer hierzu unter F.I.3.b)dd), S. 114.

Denn auch wenn die Beurteilung der Schwere eines Behandlungsfehlers eine juristische Wertung darstellt, muss sich der Richter hierbei mangels eigener Fachkenntnisse der Hilfe eines medizinischen Sachverständigen bedienen. Ansonsten wird das Gericht in aller Regel den berufsspezifischen Sorgfaltsmaßstab des Arztes, der bei der Prüfung eines groben Behandlungsfehlers zu berücksichtigen ist, nicht zutreffend ermitteln können.[958] Ist der medizinische Sachverständige in der vorprozessualen Begutachtung zu dem Ergebnis gelangt, dem Arzt sei ein objektiv schlechterdings nicht nachvollziehbarer Verstoß gegen den ärztlichen Standard vorzuwerfen, wird das Gericht dies in der Regel als groben Behandlungsfehler würdigen. Im Termin zur mündlichen Erörterung gemäß § 492 Abs. 3 ZPO kann der Richter den Parteien darlegen, dass es den Sorgfaltspflichtverstoß anlässlich des erholten Gutachtens als gravierend gewichtet und dies eine Beweislastumkehr zugunsten des antragstellenden Patienten nach sich zieht.

(2) Einfacher Behandlungsfehler

Zum jetzigen Zeitpunkt kann im Rahmen des streitschlichtenden Beweisverfahrens keine Aussage darüber getroffen werden, inwieweit ein einfacher Behandlungsfehler ursächlich für den eingetretenen Schaden ist, da hierbei keine Beweiserleichterungen zugunsten der Patientenseite eingreifen. Geht man aber mit *Deutsch* davon aus, dass sich erforderliche Sorgfalt und Kausalzusammenhang zunehmend verschleifen[959], lässt die vorgezogene Beweisaufnahme im Fortgang der Entwicklung eventuell selbst bei einfachen Behandlungsfehlern den Schluss auf die Ursache zu.

Bislang halten die Gerichte zwar dem Grundsatz nach am strengen Nachweis der Kausalität durch den Patienten fest.[960] Wie jedoch die angesprochenen Beweiserleichterungen bis hin zur Beweislastumkehr zeigen, die nicht nur im Bereich des Verschuldens, sondern auch auf dem Gebiet der Ursächlichkeit immer mehr Platz greifen[961], könnte in Zukunft eine überwiegende Wahrscheinlichkeit als ausreichend für den Kausalitätsbeweis angesehen werden.[962] *Spickhoff* führt zu Recht aus, die

958 Siehe nur BGH NJW 2001, 2791.

959 *Deutsch*, in: *Deutsch/Taupitz*, Fn. 491, S. 275, 291 f; vgl. auch die Ausführungen unter F.I.2.b), S. 109.

960 Vgl. die Nachweise bei *Spickhoff*, in: *Soergel*, Fn. 395, § 823 Anh. I Rdnr. 218. Denn Krankheitsbilder könnten auf zahllosen, schwierig, kaum oder gar nicht zu erkennenden Ursachen beruhen.

961 Näher zu den verschiedenen Beweiserleichterungen unter F.I.3.b), S. 111.

962 So die Forderung von *Deutsch*, in: *Deutsch/Taupitz*, Fn. 491, S. 275, 292, der dabei einen Vergleich zur Sozialversicherung zieht. Um weder Patient noch Arzt

Rechtsprechung habe beispielsweise bei Lues- und HIV-Infektionen durch Bluttransfusion ein geringeres Beweismaß als das der vollen richterlichen Überzeugung genügen lassen.[963] Von daher erscheint es nicht gänzlich ausgeschlossen, dass die Gerichte im Rahmen der Arzthaftung künftig generell geringere Anforderungen an den Nachweis des Ursachenzusammenhangs stellen werden.

b) Gegenstand der Begutachtung bei § 485 Abs. 2 S. 1 Nr. 1, Nr. 3 ZPO

Der Zustand einer Person oder die Beurteilung des Aufwands für die Beseitigung eines Personenschadens hängen nicht von juristischen Wertungen, sondern von den gegebenen Tatsachen ab. Daher bleibt die Handhabung des Verschuldensgrundsatzes durch die Gerichte ohne Einfluss auf die Beweisthemen des § 485 Abs. 2 S. 1 Nr. 1 und Nr. 3. Im Gegensatz zu der Frage nach der Ursache eines Personenschadens spielen sie bislang im Arzthaftungsprozess auch kaum eine Rolle.

aa) *Begutachtung des Zustands einer Person als Augenscheinseinnahme in schriftlicher Form*

Im Rahmen von § 485 Abs. 2 S. 1 Nr. 1 ZPO hat der Sachverständige lediglich eine fachkundige Beschreibung der vorgefundenen Gegebenheiten abzugeben, gleichsam eine sachverständige Augenscheinseinnahme in schriftlicher Form beizutragen.[964] Da der Zustand einer Person nichts darüber aussagt, ob er auf eine fehlerhafte ärztliche Behandlung zurückzuführen ist, birgt § 485 Abs. 2 S. 1 Nr. 1 ZPO wenig Potential zur Vermeidung medizinrechtlicher Streitigkeiten. Im Familienrecht ist diese Vorschrift hingegen in jüngerer Zeit vermehrt auf Aufmerksamkeit gestoßen, da mit ihrer Hilfe die Geschäftsfähigkeit eines Vollmachtgebers

---

übermäßig zu belasten, erachtet er es als „am ehesten angebracht, wenn man auf den Kausalitätsbeweis besteht, zu gleicher Zeit aber seine Anforderungen drastisch verringert". Ähnlich *Spickhoff*, in: *Soergel*, Fn. 395, § 823 Anh. I Rdnr. 220: „Besser wäre, für den Gesamtbereich der Kausalität das Beweismaß der überwiegenden Wahrscheinlichkeit genügen zu lassen." Ausführlich hierzu äußert sich *ders.* auch in seiner Habilitationsschrift, Fn. 578, S. 311 ff, insbesondere S. 318 f.

963 *Spickhoff*, Fn. 578, S. 318 unter Berufung auf BGHZ 11, 227, den „Lues-Fall". In BGHZ 114, 284, 297 wurde die Haftung der in Anspruch genommenen Krankenhausträgerin wegen der Verabreichung einer HIV-kontaminierten Blutkonserve im Ergebnis zutreffend vom BGH bejaht. Eine Besprechung dieses „HIV-Falls" bietet wiederum *Spickhoff*, JZ 1991, 756.

964 Vgl. *Ulrich*, AnwBl 2003, 26, 29.

bei Errichtung oder Widerruf einer Vollmacht überprüft werden kann, ohne dass ein Betreuungsverfahren eingeleitet werden muss.[965]

bb) Weites Verständnis des Aufwands für die Beseitigung eines Personenschadens

Um eine vorgerichtliche Einigung zu ermöglichen, ist es gerechtfertigt, bei der Ermittlung des Aufwands für die Beseitigung des Schadens weit reichende Tatsachenfeststellungen zuzulassen.[966] Die Begutachtung gemäß § 485 Abs. 2 S. 1 Nr. 3 ZPO kann sich daher auch auf die zur Beseitigung nötigen Maßnahmen beziehen.[967] So ist es etwa zulässig, eine Beweiserhebung über die geeigneten und erforderlichen Maßnahmen zu beantragen, die ein zukünftiges Herausspringen des Hüftgelenks vermeiden.[968] Umfasst ist zudem die Frage nach der Höhe des Invaliditätsgrades, da § 485 Abs. 2 S. 1 Nr. 3 ZPO jedenfalls entsprechend Anwendung findet.[969] Dieses weite Verständnis des Beweisgegenstandes kommt auch in einem neueren Beschluss des BGH zum Ausdruck, demzufolge nach einem Personenschaden der entgangene Gewinn gemäß § 485 Abs. 2 S. 1 Nr. 3 ZPO festgestellt werden kann. „Zu den Personenschäden gehören nämlich auch solche Nachteile, die auf die Gesundheitsverletzung zurückzuführen sind, also sich als Folge aus dem in der Person entstandenen Schaden ergeben."[970]

(1) Möglicher Bedeutungszuwachs von § 485 Abs. 2 S. 1 Nr. 3 ZPO

Da für die außergerichtliche Regulierung eines Personenschadens nicht nur sachverständige Aussagen zur Ursache, sondern überdies zur Schadenshöhe notwendig sind, sollte in Zukunft mehr Augenmerk auf das

---

965 Ausführlich zu dieser Thematik *Dodegge*, FamRZ 2010, 1788.

966 Vgl. hierzu bereits OLG Hamm NJW-RR 2002, 1674, demzufolge neben der Ermittlung der Mängelbeseitigungskosten auch die Feststellung eines mangelbedingten Minderwertes beantragt werden kann.

967 Siehe *Leipold*, in: *Stein/Jonas*, Fn. 213, § 485 Rdnr. 27; *Ulrich*, in: *Prütting/Gehrlein*, Fn. 170, § 485 Rdnr. 8.

968 OLG Nürnberg MedR 2009, 155, 156.

969 OLG Köln OLGR Köln 2006, 58. Denn Verhandlungen über Entschädigungsansprüche aus einer privaten Unfallversicherung seien nur möglich, wenn Feststellungen zum Grad der unfallbedingten Invalidität getroffen werden, da dieser die Höhe der Entschädigung und damit den abstrakten Schadensausgleich in der privaten Unfallversicherung bestimme.

970 BGH NJW-RR 2010, 946. Der Begriff des Personenschadens erfasse alle wirtschaftlichen Beeinträchtigungen, die der Geschädigte erleide, weil und soweit er seine Arbeitskraft verletzungsbedingt nicht verwerten könne, vgl. hierzu bereits BGHZ 176, 109, 111 f.

Beweisthema des § 485 Abs. 2 S. 1 Nr. 3 ZPO gelegt werden. Wie dargelegt, verfährt die Rechtsprechung im Hinblick auf die Reichweite dieses Beweisthemas sehr großzügig. Wenn zu den Personenschäden auch solche Nachteile zählen, die sich als Folge aus dem in der Person entstandenen Schaden ergeben[971], kann mittels des streitschlichtenden Beweisverfahrens nicht nur der entgangene Gewinn, sondern zudem der in Arzthaftungssachen oftmals relevante Haushaltsführungsschaden außergerichtlich festgestellt werden.

Dieser wird prinzipiell gemäß § 287 ZPO vom Gericht bestimmt. Doch erst vor Kurzem hat der BGH erörtert, dass sich der Tatrichter in Ermangelung abweichender konkreter Gesichtspunkte bei der Schätzung des Haushaltsführungsschadens grundsätzlich am Tabellenwerk von *Schulz-Borck/Hofmann*[972] orientieren darf.[973] Dieses kann auch bei einer sachverständigen Bewertung der Schadenshöhe herangezogen werden und ermöglicht eine Bezifferung der zu erwartenden Kosten im Gutachten. Auf diese Weise bieten schon die Ausführungen des Sachverständigen eine Diskussionsgrundlage für die angestrebten Vergleichsverhandlungen.

(2) Problematik des Schmerzensgeldanspruchs

Letztlich ist ein Anspruch auf Schmerzensgeld ebenfalls an die Folgen des in der Person eingetretenen Schadens geknüpft.[974] Sind Verletzungsfolgen streitig, ist für deren Bemessung zwingend eine Beweisaufnahme durchzuführen.[975] Ob daher das streitschlichtende Beweisverfahren Feststellungen über den Schmerzensgeldanspruch, insbesondere über dessen Höhe erlaubt, war noch nicht Gegenstand gerichtlicher Entscheidungen, erscheint aber zweifelhaft. Zwar existieren auch hier zahlreiche Tabellenwerke[976] und die Forderung, anhand objektivierbarer Größen eine Art „Grobraster" zu entwerfen, durch das eine Bindung des Richters an einen vorgegebenen Schmerzensgeldrahmen erreicht werden kann, stand

---

971 BGH NJW-RR 2010, 946.

972 *Schulz-Borck/Hofmann*, Schadenersatz bei Ausfall von Hausfrauen und Müttern im Haushalt, 6. Aufl. 2000.

973 BGH NJW 2009, 2060.

974 Vgl. hierzu etwa OLG München VersR 2007, 1392. In dem Beschluss setzte sich das Gericht mit der Wertfestsetzung für ein selbständiges Beweisverfahren im Bereich der Arzthaftung auseinander.

975 So unlängst OLG München NJW-Spezial 2010, 171.

976 Beispielhaft sei hier auf *Slizyk*, Beck'sche Schmerzensgeld-Tabelle, 6. Aufl. 2010 verwiesen.

immer wieder im Raum[977]. Doch die Rechtsprechung ist dem stets mit der Begründung entgegengetreten, es gebe keine „an sich" angemessene Entschädigung für nichtvermögensrechtliche Nachteile, da diese in Geld nicht unmittelbar messbar sei.[978] Der Maßstab für die billige Entschädigung müsse deshalb für jeden einzelnen Fall neu durch den Tatrichter gewonnen werden, der wegen § 287 ZPO besonders frei darüber befinden könne.[979]

In neuerer Zeit erläutert *Danzl* am Beispiel von Schmerzensgeldzahlungen für Halswirbelsäulenverletzungen, dass es zwar unverzichtbar ist, den komplexen Vorgang der Unfallanalyse nicht nur technisch, sondern auch medizinisch in die Hände entprechend qualifizierter und erfahrener Sachverständiger zu legen. Letztlich falle es aber in das Aufgabengebiet des Richters, nach freier Überzeugung über den Schmerzensgeldanspruch zu urteilen.[980] *Gottwald* gelangte bereits im Jahr 1979 zu dem treffenden Schluss: „Ein Geldbetrag, der den Schmerz aufwiegt und ausreichende Genugtuung bietet, kann daher nicht durch Beweis ermittelt werden."[981] Folglich ist die Höhe eines eventuellen Schmerzensgeldanspruchs einer sachverständigen Bewertung gemäß § 485 Abs. 2 S. 1 Nr. 3 ZPO nicht zugänglich. Gleichwohl kann der Richter im Erörterungstermin nach § 492 Abs. 3 ZPO den Parteien gegenüber eine erste Einschätzung abgeben, ob und inwiefern er die Zahlung von Schmerzensgeld aufgrund der sachverständigen Begutachtung als angemessen erachtet. Die vorgezogene Beweisaufnahme bildet mithin den Ausgangspunkt für die gerichtliche Entscheidungsfindung und kann nicht als unzweckmäßig eingestuft werden.[982]

---

977 Vgl. etwa *Scheffen*, ZRP 1999, 189, 191 f, die anhand divergierender Entscheidungen der Rechtsprechung darlegt, dass dies „hilfreich" wäre.

978 Grundlegend BGHZ 18, 149, 164.

979 BGH VersR 1976, 967, 968. Vgl. auch OLG Naumburg NJW-RR 2008, 693 demzufolge die Vorinstanz bei der Bemessung eines angemessenen Schmerzensgeldes das ihr nach § 287 ZPO eingeräumte Ermessen zutreffend ausgeübt hat, indem es das Regulierungsverhalten des Beklagten schmerzensgelderhöhend berücksichtigte.

980 *Danzl*, in: *Apathy/Bollenberger/Bydlinski/Iro/Karner/Karollus*, Fn. 515, S. 529, 548, der sich bei seiner Begründung in erster Linie auf Entscheidungen deutscher Gerichte beruft.

981 *Gottwald*, Schadenszurechnung und Schadensschätzung, 1979, S. 169.

982 So aber *Bergmann/Wever*, Fn. 35, S. 184. Näher hierzu unter D.III.3, S. 85.

3. Prozessuale Besonderheiten kein Hinderungsgrund

Die verfahrensrechtlichen Besonderheiten des Arzthaftungsprozesses stehen der hier vorgeschlagenen Bestimmung der Beweisthemen nicht entgegen. Sie sprechen vielmehr für ein weites Verständnis der schriftlichen Begutachtung. „Der Beweis durch Gutachten medizinischer Sachverständiger ist im Arzthaftungsrecht so zentral, ja einzigartig, weil der Experte sowohl das materielle Leistungsrecht als auch das Haftungsrecht seiner Fachkollegen [...] bis in die anzuwendenden Beweisregeln hinein beeinflusst."[983]

a) Maßgeblichkeit der sachverständigen Bewertung des Geschehens

Medizinrechtliche Streitigkeiten werden vorrangig von der sachverständigen Begutachtung des geschädigten Patienten geprägt. So führt etwa *Müller* aus, die Bedeutung des Sachverständigen für den Arzthaftungsprozess könne nicht hoch genug eingeschätzt werden.[984] Zwar hat der Richter das Gutachten grundsätzlich gemäß § 286 ZPO im Wege freier Beweiswürdigung zu verwerten. Gerade in arzthaftungsrechtlichen Streitigkeiten ist dieses Ermessen des Tatrichters wegen der erforderlichen besonderen Sachkunde jedoch eingeschränkt[985]; faktisch präjudiziert das Expertenvotum das Urteil[986]. Dies belegt auch eine Studie, derzufolge Richter zu 95 Prozent den eingeholten sachverständigen Stellungnahmen folgen, ohne sich inhaltlich damit auseinanderzusetzen.[987]

aa) Keine Festlegung des Standards ohne Sachverständigengutachten

Der BGH hat wiederholt entschieden, ohne ein Sachverständigengutachten dürfe keine Definition des medizinischen Standards erfolgen: „Die berufsspezifischen Sorgfaltspflichten eines Arztes richten sich in erster Linie nach medizinischen Maßstäben. Der Richter muß daher den berufsfachlichen Sorgfaltsmaßstab mit Hilfe eines medizinischen Sachverständigen ermitteln. Er darf medizinischen Standard nicht ohne Sachverständigengrundlage allein aus eigener rechtlicher Beurteilung heraus

---

983 Zitat nach *Stegers*, VersR 2000, 419, 420.

984 *Müller*, MedR 2001, 487, die bei Erscheinen dieses Beitrags Vorsitzende Richterin des für Arzthaftungsrecht zuständigen VI. Zivilsenats des BGH war. Ähnlich äußert sich *dies*, in: *Katzenmeier/Bergdolt*, Fn. 232, S. 75, 76. Im Arzthaftungsprozess könne die Frage nach dem medizinischen Standard in aller Regel nicht ohne Hinzuziehung eines medizinischen Sachverständigen geklärt werden.

985 Vgl. *Bürger*, MedR 1999, 100, 107.

986 So *Pflüger*, Fn. 953, S. 240.

987 Näher hierzu *Sendler*, NJW 1986, 2907, 2909.

festlegen."[988] Zwei Jahre danach hielt das Gericht fest, dass die wertende Entscheidung des Tatrichters, ob ein Behandlungsfehler als grob zu beurteilen ist, auf tatsächlichen Anhaltspunkten beruhen muss, für welche die Würdigung des medizinischen Sachverständigen nicht außer Acht gelassen werden kann.[989]

Da das Gericht nicht über die medizinischen Kenntnisse verfügt, die für die Formulierung von Sachverhalt und Beweisfragen notwendig sind, werden die Anknüpfungstatsachen des konkreten Falls in der Regel erst vom Sachverständigen ermittelt.[990] Folglich ist das rechtliche Interesse an einer Begutachtung gemäß § 485 Abs. 2 ZPO entgegen der Auffassung von *Leipold*[991] auch beim Streit über diese tatsächlichen Feststellungen zu bejahen. Die Ansicht von *Sturmberg* und *Scholz*, denenzufolge die Anknüpfungstatsachen erst im Laufe des Prozesses zusammengetragen werden[992], muss um den Zusatz ergänzt werden, dass der Sachverständige ganz wesentlich hieran mitwirkt. Obgleich der medizinische Gutachter dem Grundsatz nach nicht Richter, sondern Helfer des Richters ist, „ist die Rechtsstellung des Sachverständigen in der Praxis oft vergleichsweise stark"[993].

---

988 BGH NJW 1995, 776. Zustimmend *Michalcik*, in: *Bergmann/Kienzle*, Fn. 872, S. 93.

989 BGH NJW 1997, 798.

990 Zu diesem Schluss kommen *Ratajczak*, in: *ARGE Rechtsanwälte im Medizinrecht e. V*, Fn. 244, S. 61 und *Bergmann/Wever*, in: *Bergmann/Kienzle*, Fn. 872, S. 292.

991 *Leipold*, in: *Stein/Jonas*, Fn. 213, § 485 Rdnr. 23. Näher hierzu unter D.IV.3.b), S. 89.

992 *Sturmberg*, Fn. 262, Rdnr. 208; *Scholz*, Fn. 225, S. 116. Vgl. auch unter D.I.2.b), S. 76.

993 So *Cramer*, in: *Geschäftsführender Ausschuss der ARGE Medizinrecht im DAV*, Fn. 20, S. 155. Ähnlich *Sendler*, NJW 1986, 2907, 2908 f, demzufolge die Vorstellung einer sauberen Arbeitsteilung zwischen dem Herrn und dem Helfer Züge eines frommen Selbstbetrugs auf Seiten des Richters trägt. „Seine verfahrensrechtlich überlegene Stellung gegenüber dem Sachverständigen hat sich in der Praxis als höchst fragwürdig herausgestellt und nicht selten geradezu umgekehrt; manchem erscheint sie als reine Fiktion, dies zumal in den heute als besonders neuralgisch empfundenen Bereichen wie etwa dem der Großtechnik, aber auch der Medizin." *Schlund*, in: *Kern/Wadle/Schroeder/Katzenmeier*, Fn. 561, S. 1041, 1048 spricht sich hingegen weiterhin für eine Vorrangstellung des Richters aus und wählt hierfür das Bild eines Schiffes. Darin säßen Richter und Sachverständiger zwar gemeinsam, der Richter bleibe aber dessen Kapitän.

bb) Möglichkeit der Überprüfung des Gutachtens im streitschlichtenden Beweisverfahren

Sollte das Gericht an dem Gutachten des Sachverständigen zweifeln, darf es sich mangels ausreichender medizinischer Sachkunde nicht mit einer eigenen Interpretation der Ausführungen über Widersprüche hinwegsetzen, sondern muss diese mittels einer gezielten Befragung des Gutachters klären.[994] Dieser Weg steht auch im Rahmen des streitschlichtenden Beweisverfahrens offen und wurde vom BGH in seiner Grundsatzentscheidung zu dessen Zulässigkeit explizit benannt: „Im Übrigen hat das Gericht auch in einem solchen Verfahren eigene Möglichkeiten, den Sachverhalt weiter aufzuklären und zu versuchen, die Parteien zu einer vergleichsweisen Einigung zu führen oder den Patienten zu veranlassen, von der Weiterverfolgung der Ansprüche abzusehen. Es kann hierzu den Sachverständigen zur Anhörung laden, zur Ergänzung des Gutachtens auffordern, ein weiteres Gutachten einholen oder die Parteien zur Erörterung laden (§§ 492 Abs. 1, 411 Abs. 3, 412 Abs. 1, 492 Abs. 3 ZPO)."[995]

Gut zwei Jahre darauf bestätigte das Gericht dies nochmals und führte aus: „Die mündliche Erläuterung des Gutachtens durch den Sachverständigen und dessen Anhörung sind auch im selbständigen Beweisverfahren gemäß § 485 Abs. 2 ZPO zulässig."[996] Bis zu dieser Entscheidung war in Rechtsprechung und Literatur umstritten, ob die genannten Maßnahmen nur nach freiem Ermessen des Gerichts angeordnet werden können oder auf Antrag einer Partei stets zu erfolgen haben. Der BGH entschied sich unter Hinweis auf Wortlaut sowie Sinn und Zweck des streitschlichtenden Beweisverfahrens für die letztgenannte Auffassung. Konsequenterweise hielt er im Jahr 2007 fest, dem Antrag einer Partei auf Ladung eines Sachverständigen zur Erläuterung seines schriftlichen Gutachtens sei grundsätzlich auch dann zu entsprechen, wenn der Sachverständige das Gutachten in einem vorausgegangenen selbstständigen Beweisverfahren erstattet habe.[997] Von einer „nahezu passive[n] Rolle

---

994 BGH NJW 2001, 2791. Ähnlich bereits in NJW 1989, 2948: Das Gericht dürfe von einem Sachverständigengutachten nur abweichen, wenn es seine abweichende Überzeugung begründe und dabei erkennen lasse, dass die Beurteilung nicht von einem Mangel an Sachkunde beeinflusst sei.

995 BGHZ 153, 302, 308. Näher zu dieser Grundsatzentscheidung unter C.II, S. 66.

996 BGHZ 164, 94.

997 BGH NJW-RR 2007, 1294. Ein Verstoß gegen diese Pflicht verletzt den Anspruch der Partei auf rechtliches Gehör, vgl. BGH NJW-RR 2009, 1361.

des Gerichts im sBV [sic]"[998] kann daher keine Rede sein. Der Richter muss lediglich alle Handhabungen ausschöpfen, die ihm die Verfahrensordnung im Rahmen der außerprozessualen Beweisaufnahme zur Verfügung stellt.

cc) *Aufwiegen der Beweismittelbeschränkung durch sachverständige Würdigung der Behandlungsdokumentation*

In diesem Zusammenhang hat das Gericht beispielsweise auch darauf hinzuwirken, dass dem Sachverständigen bei der Erstellung seines Gutachtens die gesamte medizinische Dokumentation zur Verfügung steht, dies ist Ausfluss seiner Prozessförderungspflicht.[999] Somit werden die für ein Arzthaftpflichtverfahren wesentlichen Krankenunterlagen durchaus im Rahmen des streitschlichtenden Beweisverfahrens gewürdigt. Der Vorwurf, die Beschränkung der Beweismittel stelle ein Manko dar[1000], ist also nicht haltbar, zumal der Sachverständigenbeweis im Vergleich zu den anderen Beweismitteln eine überragende Rolle spielt[1001].

Die Überprüfung der Dokumentation erfolgt durch einen Experten auf dem Gebiet der Medizin und ist nicht, wie etwa Zeugenaussagen, mit einer Vielzahl von Fehlerquellen behaftet.[1002] Denn den Sachverständigen trifft die Pflicht, sein Gutachten unbefangen, unabhängig, unvoreingenommen und neutral zu erstatten.[1003]. Er muss dabei nach bestem Wis-

---

998 So aber *Herget*, in: *Greger/Gleussner/Heinemann*, Fn. 246, S. 97, 106. Zwar sei § 139 ZPO anzuwenden, das Gericht verfüge jedoch nur über eine eingeschränkte Prüfungskompetenz, da Unschlüssigkeit und Unsubstantiiertheit des Vorbringens grundsätzlich unbeachtlich bleiben.

999 Vgl. hierzu *Geiß/Greiner*, Fn. 395, Teil E Rdnr. 4, die betonen, das Gericht habe die Beiziehung der Krankenunterlagen zweckmäßigerweise vor Einholung des Gutachtens auszuüben und diese dem Sachverständigen zur Verfügung zu stellen. Auch der beauftragte Anwalt kann einen Beitrag hierzu leisten, indem er der Antragsschrift auf Durchführung eines streitschlichtenden Beweisverfahrens die medizinische Dokumentation beifügt. *Ulrich*, GesR 2008, 422, 423 bezeichnet dies als „[b]esonders beachtlich für die anwaltliche Praxis".

1000 Genauer hierzu unter D.I.2.a), S. 76.

1001 Siehe *Müller*, MedR 2001, 487, 491.

1002 In diesem Sinne auch *Rinke/Balser*, MedR 1999, 398, 401, näher hierzu unter D.II.1.c), S. 80.

1003 Hierzu statt vieler *Scheppokat/Neu*, VersR 2001, 23, 24, die diese Prinzipien der Begutachtung aufstellen. Einen Überblick über die persönlichen Voraussetzungen, die vom Sachverständigen zu fordern sind, bietet *Kienzle*, in: *Bergmann/Kienzle*, Fn. 872, S. 301.

sen und Gewissen handeln[1004], andernfalls droht ihm die Haftung gemäß § 839a BGB[1005]. Unlängst beschäftigte sich etwa das OLG Hamm mit der Inanspruchnahme eines gerichtlichen Sachverständigen, der im vorangegangenen Haftungsprozess des Klägers gegen den behandelnden Arzt als Gutachter tätig gewesen war.[1006]

dd) *Förderung der Vergleichsbereitschaft aufgrund unabhängiger Sachkunde*

Die Expertise des Sachverständigen ist überdies für die Befriedungsfunktion des streitschlichtenden Beweisverfahrens von enormer Bedeutung. „Das überzeugende Gutachten einer kompetenten Person, das den Verdacht bestätigt oder widerlegt, beendet vielfach den Streit und vermag bereits Rechtsfrieden und oft auch das Vertrauen in die Funktionsfähigkeit der Gesundheitsversorgung wiederherzustellen, ohne daß es dazu noch der Hilfe der Justiz bedarf."[1007] Hierfür ist die unabhängige Stellung des Sachverständigen unabdingbar, die im streitschlichtenden Beweisverfahren - anders als bei der Erholung eines Privatgutachtens - gewährleistet wird. Gemäß § 492 Abs. 1 i. V. m. § 404 Abs. 1 ZPO wird der Gutachter vom Gericht und nicht etwa von den Parteien bestimmt.[1008] Die Auswahl bemisst sich dabei nach dem jeweils betroffenen Fachgebiet.[1009]

1004 Ähnlich *Hansen*, Das medizinische Gutachten, 1991, S. 1.

1005 Näher zur zivil- und strafrechtlichen Verantwortlichkeit des behandelnden Arztes *Lippert*, in: *Dörfler/Eisenmenger/Lippert/Wandl*, Medizinische Gutachten, 2008, S. 15 f.

1006 OLG Hamm GesR 2009, 664.

1007 So *Rumler-Detzel*, VersR 1999, 1209, die Vorsitzende Richterin des Arzthaftungssenats am OLG Köln war.

1008 Ausführlich hierzu *Bürger*, MedR 1999, 100, 102. Im Gegensatz zur Rechtslage im Beweissicherungsverfahren, welches eine namentliche Benennung des Sachverständigen forderte, ist damit zugleich geklärt, dass der Richter nicht an einen bestimmten Sachverständigen gebunden ist, vgl. *Bayerlein*, in: *Bayerlein*, Praxishandbuch Sachverständigenrecht, 4. Aufl. 2008, § 21 Rdnr. 20. Das Gericht kann unter gewissen Voraussetzungen auch inlandsansässige Gerichtssachverständige ins Ausland entsenden oder auslandsansässige Gerichtssachverständige bestellen. Näher hierzu in den Beiträgen von *Hau*, DS 2004, 91; 127.

1009 BGH NJW 1987, 2300. Vgl. hierzu auch die Empfehlung der Medizinrechtsprofessoren *Dettmeyer* und *Madea* in MedR 1999, 533, 539, wonach bei fachspezifischen Fragestellungen ein entsprechendes Fachgutachten angeregt werden sollte. Ebenso *Franzki*, in: *Bayerlein*, Fn. 1008, § 52 Rdnr. 10.

Die Glaubwürdigkeitskrise, die in den 70er Jahren im Hinblick auf medizinische Sachverständige herrschte, ist mittlerweile überwunden. Damals wurde etwa die Frage aufgeworfen, ob nicht der medizinische Sachverständige ein Krebsschaden für das Verfahrensrecht sei und wer den Angeklagten oder Kläger vor einem befangenen oder einseitigen Gutachter schütze.[1010] Während *Dunz* anlässlich eines Vortrags im Jahr 1973 noch ausführte, das „Mauern" von Sachverständigen zugunsten des beklagten Arztes sei allgemein gebräuchlich[1011], legen medizinische Sachverständige heute eher zu strenge Maßstäbe bei der Beurteilung des in Anspruch genommenen Kollegen an. Häufig werden in ärztlichen Gutachten zu Schadensersatzforderungen überspitzte Anforderungen an die Sorgfaltspflicht des Arztes gestellt, überdurchschnittliches Wissen und Können verlangt.[1012] Ähnlich äußert sich *Müller*, derzufolge medizinische Sachverständige das Verhalten des beklagten Kollegen oftmals ungeschönt und sogar schonungslos beurteilen.[1013] *Ulsenheimer* trifft in diesem Zusammenhang die Aussage: „Eine Krähe hackt der anderen beide Augen aus!"[1014] Im Übrigen besteht auch im selbständigen Beweisverfahren die Möglichkeit, einen Sachverständigen wegen Befangenheit abzulehnen.[1015] Erst kürzlich hatte das OLG Frankfurt über die Voreingenommenheit eines ärztlichen Gutachters in einem Verfahren nach § 485 Abs. 2 ZPO zu befinden.[1016]

b) Spannungsfeld zwischen Ausforschung und geringer Substantiierungspflicht

Die Tatsachen, über die Beweis erhoben werden soll, sind gemäß § 487 Nr. 2 ZPO vom Antragsteller zu bezeichnen. Daran entzündet sich die Debatte, wann eine Ausforschung vorliegt, die sowohl Rechtsprechung[1017] als auch Literatur[1018] als unzulässig erachten. Bei der Grenzzie-

---

1010 Vgl. *Schimanski*, Beurteilung medizinischer Gutachten, 1976, S. 4.

1011 *Dunz*, Fn. 904, S. 27.

1012 Siehe *Fritze*, in: *Fritze/May*, Die ärztliche Begutachtung, 4. Aufl. 1992, S. 190, 193.

1013 *Müller*, GesR 2004, 257.

1014 *Ulsenheimer*, MedR 1992, 127, 130.

1015 Vgl. *Ulrich*, AnwBl 2003, 78, 81; *ders*, DS 2007, 214, 216.

1016 OLG Frankfurt MDR 2010, 652.

1017 Vgl. hierzu unter C.III.3, S. 71. Bereits das RG stufte den Ausforschungsbeweis als unzulässig ein, siehe *Perband*, Der Grundsatz der freien Beweiswürdigung im Zivilprozeß (§ 286 ZPO) in der Rechtsprechung des Reichsgerichts, 2003, S. 166 ff.

1018 Siehe hierzu unter D.IV.3.e), S. 92.

hung muss berücksichtigt werden, dass im selbständigen Beweisverfahren geringere Substantiierungspflichten als im streitigen Verfahren gelten[1019], die im Bereich der Arzthaftung nochmals herabgestuft sind[1020].

aa) *Unzulässigkeit der Schaffung eventueller Klagevoraussetzungen*

Das streitschlichtende Beweisverfahren darf nicht dazu dienen, eine Klage erst zu ermöglichen, indem der Sachverhalt ohne vorherige Anhaltspunkte daraufhin untersucht wird, ob ein Behandlungsfehler vorliegt.[1021] Dies würde Sinn und Zweck der außergerichtlichen Beweisaufnahme in ihr Gegenteil verkehren - an die Stelle der Streitvermeidung würde die Schaffung der Voraussetzungen für eine Inanspruchnahme des Behandlers treten. Daher ist dem OLG Hamm darin beizupflichten, dass die Vorklärung zur Ermittlung einer eventuellen Haftungsgrundlage gegenüber einem oder mehreren Antragsgegnern nicht Aufgabe der vorprozessualen Beweisaufnahme ist.[1022]

Dem deutschen Rechtssystem ist eine *pre-trial discovery* nach angloamerikanischem Vorbild fremd, die eine derart weitreichende Untersuchung auf Initiative der Parteien hin erlauben würde.[1023] Wenngleich das *discovery*-Verfahren in der Gesetzesbegründung zur Umgestaltung des Beweissicherungsverfahrens Erwähnung findet[1024], kann das selbständige Beweisverfahren diesem nicht gleichgestellt werden.[1025] Das war auch die Intention des Gesetzgebers, der in den Materialien zum RPflVereinfG einige Seiten später ausführt, eine vorprozessuale Beweiserhebung dürfe nicht auf eine Ausforschung mit gerichtlichen Mitteln hinauslaufen.[1026]

bb) *Erforderlichkeit der konkretisierten Behauptung eines Behandlungsfehlers*

Vom Antragsteller muss daher trotz verminderter Substantiierungslast die Angabe einer bestimmten Tatsachenbehauptung oder die Bezeich-

---

1019 *Herget*, in: *Zöller*, Fn. 130, § 487 Rdnr. 4 führt aus, das Gericht dürfe keine zu hohen Anforderungen stellen. *Ulrich*, AnwBl 2003, 26, 31 zufolge „[…] ist erst ein Antrag ohne jeden tatsächlichen Kern unzulässig".

1020 Allgemein hierzu *Deutsch/Spickhoff*, Fn. 3, Rdnr. 512 f.

1021 So auch OLG Oldenburg, Beschluss vom 3. Dezember 2009, Az: 5 W 60/09.

1022 OLG Hamm GesR 2010, 254. Näher hierzu unter C.III.3, S. 71.

1023 BGHZ 118, 312. Doch die bloße Möglichkeit, dass durch die Ladung zu einer *pre-trial discovery* eine nach deutschem Prozessrecht unzulässige Ausforschung erreicht werde, erfülle nicht die Voraussetzungen des § 328 Abs. 1 Nr. 4 ZPO und spreche nicht gegen die Anerkennung ausländischer Urteile.

1024 BT-Drs. 11/3621, S. 23.

1025 Vgl. hierzu bereits die Ausführungen unter A.V, S. 38.

1026 BT-Drs. 11/3621, S. 42.

nung eines konkret festzustellenden Zustands gefordert werden.[1027] In Anbetracht der hier vorgeschlagenen Reichweite der Beweisthemen, insbesondere der Ursache eines Personenschadens gemäß § 485 Abs. 1 S. 1 Nr. 2 ZPO[1028], hat er die Behauptung eines vorwerfbaren ärztlichen Behandlungsfehlers aufzustellen, der durch die Beweiserhebung geklärt werden soll.[1029] Gewisse Anhaltspunkte für das ärztliche Fehlverhalten sind bereits bei der Einleitung des streitschlichtenden Verfahrens erforderlich, da andernfalls eine ausforschende Ermittlung droht.[1030] Unzulässig ist folglich die schlichte Frage danach, ob ein Behandlungsfehler vorliegt.[1031] Der Fragenkatalog ist vielmehr in jedem Fall hinreichend zu konkretisieren, damit die Möglichkeit der Subsumtion unter eine der Alternativen des § 485 Abs. 2 S. 1 ZPO besteht.[1032] Die Tatsachen sind aber nur in groben Zügen anzugeben, denn dem Antragsteller kann nicht zugemutet werden, diese erst in allen Einzelheiten zu recherchieren.[1033]

cc) *Maßvolle Anforderungen an die Glaubhaftmachung*

In diesem Zusammenhang ist überdies zu klären, welche Anforderungen an die Glaubhaftmachung zu stellen sind. Gemäß § 487 Nr. 4 ZPO hat der Antragsteller die Tatsachen, welche die Zulässigkeit des selbständigen Beweisverfahrens und die Zuständigkeit des Gerichts begründen, glaubhaft zu machen. Das OLG Oldenburg führt hierzu aus, dies könne sich in Arzthaftungssachen nicht auf Tatsachen beziehen, die erst noch festgestellt werden sollen und auch nicht auf den Sachvortrag des Antragstellers hinsichtlich des Hauptanspruchs, denn dieser sei grundsätzlich nicht auf seine Schlüssigkeit oder Erheblichkeit zu prüfen.[1034] Darin ist dem Gericht zuzustimmen, da andernfalls vorweg ein privates Gutachten zur Vermittlung eines geringeren Grades von Wahrscheinlichkeit

---

1027 Vgl. *Martis/Winkhart*, Fn. 294, Rdnr. B 515. In diese Richtung auch *Spickhoff*, NJW 2009, 1716, 1721, demzufolge der Antrag auf Durchführung eines selbständigen Beweisverfahrens maßvoll zu substantiieren ist.

1028 Vgl. die Ausführungen unter H.II.2.a)bb), S. 173.

1029 In diese Richtung bereits Thüringer OLG MedR 2006, 211, das nur die Frage der Vorwerfbarkeit nicht explizit benennt.

1030 Vgl. hierzu OLG Oldenburg, Beschluss vom 3. Dezember 2009, Az: 5 W 60/09.

1031 So auch *Spickhoff*, NJW 2010, 1718, 1722.

1032 OLG München, Beschluss vom 9. Februar 2006, Az: 1 W 805/06.

1033 Siehe *Bayerlein*, in: *Bayerlein*, Fn. 1008, § 21 Rdnr. 23.

1034 OLG Oldenburg GesR 2008, 421, 422.

im Sinn von § 294 Abs. 1 ZPO eingeholt werden müsste.[1035] *Herget* zieht aus der genannten Entscheidung den Schluss, nur die Gründe für die Zuständigkeit des Gerichts seien glaubhaft zu machen.[1036] Abgesehen davon reicht somit die schlüssige und ausreichend konkretisierte Behauptung eines ärztlichen Behandlungsfehlers für die Bejahung des rechtlichen Interesses an der Durchführung eines streitschlichtenden Beweisverfahrens aus.[1037]

dd) *Frage nach ordnungsgemäßer Aufklärung als unzulässige Ausforschung*

Ein Antrag, der auf die Überprüfung der ärztlichen Aufklärung gerichtet ist, überschreitet hingegen die Grenze zur unzulässigen Ausforschung.[1038] Schon 2001 lehnte das OLG Naumburg eine Beweisfrage zum Umfang ärztlicher Aufklärungspflichten ab, da sie zu allgemein formuliert sei und auf eine rechtliche Wertung abziele.[1039] Vier Jahre später hielt es fest, die „Unzulänglichkeit eines selbständigen Beweisverfahrens offenbart sich umso mehr, wenn man den hier erhobenen Vorwurf fehlender Aufklärung über die Nebenwirkungen in die Beurteilung einbezieht"[1040]. Dieser könne nur durch das Gericht geklärt werden. Auch das OLG Nürnberg ist der Auffassung, die Frage nach einer ordnungsgemäß erfolgten Aufklärung sei durch ein Sachverständigengutachten nicht beantwortbar.[1041] Dem OLG Oldenburg zufolge lässt sich die Aufklärung selbst bei weiter Auslegung des § 485 Abs. 2 S. 1 ZPO keiner der dort genannten Fallgruppen zuordnen und ist daher kein tauglicher Gegenstand des Verfahrens.[1042]

1035 So auch *Ulrich*, GesR 2008, 422, 424 (Anm. zu OLG Oldenburg, Beschluss vom 14. Mai 2008, Az: 5 W 31/08 = GesR 2008, 421). Das selbständige Beweisverfahren wolle die Erholung eines privaten Gutachtens gerade vermeiden.

1036 *Herget*, in: *Zöller*, Fn. 130, § 487 Rdnr. 6.

1037 Allgemein hierzu *Huber*, in: *Musielak*, Fn. 155, § 487 Rdnr. 6, der generell die schlüssige Behauptung der festzustellenden Tatsachen für eine Beweisaufnahme nach § 485 Abs. 2 ZPO genügen lässt.

1038 Soweit in der Folge von „Aufklärung" die Rede ist, wird dabei auf die Selbstbestimmungsaufklärung bzw. Eingriffsaufklärung in Abgrenzung zur therapeutischen Sicherungsaufklärung Bezug genommen, vgl. hierzu auch die Ausführungen unter F.I.3.b)ee), S. 116.

1039 OLG Naumburg OLGR Naumburg 2001, 321, 322.

1040 OLG Naumburg, Beschluss vom 14. November 2005, Az: 1 W 18/05.

1041 OLG Nürnberg MedR 2009, 155, 156 f.

1042 OLG Oldenburg, Beschluss vom 3. Dezember 2009, Az: 5 W 60/09.

Zwar kann der Sachverständige aufgrund der medizinischen Dokumentation, die der Antragstellung zweckmäßigerweise beizulegen[1043] oder vom Gericht aufgrund seiner Prozessförderungspflicht nachzureichen ist[1044], Aussagen dazu machen, ob diese einen ordnungsgemäßen Aufklärungsbogen beinhaltet. Dennoch ist der dargestellten Auffassung der OLG-Senate zuzustimmen. Die Aufklärungspflichtverletzung ist vom Vorwurf des Behandlungsfehlers zu trennen[1045] und hängt nicht vom medizinischen Standard ab[1046]. Vielmehr ist sie als eigener Anknüpfungspunkt der Haftung des Arztes einzuordnen.[1047] Die Entscheidung darüber, ob eine ordnungsgemäße Aufklärung vorliegt, erfordert neben der Sichtung der Behandlungsdokumentation eine Parteieinvernahme oder die Erhebung des Zeugenbeweises.[1048] Denn der Patient ist mündlich aufzuklären; der schriftliche Aufklärungsbogen dient nur als Nachweis dafür, dass ein Gespräch stattgefunden hat und kann dieses nicht ersetzen.[1049] Überdies sind die hierbei geltenden Beweiserleichterungen der Berufung auf eine hypothetische Einwilligung sowie auf einen ech-

---

1043 So der Ratschlag von *Ulrich*, GesR 2008, 422, 423 (Anm. zu OLG Oldenburg, Beschluss vom 14. Mai 2008, Az: 5 W 31/08 = GesR 2008, 421).

1044 Vgl. *Geiß/Greiner*, Fn. 395, Teil E Rdnr. 4. Ausführlich hierzu unter H.II.3.a)cc), S. 183.

1045 So *Brüggemeier*, Fn. 2, S. 438, der sie als „selbständige Berufspflicht des behandelnden Arztes" einordnet.

1046 Eine Ausnahme hierzu bildet die therapeutische Sicherungsaufklärung, die sich auf therapierichtiges Verhalten zur Sicherung des Heilerfolgs bezieht. Ein Verstoß hiergegen ist als grober Behandlungsfehler einzustufen, vgl. nur *Steffen/Pauge*, Fn. 395, Teil B Rdnr. 370 und genauer unter F.I.3.b)dd), S. 114.

1047 Näher hierzu unter F.I.1.a)bb), S. 105. Interessant ist in diesem Zusammenhang auch die Entscheidung BGH NJW-RR 2010, 1363, in der das Gericht den Anspruch auf rechtliches Gehör als verletzt ansah, da die Vorinstanz den erhobenen Feststellungsantrag - ohne zuvor einen Hinweis gemäß § 139 ZPO auf die beabsichtigte Auslegung zu geben - überraschend mit der Begründung abgewiesen hatte, er beziehe sich seinem Wortlaut nach nur auf nicht vorliegende Behandlungsfehler im engeren Sinne, nicht jedoch auch auf vorliegende Aufklärungsfehler.

1048 So auch *Stegers*, in: *Stegers/Hansis/Alberts/Scheuch*, Fn. 375, S. 204, 213. Bei Kommunikationsmängeln im Arzt-Patienten-Verhältnis werde die begrenzte Einsatzmöglichkeit des Beweisverfahrens besonders deutlich. *Bergmann/Wever*, Fn. 35, S. 184 führen aus, im Verfahren nach § 485 Abs. 2 ZPO müsse der genaue Ablauf von Aufklärungsgesprächen zwangsläufig unvollständig bleiben. Genauer hierzu unter D.III.3, S. 85.

1049 Vgl. *Brüggemeier*, Fn. 2, S. 436. Nach BGH NJW 2010, 2430 kann der Arzt den Patienten in einfach gelagerten Fällen grundsätzlich auch in einem telefonischen Gespräch über die Risiken eines bevorstehenden Eingriffs aufklären, wenn der Behandlungssuchende damit einverstanden ist.

ten Entscheidungskonflikt zu berücksichtigen.[1050] Diese Einwände können im Rahmen eines schriftlichen Sachverständigengutachtens nicht vorgebracht werden, weshalb es für den Bereich der Aufklärung insgesamt als ungeeignetes Beweismittel einzustufen ist.

c) Privatautonomie trotz Prozessförderungspflichten des Gerichts

Die Vorschrift des § 487 ZPO ist nicht nur für die Problematik der Ausforschung und die Anforderungen an die Glaubhaftmachung relevant. Auch der Vorwurf, der Antragsteller verzichte bei der Entscheidung für das streitschlichtende Beweisverfahren auf die verfahrensrechtlichen Vorzüge, welche dem Patienten im Arzthaftungsprozess gewährt werden, knüpft hieran an.[1051] Da der Antragsteller die Tatsachen, über die Beweis zu erheben ist, selbst bezeichnen muss und das Verfahren mit dem Beweisbeschluss beginnt, kann der Richter keine Formulierungshilfe geben.[1052] Dabei setzt sich die verstärkte Pflicht des Gerichts zur Aufklärung des Sachverhalts bei Arzthaftpflichtstreitigkeiten für die Beweisaufnahme in der Präzisierung der Beweisfrage fort.[1053]

Auf den ersten Blick scheint darin tatsächlich die Gefahr zu lauern, dass die außerprozessuale Beweiserhebung nicht auf die medizinisch wesentlichen Umstände ausgerichtet wird. Doch der Richter gibt dem Gutachter nur im Idealfall den Sachverhalt vor, „in der Regel wird dieser [...] erst vom Sachverständigen ermittelt, weil es dem Gericht schon an den für die Formulierung von Sachverhalt und Beweisfragen notwendigen medizinischen Grundkenntnissen fehlt"[1054]. Die Maßgeblichkeit der sachverständigen Bewertung des Geschehens spricht also gegen die Befürchtung, der Patient stehe im streitschlichtenden Beweisverfahren

---

1050 Näher hierzu unter F.I.3.b)ee), S. 116.

1051 Allgemein hierzu *Rehborn*, in: *Geschäftsführender Ausschuss der ARGE Medizinrecht im DAV*, Fn. 340, S. 1, 8. Vgl. auch die Ausführungen unter D.I.2.c), S. 77.

1052 Kritisch daher *Scholz*, Fn. 225, S. 117.

1053 So *Steffen/Pauge*, Fn. 395, Teil B Rdnr. 721. Näher zur Prozessförderungspflicht des Gerichts unter F.I.3.c)bb), S. 118.

1054 Zitiert nach *Ratajczak*, in: *ARGE Rechtsanwälte im Medizinrecht e. V*, Fn. 244, S. 61. *Bergmann/Wever*, in: *Bergmann/Kienzle*, Fn. 872, S. 292 weisen ebenfalls darauf hin, dass in der Praxis oft der Sachverständige den prozessual erheblichen Sachverhalt ermittelt. Als Grund führen sie unter anderem an, auch dem Gericht fehle bisweilen die Qualifikation, Sachverhalt und Beweisfragen auf der Grundlage medizinischer Kenntnisse vorzugeben. Ähnlich *Franzki*, in: *Bayerlein*, Fn. 1008, § 52 Rdnr. 24, demzufolge sich bei der Fassung der Beweisfrage oft die fehlende Fachkunde des Richters zeigt.

schlechter als im regulären Arzthaftpflichtprozess.[1055] Außerdem gewährt § 492 Abs. 1 i. V. m. § 404a Abs. 2 ZPO dem Gericht die Möglichkeit, den Sachverständigen vor Erlass des Beweisbeschlusses zu hören, ihn in seine Aufgabe einzuweisen und ihm auf Verlangen den Auftrag zu erörtern, soweit es die Besonderheit des Falls erfordert.[1056]

Als gewichtiges Gegenargument lässt sich überdies anführen, dass die zivilprozessualen Maximen prinzipiell auch das Arzthaftpflichtverfahren bestimmen sollten.[1057] Zwar trifft den Richter bei derartigen Streitigkeiten in erhöhtem Maß die Pflicht, durch gezielte Fragen und Hinweise eine Ergänzung des Parteivortrags anzuregen.[1058] Dies darf jedoch nach Ansicht von *Rumler-Detzel* nicht darüber hinwegtäuschen, dass die Qualität des Verfahrens und vor allem auch die Erfolgsaussichten der Parteien leiden, wenn ihre Standpunkte nicht akzentuiert vorgetragen und „mit so viel Tatsachenmaterial wie nur irgend möglich" unterfüttert werden.[1059] Trotz aller Erleichterungen muss also davor gewarnt werden, sich beim Prozessvortrag allein auf das Gericht zu verlassen.[1060] Dies gilt ebenso für Fragen im gerichtlichen Beweisbeschluss, die nicht immer geeignet sind, „den Gutachter auf die für eine sachgerechte Entscheidung des Rechtsstreites richtige Fährte zu setzen"[1061].

Der selbständig formulierte Antrag des Patienten auf Einleitung eines streitschlichtenden Beweisverfahrens stellt mithin einen richtigen Schritt hin zu mehr Eigenverantwortung dar.[1062] Da sich der Antragsteller hier-

---

1055 Ausführlich zur hohen Bedeutung des Sachverständigengutachtens unter B.V.2, S. 57 und H.II.3.a), S. 180.

1056 Allgemein hierzu *Franzki*, in: *Bayerlein*, Fn. 1008, § 52 Rdnr. 24. *Greger*, in: *Zöller*, Fn. 130, § 404a Rdnr. 2 plädiert aber dafür, dieses Vorgehen solle die Ausnahme bleiben, da eine vorgefasste Sachentscheidung drohe.

1057 So die Forderung der *Deutschen Gesellschaft für Medizinrecht* bei ihren Arbeitstreffen vom 6. bis 8. Oktober 1995 in Berlin und vom 24. bis 26. April 1996 in Heidelberg, abgedruckt, in: *Laufs/Dierks/Wienke/Graf-Baumann/Hirsch*, Fn. 20, S. 349, 353. Näher hierzu unter F.I.3.c)bb), S. 118.

1058 Siehe etwa BGH NJW 1979, 1933, 1934. Aus jüngerer Zeit ist auf Brandenburgisches OLG NJW-RR 2001, 1608 hinzuweisen, demzufolge diese Pflicht mit den maßvollen Anforderungen an die Darlegungs- und Beweislast des klagenden Patienten korrespondiert.

1059 *Rumler-Detzel*, in: *ARGE Rechtsanwälte im Medizinrecht e. V*, Fn. 244, S. 119.

1060 So auch *Geiß/Greiner*, Fn. 395, Teil E Rdnr. 2 unter Verweis darauf, es würden erheblich unterschiedliche Anforderungen an die Darlegungslast gestellt.

1061 Zitat nach *Figgener*, in: *ARGE Rechtsanwälte im Medizinrecht e. V*, Fn. 244, S. 101.

1062 Im Übrigen sollte auch der Beweisbeschluss im Arzthaftungsverfahren „möglichst konkret nach dem Sachvortrag der Parteien gefasst werden", vgl. *Rumler-Detzel*, in: *ARGE Rechtsanwälte im Medizinrecht e. V*, Fn. 244, S. 119, 123.

bei wegen §§ 486 Abs. 4, 78 Abs. 3 ZPO nicht einmal anwaltlich vertreten lassen muss[1063], beurteilt *Stegers* das Vorgehen zu Recht als Akt der Privatautonomie[1064]. Diese gilt es trotz gesteigerter richterlicher Aufklärungspflichten in Arzthaftungssachen zu wahren. Auch insofern führt *Laufs* in der vorletzten seiner alljährlich abgedruckten Übersichten zum Medizinrecht richtigerweise aus: „Le droit, c´est l´autonomie de l´être humain.“[1065]

1063 Der Antrag kann nach § 486 Abs. 4 ZPO vor der Geschäftsstelle zu Protokoll erklärt werden, so dass gemäß § 78 Abs. 3 ZPO kein Vertretungszwang besteht. Für den Erörterungstermin nach § 492 Abs. 3 ZPO und das weitere Verfahren muss jedoch in der Regel ein Anwalt beauftragt werden, denn aufgrund des hohen Streitwerts in Arzthaftungssachen stellt meist das Landgericht die Eingangsinstanz dar, § 78 Abs. 1 ZPO. Näher hierzu auch *Herget*, in: *Zöller*, Fn. 130, § 486 Rdnr. 1; § 487 Rdnr. 1; § 492 Rdnr. 7.

1064 *Stegers*, in: *Geschäftsführender Ausschuss der ARGE Medizinrecht im DAV*, Fn. 340, S. 11, 18, ausführlich hierzu unter D.III.1, S. 83.

1065 *Laufs*, NJW 1999, 1758, 1765.

Schluss

In seiner heutigen Ausgestaltung stellt das selbständige Beweisverfahren kein genaues Abbild der *probatio in perpetuam rei memoriam* mehr dar, auf die es ursprünglich zurückzuführen ist.[1066] Der wesentliche Unterschied besteht in der durch das RPflVereinfG eingeführten Regelung des § 485 Abs. 2 ZPO, welche die vorgerichtliche Beweisaufnahme vom Sicherungszweck entkoppelt und nun lediglich an das Vorhandensein eines rechtlichen Interesses knüpft.[1067] Da dieses insbesondere dann anzunehmen ist, wenn die Feststellung der Vermeidung eines Rechtsstreits dienen kann, hat sich die Bezeichnung des streitschlichtenden Beweisverfahrens etabliert.[1068]

Besonders interessant für die gütliche Streitbeilegung in Arzthaftungssachen ist § 485 Abs. 2 S. 1 Nr. 2 ZPO, demzufolge die Ursache eines Personenschadens außerprozessual geklärt werden kann.[1069] Gegen die grundsätzliche Zulässigkeit des streitschlichtenden Beweisverfahrens in Arzthaftungssachen bestehen seit der wegweisenden Entscheidung des BGH vom 21. Januar 2003[1070] kaum noch Bedenken.[1071] Ungeklärt ist aber nach wie vor, wo im Einzelfall die Grenzen seiner Anwendbarkeit zu ziehen sind und inwieweit die prozessualen Besonderheiten des Arzthaftungsprozesses Einfluss darauf nehmen.[1072] Als Zusammenfassung der vorliegenden Untersuchung lassen sich hierzu folgende Ergebnisse festhalten:

Aufgrund der Standardisierung im medizinrechtlichen Bereich ist im Rahmen von § 485 Abs. 2 S. 1 Nr. 2 ZPO das Vorliegen eines vorwerfbaren ärztlichen Behandlungsfehlers überprüfbar[1073], der allerdings bereits

---

1066 Näher zu diesem römisch-kanonischen Institut unter A.I, S. 27 und A.II, S. 30. Als „Beweis zum ewigen Gedächtnis" fand es Eingang in das deutsche Prozessrecht, vgl. unter A.III, S. 32. Das Beweissicherungsverfahren war von Beginn an Bestandteil der Verfahrensordnung, siehe unter A.IV, S. 35.

1067 Vgl. zu den Neuerungen durch das Rechtspflege-Vereinfachungsgesetz vom 17. Dezember 1990, BGBl. I, S. 2847 unter A.V, S. 38.

1068 Ausführlicher zur Ausgestaltung des streitschlichtenden Beweisverfahrens unter B.II.3, S. 44. Seine spezielle Zielsetzung wird unter B.IV.2.b), S. 53 behandelt.

1069 Genauer hierzu unter B.V, S. 54.

1070 BGHZ 153, 302. Siehe Punkt C.II, S. 66.

1071 Zumindest seitens der herrschenden Meinung in Rechtsprechung und Literatur. Erläuterungen hierzu im Zweiten Teil unter C.III, S. 68 und D.IV, S. 86.

1072 Genauer zu dieser Fragestellung unter E.I.2, S. 97.

1073 Näher hierzu unter H.II.2.a), S. 170.

bei Antragstellung denkbar erscheinen und hinreichend konkretisiert werden muss[1074]. Unzulässig ist das streitschlichtende Beweisverfahren dann, wenn es dazu dienen soll, erst die Klagevoraussetzungen zu schaffen[1075] oder wenn es nach dem Vorliegen einer ordnungsgemäßen Aufklärung fragt[1076]. Obgleich wegen des weiten Verständnisses der Aufwendungen für die Beseitigung eines Personenschadens ein Bedeutungszuwachs von § 485 Abs. 2 S. 1 Nr. 3 ZPO zu erwarten ist[1077], kann die vorprozessuale Beweisaufnahme keinen Aufschluss über die Höhe eines eventuellen Schmerzensgeldanspruchs geben[1078]. Doch die vorgezogene sachverständige Begutachtung soll ihrem Konzept nach ohnehin kein zweites vorgeschaltetes Erkenntnisverfahren darstellen[1079], sondern die Parteien gemäß § 492 Abs. 3 ZPO auf einen Vergleich hinführen. Diese Zielsetzung ist auch ohne vorherige Kenntnis eines konkreten Schmerzensgeldanspruchs erreichbar, da dieser gegebenenfalls im Vergleichstermin vom Richter zur Sprache gebracht werden kann.

Dunz zog schon früh das Fazit, die Hauptschwierigkeiten bei den praktisch bedeutsamen Aspekten der Arzthaftung ergäben sich meist aus dem gewissermaßen handwerklichen Bereich der Rechtsprechung. „Es geht mit anderen Worten ganz wesentlich um die Tatsachenfeststellung."[1080] Da dem Sachverständigenbeweis gerade im Hinblick darauf überragende Bedeutung zukommmt[1081] und der Patient trotz des Waffengleichheitsgebots autonom über die ihm geeignet erscheinende Vorgehensweise entscheiden darf[1082], stehen die prozessualen Besonderheiten in Arzthaftungssachen der Einleitung eines streitschlichtenden Beweisverfahrens nicht entgegen. Trotz gesteigerter Aufklärungs- und Fürsorgepflichten muss der Richter dem Rechtsuchenden die Wahlmöglichkeiten zugestehen, welche die Verfahrensordnung vorsieht.

1074 Vgl. die Ausführungen unter H.II.3.b)bb), S. 186.

1075 Dies wird unter H.II.3.b)aa), S. 186 diskutiert.

1076 Denn die Aufklärung stellt einen eigenen Anknüpfungspunkt der ärztlichen Haftung mit anders gearteten prozessualen Besonderheiten dar, siehe Punkt H.II.3.b)dd), S. 188.

1077 Die Rechtsprechung fasst hierunter alle Aufwendungen, die sich als Folge aus dem in der Person entstandenen Schaden ergeben, vgl. BGH NJW-RR 2010, 946. Genauer hierzu unter H.II.2.b)bb)(1), S. 177.

1078 Dieses obliegt allein der richterlichen Schätzung nach § 287 ZPO, vgl. Punkt H.II.2.b)bb)(2), S. 178.

1079 So aber die Befürchtung von *Liebhold*, ZMGR 2009, 113, 114.

1080 *Dunz*, Fn. 904, S. 34.

1081 Ausführlich hierzu unter B.V.2, S. 57 und H.II.3.a), S. 180.

1082 Siehe hierzu insbesondere Punkt H.II.3.c), S. 190.

Aus diesem Grund ist aber zugleich vor Überlegungen zu warnen, die auf eine zwingende Vorschaltung der sachverständigen Begutachtung abzielen. So plädierte etwa *Behrens* im Jahr 1997 für eine Ausweitung der obligatorischen Schlichtung sowie eine Kombination des außergerichtlichen Schlichtungsversuchs mit Elementen des selbständigen Beweisverfahrens.[1083] Dabei nahm er unter anderem auf Arzthaftungsprozesse Bezug, die sich wegen ihrer Abhängigkeit von der Erhebung eines Sachverständigenbeweises besonders für Schlichtungsbemühungen eigneten. Im Hinblick auf die bisherigen Erfahrungen mit obligatorisch vorgeschalteten Güteverhandlungen sind derartige Erwägungen abzulehnen.[1084] Die Verfahrensordnung enthielt in § 495a ZPO a. F. eine Regelung, wonach jedem amtsgerichtlichen Prozess zwingend ein Güteverfahren voranzugehen hatte.[1085] Entgegen der ursprünglich in dieses Verfahren gesetzten Hoffnungen führte es aber vielfach zu Prozessverschleppung.[1086] So wurde die Zweiteilung des Zivilprozesses in ein Güte- und ein streitiges Verfahren im Jahr 1950 wieder abgeschafft.[1087] Obgleich sich der Gedanke einer zwingenden gerichtlichen Schlichtung neben § 15a EGZPO beispielsweise in § 54 ArbGG findet, ermutigt die Prozessrechtsgeschichte daher nicht zu einem zwingend vorgeschriebenen gerichtlichen Güteverfahren als genereller Voraussetzung für alle Streitigkeiten.[1088]

Insbesondere in Arzthaftungssachen droht eine derartige Ausgestaltung in Kombination mit Elementen der §§ 485 ff. ZPO ihren Zweck zu verfehlen. Legte man die Formulierung der Beweisfrage in die Hände eines

---

1083 *Behrens*, RuP 1997, 73, 75, der zum damaligen Zeitpunkt Justizminister von Nordrhein-Westfalen war. Befürwortend *Schubert*, NJ 1997, 337, 338, ehemals Justizministerin von Sachsen-Anhalt.

1084 Kritisch auch *Stadler*, NJW 1998, 2479, 2484 ff, die sich neben rechtspolitischen Bedenken in erster Linie auf verfahrens- und verfassungsrechtliche Grenzen beruft.

1085 Das Güteverfahren war durch die Novelle vom 13. Februar 1924, RGBl. I 1924, S. 135 im Zug der Emmingerschen Justizreform eingeführt worden. Damit wurde einer damals populären Forderung in Richter- und Anwaltskreisen nach einem Zwangsgüteverfahren Folge geleistet. Ausführlich hierzu *Schuster*, in: *Blankenburg/Gottwald/Strempel*, Fn. 7, S. 189, 190 ff.

1086 Vgl. *Rosenberg*, Fn. 90, S. 350. Im Vorfeld der Einführung von § 15a EGZPO wurden diese Bedenken abermals erhoben, siehe nur *Greger*, ZRP 1998, 183, 184; *Wagner*, JZ 1998, 836, 843.

1087 Durch das Gesetz zur Wiederherstellung der Rechtseinheit vom 12. September 1950, BGBl. I, S. 455; vgl. hierzu die amtliche Begründung BT-Drs. I/530, S. 20 sowie die Ausführung des damaligen Berichterstatters *Neumayer*, BT-Prot. zur 79. Sitzung vom 26. Juli 1950, S. 2833, 2873.

1088 Siehe *Stürner*, in: *Breidenbach/Coester-Waltjen/Heß/Nelle/Wolf*, Konsensuale Streitbeilegung, 2001, S. 5, 9, 29. Ähnlich *Katzenmeier*, ZZP 115 (2002), 51, 86 ff.

obligatorischen Schlichters, würde die „verhängnisvolle Wirkung des Zwangscharakters"[1089] auch die vorherige Einholung eines Gutachtens erfassen. Mangels originärer Vergleichsbereitschaft und des Willens zur Akzeptanz der sachverständigen Bewertung des Geschehens würde sich dies nur als prozessverzögernder Umweg erweisen.[1090] Um zu einer sachgerechten Lösung zu gelangen, die den Schutz der besonderen Arzt-Patienten-Beziehung berücksichtigt[1091], muss an die Stelle von Zwang die Motivation zu einer konsensualen Konfliktbereinigung treten.[1092] *Katzenmeier* bringt dies wie folgt zum Ausdruck: „Deutlich geworden ist die Notwendigkeit einer Konsensbildung, soll am Ende nicht der Patient, um dessen Wohl es Juristen wie Medizinern geht, Schaden leiden. Die Hoffnungen richten sich heute darauf, von der Konfrontation über Kommunikation zu einer Kooperation von Ärzten und Juristen zu gelangen."[1093]

Das streitschlichtende Beweisverfahren kann auf prozessualem Gebiet einen großen Beitrag hierzu leisten. Es gewährleistet dem Patienten, der den Beweisantrag selbständig formulieren darf, annähernd dieselbe Freiheit wie bei der Erholung eines Privatgutachtens. Da jedoch das Gericht den Sachverständigen auswählt[1094], dessen Gutachten nach §§ 492 Abs. 1, 411 Abs. 3, 412 Abs. 1 ZPO überprüfen kann[1095] und das Beteiligungsrecht der Gegenpartei gemäß §§ 493 Abs. 2, 491 ZPO zu beachten hat[1096], werden die Garantien des Zivilprozesses gewahrt. Schließt sich an die außerprozessuale Beweiserhebung eine Einigung nach § 492 Abs. 3 ZPO an, erfährt diese damit eine „Legitimation durch Verfahren"[1097], was wiederum den Willen der Parteien zu Akzeptanz des geschlossenen, gemäß § 794 Abs. 1 Nr. 1 Alt. 2 ZPO vollstreckbaren Vergleichs erhöht.

1089 Vgl. zu dieser Begrifflichkeit *Stürner*, in: *Breidenbach/Coester-Waltjen/Heß/Nelle/Wolf*, Fn. 1088, S. 5, 10.

1090 Daher lehnt auch *Taupitz*, ZRP 1997, 161, 164 ein zwingend vorgeschaltetes Schlichtungsverfahren ab.

1091 Ausführlich hierzu in der Einleitung, S. 21 sowie unter B.V.1.b), S. 56.

1092 Allgemein hierzu *Greger*, JZ 2000, 842, 844.

1093 *Katzenmeier*, in: *Katzenmeier/Bergdolt*, Fn. 232, S. 45, 58.

1094 Genauer hierzu unter H.II.3.a)dd), S. 184.

1095 Punkt H.II.3.a)bb), S. 182 beschäftigt sich näher mit der Überprüfbarkeit sachverständiger Begutachtung.

1096 Vgl. unter B.III.1.a), S. 45.

1097 Zitiert nach *Gottwald*, ZZP 95 (1982), 245, 258; vgl. auch *Luhmann*, Fn. 240 sowie unter B.V.2, S. 57.

Die Feststellung *Wiethölters*, „[d]ie Rechtsprechung bildet gleichsam die Front im kalten Krieg zwischen Medizinern und Juristen"[1098], muss im Verfahren nach § 485 Abs. 2 ZPO überdacht werden. Denn die Aufklärung der Geschehnisse wird dabei zunächst in die Hände eines medizinischen Sachverständigen gelegt. Gemäß § 492 Abs. 3 ZPO kommt es erst dann zu einem Aufeinandertreffen der Parteien, wenn eine Einigung zu erwarten ist. Im streitschlichtenden Beweisverfahren bietet der Gerichtssaal somit neutralen Boden für Vergleichsverhandlungen auf dem weiten Konfliktfeld des arzthaftungsrechtlichen Zivilprozesses.[1099]

Eben dieser Prozess soll und darf aber nicht gänzlich obsolet werden.[1100] Wie die angestellten Überlegungen zum Konzept des deutschen individualabhängigen Arzthaftungsrechts im Vergleich zum kollektiven Schadensausgleichssystem nach neuseeländischem Beispiel gezeigt haben, ist die Möglichkeit gerichtlicher Inanspruchnahme des Behandlers unabdingbar, um den hohen medizinischen Standard in Deutschland zu wahren und weiter zu verbessern.[1101] Dennoch werden vermehrt Kontrollmechanismen außerhalb des klassischen streitigen Verfahrens wie etwa die Einholung einer sachverständigen Stellungnahme der ärztlichen Schlichtungsstellen und Gutachterkommissionen eingesetzt.[1102]

Dabei wies *Prütting* bei der Abwägung von Alternativen zum Zivilprozess zutreffend darauf hin: „Letztlich müssen wir uns also entscheiden: Wieviel Zeit und Geld wollen wir einsparen, wieviel Rechtsstaatlichkeit wollen wir dabei aber behalten."[1103] Berücksichtigt man diese Worte, sollte dem streitschlichtenden Beweisverfahren gerade auf dem Gebiet der Arzthaftung künftig mehr Aufmerksamkeit als bisher zuteil werden. Die vorgezogene Beweisaufnahme ist ein seit jeher in der deutschen Verfahrensordnung verankertes Instrument, das aufgrund seiner Neugestal-

---

1098 Wiethölter, in: Stiftung zur Förderung der wissenschaftlichen Forschung über Wissen und Bedeutung der freien Berufe, Fn. 597, S. 71, 82.

1099 Ausführlich zu dieser Thematik unter B.V.1.b), S. 56. Auch mittels des streitschlichtenden Beweisverfahrens kann also erreicht werden, was *Atiyah*, Fn. 643, S. 193 zufolge nur durch eine Reform des geltenden Rechtssystems möglich ist: *„[...] it will get rid of the adversarial process which can be especially troublesome in the case of claims against hospitals."*

1100 Allgemein hierzu *Rehbinder*, Fn. 224, Rdnr. 143: „Das Recht lebt von Konflikten. Es kommt nur darauf an, sie unter Kontrolle zu halten, damit der Zusammenhalt der Gemeinschaft nicht gefährdet wird."

1101 Näher hierzu im Rahmen der rechtsvergleichenden Betrachtung unter H.I, S. 158.

1102 Siehe die Ausführungen in der Einleitung, insbesondere S. 22.

1103 *Prütting*, JZ 1985, 261, 271.

tung im Jahr 1991 die Chance eröffnet, das derzeit hohe Niveau des Patientenschutzes beizubehalten und dennoch die eingangs geschilderte Flut von Klagen unter Rücksichtnahme auf das Vertrauensverhältnis eigener Art zwischen Behandler und Behandlungssuchendem einzudämmen.

Verzeichnis der zitierten nationalen Entscheidungen

BGH: Urteil vom 14.12.1953, Az: III ZR 183/52. In: BGHZ 11, S. 227-231.

BGH: Urteil vom 06.07.1955, Az: GSZ 1/55. In: BGHZ 18, S. 149-168.

BGH: Urteil vom 10.07.1956, Az: VI ZR 199/55. In: NJW 1956, S. 1638-1639.

BGH: Urteil vom 09.12.1958, Az: VI ZR 203/57. In: BGHZ 29, S. 46-62.

BGH: Urteil vom 16.01.1959, Az: VI ZR 179/57. In: BGHZ 29, S. 176-187.

BGH: Urteil vom 17.02.1970, Az: III ZR 139/67. In: BGHZ 53, S. 245-264.

BGH: Urteil vom 10.11.1970, Az: VI ZR 83/69. In: NJW 1971, S. 241-244.

BGH: Urteil vom 21.02.1973, Az: VIII ZR 212/71. In: BGHZ 60, S. 212-213.

BGH: Urteil vom 29.06.1976, Az: VI ZR 68/75. In: BGHZ 67, S. 48-56.

BGH: Urteil vom 15.03.1977, Az: VI ZR 201/75. In: NJW 1977, S. 1102-1103.

BGH: Urteil vom 27.06.1978, Az: VI ZR 183/76. In: BGHZ 72, S. 132-141.

BGH: Urteil vom 15.05.1979, Az: VI ZR 70/77. In: NJW 1979, S. 1933-1935.

BGH: Urteil vom 19.06.1979, Az: VI ZR 91/78. In: VersR 1979, S. 939-941.

BGH: Urteil vom 13.03.1980, Az: VII ZR 80/79. In: NJW 1980, S. 1458-1459.

BGH: Urteil vom 22.04.1980, Az: VI ZR 37/79. In: NJW 1980, S. 1905-1907.

BGH: Urteil vom 24.06.1980, Az: VI ZR 7/79. In: NJW 1980, S. 2751-2753.

BGH: Urteil vom 20.01.1983, Az: VII ZR 210/81. In: NJW 1983, S. 1901-1902.

BGH: Urteil vom 10.05.1983, Az: VI ZR 270/81. In: NJW 1983, S. 2080-2082.

BGH: Urteil vom 07.02.1984, Az: VI ZR 174/82. In: BGHZ 90, S. 103-113.

BGH: Urteil vom 18.06.1985, Az: VI ZR 234/83. In: NJW 1985, S. 2189-2192.

BGH: Urteil vom 11.03.1986, Az: VI ZR 22/85. In: NJW 1986, S. 2757-2758.

BGH: Urteil vom 03.02.1987, Az: VI ZR 56/86. In: NJW 1987, S. 1482-1484.

BGH: Urteil vom 19.05.1987, Az: VI ZR 147/86. In: NJW 1987, S. 2300-2301.

BGH: Urteil vom 22.09.1987, Az: VI ZR 238/86. In: NJW 1988, S. 763-765.

BGH: Urteil vom 09.05.1989, Az: VI ZR 268/88. In: NJW 1989, S. 2948-2949.

BGH: Urteil vom 08.05.1990, Az: VI ZR 227/89. In: NJW 1990, S. 2929-2931.

BGH: Urteil vom 30.04.1991, Az: VI ZR 178/90. In: BGHZ 114, S. 284-298.

BGH: Urteil vom 26.11.1991, Az: VI ZR 389/90. In: NJW 1992, S. 754-756.

BGH: Urteil vom 04.06.1992, Az: IX ZR 149/91. In: BGHZ 118, S. 312-351.

BGH: Urteil vom 03.12.1992, Az: VII ZR 86/92. In: BGHZ 120, S. 329-334.

BGH: Urteil vom 14.12.1993, Az: VI ZR 67/93. In: NJW 1994, S. 1596-1598.

BGH: Urteil vom 14.06.1994, Az: VI ZR 260/93. In: NJW 1994, S. 2414-2415.

BGH: Urteil vom 29.11.1994, Az: VI ZR 189/93. In: NJW 1995, S. 776-778.

BGH: Urteil vom 09.01.1996, Az: VI ZR 70/95. In: NJW 1996, S. 1597-1599.

BGH: Urteil vom 01.10.1996, Az: VI ZR 10/96. In: NJW 1997, S. 796-798.

BGH: Urteil vom 19.11.1996, Az: VI ZR 350/95. In: NJW 1997, S. 798-799.

BGH: Urteil vom 21.01.1997, Az: VI ZR 86/96. In: NJW 1997, S. 1446-1447.

BGH: Urteil vom 22.01.1998, Az: VII ZR 204/96. In: NJW 1998, S. 1305-1306.

BGH: Urteil vom 30.04.1998, Az: VII ZR 74/97. In: NJW-RR 1998, S. 1475-1476.

BGH: Urteil vom 08.02.2000, Az: VI ZR 325/98. In: NJW 2000, S. 2741-2742.

BGH: Urteil vom 10.10.2000, Az: VI ZR 10/00. In: NJW 2001, S. 77-78.

BGH: Urteil vom 13.02.2001, Az: VI ZR 34/00. In: NJW 2001, S. 1786-1787.

BGH: Urteil vom 13.02.2001, Az: VI ZR 272/99. In: NJW 2001, S. 2796-2797.

BGH: Urteil vom 27.03.2001, Az: VI ZR 18/00. In: NJW 2001, S. 2791-2792.

BGH: Urteil vom 19.06.2001, Az: VI ZR 286/00. In: NJW 2001, S. 2794-2795.

BGH: Urteil vom 03.07.2001, Az: VI ZR 418/99. In: NJW 2001, S. 2795-2796.

BGH: Urteil vom 20.02.2002, Az: VIII ZR 228/00. In: BGHZ 150, S. 55-60.

BGH: Beschluss vom 21.01.2003, Az: VI ZB 51/02. In: BGHZ 153, S. 302-308.

BGH: Beschluss vom 17.03.2003, Az: XII ZB 2/03. In: BGHZ 154, S. 205-230.

BGH: Urteil vom 11.07.2003, Az: V ZR 414/02. In: NJW 2003, S. 2830-2832.

BGH: Urteil vom 04.11.2003, Az: VI ZR 28/03. In: NJW 2004, S. 777-779.

BGH: Urteil vom 23.03.2004, Az: VI ZR 428/02. In: NJW 2004, S. 1871-1872.

BGH: Urteil vom 08.06.2004, Az: VI ZR 199/03. In: BGHZ 159, S. 245-254.

BGH: Beschluss vom 16.09.2004, Az: III ZB 33/04. In: NJW 2004, S. 3488-3490.

BGH: Urteil vom 16.11.2004, Az: VI ZR 328/03. In: NJW 2005, S. 427-429.

BGH: Urteil vom 14.06.2005, Az: VI ZR 179/04. In: BGHZ 163, S. 209-223.

BGH: Beschluss vom 13.09.2005, Az: VI ZB 84/04. In: BGHZ 164, S. 94-95.

BGH: Urteil vom 05.12.2006, Az: VI ZR 228/05. In: NJW-RR 2007, S. 414-416.

BGH: Urteil vom 06.02.2007, Az: VI ZR 274/05. In: NJW 2007, S. 1683-1685.

BGH: Urteil vom 20.03.2007, Az: VI ZR 158/06. In: BGHZ 171, S. 358-364.

BGH: Urteil vom 17.04.2007, Az: VI ZR 108/06. In: NJW 2007, S. 2771-2773.

BGH: Beschluss vom 22.05.2007, Az: VI ZR 233/06. In: NJW-RR 2007, S. 1294.

BGH: Urteil vom 05.07.2007, Az: 4 StR 549/06. In: NStZ-RR 2007, S. 340-341.

BGH: Urteil vom 18.09.2007, Az: XI ZR 211/06. In: NJW 2008, S. 523-525.

BGH: Urteil vom 08.01.2008, Az: VI ZR 118/06. In: NJW 2008, S. 1304-1305.

BGH: Beschluss vom 28.03.2008, Az: VI ZR 57/07. In: GesR 2008, S. 361-362.

BGH: Urteil vom 08.04.2008, Az: VI ZR 49/07. In: BGHZ 176, S. 109-115.

BGH: Urteil vom 18.11.2008, Az: VI ZR 198/07. In: NJW 2009, S. 1209-1212.

BGH: Beschluss vom 21.01.2009, Az: VI ZR 170/08. In: VersR 2009, S. 499-500.

BGH: Urteil vom 03.02.2009, Az: VI ZR 183/08. In: NJW 2009, S. 2060-2061.

BGH: Beschluss vom 24.03.2009, Az: VII ZR 200/08. In: NJW-RR 2009, S. 1243-1244.

BGH: Beschluss vom 09.06.2009, Az: VI ZR 138/08. In: VersR 2009, S. 1405-1406.

BGH: Urteil vom 16.06.2009, Az: VI ZR 157/08. In: NJW 2009, S. 2820-2822.

BGH: Beschluss vom 14.07.2009, Az: VIII ZR 295/08. In: NJW-RR 2009, S. 1361-1362.

BGH: Beschluss vom 20.10.2009, Az: VI ZB 53/08. In: NJW-RR 2010, S. 946-947.

BGH: Beschluss vom 09.02.2010, Az: VI ZB 59/09. In: NJW-Spezial 2010, S. 205.

BGH: Beschluss vom 18.02.2010, Az: Xa ARZ 14/10. In: NJW-RR 2010, S. 891-893.

BGH: Urteil vom 15.06.2010, Az: VI ZR 204/09. In: NJW 2010, S. 2430-2432.

BGH: Beschluss vom 06.07.2010, Az: VI ZR 177/09. In: NJW-RR 2010, 1363.

BGH: Urteil vom 27.01.2011, Az: VII ZR 186/09.

Brandenburgisches OLG: Urteil vom 11.07.2001, Az: 1 U 4/01. In: NJW-RR 2001, S. 1608-1609.

Brandenburgisches OLG: Beschluss vom 06.04.2006, Az: 1 AR 12/06. In: MDR 2006, S. 1184-1185.

Brandenburgisches OLG: Beschluss vom 12.11.2009, Az: 12 W 33/09.

Brandenburgisches OLG: Urteil vom 22.04.2010, Az: 12 U 186/08.

BVerfG: Beschluss vom 25.07.1979, Az: 2 BvR 878/74. In: BVerfGE 52, S. 131-187.

BVerfG: Beschluss vom 14.02.2007, Az: 1 BvR 1351/01. In: NJW-RR 2007, S. 1073-1075.

KG: Beschluss vom 28.10.1983, Az: 1 W 4781/82. In: JurBüro 1984, S. 1243-1245.

KG: Beschluss vom 01.10.1998, Az: 10 W 6456/98. In: NJW-RR 1999, S. 1369-1370.

KG: Beschluss vom 11.09.2006, Az: 20 W 35/06. In: ArztR 2007, S. 163-164.

LG Chemnitz: Beschluss vom 17.07.2000, Az: 3 OH 2151/00.

LG Darmstadt: Urteil vom 12.09.2005, Az: 22 O 90/05. In: IBR 2005, S. 678.

LG Duisburg: Beschluss vom 14.12.1999, Az: 1 OH 49/99.

LG Frankfurt/Oder: Beschluss vom 06.01.1995, Az: 13 OH 13/94.

LG Hannover: Beschluss vom 04.04.2001, Az: 3 OH 36/01-057. In: VersR 2001, S. 1099.

LG Kassel: Beschluss vom 15.10.2004, Az: 6 OH 65/04. In: GesR 2005, S. 26-27.

LG Köln: Beschluss vom 04.02.2004, Az: 25 OH 14/03. In: GesR 2004, S. 139.

LG Marburg: Urteil vom 30.01.2006, Az: 1 O 231/03. In: BauR 2006, S. 1192.

LG Meiningen: Beschluss vom 06.06.1999, Az: 1 OH 61/98.

LG München: Beschluss vom 16.01.2003, Az: 1 MOH 6781/02. In: GesR 2003, S. 87.

LG München: Beschluss vom 22.12.2005, Az: 9 OH 19273/05.

LG Passau: Beschluss vom 04.02.1992, Az: 2 T 209/91. In: NJW-RR 1992, S. 767.

OLG Braunschweig: Beschluss vom 03.08.2000, Az: 8 W 34/00. In: BauR 2001, S. 990.

OLG Düsseldorf: Beschluss vom 18.09.1995, Az: 8 W 23/95. In: MedR 1996, S. 132-133.

OLG Düsseldorf: Beschluss vom 30.07.1998, Az: 8 W 16/98. In: MDR 1998, S. 1241-1242.

OLG Düsseldorf: Beschluss vom 12.01.2000, Az: 8 W 53/99. In: NJW 2000, S. 3438-3439.

OLG Düsseldorf: Urteil vom 15.06.2000, Az: 8 U 99/99. In: NJW-RR 2001, S. 389.

OLG Düsseldorf: Beschluss vom 07.02.2008, Az: I-20 W 152/07. In: SchiedsVZ 2008, S. 258-260.

OLG Frankfurt: Beschluss vom 17.07.1984, Az: 5 U 159/84. In: NJW 1985, S. 811.

OLG Frankfurt: Beschluss vom 26.09.1997, Az: 21 AR 76-97. In: NJW-RR 1998, S. 1610-1611.

OLG Frankfurt: Urteil vom 05.11.2009, Az: 3 U 45/08. In: NJW-RR 2010, S. 535-537.

OLG Frankfurt: Beschluss vom 03.12.2009, Az: 4 W 63/09. In: NJW 2010, S. 1822-1823.

OLG Frankfurt: Beschluss vom 15.02.2010, Az: 8 W 7/10. In: MDR 2010, S. 652.

OLG Hamm: Beschluss vom 27.01.1993, Az: 3 W 52/92.

OLG Hamm: Beschluss vom 16.03.1994, Az: 3 W 3/94.

OLG Hamm: Beschluss vom 17.10.1994, Az: 3 W 26/94.

OLG Hamm: Beschluss vom 10.05.1995, Az: 3 W 6/95.

OLG Hamm: Beschluss vom 31.05.1995, Az: 3 W 15/95.

OLG Hamm: Beschluss vom 03.11.1998, Az: 9 W 31/97. In: MDR 1999, S. 184-185.

OLG Hamm: Beschluss vom 16.09.2002, Az: 17 W 30/02. In: NJW-RR 2002, S. 1674.

OLG Hamm: Beschluss vom 26.11.2003, Az: 3 W 36/03. In: GesR 2004, S. 379.

OLG Hamm: Beschluss vom 29.12.2003, Az: 3 W 34/03.

OLG Hamm: Beschluss vom 10.03.2004, Az: 3 W 7/04. In: ZMGR 2004, S. 135-136.

OLG Hamm: Urteil vom 16.06.2009, Az: 9 U 239/08. In: GesR 2009, S. 664-665.

OLG Hamm: Beschluss vom 17.02.2010, Az: I-3 W 3/10. In: GesR 2010, S. 254.

OLG Jena: Urteil vom 10.05.2007, Az: 1 U 339/04.

OLG Jena: Beschluss vom 18.12.2007, Az: 5 W 481/07.

OLG Karlsruhe: Beschluss vom 09.06.1989, Az: 14 W 22/89. In: NJW-RR 1989, S. 1465.

OLG Karlsruhe: Beschluss vom 23.12.1998, Az: 7 W 52/98. In: MDR 1999, S. 496-497.

OLG Karlsruhe: Beschluss vom 11.01.2002, Az: 13 W 178/01. In: VersR 2003, S. 374.

OLG Karlsruhe: Urteil vom 27.09.2007, Az: 9 U 55/07. In: NJW-RR 2008, S. 402-403.

OLG Koblenz: Beschluss vom 09.12.1994, Az: 14 W 712/94. In: JurBüro 1995, S. 481-482.

OLG Koblenz: Beschluss vom 24.10.2000, Az: 3 W 670/00. In: OLGR Koblenz 2001, S. 214-215.

OLG Koblenz: Beschluss vom 14.12.2001, Az: 5 W 822/01. In: MedR 2002, S. 359-360.

OLG Koblenz: Beschluss vom 04.04.2005, Az: 5 W 159/05. In: MedR 2005, S. 531-532.

OLG Koblenz: Beschluss vom 11.08.2006, Az: 5 W 480/06. In: MedR 2007, S. 252-253.

OLG Köln: Urteil vom 04.12.1991, Az: 27 U 159/90. In: RuS 1993, S. 376-377.

OLG Köln: Beschluss vom 22.06.1995, Az: 22 W 20/95. In: NJW-RR 1996, S. 573-574.

OLG Köln: Beschluss vom 21.08.1997, Az: 5 W 57/97. In: NJW 1999, S. 875.

OLG Köln: Beschluss vom 25.07.2002, Az: 5 W 86/02.

OLG Köln: Beschluss vom 07.08.2002, Az: 5 W 98/02. In: VersR 2003, S. 375.

OLG Köln: Beschluss vom 17.06.2003, Az: 5 W 73/03. In: RuS 2003, S. 528.

OLG Köln: Beschluss vom 23.04.2004, Az: 5 W 51/04. In: GesR 2004, S. 235.

OLG Köln: Beschluss vom 01.08.2005, Az: 5 W 92/05. In: OLGR Köln 2006, S. 58-60.

OLG Köln: Beschluss vom 29.04.2009, Az: 5 W 3/09. In: VersR 2009, S. 1515-1516.

OLG München: Beschluss vom 09.02.2006, Az: 1 W 805/06.

OLG München: Urteil vom 06.04.2006, Az: 1 U 4142/05. In: NJW 2006, S. 1883-1886.

OLG München: Beschluss vom 23.11.2006, Az: 1 W 2699/06. In: VersR 2007, S. 1392.

OLG München: Beschluss vom 09.02.2009, Az: 1 U 5251/08.

OLG München: Urteil vom 25.09.2009, Az: 10 U 5684/08. In: NJW-Spezial 2010, S. 171.

OLG Naumburg: Beschluss vom 09.02.2001, Az: 1 W 25/00. In: OLGR Naumburg 2001, S. 321-322.

OLG Naumburg: Beschluss vom 01.03.2004, Az: 1 W 4/04. In: ZMGR 2004, S. 135.

OLG Naumburg: Beschluss vom 14.11.2005, Az: 1 W 18/05.

OLG Naumburg: Urteil vom 15.10.2007, Az: 1 U 46/07. In: NJW-RR 2008, S. 693-694.

OLG Nürnberg: Beschluss vom 07.09.1972, Az: 2 W 108/72. In: NJW 1972, S. 2138-2139.

OLG Nürnberg: Beschluss vom 13.11.1996, Az: 1 W 3034/96. In: MDR 1997, S. 501.

OLG Nürnberg: Beschluss vom 26.02.1997, Az: 10 WF 275/97. In: NJW-RR 1998, S. 575-576.

OLG Nürnberg: Beschluss vom 29.05.2008, Az: 5 W 506/08. In: MedR 2009, S. 155-157.

OLG Oldenburg: Beschluss vom 14.05.2008, Az: 5 W 31/08. In: GesR 2008, S. 421-422.

OLG Oldenburg: Beschluss vom 08.07.2008, Az: 5 W 41/08. In: ZMGR 2009, S. 111-113.

OLG Oldenburg: Beschluss vom 03.12.2009, Az: 5 W 60/09.

OLG Saarbrücken: Beschluss vom 13.05.1999, Az: 1 W 125/99-16. In: NJW 2000, S. 3439.

OLG Stuttgart: Beschluss vom 06.10.1998, Az: 14 W 7/98. In: NJW 1999, S. 874-875.

OLG Zweibrücken: Beschluss vom 10.09.1992, Az: 7 W 59/92. In: MDR 1992, S. 1178-1179.

OLG Zweibrücken: Beschluss vom 28.05.1997, Az: 2 AH 15/97. In: BauR 1997, S. 885.

RG: Urteil vom 31.05.1894, Az: Rep. 1406/94. In: RGSt 25, S. 375-389.

RG: Urteil vom 19.09.1921, Az: VI 191/21. In: RGZ 102, S. 372-375.

RG: Urteil vom 17.05.1943, Az: III 81/42. In: RGZ 171, S. 168-173.

Schleswig-Holsteinisches OLG: Beschluss vom 27.02.1987, Az: 9 W 208/85. In: JurBüro 1987, S. 1223-1224.

Schleswig-Holsteinisches OLG: Beschluss vom 19.12.2000, Az: 16 W 292/00. In: OLGR Schleswig 2001, S. 279-280.

Schleswig-Holsteinisches OLG: Beschluss vom 12.06.2009, Az: 16 W 65/09. In: OLGR Schleswig 2009, S. 593-594.

SG Ulm: Beschluss vom 09.03.2009, Az: S 10 U 4214/08 A.

Thüringer OLG: Beschluss vom 10.03.1998, Az: 3 W 129/98. In: OLG-NL 1998, S. 118-119.

Thüringer OLG: Beschluss vom 19.12.2005, Az: 4 W 503/05. In: MedR 2006, S. 211.

Verzeichnis der zitierten internationalen Entscheidungen und des EGMR

Accident Compensation Commission v Auckland Hospital Board [1980] 2 NZLR 748-753 (HC).*

Accident Compensation Corporation v Ambros [2008] 1 NZLR 340-367 (CA).

Accident Compensation Corporation v E [1992] 2 NZLR 426-435 (CA).

Atkinson v Accident Rehabilitation Compensation and Insurance Corporation [2002] 1 NZLR 374-380 (CA).

Brownlie v Good Health Wanganui Ltd [2005] NZAR 289-297 (CA).**

Cashfield House Ltd v David & Heather Sinclair Ltd [1995] 1 NZLR 452-468 (HC).

Cassidy v Minister of Health [1951] 1 All ER 574-588 (CA) (Eng).

Cochrane v Accident Compensation Corporation [1994] NZAR 6-10 (HC).

Couch v Attorney-General (No 2) [2010] 3 NZLR 149-230 (SC).

Daniels v Thompson [1998] 3 NZLR 22-79 (CA).

Donoghue v Stevenson [1932] AC 562-623 (HL) (Scot).

Donselaar v Donselaar [1982] 1 NZLR 97-117 (CA).

Green v Matheson [1989] 3 NZLR 564-573 (CA).

Hedley Byrne & Co Ltd v Heller & Partners Ltd [1964] AC 465-540 (HL) (Eng).

MacDonald v Accident Compensation Corporation [1985] 5 NZAR 276-283 (HC).

Naysmith v Accident Compensation Corporation [2006] 1 NZLR 40-42 (HC).

Polansky v Accident Compensation Corporation [1990] 8 NZAR 481-491 (HC).

Queenstown Lakes Districts v Palmer [1999] 1 NZLR 549-557 (CA).

Re Collier [1976] 1 NZAR 130-134 (ACAA).

Re Hazel [1991] 9 NZAR 362-369 (ACAA).

Re M [1984] 4 NZAR 339-342 (ACAA).

Re Wallace [1981] 2 NZAR 491-493 (ACAA).

Roe v Ministry of Health [1954] 2 All ER 131-143 (CA) (Eng).

S v Attorney-General [2003] 3 NZLR 450-480 (CA).

Sam v Accident Compensation Corporation [2009] 1 NZLR 132-144 (HC).

Sivasubramaniam v Yarrall [2005] 3 NZLR 268-284 (HC).

Smith v Auckland Hospital Board [1965] NZLR 191-228 (CA).

Van Soest v Residual Health Management Unit [2000] 1 NZLR 179-210 (CA).

Viggars v Accident Compensation Corporation [1986] 6 NZAR 235-240 (HC).

Whitehouse v Jordan [1980] 1 All ER 650-666 (CA) (Eng).

EGMR: Urteil vom 05.03.2009, Az: 7634/05. In: EuGRZ 2009, S. 207-209.

* Die NZLR werden seit dem Jahr 1973 in mehreren Bänden pro Jahr veröffentlicht.
** Die NZAR tragen lediglich in den Ausgaben der Jahre 1976 bis 1991 eine laufende Nummer.

Literaturverzeichnis

Accident Compensation Corporation: Review of ACC Medical Misadventure. Consultation Document. 2003.

- Levy Consultation 2011/12. Find out how the ACC Scheme works and how you can have your Say on what you pay. 2010.

Ahrens, Hans-Jürgen: Grenzüberschreitende selbständige Beweisverfahren – eine Skizze. In: *Geimer*, Reinhold (Hg.): Wege zur Globalisierung des Rechts. Festschrift für Rolf A. Schütze zum 65. Geburtstag. München 1999, S. 1-13.

Ahrens, Hans-Jürgen; *von Bar*, Christian; *Fischer*, Gerfried; *Spickhoff*, Andreas; *Taupitz*, Jochen (Hg.): Festschrift für Erwin Deutsch zum 70. Geburtstag. Köln 1999.

- Medizin und Haftung. Festschrift für Erwin Deutsch zum 80. Geburtstag. Berlin 2009.

Angelo, Anthony H: The Draft Directive of the European Communities on the Liability of Suppliers of Services – A New Zealand View. In: *Deutsch*, Erwin; *Taupitz*, Jochen (Hg.): Haftung der Dienstleistungsberufe. Natürliche Vielfalt und europäische Vereinheitlichung. Heidelberg 1993, S. 239-272.

Ankermann, Ernst; *Menne*, Heinz (Hg.): Alternativkommentar zur Zivilprozeßordnung. Neuwied 1987.

Apathy, Peter; *Bollenberger*, Raimund; *Bydlinski*, Peter; *Iro*, Gert; *Karner*, Ernst; *Karollus*, Martin (Hg.): Festschrift für Helmut Koziol zum 70. Geburtstag. Wien 2010.

ARGE Rechtsanwälte im Medizinrecht e. V. (Hg.): Der medizinische Sachverständige. Richter in Weiß? Köln 1995.

- Arzthaftung – Mängel im Schadensausgleich? Berlin, Heidelberg 2009.

Atiyah, Patrick S: The Damages Lottery. Oxford 1997.

Atkin, Bill; *Evans*, Katrine; *McLay*, Geoff; *Petersson*, Sandra: Torts in New Zealand. Cases and Materials. 3. Ed. South Melbourne, New York 2002.

Badura, Bernhard; *Hart*, Dieter; *Schellschmidt*, Henner: Bürgerorientierung des Gesundheitswesens. Selbstbestimmung, Schutz, Beteiligung. Gutachten. Baden-Baden 1999.

Von Bar, Christian: Verkehrspflichten. Richterliche Gefahrsteuerungsgebote im deutschen Deliktsrecht. Köln 1980.

- Entwicklungen und Entwicklungstendenzen im Recht der Verkehrs(sicherungs)-pflichten. In: JuS 1988, S. 169-174.

Barta, Heinz: Kann das historische Modell der gesetzlichen Unfallversicherung einer modernen Arzthaftung als Vorbild dienen? Eine historisch-aktuelle Ideenskizze. In: *Heinze*, Meinhard; *Schmitt*, Jochem (Hg.): Festschrift für Wolfgang Gitter. Zum 65. Geburtstag am 30. Mai 1995. Wiesbaden 1995, S. 9-52.

- Medizinhaftung. Kann das historische Modell der gesetzlichen Unfallversicherung einer modernen Arzthaftung als Vorbild dienen? Eine historisch-aktuelle Ideenskizze. Innsbruck 1995.

Baumann, Horst: Arzthaftung und Versicherung – ist eine Patientenversicherung in der Bundesrepublik Deutschland empfehlenswert? In: JZ 1983, S. 167-175.

Baumbach, Adolf; *Lauterbach*, Wolfgang; *Albers*, Jan; *Hartmann*, Peter (Hg.): Zivilprozessordnung. Mit FamFG, GVG und anderen Nebengesetzen. 69. Aufl. München 2011.

Bayerlein, Walter: Praxishandbuch Sachverständigenrecht. 4. Aufl. München 2008.

Beck, Andrew: Exemplary Damages: The Snake uncoils. In: NZLJ 2002, S. 361-364.

- Causation Onus and Judges. In: NZLJ 2007, S. 295-298.

Beever, Allan: The Future of Exemplary Damages in New Zealand. In: NZ Universities Law Review 2010, S. 197-221.

Behrens, Fritz: Außergerichtliche Streitschlichtung in Zivilsachen. In: RuP 1997, S. 73-76.

Bergmann, Karl Otto: Die Arzthaftung. Ein Leitfaden für Ärzte und Juristen. Berlin 1999.

Bergmann, Karl Otto; *Kienzle*, Hans-Friedrich: Krankenhaushaftung. Organisation, Schadensverhütung und Versicherung. Leitfaden für die tägliche Praxis. 3. Aufl. Düsseldorf 2010.

Bergmann, Karl Otto; *Wever*, Carolin: Die Arzthaftung. Ein Leitfaden für Ärzte und Juristen. 3. Aufl. Berlin, Heidelberg 2009.

Von Bethmann-Hollweg, Moritz August: Der Civilprozeß des gemeinen Rechts in geschichtlicher Entwicklung. Neudruck der Ausgabe Bonn 1865. Bd. 2. Aalen 1959.

Bitterich, Klaus: Neuseeländische Accident Compensation als Volksunfallversicherung in der Bewährung: Der Injury Prevention, Rehabilitation, and Compensation Act 2001. In: RabelsZ 67 (2003), S. 494-549.

Blair, A. P: Accident Compensation in New Zealand. 2. Ed. Wellington 1983.

Blankenburg, Erhard; *Gottwald*, Walther; *Strempel*, Dieter (Hg.): Alternativen in der Ziviljustiz. Berichte, Analysen, Perspektiven. Köln 1982.

Blankenburg, Erhard; *Klausa*, Ekkehard; *Rottleuthner*, Hubert (Hg.): Alternative Rechtsformen und Alternativen zum Recht. Opladen 1980.

Bockey, Andrea: Das selbständige Beweisverfahren im Arzthaftungsrecht. In: NJW 2003, S. 3453-3455.

Bodenburg, Reinhard: Der ärztliche Kunstfehler als Funktionsbegriff zivilrechtlicher Dogmatik. Perspektiven des Arzthaftungsrechts. Göttingen 1983.

Bodenburg, Reinhard; *Matthies*, Karl-Heinz: Ärztliche Gutachter- und Schlichtungsstellen – Theorie und Praxis eines Modells. In: VersR 1982, S. 729-735.

Böhm, Ulrike: Amerikanisches Zivilprozessrecht. Köln 2005.

Bolsinger, Markus P: Dogmatik der Arzthaftung. Baden-Baden 1999.

Brandner, Hans Erich; *Hagen*, Horst; *Stürner*, Rolf (Hg.): Festschrift für Karlmann Geiß zum 65. Geburtstag. Köln 2000.

Breidenbach, Stephan: Mediation. Struktur, Chancen und Risiken von Vermittlung im Konflikt. Köln 1995.

Breidenbach, Stephan; *Coester-Waltjen*, Dagmar; *Heß*, Burkhard; *Nelle*, Andreas; *Wolf*, Christian (Hg.): Konsensuale Streitbeilegung. Akademisches Symposion zu Ehren von Peter F. Schlosser aus Anlass seines 65. Geburtstages. Bielefeld 2001.

Bruchhausen, Karl; *Hefermehl*, Wolfgang; *Hommelhoff*, Peter; *Messer*, Herbert (Hg.): Festschrift für Rudolf Nirk zum 70. Geburtstag am 11. Oktober 1992. München 1992.

Brüggemeier, Gert: Gesellschaftliche Schadensverteilung und Deliktsrecht. In: AcP 182 (1982), S. 385-452.

- Deliktsrecht. Ein Hand- und Lehrbuch. Baden-Baden 1986.

- Haftungsrecht: Struktur, Prinzipien, Schutzbereich. Ein Beitrag zur Europäisierung des Privatrechts. Berlin 2006.

Buchner, Benedikt: Schadensausgleich im europäischen Vergleich. In: *ARGE Rechtsanwälte im Medizinrecht e. V.* (Hg.): Arzthaftung – Mängel im Schadensausgleich? Berlin, Heidelberg 2009, S. 65-82.

Büchner, Georg; *Weidig*, Friedrich Ludwig: Der hessische Landbote. Texte, Briefe, Prozessakten. Kommentiert von Hans Magnus Enzensberger. Frankfurt am Main 1974.

Bürger, Raimund: Sachverständigenbeweis im Arzthaftungsprozeß. In: MedR 1999, S. 100-111.

Butler, Petra: Medical Misadventure im neuseeländischen Accident Compensation Scheme. Eine Antwort auf die Unzulänglichkeiten des Tort Law oder ein fehlgeschlagener Versuch? Frankfurt am Main 1999.

- Medical Misadventure. In: *Ahrens*, Hans-Jürgen; *von Bar*, Christian; *Fischer*, Gerfried; *Spickhoff*, Andreas; *Taupitz*, Jochen (Hg.): Medizin und Haftung. Festschrift für Erwin Deutsch zum 80. Geburtstag. Berlin 2009, S. 69-83.

Von Caemmerer, Ernst: Das Verschuldensprinzip in rechtsvergleichender Sicht. In: RabelsZ 42 (1978), S. 5-27.

- Vorschläge und Gutachten zur Reform des deutschen internationalen Privatrechts der außervertraglichen Schuldverhältnisse. Vorgelegt im Auftrag der Zweiten Kommission des Deutschen Rates für internationales Privatrecht. Tübingen 1983.

Von Caemmerer, Ernst; *Fischer*, Robert; *Nüßgens*, Karl; *Schmidt*, Reimer (Hg.): Festschrift für Fritz Hauß zum 70. Geburtstag. Karlsruhe 1978.

Calabresi, Guido: The Costs of Accidents. A legal and economic Analysis. New Haven 1970.

Campbell, Ian B: Compensation for Personal Injury in New Zealand. Its Rise and Fall. Auckland 1996.

Canaris, Claus-Wilhelm: Schutzgesetze – Verkehrspflichten – Schutzpflichten. In: *Canaris*, Claus-Wilhelm; *Diederichsen*, Uwe (Hg.): Festschrift für Karl Larenz zum 80. Geburtstag am 23. April 1983. München 1983, S. 27-110.

Canaris, Claus-Wilhelm; *Diederichsen*, Uwe (Hg.): Festschrift für Karl Larenz zum 80. Geburtstag am 23. April 1983. München 1983.

Canaris, Claus-Wilhelm; *Heldrich*, Andreas (Hg.): 50 Jahre Bundesgerichtshof. Festgabe aus der Wissenschaft. Bürgerliches Recht. Bd. I. München 2000.

Cane, Peter: Atiyah's Accidents, Compensation and the Law. 7. Ed. Cambridge 2006.

Carstensen, Gerd: Arzthaftung. In: *Ahrens*, Hans-Jürgen; *von Bar*, Christian; *Fischer*, Gerfried; *Spickhoff*, Andreas; *Taupitz*, Jochen (Hg.): Festschrift für Erwin Deutsch zum 70. Geburtstag. Köln 1999, S. 505-512.

Coing, Helmut (Hg.): Handbuch der Quellen und Literatur der neueren europäischen Privatrechtsgeschichte. Das 19. Jahrhundert. Gesetzgebung zum allgemeinen Privatrecht und zum Verfahrensrecht. Bd. 3, Teilbd. 2. München 1982.

Collins, David B: Medical Law in New Zealand. Wellington 1992.

Colombi Ciacchi, Aurelia: Alte und neue Paradigmen in der Fahrlässigkeitshaftung. In: *Colombi Ciacchi*, Aurelia; *Godt*, Christine; *Rott*, Peter; *Smith*, Lesley Jane (Hg.): Haftungsrecht im dritten Millennium. Liability in the Third Millennium. Liber amicorum Gert Brüggemeier. Baden-Baden 2009, S. 157-180.

Colombi Ciacchi, Aurelia; *Godt*, Christine; *Rott*, Peter; *Smith*, Lesley Jane (Hg.): Haftungsrecht im dritten Millennium. Liability in the Third Millennium. Liber amicorum Gert Brüggemeier. Baden-Baden 2009.

Cramer, Regine: Die Ablehnung von Sachverständigen wegen Besorgnis der Befangenheit im Arzthaftungsprozess. In: *Geschäftsführender Ausschuss der ARGE Medizinrecht im DAV* (Hg.): Medizinrecht heute. Erfahrungen, Analysen, Entwicklungen. Festschrift 10 Jahre Arbeitsgemeinschaft Medizinrecht im DAV. Bonn 2008, S. 155-172.

Crückeberg, Harald: Vorläufiger Rechtsschutz. Schriftsätze und Erläuterungen. Bonn 1999.

Cuypers, Manfred: Das selbständige Beweisverfahren in der juristischen Praxis. In: NJW 1994, S. 1985-1992.

Dahlmanns, Gerhard J: Der Strukturwandel des deutschen Zivilprozesses im 19. Jahrhundert. Untersuchungen zur Entwicklungsgeschichte der ZPO an Hand ausgewählter Gesetzgebungsarbeiten. Aalen 1971.

- Siebenter Abschnitt. Deutschland. In: *Coing*, Helmut (Hg.): Handbuch der Quellen und Literatur der neueren europäischen Privatrechtsgeschichte. Das 19. Jahrhundert. Gesetzgebung zum allgemeinen Privatrecht und zum Verfahrensrecht. Bd. 3, Teilbd. 2. München 1982, S. 2615-2697.

Dahm, Franz-Josef: Besondere Probleme bei Schieds(gerichts)verfahren. Vortrag anlässlich der 9. Frühjahrstagung der Arbeitsgemeinschaft MedR im DAV am 24./25.4.2009 in München. In: ZMGR 2009, S. 198-206.

Dannreuther, Dieter: Der Zivilprozeß als Gegenstand der Rechtspolitik im Deutschen Reich 1871-1945. Ein Beitrag zur Geschichte des Zivilprozeßrechts in Deutschland. Frankfurt am Main 1987.

Danzl, Karl-Heinz: Schmerzensgeld für HWS-Verletzungen. Update eines „Dauerbrenners". In: *Apathy*, Peter; *Bollenberger*, Raimund; *Bydlinski*, Peter; *Iro*, Gert; *Karner*, Ernst; *Karollus*, Martin (Hg.): Festschrift für Helmut Koziol zum 70. Geburtstag. Wien 2010, S. 529-552.

Deakin, Simon; *Johnston*, Angus; *Markesinis*, Basil: Markesinis and Deakin's Tort Law. 6. Ed. Oxford 2008.

Delius, M: Die Deutschen Prozeßordnungen. Mit Erläuterungen und Beispielen zum praktischen Gebrauch. (Zum Verständniß für Nichtjuristen). Leipzig 1877.

Dettmeyer, Reinhard; *Madea*, Burkhard: Rechtsmedizinische Gutachten in arztstrafrechtlichen Ermittlungsverfahren. In: MedR 1999, S. 533-539.

Deutsch, Erwin: Rechtswidrigkeitszusammenhang, Gefahrerhöhung und Sorgfaltsausgleichung bei der Arzthaftung. In: *Ficker*, Hans Claudius; *König*, Detlef; *Kreuzer*, Karl F; *Leser*, Hans G; *Freiherr Marschall von Bieberstein*, Wolfgang; *Schlechtriem*, Peter (Hg.): Festschrift für Ernst von Caemmerer zum 70. Geburtstag. Tübingen 1978, S. 329-342.

- Kunstfehler und medizinischer Behandlungsunfall in Neuseeland. Öffentliche Versicherung statt privater Haftung. In: VersR 1980, S. 201-205.

- Unfallversorgung statt Haftung in Neuseeland. In: RabelsZ 44 (1980), S. 487-509.

- Arzthaftung, Arztversicherung und Arzneimittelversicherung. Karlsruhe 1982.

- Tendenzen des modernen Arztrechts. In: VersR 1982, S. 305-307.

- Internationales Unfallrecht. Vor allem der Verkehrsunfälle und einschließlich der Prüfung, ob auch Arbeitsunfälle hier mitzubehandeln sind. In: *Von Caemmerer*, Ernst (Hg.): Vorschläge und Gutachten zur Reform des deutschen internationalen Privatrechts der außervertraglichen Schuldverhältnisse. Vorgelegt im Auftrag der Zweiten Kommission des Deutschen Rates für internationales Privatrecht. Tübingen 1983, S. 202-231.

- Der grobe Behandlungsfehler. Dogmatik und Rechtsfolgen. In: VersR 1988, S. 1-4.

- Beweis und Beweiserleichterungen des Kausalzusammenhangs im deutschen Recht. In: *Medicus*, Dieter; *Mertens*, Hans-Joachim; *Nörr*, Knut Wolfgang; *Zöllner*, Wolfgang (Hg.): Festschrift für Hermann Lange zum 70. Geburtstag am 24. Januar 1992. Stuttgart 1992, S. 433-445.

- Das Persönlichkeitsrecht des Patienten. In: AcP 192 (1992), S. 161-180.

- Die Haftung für Ärzte und Krankenhäuser in den Ländern der Europäischen Gemeinschaft nach zu erwartendem EG-Recht. In: *Deutsch*, Erwin; *Taupitz*, Jochen (Hg.): Haftung der Dienstleistungsberufe. Natürliche Vielfalt und europäische Vereinheitlichung. Heidelberg 1993, S. 275-293.

- Fahrlässigkeitstheorie und Behandlungsfehler. In: NJW 1993, S. 1506-1510.

- Die Wiederkehr der Fahrlässigkeit. Neuseeland definiert den „medizinischen Behandlungsunfall". In: VersR 1994, S. 381-384.

- Fahrlässigkeit und erforderliche Sorgfalt. Eine privatrechtliche Untersuchung. 2. Aufl. Köln 1995.

- Allgemeines Haftungsrecht. 2. Aufl. Köln 1996.

- Recht und Ethik der klinischen Forschung am Menschen: Entwicklung und gegenwärtiger Stand. In: VersR 2002, S. 781-785.

- Das Rätsel des deutschen Schuldrechts: § 280 Abs. 1 BGB. Lösungen und Vorschläge. In: *Apathy*, Peter; *Bollenberger*, Raimund; *Bydlinski*, Peter; *Iro*, Gert; *Karner*, Ernst; *Karollus*, Martin (Hg.): Festschrift für Helmut Koziol zum 70. Geburtstag. Wien 2010, S. 553-564.

Deutsch, Erwin; *Ahrens*, Hans-Jürgen: Deliktsrecht. Unerlaubte Handlungen, Schadensersatz, Schmerzensgeld. 4. Aufl. Köln 2002.

Deutsch, Erwin; *Klingmüller*, Ernst; *Kullmann*, Hans Josef (Hg.): Festschrift für Erich Steffen zum 65. Geburtstag am 28. Mai 1995. Der Schadensersatz und seine Deckung. Berlin 1995.

Deutsch, Erwin; *Spickhoff*, Andreas: Medizinrecht. Arztrecht, Arzneimittelrecht, Medizinprodukterecht und Transfusionsrecht. 6. Aufl. Berlin 2008.

Deutsch, Erwin; *Taupitz*, Jochen (Hg.): Haftung der Dienstleistungsberufe. Natürliche Vielfalt und europäische Vereinheitlichung. Heidelberg 1993.

Deutsche Gesellschaft für Baurecht e. V. (Hg.): Seminar – Das Beweissicherungsverfahren in Bausachen und dessen Neugestaltung. Rechtliche Probleme in Einzelbeiträgen. Entwurf des neuen selbständigen Beweisverfahrens. Unter Mitarbeit von *Schmidt*, Dieter; *Hickl*, Manfred; *Kamphausen*, Peter-Andreas; *Thomas*, Jürgen. Wiesbaden 1990.

Dinslage, Karl H: Patientenversicherung. Alternative zur Arzthaftpflicht. In: VersR 1981, S. 310-313.

Diurni, Amalia: Die Arzthaftung von gestern und das Medizinrecht von heute in rechtsvergleichender Perspektive. In: *Ahrens*, Hans-Jürgen; *von Bar*, Christian; *Fischer*, Gerfried; *Spickhoff*, Andreas; *Taupitz*, Jochen (Hg.): Medizin und Haftung. Festschrift für Erwin Deutsch zum 80. Geburtstag. Berlin 2009, S. 85-101.

Dodegge, Georg: Selbstständiges Beweisverfahren zur Feststellung der Geschäftsfähigkeit eines Vollmachtgebers bei Errichtung oder Widerruf der Vollmacht. In: FamRZ 2010, S. 1788-1792.

Dörfler, Hans; *Eisenmenger*, Wolfgang; *Lippert*, Hans-Dieter; *Wandl*, Ursula: Medizinische Gutachten. Berlin, Heidelberg 2008.

Doms, Thomas: Die ärztlichen Gutachterkommissionen und Schlichtungsstellen. In: NJW 1981, S. 2489-2493.

Duncan, Grant: Accident Compensation in New Zealand. In: ZIAS 2002, S. 67-81.

- Boundary Disputes in the ACC Scheme and the No-Fault Principle. In: NZ Law Review 2008, S. 27-35.

Dunz, Walter: Zur Praxis der zivilrechtlichen Arzthaftung. Karlsruhe 1974.

Dute, Jos: A Comparison of No-Fault Compensation Schemes. In: *Dute*, Jos; *Faure*, Michael; *Koziol*, Helmut (Hg.): No-Fault Compensation in the Health Care Sector. Wien 2004, S. 444-484.

Dute, Jos; *Faure*, Michael; *Koziol*, Helmut (Hg.): No-Fault Compensation in the Health Care Sector. Wien 2004.

Dziallas, Olaf: Das neuseeländische Accident Compensation Scheme. Haftungsersetzung durch Volksunfallversicherung. Frankfurt am Main 2006.

Easton, Brian: Social Policy and the Welfare State in New Zealand. Auckland 1980.

Eberhardt, Lothar: Zur Praxis der Schlichtung in Arzthaftpflichtfällen. In: NJW 1986, S. 747-752.

Edlbauer, Benedikt: Die hypothetische Einwilligung als arztstrafrechtliches Haftungskorrektiv. Hamburg 2009.

Edlbauer, Benedikt; *Irrgang*, Stefanie: Die Wirkung der Zustimmung und ihrer Surrogate im Untreuetatbestand. In: JA 2010, S. 786-790.

Ehlers, Alexander P. F; *Broglie*, Maximilian G: Arzthaftungsrecht. Grundlagen und Praxis. 4. Aufl. München 2008.

Ehrenzweig, Albert A. jr: Ersatzrecht-Versicherung. Ein Beitrag zur Überwindung der Haftpflichtversicherung im Kraftfahrrecht. In: *Möller*, Hans (Hg.): Internationales Versicherungsvertragsrecht. Festschrift für Albert Ehrenzweig zum 80. Geburtstag. Hamburg 1955, S. 9-24.

Endemann, Wilhelm: Das deutsche Zivilprozessrecht. Neudruck der Ausgabe Heidelberg 1868. Aalen 1969.

- Die Beweislehre des Zivilprozesses. Neudruck der Ausgabe Heidelberg 1860. Aalen 1973.

Engelmann-Pilger, Jens: Deliktische Haftung für das Fehlverhalten Dritter im Common Law. Frankfurt am Main 2007.

Esser, Josef: Die Zweispurigkeit unseres Haftpflichtrechts. In: JZ 1953, S. 129-134.

- Grundlagen und Entwicklung der Gefährdungshaftung. Beiträge zur Reform des Haftpflichtrechts und zu seiner Wiedereinordnung in die Gedanken des allgemeinen Privatrechts. 2. Aufl. München 1969.

Fahy, J. L: Accident Compensation Coverage. The Administration of the Accident Compensation Act. 8. Ed. Wellington 1984.

Faure, Michael; *Koziol*, Helmut: Cases on Medical Malpractice in a Comparative Perspective. Wien 2001.

Feldthusen, Bruce: The Civil Action for Sexual Battery: Therapeutic Jurisprudence. In: 25 Ottawa Law Review (1993), S. 203-234.

Ficker, Hans Claudius; *König*, Detlef; *Kreuzer*, Karl F; *Leser*, Hans G; *Freiherr Marschall von Bieberstein*, Wolfgang; *Schlechtriem*, Peter (Hg.): Festschrift für Ernst von Caemmerer zum 70. Geburtstag. Tübingen 1978.

Figgener, Ludger: Typische Mängel in gerichtlichen Beweisbeschlüssen. In: *ARGE Rechtsanwälte im Medizinrecht e. V.* (Hg.): Der medizinische Sachverständige. Richter in Weiß? Köln 1995, S. 101-109.

Fink, Andreas: Das selbstständige Beweisverfahren in Bausachen. Bonn 2005.

Fischer, Frank: Selbständiges Beweisverfahren – Zuständigkeits- und Verweisungsfragen. In: MDR 2001, S. 608-612.

Fischer, Gerfried; *Lilie*, Hans: Ärztliche Verantwortung im europäischen Rechtsvergleich. Köln 1999.

Fleming, John G; *Hellner*, Jan; *von Hippel*, Eike (Hg.): Haftungsersetzung durch Versicherungsschutz. Länderberichte zum anglo-amerikanischen Recht und zum schwedischen Recht zusammen mit einem rechtsvergleichenden Generalbericht und einem Bericht über die Diskussion. Verhandlungen der Fachgruppe für Zivilrechtsvergleichung auf der Tagung für Rechtsvergleichung in Lausanne vom 12.-15. September 1979. Frankfurt am Main 1980.

Foerste, Ulrich: Die Güteverhandlung im künftigen Zivilprozess. In: NJW 2001, S. 3103-3105.

- Beweiserleichterung nach groben und einfachen Behandlungsfehlern. In: *Ahrens*, Hans-Jürgen; *von Bar*, Christian; *Fischer*, Gerfried; *Spickhoff*, Andreas; *Taupitz*, Jochen (Hg.): Medizin und Haftung. Festschrift für Erwin Deutsch zum 80. Geburtstag. Berlin 2009, S. 165-178.

Frahm, Wolfgang; *Nixdorf*, Wolfgang; *Walter*, Alexander; *Lorenz*, Egon: Arzthaftungsrecht. Leitfaden für die Praxis. 4. Aufl. Karlsruhe 2009.

Franzki, Dietmar: Die Beweisregeln im Arzthaftungsprozeß. Eine prozeßrechtliche Studie unter Berücksichtigung des amerikanischen Rechts. Berlin 1982.

Friedmann, Wolfgang: Principles of Tort Liability and the Growth of Insurance. In: *Möller*, Hans (Hg.): Internationales Versicherungsvertragsrecht. Festschrift für Albert Ehrenzweig zum 80. Geburtstag. Hamburg 1955, S. 25-39.

Fritze, Eugen; *May*, Burkhard: Die ärztliche Begutachtung. Rechtsfragen, Funktions- prüfungen, Beurteilungen, Beispiele. 4. Aufl. Darmstadt 1992.

Fritze, Jürgen; *Mehrhoff*, Friedrich: Die ärztliche Begutachtung. Rechtsfragen, Funktionsprüfungen, Beurteilungen. 7. Aufl. Darmstadt 2008.

Fritzsche-Brandt, Annemarie: Anm. zu BGH, Urteil vom 18. September 2007, Az: XI ZR 211/06 = NJW 2008, 523. In: NJW 2008, S. 525-526.

Fuchs, Maximilian: Zivilrecht und Sozialrecht. Recht und Dogmatik materieller Existenzsicherung in der modernen Gesellschaft. München 1992.

Gaskin, Richard: Reading Woodhouse for the Twenty-First Century. In: NZ Law Review 2008, S. 11-20.

Gehrlein, Markus: Arzthaftungsrecht nach der ZPO-Novelle. In: VersR 2002, S. 935-940.

- Keine Ersetzung eines Gerichtsgutachtens durch Privatgutachten. In: VersR 2003, S. 574-575.

- Selbständiges Beweisverfahren im Arzthaftungsprozess. In: ZMGR 2004, S. 187-190.

- Grundriss der Arzthaftpflicht. nach der Rechtsprechung des Bundesgerichtshofes. 2. Aufl. München 2006.

Geimer, Reinhold (Hg.): Wege zur Globalisierung des Rechts. Festschrift für Rolf A. Schütze zum 65. Geburtstag. München 1999.

Geiß, Karlmann; *Greiner*, Hans-Peter: Arzthaftpflichtrecht. 6. Aufl. München 2009.

Geschäftsführender Ausschuss der ARGE Medizinrecht im DAV (Hg.): Selbständiges Beweisverfahren im Arzthaftungsrecht. Neue BSG-Rechtsprechung Vertragsarztrecht. 2. Frühjahrstagung Hamburg 31.3./1.4.2000. Unter Mitarbeit von *Luxenburger,* Bernd. Köln 2001.

- Medizinrecht heute. Erfahrungen, Analysen, Entwicklungen. Festschrift 10 Jahre Arbeitsgemeinschaft Medizinrecht im DAV. Unter Mitarbeit von *Luxenburger,* Bernd; *Beeretz*, Rainer; *Dahm*, Franz-Josef; *Harneit*, Paul; *Ratzel*, Rudolf; *Schulz-Hillenbrand*, Rita; *Stegers*, Christoph-M. Bonn 2008.

Gessner, Volkmar: Recht und Konflikt. Eine soziologische Untersuchung privatrechtlicher Konflikte in Mexiko. Tübingen 1976.

Giebel, Gerald D; *Wienke*, Albrecht; *Sauerborn*, Jürgen; *Edelmann*, Martin; *Mennigen*, Rudolf; *Dievenich*, Anne: Das Aufklärungsgespräch zwischen Wollen, Können und Müssen – Wege vom richterrechtlichen Aufklärungspflichtverschulden zum ärztlichen Aufklärungsstandard. In: NJW 2001, S. 863-868.

Giesen, Dieter: Arzthaftungsrecht im Umbruch (II). Die ärztliche Aufklärungspflicht in der Rechtsprechung seit 1974. In: JZ 1982, S. 391-403.

- Anm. zu BGH, Urteil vom 7. April 1992, Az: VI ZR 192/91 = NJW 1992, 2351. In: JZ 1993, S. 315-319.

- International Medical Malpractice Law. A Comparative Law Study of Civil Liability arising from Medical Care. Tübingen 1988.

- Arzthaftungsrecht. Die zivilrechtliche Haftung aus medizinischer Behandlung in der Bundesrepublik Deutschland, in Österreich und der Schweiz. 4. Aufl. Tübingen 1995.

Goldschmidt, James (Hg.): Die neue Zivilprozeßordnung vom 13. Mai 1924. Mit systematischer Einleitung und Erläuterung der neuen Bestimmungen. Berlin 1924.

Gottwald, Peter: Schadenszurechnung und Schadensschätzung. München 1979.

- Die Bewältigung privater Konflikte im gerichtlichen Verfahren. In: ZZP 95 (1982), S. 245-264.

Gottwald, Walther: Modelle der freiwilligen Streitschlichtung unter besonderer Berücksichtigung der Mediation. In: WM 1998, S. 1257-1264.

Gottwald, Walther; *Hutmacher*, Wolfgang; *Röhl*, Klaus F; *Strempel*, Dieter (Hg.): Der Prozeßvergleich. Möglichkeiten, Grenzen, Forschungsperspektiven. Köln 1983.

Gottwald, Walther; *Strempel*, Dieter (Hg.): Streitschlichtung. Rechtsvergleichende Beiträge zur außergerichtlichen Streitbeilegung. Köln 1995.

Greger, Reinhard: Diversion statt Flaschenhals. In: ZRP 1998, S. 183-186.

- Justizreform? Ja, aber... In: JZ 2000, S. 842-851.

- Justiz und Mediation – Entwicklungslinien nach Abschluss der Modellprojekte. Kurzreferat. In: NJW 2007, S. 3258-3262.

Greger, Reinhard; *Gleussner*, Irmgard; *Heinemann*, Jörg (Hg.): Neue Wege zum Recht. Festgabe für Max Vollkommer zum 75. Geburtstag. Köln 2006.

Greim, Stephan: Probleme des neuen selbständigen Beweisverfahrens (§§ 485 ff. ZPO) am Beispiel von Bausachen. Potsdam 1995.

Griebau, Dirk: Die Schiedsgerichtseinrede bei Auseinandersetzungen unter Ärzten. In: *Geschäftsführender Ausschuss der ARGE Medizinrecht im DAV* (Hg.): Medizinrecht heute. Erfahrungen, Analysen, Entwicklungen. Festschrift 10 Jahre Arbeitsgemeinschaft Medizinrecht im DAV. Bonn 2008, S. 743-754.

Groß, Carl: Die Beweistheorie im canonischen Proceß. Mit besonderer Rücksicht auf die Fortentwicklung derselben im gemeinen deutschen Civilproceß. Allgemeiner Teil. Bd. 1. Wien 1867.

Großerichter, Helge: Kollisionsrechtliche Probleme der Haftungsersetzung durch Versicherungsschutz in Neuseeland. In: IPRax 1998, S. 220-224.

Großfeld, Bernhard: Zivilrecht als Gestaltungsaufgabe. Heidelberg 1977.

Habscheid, Walther J: Rechtsschutzbedürfnis für einstweilige Verfügung bei möglichem Beweissicherungsverfahren. Anm. zu OLG Nürnberg, Beschluss vom 7. September 1972, Az: 2 W 108/72 = NJW 1972, 2138. In: NJW 1973, S. 375-376.

Hager, Günter: Zur Notwendigkeit einverständlicher Streitschlichtung bei interpersonellen Konflikten. In: JZ 1998, S. 1158-1162.

- Konflikt und Konsens. Überlegungen zu Sinn, Erscheinung und Ordnung der alternativen Streitschlichtung. Tübingen 2001.

Hahn, Carl: Die gesammten Materialien zur Civilprozeßordnung. Und dem Einführungsgesetz zu derselben vom 30. Januar 1877. Erste Abtheilung. Bd. 2. Berlin 1880.

Hanau, Peter: Arzt und Patient – Partner oder Gegner. In: *Prütting*, Hanns (Hg.): Festschrift für Gottfried Baumgärtel zum 70. Geburtstag. Köln 1990, S. 121-136.

Hansen, Werner: Das medizinische Gutachten. Eine kurzgefaßte Einführung. Stuttgart 1991.

Hart, Dieter: Autonomiesicherung im Arzthaftungsrecht. Ein Beitrag zur Entkoppelung von ärztlicher Aufklärungspflicht und Körperverletzung. In: *Heldrich*, Andreas; *Schlechtriem*, Peter; *Schmidt*, Eike (Hg.): Recht im Spannungsfeld von Theorie und Praxis. Festschrift für Helmut Heinrichs zum 70. Geburtstag. München 1998, S. 291-318.

- Organisationshaftung und Medikationssicherheit. Krankenhausorganisation als Gegenstand der Arzthaftung. In: *Colombi Ciacchi*, Aurelia; *Godt*, Christine; *Rott*, Peter; *Smith*, Lesley Jane (Hg.): Haftungsrecht im dritten Millennium. Liability in the Third Millennium. Liber amicorum Gert Brüggemeier. Baden-Baden 2009, S. 345-362.

Hau, Wolfgang: Positive Kompetenzkonflikte im Internationalen Zivilprozessrecht. Überlegungen zur Bewältigung von multi-fora disputes. Frankfurt am Main 1996.

- Gerichtssachverständige in Fällen mit Auslandsbezug. In: RIW 2003, S. 822-830.

- Der inlandsansässige Gerichtssachverständige im Ausland. In: DS 2004, S. 91-92.

- Der auslandsansässige Gerichtssachverständige. In: DS 2004, S. 127-129.

Hau, Wolfgang; *Schmidt*, Hubert (Hg.): Facetten des Verfahrensrechts. Liber amicorum Walter F. Lindacher zum 70. Geburtstag am 20. Februar 2007. Köln 2007.

Hausch, Axel: Einige kritische Anmerkungen zu den Beweiserleichterungen für den Patienten bei unterlassener Befunderhebung und -sicherung. In: VersR 2003, S. 1489-1497.

- Die personelle Reichweite der Beweisregeln im Arzthaftungsprozess. In: VersR 2005, S. 600-607.

- Das Verschuldenserfordernis bei der Verletzung der ärztlichen Aufklärungspflicht. In: VersR 2009, S. 1178-1193.

Hawkins, Clifford: Mishap or Malpractice? Oxford 1985.

Hay, Peter: US-amerikanisches Recht. Ein Studienbuch. 4. Aufl. München 2008.

Heffter, August Wilhelm: System des römischen und deutschen Civilproceßrechts. Neudruck Frankfurt am Main 1987. Bonn 1843.

Heilmann, Joachim: Der Stand der deliktischen Arzthaftung. In: NJW 1990, S. 1513-1521.

Heinze, Meinhard; *Schmitt*, Jochem (Hg.): Festschrift für Wolfgang Gitter. Zum 65. Geburtstag am 30. Mai 1995. Wiesbaden 1995.

Heldrich, Andreas; *Schlechtriem*, Peter; *Schmidt*, Eike (Hg.): Recht im Spannungsfeld von Theorie und Praxis. Festschrift für Helmut Heinrichs zum 70. Geburtstag. München 1998.

Henschel, Volker: Aufgabe und Tätigkeit der Schlichtungs- und Gutachterstellen für Arzthaftpflichtstreitigkeiten. Frankfurt am Main 1980.

Herget, Kurt: „Kurz und Gut“ + „Recht und Billig“. Das selbständige Beweisverfahren nach § 485 Abs. 2 ZPO als Alternative zur Klage? In: *Greger*, Reinhard; *Gleussner*, Irmgard; *Heinemann*, Jörg (Hg.): Neue Wege zum Recht. Festgabe für Max Vollkommer zum 75. Geburtstag. Köln 2006, S. 97-117.

Herget, Kurt; *Fischer*, Frank O: Assessorexamensklausur – Zivilrecht: Das selbstständige Beweisverfahren nach § 485 Abs. 2 ZPO. In: JuS 2008, S. 157-160.

Hilber, Marc: Alternative Konfliktbeilegung: Early Neutral Evaluation und das selbstständige Beweisverfahren gemäß §§ 485 ff. ZPO. In: BB-Beilage Nr. 2 (zu BB 2001, Heft 16), S. 22-30.

Von Hippel, Eike: Schadensausgleich bei Verkehrsunfällen. Haftungsersetzung durch Versicherungsschutz. Eine rechtsvergleichende Untersuchung. Tübingen 1968.

- Haftungsersetzung durch Volksunfallversicherung? Das neuseeländische Beispiel. In: ZRP 1976, S. 252-254.

- Haftungsersetzung durch Versicherungsschutz – Rechtsvergleichendes Generalreferat. In: *Fleming*, John G; *Hellner*, Jan; *von Hippel*, Eike (Hg.): Haftungsersetzung durch Versicherungsschutz. Länderberichte zum anglo-amerikanischen Recht und zum schwedischen Recht zusammen mit einem rechtsvergleichenden Generalbericht und einem Bericht über die Diskussion. Verhandlungen der Fachgruppe für Zivilrechtsvergleichung auf der Tagung für Rechtsvergleichung in Lausanne vom 12.-15. September 1979. Frankfurt am Main 1980, S. 40-75.

- Haftungsersetzung durch Versicherungsschutz. In: BB-Beilage Nr. 17 (zu BB 1995, Heft 44), S. 4-5.

- Schadensausgleich bei Verkehrsunfällen: Haftungsersetzung durch Versicherungsschutz? In: NZV 1999, S. 313-316.

Hoffmann-Riehm, Wolfgang: Konfliktbewältigung in einer angebotsorientierten Rechtsschutzordnung. In: ZRP 1997, S. 190-198.

Hommerich, Christoph; *Prütting*, Hanns; *Ebers*, Thomas; *Lang*, Sonja; *Traut*, Ludger: Rechtstatsächliche Untersuchung zu den Auswirkungen der Reform des Zivilprozessrechts auf die gerichtliche Praxis. Evaluation ZPO-Reform. Köln 2006.

Hoppe, Jörg-Dietrich: Die Patient-Arzt-Beziehung im 21. Jahrhundert. In: *Katzenmeier*, Christian; *Bergdolt*, Klaus (Hg.): Das Bild des Arztes im 21. Jahrhundert. 1. Kölner Symposion zum Medizinrecht im Oktober 2008. Berlin, Heidelberg 2009, S. 1-7.

Huber, Michael: Das Beweismaß im Zivilprozeß. Köln 1983.

Hugo, Gustav: Lehrbuch der Geschichte des römischen Rechts bis auf Justinian. Civilistischer Cursus 3. Nachdruck der Ausgabe Berlin 1832. Goldbach 1997.

Hussels, Martin: 15 Jahre Accident Compensation Act in Neuseeland. Bilanz und Ausblick. In: ZIAS 1990, S. 34-54.

- Neue Entwicklungen im Unfallversicherungsrecht (Accident Compensation) in Neuseeland. In: ZIAS 1994, S. 54-65.

Imhof, Michael: Behandlungsfehler in der Medizin – Was nun? Verborgenes im Arzt-Patienten-Verhältnis. Idstein 2010.

Irrgang, Stefanie: Die Rolle der Präklusion im Arzthaftungsprozess. In: MedR 2010, S. 533-537.

Ison, Terence George: The Forensic Lottery. A Critique on Tort Liability as a System of Personal Injury Compensation. London 1967.

- Accident Compensation. A Commentary on the New Zealand Scheme. London 1980.

Jakobs, Horst Heinrich: Die zahnärztliche Behandlung als Werkleistung. In: NJW 1975, S. 1437-1440.

Janssen, Werner; *Püschel*, Klaus: Zur Frage der Gutachter-Kompetenz in der Beurteilung ärztlicher Behandlungsfehler (sog. Kunstfehler). In: MedR 1998, S. 119-121.

Von Jhering, Rudolf: Das Schuldmoment im römischen Privatrecht. Eine Festschrift. Seinem hochverehrten Collegen Herrn Johann Michael Franz Birnbaum zur Feier seines fünfzigjährigen Professoren-Jubiläums am XXIV. Juni MDCCCLXVII. Giessen 1867.

- Der Kampf ums Recht. Wien 1872.

Jitsuka, Kazuyuki; *Glücksmann*, Ralph: Die neuseeländische Sozialgesetzgebung zur Entschädigung von Unfallopfern. Accident Compensation Act 1972. In: VSSR 4 (1976), S. 349-370.

Jorzig, Alexandra: Der Amtsermittlungsgrundsatz im Arzthaftungsprozeß. Frankfurt am Main 2002.

Kainz, Dieter: Klärungsbedarf zur Verjährungshemmung im selbständigen Beweisverfahren. In: *Kniffka*, Rolf; *Locher*, Ulrich (Hg.): Festschrift für Wolfgang Koeble zum 65. Geburtstag. München 2010, S. 625-634.

Kaser, Max; *Hackl*, Karl: Das römische Zivilprozessrecht. 2. Aufl. München 1996.

Kaser, Max; *Knütel*, Rolf: Römisches Privatrecht. Ein Studienbuch. 19. Aufl. München 2008.

Katzenmeier, Christian: Vertragliche und deliktische Haftung in ihrem Zusammenspiel. Dargestellt am Problem der „weiterfressenden Mängel". Berlin 1994.

- Ersetzung der Arzthaftung durch Versicherungsschutz. In: *Laufs*, Adolf; *Dierks*, Christian; *Wienke*, Albrecht; *Graf-Baumann*, Toni; *Hirsch*, Günther (Hg.): Die Entwicklung der Arzthaftung. Symposium der Deutschen Gesellschaft für Medizinrecht e. V. vom 6. bis 8. Oktober 1995 in Berlin. Berlin 1997, S. 59-72.

- Arzthaftung. Tübingen 2002.

- Schuldrechtsmodernisierung und Schadensersatzrechtsänderung – Umbruch in der Arzthaftung. In: VersR 2002, S. 1066-1074.

- Überlagerungen des Schadensrechts durch das Versicherungsrecht. In: VersR 2002, S. 1449-1456.

- Zivilprozeß und außergerichtliche Streitbeilegung. In: ZZP 115 (2002), S. 51-92.

- Versicherungsrechtliche Vorsorge statt „Schadensfall Kind". Der „arrêt Perruche" und die „Loi relative aux droits des malades et à la qualité du système de santé" als Anstoß für die Einrichtung eines „pränatalen Hilfsfonds"? In: *Mansel*, Heinz-Peter; *Pfeiffer*, Thomas; *Kronke*, Herbert; *Kohler*, Christian; *Hausmann*, Rainer (Hg.): Festschrift für Erik Jayme. Bd. 2. München 2004, S. 1277-1289.

- Verschärfung der Berufshaftung durch Beweisrecht – Der grobe Behandlungsfehler. In: *Kern*, Bernd-Rüdiger; *Wadle*, Elmar; *Schroeder*, Klaus-Peter; *Katzenmeier*, Christian (Hg.): Humaniora: Medizin – Recht – Geschichte. Festschrift für Adolf Laufs zum 70. Geburtstag. Berlin 2006, S. 909-929.

- „Heilbehandlungsrisikoversicherung". Ersetzung der Arzthaftung durch Versicherungsschutz? In: VersR 2007, S. 137-143.

- Außergerichtliche Streitbeilegung in Arzthaftungssachen – Zur Arbeit der Gutachterkommissionen und Schlichtungsstellen. In: *Geschäftsführender Ausschuss der ARGE Medizinrecht im DAV* (Hg.): Medizinrecht heute. Erfahrungen, Analysen, Entwicklungen. Festschrift 10 Jahre Arbeitsgemeinschaft Medizinrecht im DAV. Bonn 2008, S. 201-212.

- Mediation bei Störungen des Arzt-Patient-Verhältnisses. In: NJW 2008, S. 1116-1120.

- Verrechtlichung der Medizin. In: *Katzenmeier*, Christian; *Bergdolt*, Klaus (Hg.): Das Bild des Arztes im 21. Jahrhundert. 1. Kölner Symposion zum Medizinrecht im Oktober 2008. Berlin, Heidelberg 2009, S. 45-59.

Katzenmeier, Christian; *Bergdolt*, Klaus (Hg.): Das Bild des Arztes im 21. Jahrhundert. 1. Kölner Symposion zum Medizinrecht im Oktober 2008. Berlin, Heidelberg 2009.

Katzenmeier, Christian; *Knetsch*, Jonas: Ersatzleistungen bei angeborenen Schäden statt Haftung für neues Leben: Rechtsentwicklung in Frankreich – Anregungen für das deutsche Recht. In: *Ahrens*, Hans-Jürgen; *von Bar*, Christian; *Fischer*, Gerfried; *Spickhoff*, Andreas; *Taupitz*, Jochen (Hg.): Medizin und Haftung. Festschrift für Erwin Deutsch zum 80. Geburtstag. Berlin 2009, S. 247-282.

Kaufmann, Arthur; *Bemmann*, Günter; *Krauss*, Detlef; *Volk*, Klaus (Hg.): Festschrift für Paul Bockelmann. zum 70. Geburtstag am 7. Dezember 1978. München 1979.

Keenan, Rebecca: Health Care and the Law. 4. Ed. Wellington 2010.

Keller, Friedrich Ludwig: Der römische Zivilprozess und die Aktionen. In summarischer Darstellung. Neudruck der Ausgabe Leipzig 1883. Bearbeitet von *Wach*, Adolf. 6. Aufl. Aalen 1966.

Kern, Bernd-Rüdiger: 25 Jahre DGMR – Medizinrecht gestern, heute und morgen. In: *Wienke*, Albrecht; *Dierks*, Christian (Hg.): Zwischen Hippokrates und Staatsmedizin. Der Arzt am Beginn des 21. Jahrhunderts. 25 Jahre DGMR. Berlin, Heidelberg 2008, S. 9-16.

Kern, Bernd-Rüdiger; *Wadle,* Elmar; *Schroeder*, Klaus-Peter; *Katzenmeier*, Christian (Hg.): Humaniora: Medizin – Recht – Geschichte. Festschrift für Adolf Laufs zum 70. Geburtstag. Berlin 2006.

Kerr, Jessica: ACC and Assumption of Responsibility. In: NZLJ 2007, S. 312-315.

Kingreen, Thorsten; *Laux*, Bernhard (Hg.): Gesundheit und Medizin im interdisziplinären Diskurs. Berlin, Heidelberg 2008.

Klar, Lewis N: New Zealand's Accident Compensation Scheme: A Tort Lawyer's Perspective. In: *Steel*, Freda M; *Rodgers-Magnet* Sanda (Hg.): Issues in Tort Law. Toronto 1983, S. 25-49.

Klingmüller, Ernst: Zu den Plänen einer neuartigen Patientenversicherung nach schwedischem Muster in der Bundesrepublik Deutschland. In: VersR 1980, S. 694-696.

Knauss, Alexander: Der „Zwang" zur gütlichen Einigung – Für eine Reform des § 278 ZPO. In: ZRP 2009, S. 206-209.

Kniffka, Rolf; *Locher*, Ulrich (Hg.): Festschrift für Wolfgang Koeble zum 65. Geburtstag. München 2010.

Kniffka, Rolf; *Quack*, Friedrich; *Vogel*, Thomas; *Wagner*, Klaus-R. (Hg.): Festschrift für Prof. Dr. Reinhold Thode zum 65. Geburtstag. München 2005.

Knoche, Joachim: Nebenwirkungen überzogener Anforderungen an die ärztliche Aufklärungspflicht – Eine Analyse der juristisch-medizinischen Wechselbeziehung. In: NJW 1989, S. 757-759.

Koeble, Wolfgang: Gewährleistung und selbständiges Beweisverfahren bei Bausachen. 2. Aufl. München 1993.

Kötz, Hein; *Wagner*, Gerhard: Deliktsrecht. 11. Aufl. München 2010.

Koziol, Helmut: Grundfragen des Schadenersatzrechts. Wien 2010.

Krauskopf, Dieter (Hg.): Soziale Krankenversicherung, Pflegeversicherung. Kommentar. München 2010.

Kuhlendahl, Hans: Ärztlicher Entscheidungsspielraum – Handlungszwänge. In: *Kaufmann*, Arthur; *Bemmann*, Günter; *Krauss*, Detlef; *Volk*, Klaus (Hg.): Festschrift für Paul Bockelmann zum 70. Geburtstag am 7. Dezember 1978. München 1979, S. 465-471.

Larenz, Karl: Methodenlehre der Rechtswissenschaft. 6. Aufl. Berlin 1991.

Larenz, Karl; *Canaris*, Claus-Wilhelm: Lehrbuch des Schuldrechts. Besonderer Teil. Bd. II, Halbbd. 2. 13. Aufl. München 1994.

Laubhardt: Zur Lehre von der Beweissicherung. In: ZZP 43 (1913), S. 46-60.

Laufs, Adolf: Unglück und Unrecht. Ausbau oder Preisgabe des Haftungssystems? Vorgetragen am 18. Juni 1994. Heidelberg 1994.

- Reform der Arzthaftung? In: NJW 1996, S. 2413-2414.

- Delikt und Gefährdung. Von der Schadenszurechnung zur Schadensverteilung. Kritische Darstellung der Grundlinien in Lehre und Spruchpraxis. In: *Laufs*, Adolf; *Dierks*, Christian; *Wienke*, Albrecht; *Graf-Baumann*, Toni; *Hirsch*, Günther (Hg.): Die Entwicklung der Arzthaftung. Symposium der Deutschen Gesellschaft für Medizinrecht e. V. vom 6. bis 8. Oktober 1995 in Berlin. Berlin 1997, S. 1-15.

- Entwicklungslinien des Medizinrechts. In: NJW 1997, S. 1609-1618.

- Arzt und Recht – Fortschritte und Aufgaben. In: NJW 1998, S. 1750-1761.

- Arzt, Patient und Recht am Ende des Jahrhunderts. In: NJW 1999, S. 1758-1769.

- Zur Freiheit des Arztberufs. In: *Ahrens*, Hans-Jürgen; *von Bar*, Christian; *Fischer*, Gerfried; *Spickhoff*, Andreas; *Taupitz*, Jochen (Hg.): Festschrift für Erwin Deutsch zum 70. Geburtstag. Köln 1999, S. 625-633.

- Nicht der Arzt allein muss bereit sein, das Notwendige zu tun. In: NJW 2000, S. 1757-1769.

- Zur Entwicklung des Arztberufes im Spiegel des Rechts. In: *Mansel*, Heinz-Peter; *Pfeiffer*, Thomas; *Kronke*, Herbert; *Kohler*, Christian; *Hausmann*, Rainer (Hg.): Festschrift für Erik Jayme. Bd. 2. München 2004, S. 1501-1512.

- Die jüngere Entwicklung des Arztberufs im Spiegel des Rechts. In: *Katzenmeier*, Christian; *Bergdolt*, Klaus (Hg.): Das Bild des Arztes im 21. Jahrhundert. 1. Kölner Symposion zum Medizinrecht im Oktober 2008. Berlin, Heidelberg 2009, S. 9-19.

Laufs, Adolf; *Dierks*, Christian; *Wienke*, Albrecht; *Graf-Baumann*, Toni; *Hirsch*, Günther (Hg.): Die Entwicklung der Arzthaftung. Symposium der Deutschen Gesellschaft für Medizinrecht e. V. vom 6. bis 8. Oktober 1995 in Berlin. Berlin 1997.

Laufs, Adolf; *Katzenmeier*, Christian; *Lipp*, Volker: Arztrecht. 6. Aufl. München 2009.

Laufs, Adolf; *Kern*, Bernd-Rüdiger: Handbuch des Arztrechts. 4. Aufl. München 2010.

Leitherer, Stephan (Hg.): Kasseler Kommentar Sozialversicherungsrecht. München 2010.

Lepa, Manfred: Der Anscheinsbeweis im Arzthaftungsprozess. In: *Ahrens*, Hans-Jürgen; *von Bar*, Christian; *Fischer*, Gerfried; *Spickhoff*, Andreas; *Taupitz*, Jochen (Hg.): Festschrift für Erwin Deutsch zum 70. Geburtstag. Köln 1999, S. 635-642.

- Beweisprobleme beim Schadensersatzanspruch aus Verletzung der Verpflichtung des Arztes zur Risikoaufklärung. In: *Brandner*, Hans Erich; *Hagen*, Horst; *Stürner*, Rolf (Hg.): Festschrift für Karlmann Geiß zum 65. Geburtstag. Köln 2000, S. 449-460.

Liebhold, Dirk: Anm. zu OLG Oldenburg, Beschluss vom 8. Juli 2008, Az: 5 W 41/08 = ZMGR 2009, 111. In: ZMGR 2009, S. 113-114.

Von Linde, Justin Timotheus Balthasar: Lehrbuch des deutschen gemeinen Civilprozesses. 4. Aufl. Bonn 1835.

Litewski, Wiesław: Der römisch-kanonische Zivilprozeß nach den älteren ordines iudiciarii. Kraków 1999.

Lüpke, Tobias; *Müller*, Robert: „Pre-Trial Discovery of Documents“ und § 142 ZPO – ein trojanisches Pferd im neuen Zivilprozessrecht? In: NZI 2002, S. 588-589.

Luhmann, Niklas: Legitimation durch Verfahren. 2. Aufl. Darmstadt 1975.

Luntz, Harold: A View from Abroad. In: NZ Law Review 2008, S. 97-128.

Mahoney, Richard: Informed Consent and Breach of Medical Contract to achieve a particular Result: Opportunities for New Zealands latent Personal Injury Litigators to peek out of the Accident Compensation Closet. In: 6 Otago Law Review (1985), S. 103-138.

- New Zealand's Accident Compensation Scheme: A Reassessment. In: 40 American Journal of Comparative Law (1992), S. 159-211.

Makiol, Hans; *Radermacher*, Dirk; *Ratajczak*, Thomas; *Schwarz-Schilling*, Gabriela; *Stegers*, Christoph-M: Gutachterkommissionen und Schlichtungsstellen. Anspruch, Praxis, Perspektiven. Berlin 1990.

Mann, Thomas: Gesammelte Werke in Einzelbänden, Frankfurter Ausgabe. Joseph und seine Brüder. Joseph in Ägypten, III. Frankfurt am Main 1983.

Manning, Joanna: Double Jeopardy and Exemplary Damages. In: NZ Law Review 1999, S. 527-546.

Mansel, Heinz-Peter; *Pfeiffer*, Thomas; *Kronke*, Herbert; *Kohler*, Christian; *Hausmann*, Rainer (Hg.): Festschrift für Erik Jayme. Bd. 2. München 2004.

Manthe, Ulrich: Geschichte des römischen Rechts. 3. Aufl. München 2007.

Martis, Rüdiger; *Winkhart-Martis*, Martina: Arzthaftungsrecht. Fallgruppenkommentar. 3. Aufl. Köln 2010.

Mäsch, Gerald: Chance und Schaden. Zur Dienstleisterhaftung bei unaufklärbaren Kausalverläufen. Tübingen 2004.

Matthies, Karl-Heinz: Schiedsinstanzen im Bereich der Arzthaftung: Soll und Haben. Berlin 1984.

- Richterliche Mediation im Lichte der Amtshaftung. In: *Ahrens*, Hans-Jürgen; *von Bar*, Christian; *Fischer*, Gerfried; *Spickhoff*, Andreas; *Taupitz*, Jochen (Hg.): Medizin und Haftung. Festschrift für Erwin Deutsch zum 80. Geburtstag. Berlin 2009, S. 869-881.

Maughan, Bill: Whither ACC. In: NZLJ 1999, S. 221-224.

Medicus, Dieter; *Mertens*, Hans-Joachim; *Nörr*, Knut Wolfgang; *Zöllner*, Wolfgang (Hg.): Festschrift für Hermann Lange zum 70. Geburtstag am 24. Januar 1992. Stuttgart 1992.

Meile, Josef: Die Beweislehre des kanonischen Prozesses. In ihren Grundzügen unter Berücksichtigung der modernen Prozessrechtswissenschaft. Paderborn 1925.

Meurer, Christina: Außergerichtliche Streitbeilegung in Arzthaftungssachen. Unter besonderer Berücksichtigung der Arbeit der Gutachterkommissionen und Schlichtungsstellen bei den Ärztekammern. Berlin 2008.

Miller, Richard: The Future of New Zealand's Accident Compensation Scheme. In: 11 University of Hawai'i Law Review (1989), S. 1-80.

Möller, Hans (Hg.): Internationales Versicherungsvertragsrecht. Festschrift für Albert Ehrenzweig zum 80. Geburtstag. Hamburg 1955.

Möller, Karl-Heinz: Verfahren zur Erledigung von Streitigkeiten in ärztlichen Kooperationen. In: MedR 2009, S. 119-129.

Mohr, Friedrich: Das selbständige Beweisverfahren in Arzthaftpflichtfällen. In: MedR 1996, S. 454-455.

- Besonderheiten des Arzthaftungsrechtes bei zahnärztlicher Behandlung. In: MedR 2001, S. 38-39.

Motzke, Gerd: Die Vorteile des Beweissicherungsverfahrens in Baustreitigkeiten. Ein praktischer Ratgeber für Architekten, Bauunternehmer, Bauhandwerker, Sachverständige, Bauherren. Mit rechtlich abgesicherten Musterbriefen. Kissing 1981.

Müller, Gerda: Beweislast und Beweisführung im Arzthaftungsprozeß. In: NJW 1997, S. 3049-3056.

- Aufklärungsfehler als Grundlage ärztlicher Haftung. In: *Brandner*, Hans Erich; *Hagen*, Horst; *Stürner*, Rolf (Hg.): Festschrift für Karlmann Geiß zum 65. Geburtstag. Köln 2000, S. 461-475.

- Arzthaftung und Sachverständigenbeweis. In: MedR 2001, S. 487-494.

- Macht und Grenzen ärztlichen Handelns. In: GesR 2004, S. 257-266.

- Ärztliche Kompetenz und Patientenautonomie. In: *Katzenmeier*, Christian; *Bergdolt*, Klaus (Hg.): Das Bild des Arztes im 21. Jahrhundert. 1. Kölner Symposion zum Medizinrecht im Oktober 2008. Berlin, Heidelberg 2009, S. 75-86.

Müller, Klaus: Das selbständige Beweisverfahren. In: *Schneider*, Egon (ohne Hg.): Zivilprozeß und Praxis. Das Verfahrensrecht als Grundlage juristischer Tätigkeit. Festschrift für Egon Schneider zur Vollendung des 70. Lebensjahres. Herne 1997, S. 405-420.

Münchener Kommentar: Bürgerliches Gesetzbuch. Allgemeiner Teil, §§ 1-240, ProstG. Bd. 1, Halbbd. 1. 5. Aufl. München 2006.

- Bürgerliches Gesetzbuch. Schuldrecht, Besonderer Teil II, §§ 611-704, EFZG, TzBfG, KSchG. Bd. 4. 5. Aufl. München 2009.

- Bürgerliches Gesetzbuch. Schuldrecht, Besonderer Teil III, §§ 705-853, PartGG, ProdHaftG. Bd. 5. 5. Aufl. München 2009.

- Zivilprozessordnung mit Gerichtsverfassungsgesetz und Nebengesetzen. §§ 1-510c. Bd. 1. 3. Aufl. München 2008.

Mulholland, Raymond Douglas: Introduction to the New Zealand Legal System. 5. Ed. Wellington 1983.

Musielak, Hans-Joachim: Die Grundlagen der Beweislast im Zivilprozeß. Berlin 1975.

- Zivilprozessordnung. 7. Aufl. München 2009.

Nipperdey, Hans Carl: Rechtswidrigkeit, Sozialadäquanz, Fahrlässigkeit, Schuld im Zivilrecht. In: NJW 1957, S. 1777-1782.

Nistler, Eva: Die Mediation. In: JuS 2010, S. 685-689.

Nüßgens, Karl: Zwei Fragen zur zivilrechtlichen Haftung des Arztes. Zugleich ein Beitrag zum Grenzbereich zwischen Haftung für eigenmächtigen ärztlichen Eingriff und Beeinträchtigung des Persönlichkeitsrechts sowie zur Haftungsverlagerung durch beweisrechtliche Mittel. In: *Von Caemmerer*, Ernst; *Fischer*, Robert; *Nüßgens*, Karl; *Schmidt*, Reimer (Hg.): Festschrift für Fritz Hauß zum 70. Geburtstag. Karlsruhe 1978, S. 287-301.

- Zur hypothetischen Einwilligung des Patienten. In: *Bruchhausen*, Karl; *Hefermehl*, Wolfgang; *Hommelhoff*, Peter; *Messer*, Herbert (Hg.): Festschrift für Rudolf Nirk zum 70. Geburtstag am 11. Oktober 1992. München 1992, S. 745-758.

O'Connell, Jeffrey; *Brown*, Craig; *Vennell*, Margaret: Reforming New Zealand's Reform: Accident Compensation revisited. In: NZLJ 1988, S. 399-402.

Oehler, Klaus: Nochmals: Der medizinische Sachverständige im Arzthaftungsprozess. In: VersR 2001, S. 1354-1356.

O'Leary, Leanne K: Redress for Medical Misadventure: A Therapeutic Jurisprudence Perspective. Thesis (LLM). Auckland 2001.

Ortloff, Karsten-Michael: Mediation – Regelungsbedarf? In: NJW 2008, S. 2544-2547.

Otto, Carl Eduard; *Schilling*, Bruno; *Sintenis*, Carl Friedrich Ferdinand: Das Corpus Juris Civilis in's Deutsche übersetzt. Novellen. Bd. 7. Leipzig 1833.

Palandt, Otto (Hg.): Bürgerliches Gesetzbuch. 70. Aufl. München 2011.

Palmer, Geoffrey: The New Zealand Experience. In: 15 University of Hawai'i Law Review (1993), S. 604-620.

- New Zealand's Accident Compensation Scheme: Twenty Years on. In: 44 University of Toronto Law Journal (1994), S. 223-273.

- Accident Compensation in New Zealand: Looking back and looking forward. In: NZ Law Review 2008, S. 81-95.

Paterson, Ron: The Public's Hue and Cry: Medical Complaints in New Zealand. In: 6 Journal of Health Services Research and Policy (2001), S. 193-194.

Pelz, Franz Joseph: Verschulden – Realität oder Fiktion. Die ärztliche Haftung in der Rechtsprechung. In: *Laufs*, Adolf; *Dierks*, Christian; *Wienke*, Albrecht; *Graf-Baumann*, Toni; *Hirsch*, Günther (Hg.): Die Entwicklung der Arzthaftung. Symposium der Deutschen Gesellschaft für Medizinrecht e. V. vom 6. bis 8. Oktober 1995 in Berlin. Berlin 1997, S. 41-57.

Perband, Michael G: Der Grundsatz der freien Beweiswürdigung im Zivilprozeß (§ 286 ZPO) in der Rechtsprechung des Reichsgerichts. Frankfurt am Main 2003.

Pflüger, Frank: Krankenhaushaftung und Organisationsverschulden. Zivilrechtliche Grundlagen der Haftung des Krankenhausträgers für medizinische und organisatorische Fehlleistungen. Berlin 2002.

Pichler, Johannes W: Rechtsentwicklungen zu einer verschuldensunabhängigen Entschädigung im Medizinbereich. Die Patientenversicherungsrechte in Schweden, Finnland und Dänemark. Wien 1994.

- Arzthaftungsdynamik versus alternative, verschuldensunabhängige Entschädigungssysteme. In: *Laufs*, Adolf; *Dierks*, Christian; *Wienke*, Albrecht; *Graf-Baumann*, Toni; *Hirsch*, Günther (Hg.): Die Entwicklung der Arzthaftung. Symposium der Deutschen Gesellschaft für Medizinrecht e. V. vom 6. bis 8. Oktober 1995 in Berlin. Berlin 1997, S. 173-267.

Platner, Victor: Ueber die historische Entwicklung des Systems und des Charakters des deutschen Rechts, vorzugsweise des Privatrechts. Allgemeine Rechtslehren. Bd. 2. Marburg 1854.

Ponsold, Albert: Lehrbuch der gerichtlichen Medizin. Einschließlich der ärztlichen Rechtskunde, ärztlichen Standeskunde sowie der Versicherungsmedizin. Stuttgart 1950.

Preibisch, Wolfgang: Außergerichtliche Vorverfahren in Streitigkeiten der Zivilgerichtsbarkeit. Berlin 1982.

Prütting, Hanns: Schlichten statt Richten? In: JZ 1985, S. 261-271.

- Festschrift für Gottfried Baumgärtel zum 70. Geburtstag. Köln 1990.

- Rezeption und Ausstrahlung im Zivilprozess – Globalisierung des Verfahrens? In: *Hau*, Wolfgang; *Schmidt*, Hubert (Hg.): Facetten des Verfahrensrechts. Liber amicorum Walter F. Lindacher zum 70. Geburtstag am 20. Februar 2007. Köln 2007, S. 89-100.

- Anm. zu BGH, Urteil vom 5. Dezember 2006, Az: VI ZR 228/05 = NJW-RR 2007, 414. In: MedR 2007, S. 724.

Prütting, Hanns; *Gehrlein*, Markus (Hg.): Zivilprozessordnung. Kommentar. 2. Aufl. Köln 2010.

Puchta, Georg Friedrich: Vorlesungen über das heutige römische Recht. Nachdruck der 6. Aufl. Leipzig 1874. Unter Mitarbeit von *Rudorff*, Adolf Friedrich August. Bd. 1. Goldbach 1999.

Raab, Thomas: Die Bedeutung der Verkehrspflichten und ihre systematische Stellung im Deliktsrecht. In: JuS 2002, S. 1041-1048.

Radau, Hans J: Ersetzung der Arzthaftung durch Versicherungsschutz. Eine Untersuchung am Beispiel der Patientenunfallversicherung in Schweden. Karlsruhe 1993.

Raiser, Thomas: Das lebende Recht. Rechtssoziologie in Deutschland. 2. Aufl. Baden-Baden 1995.

Ratajczak, Thomas: Die Qualifikation des Arztes als Sachverständiger. In: *ARGE Rechtsanwälte im Medizinrecht e. V.* (Hg.): Der medizinische Sachverständige. Richter in Weiß? Köln 1995, S. 61-74.

Rehbinder, Manfred: Rechtssoziologie. 7. Aufl. München 2009.

Rehborn, Martin: Selbständiges Beweisverfahren im Arzthaftungsrecht? In: MDR 1998, S. 16-18.

- Anm. zu OLG Köln, Beschluss vom 21. August 1997, Az: 5 W 57/97 = NJW 1999, 875. In: MDR 1998, S. 225.

- Aktuelle Entwicklungen im Arzthaftungsrecht. In: MDR 1999, S. 1169-1176.

- Arzt – Patient – Krankenhaus. Rechte und Pflichten. 3. Aufl. München 2000.

- Selbständiges Beweisverfahren im Arzthaftungsrecht? In: *Geschäftsführender Ausschuss der ARGE Medizinrecht im DAV* (Hg.): Selbständiges Beweisverfahren im Arzthaftungsrecht. Neue BSG-Rechtsprechung Vertragsarztrecht. 2. Frühjahrstagung Hamburg 31.3./1.4.2000. Köln 2001, S. 1-10.

- Aktuelle Entwicklungen im Arzthaftungsrecht. In: MDR 2001, S. 1148-1156.

- Aktuelle Entwicklungen im Arzthaftungsrecht. In: MDR 2004, S. 371-377.

Reimann, Mathias; *Ackmann*, Hans-Peter: Einführung in das US-amerikanische Privatrecht. 2. Aufl. München 2004.

Reimann, Mathias; *Zekoll*, Joachim (Hg.): Introduction to German Law. The Hague 2005.

Reiprich, Dietmar: Anm. zu OLG Nürnberg, Beschluss vom 29. Mai 2008, Az: 5 W 506/08 = MedR 2009, 155. In: MedR 2009, S. 157-158.

Reutter, Helmut: Der Arzthaftungsprozess. Regensburg 2006.

Richter, Aemilius Ludwig: Lehrbuch des katholischen und evangelischen Kirchenrechts. Mit besonderer Rücksicht auf deutsche Zustände. 5. Aufl. Leipzig 1858.

Rieger, Walter: „No-fault“ in Deutschland? Die Faszination ist geschwunden. In: ZVersWiss 75 (1986), S. 11-34.

Rieser, Sabine: Studie zum Arzthaftungsrecht in Europa. Deutschland: Besseres Ergebnis als erwartet. In: DÄBl 2001, S. A 1810-A 1811.

Rinke, Winfried; *Balser*, Bernd: Indikationsbewertungen bei zahnprothetischen Leistungen – im selbständigen Beweisverfahren zulässig? In: MedR 1999, S. 398-401.

- Selbstständiges Beweisverfahren bei Streit über die medizinische Notwendigkeit einer vorgesehenen Heilbehandlung – zulässig? In: VersR 2009, S. 188-190.

Robson, John L: New Zealand. The Development of its Laws and Constitutions. London 1954.

Rogers, W. V. Horton: Winfield and Jolowicz on Tort. 18. Ed. London 2010.

Rosenberg, Leo: Lehrbuch des deutschen Zivilprozeßrechts. 2. Aufl. Berlin 1929.

Roth, Herbert: Der Arzt als Samariter und das Haftungsrecht. In: NJW 2006, S. 2814-2817.

Rothhaupt, Oliver: Die außergerichtliche Streitbeilegung durch Entscheidung eines neutralen Dritten. Zur Übertragbarkeit der im internationalen Anlagengeschäft etablierten Verfahren auf das private Baurecht. Hamburg 2008.

Röthlein, Hans Konrad: Private Bausachen. Selbständiges Beweisverfahren, Bauhandwerkersicherungshypothek, Vorbehalt bei Schlußzahlung, Vorschußanspruch. 2. Aufl. München 1995.

Rumler-Detzel, Pia: Die Sachverhaltsfeststellung im Arzthaftungsprozeß. In: *ARGE Rechtsanwälte im Medizinrecht e. V.* (Hg.): Der medizinische Sachverständige. Richter in Weiß? Köln 1995, S. 119-126.

- Anforderungen an ein ärztliches Gutachten aus der Sicht der Zivilgerichte. In: VersR 1999, S. 1209-1211.

Salkowski, Carl: Institutionen. Grundzüge des Systems und der Geschichte des Römischen Privatrechts. 9. Aufl. Leipzig 1907.

Von Savigny, Friedrich Karl: System des heutigen römischen Rechts. Acht Bände und Register. Nachdruck der Ausgabe Berlin 1840-1851. Aalen 1973.

Schäfer, Dieter: Soziale Schäden, soziale Kosten und soziale Sicherung. Argumente für ein Modell zur Integration aller Ausgleichsleistungen für Personenschäden in das soziale Sicherungssystem. Berlin 1972.

Scheffen, Erika: Tendenzen bei der Bemessung des Schmerzensgeldes für Verletzungen aus Verkehrsunfällen, ärztlichen Kunstfehlern und Produzentenhaftung. In: ZRP 1999, S. 189-192.

Scheler, Fritz: Von der Unabhängigkeit des Arztes und über die Arzt-Patienten-Beziehung. In: *Ahrens*, Hans-Jürgen; *von Bar*, Christian; *Fischer*, Gerfried; *Spickhoff*, Andreas; *Taupitz*, Jochen (Hg.): Festschrift für Erwin Deutsch zum 70. Geburtstag. Köln 1999, S. 739-755.

Scheppokat, Klaus-Dieter; *Neu*, Johann: Zur ärztlichen Begutachtung in Arzthaftpflichtsachen. In: VersR 2001, S. 23-28.

Schiemann, Gottfried: Haftung der Dienstleistungsberufe nach deutschem Recht. In: *Deutsch*, Erwin; *Taupitz*, Jochen (Hg.): Haftung der Dienstleistungsberufe. Natürliche Vielfalt und europäische Vereinheitlichung. Heidelberg 1993, S. 137-166.

Schilken, Eberhard: Grundlagen des Beweissicherungsverfahrens. In: ZZP 92 (1979), S. 238-267.

Schimanski, Werner: Beurteilung medizinischer Gutachten. Methoden der Kritik an ärztlichen Verwaltungs- und Gerichtsexpertisen. Berlin 1976.

Schinnenburg, Wieland: Besonderheiten des Arzthaftungsrechtes bei zahnärztlicher Behandlung. In: MedR 2000, S. 185-189.

Schlund, Gerhard H: Bestandsaufnahme: Gutachter- und Schlichtungsstellen. In: *Laufs*, Adolf; *Dierks*, Christian; *Wienke*, Albrecht; *Graf-Baumann*, Toni; *Hirsch*, Günther (Hg.): Die Entwicklung der Arzthaftung. Symposium der Deutschen Gesellschaft für Medizinrecht e. V. vom 6. bis 8. Oktober 1995 in Berlin. Berlin 1997, S. 333-340.

- Der inkompetente medizinische Sachverständige und Gutachter: Möglichkeiten der Abwehr. In: *Kern*, Bernd-Rüdiger; *Wadle,* Elmar; *Schroeder*, Klaus-Peter; *Katzenmeier*, Christian (Hg.): Humaniora: Medizin – Recht – Geschichte. Festschrift für Adolf Laufs zum 70. Geburtstag. Berlin 2006, S. 1041-1048.

- Zu den juristischen Besonderheiten des Arzthaftungsprozesses. In: *Ahrens*, Hans-Jürgen; *von Bar*, Christian; *Fischer*, Gerfried; *Spickhoff*, Andreas; *Taupitz*, Jochen (Hg.): Medizin und Haftung. Festschrift für Erwin Deutsch zum 80. Geburtstag. Berlin 2009, S. 463-480.

Schmidt, Tilmann: Der Bonifaz-Prozeß. Verfahren der Papstanklage in der Zeit Bonifaz' VIII. und Clemens' V. Köln 1989.

Schmidt-Salzer, Joachim: Verschuldensprinzip, Verursachungsprinzip und Beweislast- umkehr im Wandel der Zeitströmungen. In: *Deutsch*, Erwin; *Klingmüller*, Ernst; *Kullmann*, Hans Josef (Hg.): Festschrift für Erich Steffen zum 65. Geburtstag am 28. Mai 1995. Der Schadensersatz und seine Deckung. Berlin 1995, S. 429-450.

Schmidt-v. Rhein, Georg: Neue Ansätze in der außergerichtlichen Konfliktregelung. In: ZRP 1984, S. 119-122.

Schmitz, Claus; *Vogel*, Olrik: Verjährungsfragen des auf eine Vielzahl von Mängelsymptomen gerichteten selbständigen Beweisverfahrens. In: *Kniffka*, Rolf; *Locher*, Ulrich (Hg.): Festschrift für Wolfgang Koeble zum 65. Geburtstag. München 2010, S. 635-644.

Schmitz-Luhn, Björn: Veranstaltungsbericht 3. Kölner Medizinrechtstag: „Arzthaftpflicht in der Krise". In: NJW-aktuell 44/2010, S. 18.

Schneider, Egon (ohne Hg.): Zivilprozeß und Praxis. Das Verfahrensrecht als Grundlage juristischer Tätigkeit. Festschrift für Egon Schneider zur Vollendung des 70. Lebensjahres. Herne 1997.

Schneider, K: Das Beschlussverfahren und die Rechtskraft in privatrechtlichen streitigen Angelegenheiten der freiwilligen Gerichtsbarkeit. In: ZZP 29 (1901), S. 96-158.

Schöll, Rudolf; *Kroll*, Wilhelm: Corpus Iuris Civilis. Novellae. Neuausgabe der 6. Aufl. Berlin 1954. Bd. 3. Berlin 2005.

Scholz, Katrin: Der Sachverständigenbeweis im Zivilprozeß (Arzthaftpflichtprozeß). Leipzig 2003.

Scholz, Rainer: Prozessuale Fragen bei der Arzthaftung. In: RuS 1996, S. 381-384.
Schreiber, Klaus: Das selbständige Beweisverfahren. In: NJW 1991, S. 2600-2602.

Schröder, Horst: Eigenmächtige Heilbehandlung im geltenden Strafrecht und im StGB-Entwurf 1960. In: NJW 1961, S. 951-955.

Schubert, Karin: Immer Richten statt Schlichten? In: NJ 1997, S. 337-338.

Schubert, Werner: Entstehung und Quellen der Civilprozeßordnung von 1877. Bd. 1. Frankfurt am Main 1987.

- Entwurf und Motive einer Prozeß-Ordnung in bürgerlichen Rechtsstreitigkeiten für den Preußischen Staat. Mit einer Einführung in die Geschichte des preußischen Zivilprozesses im 18./19. Jahrhundert. Nachdruck der Ausgabe Berlin 1864. Goldbach 1994.

- Zivilprozeß und Gerichtsverfassung. Ausschüsse der Akademie für Deutsches Recht und „Ämter" des Reichsjustizministeriums von 1934-1944. Berlin 1997.

- Zivilprozessreform in der Weimarer Zeit. Quellen zur Emminger- Zivilprozessverordnung vom 13.2.1924 und zu den Arbeiten der Zivilprozesskommission des Reichsjustizministeriums (1922-1930). Frankfurt am Main 2005.

Schulz-Borck, Hermann; *Hofmann*, Edgar: Schadenersatz bei Ausfall von Hausfrauen und Müttern im Haushalt. Mit Berechnungstabellen. 6. Aufl. Karlsruhe 2000.

Schuster, Paul: Zivilprozeß und Güteverfahren. In: *Blankenburg*, Erhard; *Gottwald*, Walther; *Strempel*, Dieter (Hg.): Alternativen in der Ziviljustiz. Berichte, Analysen, Perspektiven. Köln 1982, S. 189-198.

Schwartz, Johann Christoph: Vierhundert Jahre deutscher Zivilprozeß-Gesetzgebung. Darstellungen und Studien zur deutschen Rechtsgeschichte. Nachdruck der Ausgabe Berlin 1898. Aalen 1986.

Seidl, Erwin: Römische Rechtsgeschichte und römisches Zivilprozessrecht. 3. Aufl. Köln 1971.

Sendler, Horst: Richter und Sachverständige. In: NJW 1986, S. 2907-2915.

Sikorski, Roland: Die Begutachtung von Behandlungsfehlern durch den MDK. In: MedR 2001, S. 188-190.

Simon, Dieter: Untersuchungen zum Justinianischen Zivilprozeß. München 1969.

Skegg, Peter; *Paterson*, Ron: Medical Law in New Zealand. Wellington 2006.

Slizyk, Andreas: Beck'sche Schmerzensgeld-Tabelle. Von Kopf bis Fuß. Basisdaten von mehr als 2700 Schmerzensgeld-Entscheidungen mit systematischer Kommentierung des Schmerzensgeldrechts. 6. Aufl. München 2010.

Sloan, Frank A; *Bovbjerg*, Randall R; *Githens*, Penny B: Insuring Medical Malpractice. New York 1991.

Soergel (Hg.): Bürgerliches Gesetzbuch. Mit Einführungsgesetz und Nebengesetzen. Bd. 12. 13. Aufl. Stuttgart 2005.

Spickhoff, Andreas: Zur Haftung für HIV-kontaminierte Blutkonserven. In: JZ 1991, S. 756-760.

- Gesetzesverstoß und Haftung. Köln 1998.

- Richterliche Aufklärungspflicht und materielles Recht. Ein Beitrag zum Verhältnis von Zivilprozeßrecht, Sachrecht und internationalem Privatrecht. Stuttgart 1999.

- Medizin und Recht zu Beginn des neuen Jahrhunderts – Die Entwicklung des Medizinrechts 2000/2001. In: NJW 2001, S. 1757-1768.

- Die Entwicklung des Arztrechts 2001/2002. In: NJW 2002, S. 1758-1767.

- Das System der Arzthaftung im reformierten Schuldrecht. In: NJW 2002, S. 2530-2537.

- Die Entwicklung des Arztrechts 2002/2003. In: NJW 2003, S. 1701-1710.

- Die Entwicklung des Arztrechts 2003/2004. In: NJW 2004, S. 1710-1720.

- Grober Behandlungsfehler und Beweislastumkehr. In: NJW 2004, S. 2345-2347.

- Die Entwicklung des Arztrechts 2004/2005. In: NJW 2005, S. 1694-1703.

- Die Entwicklung des Arztrechts 2005/2006. In: NJW 2006, S. 1630-1639.

- Grenzen der Verkehrssicherungspflicht. Anm. zu BGH, Urteil vom 6. Februar 2007, Az: VI ZR 274/05 = NJW 2007, 1683. In: LMK 2007, Ausgabe 08, Nr. 238681.

- Die Entwicklung des Arztrechts 2006/2007. In: NJW 2007, S. 1628-1638.

- Patientenverfügungen und Patientenautonomie zwischen Rechtsdogmatik, Rechtspolitik und Rechtswirklichkeit. In: *Kingreen*, Thorsten; *Laux*, Bernhard (Hg.): Gesundheit und Medizin im interdisziplinären Diskurs. Berlin, Heidelberg 2008, S. 103-128.

- Die Entwicklung des Arztrechts 2007/2008. In: NJW 2008, S. 1636-1643.

- Die Entwicklung des Arztrechts 2008/2009. In: NJW 2009, S. 1716-1723.

- Die Entwicklung des Arztrechts 2009/2010. In: NJW 2010, S. 1718-1725.

- Medizinrecht. AMG, ApoG, BGB, GenTG, KHG, MBO, MPG, SGB V, SGB XI, StGB, TFG, TPG. München 2011.

Spilok, Gerhard: Grundfragen der Beweissicherung. Das Verfahren nach den §§ 485 ff. ZPO als besondere Form vorläufigen Rechtsschutzes. Freiburg 1982.

Spindler, Gerald; *Rieckers*, Oliver: Die Auswirkungen der Schuld- und Schadensrechts- reform auf die Arzthaftung. In: JuS 2004, S. 272-278.

Stadler, Astrid: Außergerichtliche obligatorische Streitschlichtung – Chance oder Illusion? In: NJW 1998, S. 2479-2487.

Stadler, Astrid; *Hau*, Wolfgang: The Law of Civil Procedure. In: *Reimann*, Mathias; *Zekoll*, Joachim (Hg.): Introduction to German law. The Hague 2005, S. 365-386.

Stammberger, Wolfgang: Fragen der Heilbehandlung in straf- und zivilrechtlicher Sicht. In: *Stiftung zur Förderung der wissenschaftlichen Forschung über Wesen und Bedeutung der freien Berufe* (Hg.): Die Aufklärungspflicht des Arztes. Köln, Berlin 1962, S. 9-32.

Stapleton, Jane: Disease and the Compensation Debate. Oxford 1986.

Starke, Peter: Resilient or Residual? From the Wage Earners' Welfare State to Market Conformity in New Zealand. TranState Working Papers. Bremen 2005.

Von Staudinger, Julius (Hg.): Kommentar zum Bürgerlichen Gesetzbuch mit Einführungsgesetz und Nebengesetzen. Neubearbeitung. Berlin 2009.

Steel, Freda M; *Rodgers-Magnet* Sanda (Hg.): Issues in Tort Law. Toronto 1983.

Steffen, Erich: Verkehrspflichten im Spannungsfeld von Bestandsschutz und Handlungsfreiheit. In: VersR 1980, S. 409-412.

- Die haftungsrechtliche Bedeutung der Qualitätssicherung in der Krankenversorgung. In: *Ahrens*, Hans-Jürgen; *von Bar*, Christian; *Fischer*, Gerfried; *Spickhoff*, Andreas; *Taupitz*, Jochen (Hg.): Festschrift für Erwin Deutsch zum 70. Geburtstag. Köln 1999, S. 799-813.

Steffen, Erich; *Pauge*, Burkhard: Arzthaftungsrecht. Neue Entwicklungslinien der BGH-Rechtsprechung. 11. Aufl. Köln 2010.

Stegers, Christoph-M: Der medizinische Gutachter in der außergerichtlichen Streitbeilegung. In: *ARGE Rechtsanwälte im Medizinrecht e. V.* (Hg.): Der medizinische Sachverständige. Richter in Weiß? Köln 1995, Bd. 2, S. 75-87.

- Der medizinische Sachverständige im Arzthaftungsprozess. Auswahl, Aufgaben, Grenzen. In: VersR 2000, S. 419-422.

- Selbständiges Beweisverfahren im Arzthaftungsrecht. In: *Geschäftsführender Ausschuss der ARGE Medizinrecht im DAV* (Hg.): Selbständiges Beweisverfahren im Arzthaftungsrecht. Neue BSG-Rechtsprechung Vertragsarztrecht. 2. Frühjahrstagung Hamburg 31.3./1.4.2000. Köln 2001, S. 11-27.

- Selbständiges Beweisverfahren. In: *Stegers*, Christoph-M; *Hansis*, Martin L; *Alberts*, Martin; *Scheuch*, Silke (Hg.): Der Sachverständigenbeweis im Arzthaftungsrecht. Heidelberg 2002, S. 147-151.

- Zulässigkeit des selbständigen Beweisverfahrens bei Behandlungsfehlervorwurf. Anm. zu BGH, Beschluss vom 21. Januar 2003, Az: VI ZB 51/02 = BGHZ 153, 302. In: MedR 2003, S. 405-407.

- Zukunft außergerichtlicher Streitbeilegung in Arzthaftungssachen. In: ZMGR 2006, S. 49-57.

- Selbständiges Beweisverfahren. In: *Stegers*, Christoph-M; *Hansis*, Martin L; *Alberts*, Martin; *Scheuch*, Silke (Hg.): Der Sachverständigenbeweis im Arzthaftungsrecht. 2. Aufl. Heidelberg 2008, S. 204-215.

Stegers, Christoph-M; *Hansis*, Martin L; *Alberts*, Martin; *Scheuch*, Silke (Hg.): Der Sachverständigenbeweis im Arzthaftungsrecht. Heidelberg 2002.

- Der Sachverständigenbeweis im Arzthaftungsrecht. 2. Aufl. Heidelberg 2008.

Stein, Friedrich; *Jonas*, Martin (Hg.): Die Zivilprozeßordnung für das Deutsche Reich. Bd. 1. 14. Aufl. Tübingen 1928.

- Kommentar zur Zivilprozessordnung. §§ 328-510b. Bd. 5. 22. Aufl. Tübingen 2006.

Stiftung zur Förderung der wissenschaftlichen Forschung über Wesen und Bedeutung der freien Berufe (Hg.): Die Aufklärungspflicht des Arztes. Köln, Berlin 1962.

Stobbe, Otto: Geschichte der deutschen Rechtsquellen. Neudruck der Ausgabe Leipzig 1860. Bd. 1. Aalen 1965.

Stoll, Hans: Haftungsverlagerung durch beweisrechtliche Mittel. In: AcP 176 (1976), S. 145-196.

Stolz, Wilhelm: Die Reformmodelle zum Arzthaftpflichtrecht – eine vergleichende Untersuchung der praktischen Auswirkungen. In: VersR 1978, S. 798-801.

Stubbe, Christian: Konfliktmanagement – bedarfsgerechte Streitbeilegungsinstrumente. In: SchiedsVZ 2009, S. 321-326.

Sturmberg, Georg: Der Beweis im Zivilprozeß. Selbständiges Beweisverfahren und Beweisaufnahme. Düsseldorf 1999.

- Die Beweissicherung. Antrag, Verfahren, Kosten im selbstständigen Beweisverfahren. Köln, München 2004.

Sujecki, Bartosz: Die Europäische Mediationsrichtlinie. In: EuZW 2010, S. 7-11.

Taupitz, Jochen: Rechtliche Bindungen des Arztes: Erscheinungsweisen, Funktionen, Sanktionen. In: NJW 1986, S. 2851-2861.

- Medizinrecht vor den Gerichten – Ein Blick in die ferne Zukunft. In: ZRP 1997, S. 161-165.

- Die mutmaßliche Einwilligung bei ärztlicher Heilbehandlung – insbesondere vor dem Hintergrund der höchstrichterlichen Rechtsprechung des Bundesgerichtshofs. In: *Canaris*, Claus-Wilhelm; *Heldrich*, Andreas (Hg.): 50 Jahre Bundesgerichtshof. Festgabe aus der Wissenschaft. Bürgerliches Recht. Bd. I. München 2000, S. 497-521.

Terbille, Michael: Münchener Anwaltshandbuch Medizinrecht. Unter Mitarbeit von *Clausen*, Tilman; *Schroeder-Printzen*, Jörn. München 2009.

Thayer, James B: Lex Aquilia. On Gifts between Husband and Wife. Cambridge 1929.

Thomas, Heinz; *Putzo*, Hans (Hg.): Zivilprozessordnung. 31. Aufl. München 2010.

Thomas, Jürgen: Neue Wege zur gütlichen Streitbeilegung – das geplante selbständige Beweisverfahren. In: *Deutsche Gesellschaft für Baurecht e. V.* (Hg.): Seminar – Das Beweissicherungsverfahren in Bausachen und dessen Neugestaltung. Rechtliche Probleme in Einzelbeiträgen. Entwurf des neuen selbständigen Beweisverfahrens. Wiesbaden 1990, S. 78-102.

Thumann, Uwe: Reform der Arzthaftung in den Vereinigten Staaten von Amerika. Köln 2000.

Tichý, Luboš: Prävention im Haftungsrecht: Ansatz zu einer Revision. Eine Skizze. In: *Apathy*, Peter; *Bollenberger*, Raimund; *Bydlinski*, Peter; *Iro*, Gert; *Karner*, Ernst; *Karollus*, Martin (Hg.): Festschrift für Helmut Koziol zum 70. Geburtstag. Wien 2010, S. 905-923.

Tobin, Rosemary: Common Law Actions on the Margin. In: NZ Law Review 2008, S. 37-53.

Tobin, Rosemary; *Schoeman* Elsabe: Asbestos Australia and ACC. In: NZLJ 2005, S. 430-432.

Todd, Stephen: The Law of Torts in New Zealand. Sydney 1991.

- Mental Injury and Actions for Damages. In: NZLJ 1999, S. 216-220.

- Privatization of Accident Compensation: Policy and Politics in New Zealand. In: 39 Washburn Law Journal (2000), S. 404-495.

Todd, Stephen, *Hughes*, John: The Law of Torts in New Zealand. 5. Ed. Wellington 2009.

Trenczek, Thomas: ADR – Mediation: Faire Konfliktlösung ohne Gericht. In: DS 2009, S. 66-72.

Ulrich, Jürgen: Grundzüge des selbstständigen Beweisverfahrens im Zivilprozess. 1. Teil. In: AnwBl 2003, S. 26-32.

- Grundzüge des selbstständigen Beweisverfahrens im Zivilprozess. 2. Teil. In: AnwBl 2003, S. 78-87.

- Grundzüge des selbstständigen Beweisverfahrens im Zivilprozess. 3. und letzter Teil. In: AnwBl 2003, S. 144-150.

- Selbständiges Beweisverfahren mit Sachverständigen. Erläuterungen für die Praxis. Düsseldorf, München 2004.

- Grundzüge des selbstständigen Beweisverfahrens. Teil I: Grundlagen. In: DS 2007, S. 184-187.

- Grundzüge des selbstständigen Beweisverfahrens. Teil II: Das Verfahren. In: DS 2007, S. 214-219.

- Grundzüge des selbstständigen Beweisverfahrens. Teil III: Verwertung des Gutachtens. In: DS 2007, S. 248-256.

- Anm. zu OLG Oldenburg, Beschluss vom 14. Mai 2008, Az: 5 W 31/08 = GesR 2008, 421. In: GesR 2008, S. 422-424.

Ulrich, Jürgen; *Vogt*, Carl-Michael: Mediation in der Praxis. Teil I: Alternative Streitlösungs- modelle und Grundzüge der Mediation. In: DS 2009, S. 217-223.

Ulsenheimer, Klaus: Zur zivil- und strafrechtlichen Verantwortlichkeit des Arztes unter besonderer Berücksichtigung der neueren Judikatur und ihrer Folgen für eine defensive Medizin. In: MedR 1992, S. 127-134.

- Schadensprophylaxe durch Risk-Management. In: *Laufs*, Adolf; *Dierks*, Christian; *Wienke*, Albrecht; *Graf-Baumann*, Toni; *Hirsch*, Günther (Hg.): Die Entwicklung der Arzthaftung. Symposium der Deutschen Gesellschaft für Medizinrecht e. V. vom 6. bis 8. Oktober 1995 in Berlin. Berlin 1997, S. 321-332.

- Die Entwicklung der Rechtsprechung zur Stärkung der Patientenrechte – brauchen wir eine Patientencharta? In: *Geschäftsführender Ausschuss der ARGE Medizinrecht im DAV* (Hg.): Medizinrecht heute. Erfahrungen, Analysen, Entwicklungen. Festschrift 10 Jahre Arbeitsgemeinschaft Medizinrecht im DAV. Bonn 2008, S. 121-135.

Vennell, Margaret A: Medical Negligence and the Effect of the New Zealand Accident Compensation Scheme. In: ZVglRWiss 80 (1981), S. 228-240.

- Issues for Women in Claims for Medical Misadventure. In: Victoria University of Wellington Law Review 1993, S. 13-40.

Vennell, Margaret A; *Manning*, Joanna: Accident Compensation. In: NZ Recent Law Review 1992, S. 1-14.

Vering, Friedrich H: Geschichte und Pandekten des römischen und heutigen gemeinen Privatrechts. Zum academischen Gebrauch. 4. Aufl. Mainz 1875.

Vidmar, Neil: Verfahrensgerechtigkeit und alternative Konfliktbewältigung. In: ZfRSoz 1993, S. 35-46.

Voit, Wolfgang: Die Auswirkungen der Eröffnung eines Insolvenzverfahrens auf das selbständige Beweisverfahren. In: *Kniffka*, Rolf; *Quack*, Friedrich; *Vogel*, Thomas; *Wagner*, Klaus-R (Hg.): Festschrift für Prof. Dr. Reinhold Thode zum 65. Geburtstag. München 2005, S. 337-354.

Vollmerhaus, Michèl: Der Ausgleich unfallbedingter Personenschäden in Neuseeland und Deutschland. Eine rechtsvergleichende Untersuchung. Frankfurt am Main 2005.

Volze, Harald: Die rechtlichen Wirkungen des selbstständigen Beweisverfahrens. In: DS 2010, S. 301-302.

Wagner, Gerhard: Obligatorische Streitschlichtung im Zivilprozeß: Kosten, Nutzen, Alternativen. In: JZ 1998, S. 836-846.

- Das Zweite Schadensersatzrechtsänderungsgesetz. In: NJW 2002, S. 2049-2064.

- Tort Law and Liability Insurance. Vienna 2005.

- Tort Liability and Insurance: German Report. In: *Wagner*, Gerhard (Hg.): Tort Law and Liability Insurance. Vienna 2005, S. 87-117.

Wassermann, Rudolf: Neue Streitkultur? In: NJW 1998, S. 1685-1686.

Weber-Steinhaus, Dietrich: Ärztliche Berufshaftung als Sonderdeliktsrecht. Eigenmacht, Behandlungsfehler, Aufklärungsversäumnisse. Stuttgart 1990.

Weber-Steinhaus, Dietrich; *von Mickwitz*, Elena: Diagnoseirrtum, Diagnosefehler und unterlassene Befunderhebung. In: *Colombi Ciacchi*, Aurelia; *Godt*, Christine; *Rott*, Peter; *Smith*, Lesley Jane (Hg.): Haftungsrecht im dritten Millennium. Liability in the Third Millennium. Liber amicorum Gert Brüggemeier. Baden-Baden 2009, S. 363-377.

Weise, Stefan: Praxis des selbständigen Beweisverfahrens. München 1994.

- Selbstständiges Beweisverfahren im Baurecht. Voraussetzungen, Durchführung, Rechtsschutz. 2. Aufl. München 2002.

Weizel, Isabel: Gutachterkommissionen und Schlichtungsstellen für Arzthaftpflichtfragen. Hamburg 1999.

Weller, Wolfgang: Selbständiges Beweisverfahren und Drittbeteiligung. Materiellrechtliche und prozessuale Möglichkeiten einer Erstreckung der Wirkungen des selbständigen Beweisverfahrens auf Dritte, dargestellt an einer typischen Fallgestaltung des privaten Baurechts. Bonn 1994.

Wenger, Leopold: Institutionen des römischen Zivilprozessrechts. München 1925.

Wenzel, Frank: Handbuch des Fachanwalts Medizinrecht. 2. Aufl. Neuwied 2009.

Werlhof, Johann; *von Hugo*, Ludolph Diedrich: Disquisitio iuridica de examine testium extraordinario, cum primis ad instruendam probationem futuram vulgo zum ewigen Gedächtniß. Helmstadium 1746.

Werner, Ulrich; *Pastor*, Walter: Der Bauprozess. Prozessuale und materielle Probleme des zivilen Bauprozesses. 12. Aufl. Neuwied 2008.

Wesel, Uwe: Geschichte des Rechts in Europa. Von den Griechen bis zum Vertrag von Lissabon. München 2010.

Weyer, Friedhelm: Keine Verjährungshemmung ohne förmliche Zustellung des Beweissicherungsantrags. In: NZBau 2008, S. 228-230.

Weyers, Hans-Leo: Unfallschäden. Praxis und Ziele von Haftpflicht- und Vorsorgesystemen. Frankfurt am Main 1971.

- Empfiehlt es sich, im Interesse der Patienten und Ärzte ergänzende Regelungen für das ärztliche Vertrags- (Standes-) und Haftungsrecht einzuführen? Gutachten A zum 52. Deutschen Juristentag Wiesbaden 1978. München 1978.

Weyers, Hans-Leo; *Wandt*, Manfred: Versicherungsvertragsrecht. 3. Aufl. München/ Unterschleißheim 2003.

Wienke, Albrecht; *Dierks*, Christian (Hg.): Zwischen Hippokrates und Staatsmedizin. Der Arzt am Beginn des 21. Jahrhunderts. 25 Jahre DGMR. Berlin, Heidelberg 2008.

Wiethölter, Rudolf: Der Rechtfertigungsgrund des verkehrsrichtigen Verhaltens. Eine Studie zum zivilrechtlichen Unrecht. Karlsruhe 1960.

- Arzt und Patient als Rechtsgenossen. In: *Stiftung zur Förderung der wissenschaftlichen Forschung über Wesen und Bedeutung der freien Berufe* (Hg.): Die Aufklärungspflicht des Arztes. Köln, Berlin 1962, S. 71-111.

Wilson, Ross: The Woodhouse Vision – 40 Years in Practice. In: NZ Law Review 2008, S. 3-10.

Wilson, Ross; *Duncan*, Grant: An Update on Accident Compensation in New Zealand: The End of an Experiment? In: ZIAS 1999, S. 397-418.

Wirth, Paul: Der Zeugenbeweis im kanonischen Recht. unter besonderer Berücksichtigung der Rechtsprechung der Römischen Rota. Paderborn 1961.

Woodhouse, Owen: Compensation for Personal Injury in New Zealand. Report of the Royal Commission of Inquiry. Herausgegeben von *New Zealand Royal Commission of Inquiry into Compensation for Personal Injury*. Government Printer. Wellington 1967.

- ACC Anniversary: Closing Remarks. In: NZ Law Review 2008, S. 137-140.

Wussow, Hansjoachim: Das gerichtliche Beweissicherungsverfahren in Bausachen. Köln-Braunsfeld 1979.

Zimmern, Sigmund Wilhelm: Geschichte des römischen Privatrechts bis Justinian. Der römische Civilprozess. Bd. 3. Heidelberg 1829.

Zoll, Karl-Hermann: Verfahrensrechtliche Besonderheiten im Arzthaftungsprozess. In: MedR 2009, S. 569-575.

Zöller, Richard (Hg.): Zivilprozessordnung. Mit Gerichtsverfassungsgesetz und den Einführungsgesetzen, mit Internationalem Zivilprozeßrecht, Kostenanmerkungen. 21. Aufl. Köln 1999.

- Zivilprozessordnung. Mit Gerichtsverfassungsgesetz und den Einführungsgesetzen, mit Internationalem Zivilprozeßrecht, Kostenanmerkungen. 22. Aufl. Köln 2001.

- Zivilprozessordnung. Mit Gerichtsverfassungsgesetz und den Einführungsgesetzen, mit Internationalem Zivilprozeßrecht, EG-Verordnungen, Kostenanmerkungen. 23. Aufl. Köln 2002.

- Zivilprozessordnung. Mit Gerichtsverfassungsgesetz und den Einführungsgesetzen, mit Internationalem Zivilprozeßrecht, EG-Verordnungen, Kostenanmerkungen. 24. Aufl. Köln 2004.

- Zivilprozessordnung. Mit Gerichtsverfassungsgesetz und den Einführungsgesetzen, mit Internationalem Zivilprozessrecht, EG-Verordnungen, Kostenanmerkungen. 28. Aufl. Köln 2010.

Zöllner, Wolfgang: Zivilrechtswissenschaft und Zivilrecht im ausgehenden 20. Jahrhundert. In: AcP 188 (1988), S. 85-100.

Zweigert, Konrad; *Kötz*, Hein: Einführung in die Rechtsvergleichung. Auf dem Gebiete des Privatrechts. 3. Aufl. Tübingen 1996.

MIX
Papier | Fördert gute Waldnutzung
FSC® C083411

Kolibri 360 GmbH
Ferdinand-Jühlke-Straße 7
99095 Erfurt, Deutschland
produktsicherheit@kolibri360.de